本成果受到中国人民大学"中央高校建设世界一流大学（学科）和特色发展引导专项资金"支持

尤陈俊 ◎ 著

聚讼纷纭

清代的「健讼之风」话语及其表达性现实

北京大学出版社
PEKING UNIVERSITY PRESS

《勤求民隐》，载清光绪十三年四月二十六日(1887年5月18日)印行的《点石斋画报》第113号第1页，画师署名"符节"。

该图中所配文字为："听讼非难，无讼为难。无讼非难，由听讼而至于无讼之为难。一邑之大，万民之众，固不能一日无讼也。农者废其时，贾者失其业，奔走于代书、讼师之家。一纸乍投，而胥吏逞其需索，门丁肆其阻难，欲壑既饱，而后达之官。官则曰：'我固以无讼为美谈也，彼茸茸者，何不谅我之甚？'于是为幕中客者，仰承贤有司欲无讼之旨，吹毛求疵，任意批驳，终之以'不准'两大字毕乃公事。惟然而有情者不得尽其辞，而民志亦居然大畏矣。惟甘泉县舒明府不然。明府有使民无讼之心，而先为使民有讼之政。署前设木桶，令讼者书辞迳投，晚则亲自开看，分别准驳，翌早既悬批晓示。甘泉之民，亦何幸而易讼也！若夫虚辞构陷之弊，明镜高悬，本难遁影。行之既久，将欲求民之有讼，也不可得矣。呜呼！若明府者，其真知无讼之本欤！"

清光绪十八年八月二十九日(1892年10月19日)印行的《字林沪报》之第一版。

该期报纸的第一版至第二版上面刊登了一篇题为《论息讼之难》的长文。该文认为孔子所说的"听讼,吾犹人也,必也使无讼乎"一语中的"使无讼,非即息讼之谓耶",强调"沿至后世,只有以折狱擅长、折狱见称者,而从不闻有能使无讼之人也。虽尝有'草生图圄静,花落讼庭闲'之美誉,亦不过美其政简刑清耳",并批评称,"抑又闻之能理繁治剧者,亦每以不耐烦故,而于三八放告收呈之期严定额数,只许新词几纸、旧词几纸,逾额则不收受。夫告状而限以额数,亦千古未闻之奇政。虽似与概不收呈者少胜一等,然亦断断乎不足为法。小民何辜,既有疾苦,而一概不准其呼吁,又或视同考试之士子文章尽好,竟以额满而见遗,不亦大堪骇异耶!"

○愚民好訟　常州百姓每喜於新官到任之時紛紛投呈興訟此次陽湖縣藍大令到任放告後數日之間所收呈詞已至數十通有本可無事而聽人刁唆者有扭曲作直希圖朦蔽者亦有前官已經定案妄想翻案者雖經大令分別准駁或且申斥然訟棍書吏已各腰橐盈盈矣

勸息訟歌
　　　　　方戊昌
此是救人良藥方手鈔一張心誦一張作善之家降百祥
藥有士農並工商早作如常夜作如常名成利就得榮昌
易經垂訓訟則終凶爾等好訟互相揭訐逞勢占強私心
不公訟棍挑唆愈起訟風渠務社事訟更無窮斂錢聚眾
耗費一空喫虧濫用開銷朦朧累年科派愚民傷弓興言
及此抱愧我躬推原罪魁社首渠頭如能忍讓鬪忿解仇
勝不可恃利不可謀和睦鄉黨樽酒勸酬無詆無虞何怨
何尤和氣致祥禮樂曾鄒如不悛改訟費再收訪拏告發
受責舍羞勒爾還錢若上加愁各宜猛省訟事罷休

左图为清光绪六年(1880)刻本《祈州志》的卷四十一中所收录的《劝息讼歌》。

右图为清光绪三十年六月十五日(1904 年 7 月 27 日)印行的《时报》第 46 号第 1 张第 3 页"各省新闻"栏目刊登的《愚民好讼》。

禁健讼晙讼示
巡撫 范時綬 瀋陽人

為公事化小事為無事使百姓享清寧之福衙門省衙閒之煩糊聽成風鄉城繁業此本縣所厚望於爾百姓者也凡爾小民宜以情理自遣無負本縣告心如有捏造虛情誣准至於審實毫無風影者定依誣告律加等治罪決不姑貸

禁健訟晙訟示

為嚴禁健訟晙訟之惡習以遏刁風以安良善事照得滋訟興詞有害無利本都院撫茲全省恐民間或有真正屈抑不能上達是現每月定有告期不候告期獨輿控訴書有越不可待之情本都院飲污穢官吏一控不已再控不休更有刁健之徒呈或已經結斷而襍置愛書變情誣詆且揑砌誣輒架無影虛詞或未經控縣而目無縣令越次赴聽其呈訴乃收閱各屬呈詞無非戶婚田土綱故親加詰問則言語攴離情關燦支抵省傑州縣已經審明府司又復批榣不思自已理勦反誣官長柱斷希特上塞為壓服欲借裒訊為拖累延抑發查訊自知虛誣難掩則又躲避酒戒詭訴百端

甚至抗拘捨犯毀紙毆差恣讅張全無法紀又有一種勞茽惡棍以刁筆作生涯以挑唆為長技或遇平民偶有一時之忿不難情愬理遣彼則設計挑唆危言激憤為之主謀盡策揑寫狀詞惑民不察墮其術中遂爾銀錢任其誆騙肉任其醉飽迨至是非曲直讅訊既明揑詐虛誣難遁反坐愚民則刑罰加身賞賜散訟則豢兼充盈匪身家外亡之宦據髮指除一回讅訪查拿並飭各屬嚴加懲究列介行出示仰撫屬軍民人等知悉各宜自保身家愼勿遣刁健訟果有屈抑難伸情真理當者務須據實直陳毋得架揑虛詞自罹法網至唆訟刁徒作詞祍棍更當深自改悔歛踨潛形如再怙終不悛或經訪聞或被告簽定即嚴拿盡法究處本都院亞欲除此刁風以安良善言出法隨姆致蹇貽莫及各宜凜遵特示

禁賣休示
巡撫 胡寶瑔 歙縣人

為嚴禁剝賣生妻之惡習以端風化事照得夫婦乃五倫之一義在終身不移雖至愚之婦成知之

清嘉庆二十二年（1817）刻本《桂阳县志》的卷三"风土"中收录的《禁健讼晙讼示》。

○興仁縣酌收訟費新章（奉天）　興仁縣崇大令近月牌示云照得本縣呈報遵飭核議酌收訟費作爲書役辦公一案奉督憲批據呈已悉所擬訟費尚屬可行應准照辦飭將擬定數目懸牌曉諭務使週知倘書役人等再有額外苛索情事即行從重懲辦毋稍徇縱等因蒙此合行牌示曉諭爲此諭書役旗民人等一體知悉嗣後控告詞訟審理案件遵照後開條欵擬定數目交納訟費倘有額外苛索以及抗違不交者一經發覺或被查出定行嚴辦不貸其各凜遵毋違特示　計開一收訟費分上中下三戶上戶交制錢八吊中戶六吊下戶四吊結案之日無論原被責令理曲者當堂交納如係貧戶量予酌減　一和息之案照訟費等次數目由原被各半是交　一誣告之案照上戶訟費酌加五倍追交被誣之人　一控追錢債之案按追出之數酌提一成作爲訟費

清光绪三十二年三月初一(1906年3月25日)印行的《时报》第5页"政界纪闻"栏目刊登的《兴仁县酌收讼费新章》。

通饬裁革讼费　○嵊县讼费向有投案息案开释标示差等名目该县秦令前禀浙抚请一律禁革当奉批云在官人役需索有事人财物本为法律所不容自应一併严行禁革仰按察司饬刻勒石大堂永远为禁有再犯者不稍宽假再此等规费各属在所不免并由司通饬一体禁革违办

○吴县令拟定讼费章程（苏州）　吴县张春泉大令于初五日接印任事后以在署应卯值差各役往往遇涉讼案证多方索诈致冤抑案情每因书役索费过钜反致不能上达故特传见皂隶各快及各房书吏凡有讼案应向原被告索取规费者每件计取若干者饬令一一开报毋许讳饰大约将定讼费章程俾免额外需索云

讼费议定　○湘潭县地当冲要为商贾辐辏之区其间田土婚姻钱债细故与讼者甚多一经控告规费浩烦迭经大宪札饬革除未能遵照由邑绅傅君南牛等禀请照前升抚宪赵原定章程明白晓示以后永为定例业经杜蓉湖大令准即照章清毋许越取该绅等已于上月廿七日在东城保甲局邀集各都团正安议一切以资遵守

左图为清光绪三十二年十二月初一(1907年1月14日)印行的《新闻报》第2张"各省新闻"栏目刊登的《通饬裁革讼费》。

中图为清光绪三十三年正月十七日(1907年3月1日)印行的《时报》第5页"政界"栏目刊登的《吴县令拟定讼费章程》。

右图为清光绪三十三年十一月十六日(1907年12月20日)印行的《新闻报》第10页"各埠新闻"栏目刊登的《讼费议定》。

雜紀

○蘇臬訪拿訟棍（常州）陽湖縣之鄭陸橋鎮有舉人姚祖晉者賄合縣幕以訟為生兹經蘇臬司訪卞訟棍密札武陽二縣飭差會拿該棍劣跡昭著結會歛錢侵蝕公項強佔閨女草菅人命屢經被控有案寔非立憲時代能容之蠹賊鄉人咸恨入骨深恐外有死黨內有奧援未必能弋獲嚴懲以洩衆憤靖地方也

拿辦訟棍 ○台州黃岩縣著名訟棍池襲及積惡健訟好書王某漣年每因小事興訟人皆側目茲卞煽動悍匪釀成人命重案甩玉鳴九大令訪悉日前先將池拿押並曇詳各憲革去衣頂續將王拿獲發押縣監並有解省訊辦之說一時人心為之大快

赤腳訟師押二十年 ○昨日本縣田大令發出硃諭云照得赤腳訟師錢昭榮控案有數十餘件之多其平日擾害百姓怨氣夯聲者不知凡幾待經本縣訪拿到案而控告者紛紛控訴者又不知凡幾是訟棍惡貫滿盈宜有今日報應即將該犯監禁二十年屆時計算已將七十歲不致再害地方即行牌示頭門俾衆周知各百姓亦可無慮矣

左图为清光绪三十三年十一月二十一日（1907年12月25日）印行的《时报》第5页"杂纪"栏目刊登的《苏臬访拿讼棍》。

中图为清光绪三十四年十月初四（1908年10月18日）印行的《新闻报》第11页"各埠新闻"栏目刊登的《拿办讼棍》。

右图为清宣统二年四月十八日（1910年5月26日）印行的《新闻报》第3张第2页"本埠新闻"栏目刊登的《赤脚讼师押二十年》。

訟師果報 ○果報之速未有速於此者也果報之巧亦未有巧於此者也卓午雨霽偶步廛閭忽有穢攘縲絏而過者羞裘甚爭而形狀險異心竊怪之詢諸人或告之曰此訟師周鏡堂也嘗交流於漢鎮挾此術以飛噬人者屢矣今日被逮爲竊盜發覺市人嗟嘆不已而幸天道報復捷如影響也或曰匪直此也遭其誣害擢髮難數姑且言其甚者有孀婦胡氏皖人也年三十餘夫亡後遺一子僅四齡依姪而居姪寄人廡下不常在家以故婦與孤雛煮石衣蘆情殊可慘比鄰有梓人徐甲者無賴少年也竊孀獨居思作求凰之曲遂爲對廬周某識破機關遂從幾門乘閒挑之周訟師某偵知其事因詐徐曰鄰家婦固鉄中錚錚者敢有干犯則如刀之筆在會使靡爛獄底耳徐素懼周乃跪請曰倘事可諧願以百金酬之周得金勾其黨羽三四人捏稱街鄰乘婦姪促婦遷居遂誣姪以逼寡孀母控於官且以丈人峰唐某作證致婦之姪覆盆終藏莫白黑冤矣獄成日周翩翩然自矜曰謀陷婦姪咸我績一襲裘可速爲蹇脩製也且囑徐申曰婦之姪已禁錮矣婦可納也徐懼婦有宗族不敢顯據周某曰胆何太怯遂以輿舁婦至徐申之家儼成夫婦自此巢傾之下完卵俱無婦子婦姪命俱懸於周某之手不意天壤間竟有如此冤獄也幸天網恢恢疎而不漏一日唐某邀徐申至一茶園索其謝金甫就席即雙眼盡赤自摑其掌曰害孀婦全家者爾壻周某也爾不止之猶爲可恕乃爲作證以誣其侄爲一網打盡之計尚欲索謝耶語畢咯血盈頰倒地而目瞑矣其壻周某自丈人峯頹後鵲巢鳩居之且誣丈母爲苟合非唐某之妻控於官而丈母又受婿害矣未幾有巨盜一夥係周醜類出沒時俱以周爲淵藪盜有所封輒與周分鄰近居民以周衣裳楚楚或不疑其爲盜窩旋因羣盜發覺獲鞫時供周某係寄頓銷賍者也捕役搜獲一一爲失主所認遂舉向之貿悖而入者至是亦悖而出矣公庭屈膝杖責一千而後錮焉入禁之頃與婦侄遇侄曰君亦到此耶聞其妻亦將爲他人妻矣夫則從前所謀以害人者一一悉如其害巳也果報之速且巧也其信然歟其信然歟

訟師盲目 ○粤之三水縣某甲精於刀筆交結胥吏遇事生風耳其名者多爲刃曲歲得千數百金然自奉甚厚妻妾又復驕奢加以破耗頻仍故無餘積人有勸之者曰刀筆之利殺人無聲生者飲泡恨人間死者含冤地下謀生多術改業爲高甲應之曰昔人有言自古都無好訟師然吾嘗就其語思之未必然也試觀兩例訟師之職爲國家分受民間控案無不重價相延即我朝定例准各署俱設代書鄉愚不能執筆及婦女不知書者便據情代錄吾之所業未足爲病也今春有某乙爲仇家謀殺親屬控官伸冤仇家賄甲代作訴呈然理屈詞窮甲撟舌吟哦數時不能下筆忽思得一計蘸墨架筆罪於人揮灑片時即爲草就快然曰此紙一入公門不能聽直矣擲筆而起詎驀然作響筆裂如破竹甚竊念詞稿初成即有此異恐冤魂爲厲即焚於階下乙仇家至反其金而辭之友朋復勸其改圖甲仍不悛至前月中旬偶然夜出値某家祀神施放爆竹甲行經其門忽有爆竹眼邊飛響火氣入睛當時雙微痛搓以手痛愈甚歸後急以茶洗之而臥翌早起雙目流血長火差明有瞼以眼藥者搽之益甚自是淚流如泉近且成瞽甲知爲生平罪孽禱天悔過誓得復見天日雖萬金不以一字入公門未知蒼蒼者許其自新否

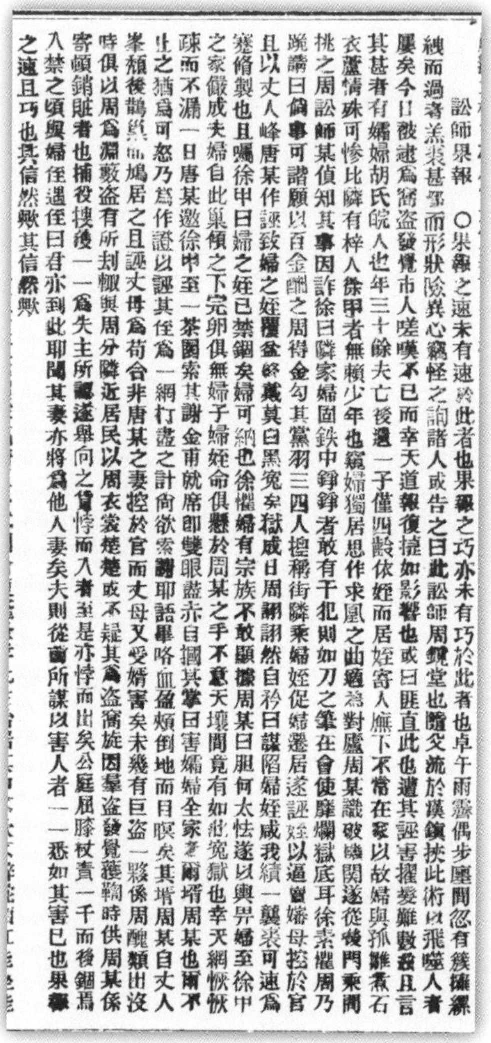

左图为清同治十三年二月十六日(1874 年 4 月 2 日)《申报》第 2 页刊登的《讼师果报》。

右图为清光绪十九年九月二十五日(1893 年 11 月 3 日)《新闻报》第 9 版刊登的《讼师盲目》。

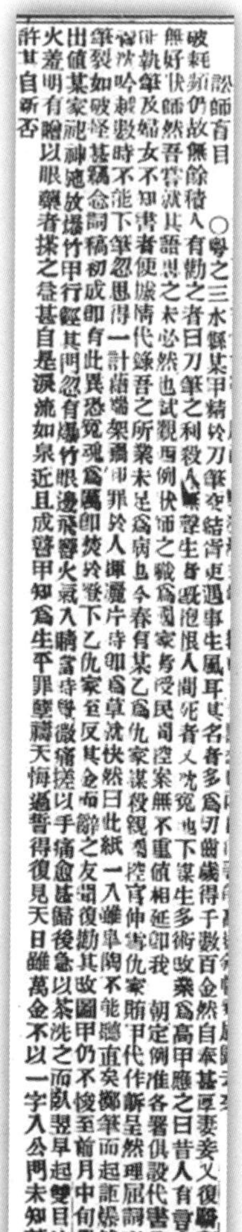

目 录

导 论 *1*
    第一节 学术史回顾 *1*
    第二节 研究思路 *10*
        一、方法、旨趣与核心概念 *10*
        二、章节架构 *19*

第一章 中国传统诉讼文化研究的方法论反思 *24*
    第一节 对思维框架及其概念使用的检讨 *26*
        一、"纵向连缀法"与"视点穿越法" *28*
        二、或显或隐的比较框架 *31*
        三、作为中介概念的"权利意识" *34*
        四、"权利意识"概念的陷阱 *39*
        五、由今视古时的概念使用方式反思 *44*
    第二节 范式检视与方法调整 *45*

一、赓续"瞿同祖范式",抑或另有渊源？　45
　　二、一文、一书的外来示范效应　49
　　三、中国"法律社会史"研究的条件制约及其改观　54
　　四、多元史料推动"法律社会史"研究"复兴"　60
　　五、重构兼顾历史真实性和理论启发性的研究范式　78

第二章　儒家道德观作为意识形态对中国传统诉讼文化的
　　　　影响　83
　第一节　儒家伦理准则与中国传统诉讼文化的沟通　85
　第二节　儒家道德观对中国传统诉讼文化的气质模塑途径　87
　　一、儒吏们的理讼实践　88
　　二、家法族规的潜移默化　90
　　三、明清时期的圣谕宣讲　94
　　四、其他的途径和载体　96
　第三节　比较法文化论视野下的农耕文明与"健讼之风"　98
　第四节　文明类型、道德观与诉讼文化之间的选择性亲和性　104

第三章　"厌讼"幻象之下的"健讼"实相？　107
　第一节　宗族族谱与文人日记中的争讼记载　108
　第二节　官员们眼中的词状纷繁景象　111
　第三节　词状的分类构成　115
　　一、"告状""诉状"与"禀状"　116
　　二、"投词"与"催呈"　117
　第四节　明清地方官府面临的词讼压力　123
　　一、讼案实数　123

二、衙门放告与积案 126

第五节 "鼠雀细事"及其讼争之物 129

一、明清司法中的"细故" 129

二、"细故"具象：以《珥笔肯綮》与《器利集》为例 132

三、重思"细故"的意涵 134

第六节 "诉讼社会"的区域错综性 135

第四章 "讼费高昂"话语及其表达性现实 141

第一节 清代关于"讼费高昂"的笼统描述及其印象流传 143

第二节 清代诉讼费用具体数额实况 150

一、清代不同时期关于诉讼开销具体数目的记载 152

二、民间讼费账单对打官司开销数额的直观展示 163

第三节 在无度和有度之间：清代的司法陋规名目及其收取数额 169

一、清代中后期司法陋规名目及收取数额的局部标准化 171

二、司法陋规被加以某种程度的规范化之效果的两面性 179

第四节 "讼费高昂"话语所蕴含的主客观意涵 191

一、"讼费高昂"话语反映的客观现实性程度 191

二、"讼费高昂"话语背后所隐藏的主观用意 194

第五节 "讼费高昂"话语所反映的表达性现实 196

第五章 讼费压力下的诉讼策略与经济理性 198

第一节 对学界以往观点的检讨 199

3

第二节 词讼繁滋皆因讼棍胥吏百端煽惑？ 205
第三节 当事人一方在其内部由众人分摊讼费 210
　　一、打官司时订立合同分摊诉讼费用 212
　　二、平日里未雨绸缪预先做出机制性安排 216
　　三、当事人一方内部分摊讼费做法的影响 221
第四节 "官司打半截"诉讼策略具有的某种经济理性 224
　　一、"图准不图审"之做法的可能效果 225
　　二、"官司打半截"与经济算计 230
　　三、打官司过程中民众的能动性与被动性 245
第五节 诉讼策略对讼费"高昂"程度的某种消减 249

第六章 财政制约与简约型司法体制下的"健讼之风"问题 252
第一节 清代州县衙门的理讼能力 254
第二节 因循运作的清代简约型司法体制 262
　　一、行政区划扩大、人口繁衍和县级正式官员人数的相对稳定 263
　　二、作为"简约治理"总体模式之重要组成部分的清代司法体制 267
第三节 清代司法体制背后的财政制约因素 271
第四节 从民国看清代 277
第五节 "制度资源"的因循固封 279

第七章 州县官实际任期变化趋势对"健讼之风"的影响 281
第一节 "判决确定力观念的不存在"的学术解释力再审视 283
第二节 新官上任与州县衙门所收词状数量高峰的到来 286

目 录

第三节　州县官实际任期逐渐缩短的总体趋势　290
第四节　州县官实际任期缩短背景下强调本地"健讼之风"的
　　　　多层用意　298
　　一、"迁转太频,政多苟且"　298
　　二、州县官理讼过程中的短期行为与词讼积压问题　302
第五节　"制度资源"对社会经济结构变迁大趋势的总体回应
　　　　能力　313

第八章　"健讼之风"与"讼师贪利"形象的多重建构　319
　第一节　清代官方对贪利讼师形象的整体刻画与渲染　322
　第二节　实虚之间:贪利讼师形象的案例原型与文学创造　325
　第三节　清代讼师案例中所见的代写状词收费情况　328
　　一、乾隆年间广西修仁县的覃必俊案　331
　　二、道光年间四川巴县的岳德高案　333
　　三、光绪年间安徽宣城县的胡玉廷案　336
　　四、光绪年间河北唐县的杨清兰案　340
　第四节　与官代书收费情况的比较　343
　第五节　讼师收入水平的分化　350
　第六节　通过讼师形象整体污名化的社会控制　353

第九章　"健讼之风"与"讼师恶报"话语模式的复合功能　357
　第一节　讼师与恶报:宋元明清不同类型文本中的叙事传统　359
　第二节　"讼师恶报"的故事类型与话语模式　369
　　一、佛道两家的报应观及其异同　369
　　二、"讼师恶报"故事中的报应类型　371

5

三、"讼师恶报"话语内部的张力及其化解 374

第三节 "讼师恶报"话语模式的复合功能 378

  一、报应观念在社会大众各阶层中的弥散性传播 379

  二、报应论话语在明清司法场域中各类人物身上的
    附着 385

  三、"讼师恶报"话语模式对于官民及讼师本身的不同
    意义 387

第四节 "讼师恶报"话语的力量及其局限性 395

结 语 397

附录 "案多人少"的应对之道：清代、民国与当代中国的比较
  研究 406

后 记 428

导 论

第一节 学术史回顾

长期以来,学术界通常认为,中国古代的社会大众在"无讼"理念之熏陶和影响下,形成了强烈的"厌讼""贱讼"意识,并在其行为方式上体现出此方面的鲜明特点,即普通百姓皆对打官司避之唯恐不及。但是,晚近三十多年来,一些国内外学者在各自的研究中对上述旧有看法进行了不同程度的反思和挑战。他们通过具体援引一些史料中的文字记载指出,至少从宋代开始,不少地方据说就已出现了"健讼之风",某些区域甚至以此遐迩闻名(例如江西),到了清代更是如此,以至于"健讼""好讼""嚣讼"之类的描述,在当时的地方志、官箴书、官府文书等许多不同类型的文献中皆可见到。

日本学者对宋代江西"健讼之风"的关注由来已久。早在20世纪50年代,宫崎市定在讨论宋元时期的法律制度与审判机构时便提到,在宋代,江西的许多地方不仅被时人认为盛行"健讼之风",而且以江西为中心的民间社会中,还流传着一种专门教人如何打官司的学问即"讼学",以至于两宋时期的朝廷皆曾颁布过禁令,试图对其加以取缔,但结果却未能如愿。① 宫崎市定的这一学术洞见,不仅直接启发了80年代以来赤城隆治、青木敦、大泽正昭等日本学者各自从不同角度对宋代江西"健讼之风"加以聚焦探讨,②而且推动了另一些日本学者将对"健讼之风"的关注从宋代延伸至明清时期,例如夫马进、中岛乐章、山本英史、小川快之等人皆对明清时期更多地方的"健讼之风"有过探讨。③ 在宫崎市定之后涉足此领域的日本学者当中,尤以夫马进的一系列研究在学界的影响最为深远。夫马进不仅自己利用清代巴县档案对当地的诉讼规模以及某些"健讼之徒"的具体行事

---

① 〔日〕宫崎市定:《宋元时期的法制与审判机构——〈元典章〉的时代背景及社会背景》,载〔日〕川村康主编:《中国法制史考证·丙编第三卷·日本学者考证中国法制史重要成果选译·宋辽西夏元卷》,姚荣涛译,中国社会科学出版社2003年版,第82—88页。该文的日文原稿,发表于日本京都大学1954年2月刊行的《東方學報》第24册"元典章の研究"专集。

② 赤城隆治:《南宋期の訴訟について——"健讼"と地方官》,载《史潮》第16号(1985),第4—21页;青木敦:《健讼の地域的イメージ——11—13世紀江西社会の法文化と人口移動をめぐって》,载《社会経済史学》第65卷第3号(1999),第3—22页(青木敦后来在该文基础上加以修订,并自己将其译成中文,中译文为〔日〕青木敦:《江西有弹笔之民——宋朝法文化与健讼之风》,载柳立言主编:《近世中国之变与不变》,中国台湾地区"中研院"2013年版,第337—365页);大泽正昭编:《主張する〈愚民〉たち——伝統中国の紛争と解決法》,角川書店1996年版。

③ 〔日〕夫马进:《明清时代的讼师与诉讼制度》,范愉、王亚新译,载〔日〕滋贺秀三等著,王亚新、梁治平编:《明清时期的民事审判与民间契约》,法律出版社1998年版,第389—430页(该文的日文原稿,载梅原郁编:《中国近世の法制と社会》,京都大学人文科学研究所1993年版,第437—483页);〔日〕中岛乐章:《明代乡村纠纷与秩序:以徽州文书为中心》,郭万华、高飞译,江苏人民出版社2010年版(日文原书最初出版于2002年);〔日〕山本英史:《健讼的认识和实态——以清初江西吉安府为例》,阿风译,载中国政法大学法律史学研究院编:《日本学者中国法论著选译》(下册),中国政法大学出版社2012年版,第576—601页(该文的日文原稿,载大岛立子编:《宋—清代の法と地域社会》,东洋文库2006年版,第170—212页);小川快之:《伝統中国の法と秩序—地域社会の視点から—》,汲古書院2009年版(该书后被译为中文,收入〔日〕小川快之:《传统中国的法与秩序:从地域社会的视角出发》,赵晶编译,台北元华文创股份有限公司2018年版,第1—118页)。

进行了细致的考察，①还组织了多位中日学者，专门针对从汉代至民国时期的诉讼社会史共同展开跨越历史断代的纵向研究，并在后来正式出版了一部专题论文集。②

大致自20世纪80年代后期以来，一些中国学者也逐渐重视起宋代以来不少史料当中皆有出现的关于"健讼之风"的记载。就对宋代"健讼之风"的研究而言，自郭东旭在1988年专门撰文讨论宋代的讼学、讼师和讼风后，③陈景良、许怀林、刘馨珺、翁育瑄、牛杰、戴建国、朱文慧、刘昕等学者也都对此有过不同程度的探讨。④ 学界对宋代"健讼之风"的关注在时间上起步较早，且已经积累了一些专题研究成果，相较而言，对元代此方面情况的专门探讨迄今仍相当罕见。不过，近年来也出现了一些值得注意的专题论文，例如郑鹏对元代文献

---

① 〔日〕夫马进：《中国诉讼社会史概论》，范愉译，载〔日〕夫马进编：《中国诉讼社会史研究》，范愉、赵晶等译，浙江大学出版社2019年版，第3—111页；〔日〕夫马进：《清末巴县"健讼棍徒"何辉山与裁判式调解"凭团剖理"》，瞿艳丹译，载《中国古代法律文献研究》（第10辑），社会科学文献出版社2016年版，第395—420页。

② 〔日〕夫马进编：《中国诉讼社会史研究》，范愉、赵晶等译，浙江大学出版社2019年版。

③ 郭东旭：《宋代的诉讼之学》，载《河北学刊》1988年第2期，第39—43页。

④ 陈景良：《讼学与讼师：宋代司法传统的诠释》，载《中西法律传统》（第1卷），中国政法大学出版社2001年版，第202—220页；陈景良：《讼学、讼师与士大夫——宋代司法传统的转型及其意义》，载《河南省政法管理干部学院学报》2002年第1期，第58—66页；许怀林：《宋代民风好讼的成因分析》，载《宜春学院学报》（社会科学）2002年第1期，第50—57页；刘馨珺：《明镜高悬：南宋县衙的狱讼》，五南图书出版公司2005年版，第287—318页；刘馨珺：《南宋狱讼判决文书中的"健讼之徒"》，载《中西法律传统》（第6卷），北京大学出版社2008年版，第165—221页；翁育瑄：《北宋的"健讼"—墓誌を利用して》，载《高知大学学術研究報告》（人文科學編）第56卷（2007），第33—49页；牛杰：《宋代好讼之风产生原因再思考——以乡村司法机制为中心》，载《保定师范专科学校学报》2006年第1期，第45—48页；牛杰：《民讼官——宋代民众对官员的诉讼抗争论略》，载《云南社会科学》2005年第3期，第102—106页；戴建国：《南宋基层社会的法律人——以私名贴书、讼师为中心的考察》，载《史学月刊》2014年第2期，第5—20页；朱文慧：《现实与观念：南宋社会"民风好讼"现象再认识》，载《中山大学学报》（社会科学版）2014年第6期，第91—99页；刘昕：《宋代讼师讼学和州县司法审判研究》，湖南人民出版社2016年版。

中所描述的江南地区"好讼"之风的研究。① 至于从不同的角度讨论明清时期"健讼之风"的学术作品,目前可谓已颇为丰富,且这一学术议题正在逐渐吸引更多的学者加入研究行列。卞利、王振忠、方志远、龚汝富、邓建鹏、陈业新、乔素玲、田东奎、王日根、李朝凯、陈宝良、吴佩林、陈海斌、阿风、王宗勋、肖丽红、王灿、王裕明、刘正刚等多位研究者,各自分析过明清时期全国许多地方(尤其是东南沿海各省和以徽州为中心的地区)不同程度存在的"健讼之风"。② 侯欣一、徐忠明和

---

① 郑鹏:《元代民众诉讼实践中的"诉冤"与"告奸"》,载《西北师大学报》(社会科学版)2017年第4期,第47—55页;郑鹏:《文本、话语与现实——元代江南"好讼"考论》,载《中国史研究》2018年第1期,第117—134页。

② 卞利:《明清徽州民俗健讼初探》,载《江淮论坛》1993年第5期,第55—63页;卞利:《明代徽州的民事纠纷与民事诉讼》,载《历史研究》2000年第1期,第94—105页;王振忠:《老鼠与黄猫儿的官司》,载《读书》1999年第6期,第92—99页;方志远:《明清湘鄂赣地区的人口流动与城乡商品经济》,人民出版社2001年版,第190—203页;方志远:《明清湘鄂赣地区的"讼风"》,载《文史》(第68辑),中华书局2004年版,第107—134页;龚汝富:《江西古代"尚讼"习俗浅析》,载《南昌大学学报》(人文社会科学版)2002年第2期,第67—71、75页;邓建鹏:《健讼与贱讼——两宋以降民事诉讼中的矛盾》,载《中外法学》2003年第6期,第717—734页;邓建鹏:《健讼与息讼——中国传统诉讼文化的矛盾解析》,载《清华法学》(第4辑),清华大学出版社2004年版,第176—200页;陈业新:《明清时期皖北地区健讼风习探析》,载《安徽史学》2008年第3期,第101—110页;乔素玲:《从地方志看明清广东的水权纷争及其解决》,载《中国地方志》2008年第9期,第44—48页;田东奎:《健讼与明清水权诉讼》,载《政法论坛》2009年第5期,第170—173页;王日根、江涛:《清代安徽士人健讼与社会风气——徐士林〈守皖谳词〉的解读》,载《中国社会经济史研究》2009年第2期,第67—70页;李朝凯:《清代台湾的诉讼风气》,载《暨南史学》第12期(2009),第1—58页;陈宝良:《从"无讼"到"好讼":明清时期的法律观念及其司法实践》,载《安徽史学》2011年第4期,第21—26页;吴佩林:《清代县域民事纠纷与法律秩序考察》,中华书局2013年版,第126—196页;陈海斌:《清代赣南民风健讼问题研究》,载《嘉应学院学报》2014年第9期,第21—28页;阿风:《明清徽州诉讼文书研究》,上海古籍出版社2016年版,第165—254页;王宗勋:《好讼与无讼:清代清水江下游两种不同权利纠纷解决机制下的区域社会》,载《贵州大学学报》(社会科学版)2016年第6期,第88—95页;肖丽红:《区域法律社会史视角下的地方志研究——以清代福建省地方志"既健讼又畏讼"的矛盾记述为例》,载《福建史志》2017年第2期,第21—25页;王灿:《从互控文书看明清徽州健讼之风》,载《安徽大学学报》(哲学社会科学版)2018年第6期,第18—23页;王裕明:《两宋以降徽州健讼之风的演进》,载《徽学》(第15辑),社会科学文献出版社2021年版,第80—94页;刘正刚、李东霖:《明成化时期江西"好讼"现象与社会转型——基于条例的考察》,载《学术研究》2021年第7期,第136—144页。

杜金分别通过对地方志中有关诉讼风气之记载的梳理和统计分析,探讨了"健讼之风"在清代全国范围内的区域性分布概况,并力图解释其成因。① 李艳君、伍跃、魏顺光、柳岳武等人侧重以清代司法档案中的某些具体案例作为素材,展示了"健讼之风"在清帝国境内某个具体区域(例如巴县)中的盛行。② 邱澎生、林乾和张小也等人则主要考察了讼师对明清时期"健讼之风"的推波助澜之作用。③

在英语学术界,自20世纪90年代中期以来,也有数位学者对清代中国一些地方存在的"健讼之风"有所关注。梅利莎·麦柯丽(Melissa Macauley)在1994年发表的一篇英文论文中,论述了清代东南沿海各省存在的"健讼之风"与当地各级衙门的积案问题,她后来在1998年出版的一本关于明清时期讼师的英文专著中,也主要在上文

---

① 侯欣一:《清代江南地区民间的健讼问题——以地方志为中心的考察》,载《法学研究》2006年第4期,第150—160页;徐忠明、杜金:《清代诉讼风气的实证分析与文化解释——以地方志为中心的考察》,载《清华法学》2007年第1期,第96—104页。

② 李艳君:《清人的健讼与缠讼——以〈冕宁县清代档案〉吴华诉谢昌达案为例》,载《大理学院学报》2012年第1期,第70—75页;伍跃:《必也使有讼乎——巴县档案所见清末四川州县司法环境的一个侧面》,载《中国古代法律文献研究》(第7辑),社会科学文献出版社2013年版,第380—410页;魏顺光:《清代中期的"藉坟滋讼"现象研究——基于巴县档案为中心的考察》,载《求索》2014年第4期,第159—163页;柳岳武、蒲欢:《清代巴县水案与地方健讼研究——以〈巴县档案〉所见堰塘争水讼案为中心》,载《西南大学学报》(社会科学版)2021年第1期,第184—195页。

③ 邱澎生:《以法为名:讼师与幕友对明清法律秩序的冲击》,载《中西法律传统》(第6卷),北京大学出版社2008年版,第222—277页(该文原载中国台湾地区2004年出版的《新史学》第15卷第4期);邱澎生:《十八世纪清政府修订〈教唆词讼〉律例下的查拿讼师事件》,载《"中研院"历史语言研究所集刊》第79本第4分(2008),第637—682页;林乾:《讼师对法秩序的冲击与清朝严治讼师立法》,载《清史研究》2005年第3期,第1—12页;林乾:《从叶墉包讼案看讼师的活动方式及特点》,载《北大法律评论》(第10卷第1辑),北京大学出版社2009年版,第6—24页;林乾:《刑部郎中成"讼棍"——嘉、道严惩"讼师"的扩张解释》,载《南京大学法律评论》(2015年秋季卷),法律出版社2015年版,第85—108页;林乾:《一个讼师家庭的两代上诉史》,载《中国古代法律文献研究》(第8辑),社会科学文献出版社2014年版,第398—420页;张小也:《健讼之人与地方公共事务——以清代漕讼为中心》,载《清史研究》2004年第2期,第83—91页;张小也:《清代的地方官员与讼师——以〈樊山批判〉与〈樊山政书〉为中心》,载《史林》2006年第3期,第50—55页。

的基础上就此设置了专节文字进行讨论。① 黄宗智在1996年出版的英文专著中,通过对一些清代司法档案的深入研究,挑战了那种认为清代地方衙门当中民事讼案(所谓的"细事词讼")不多的旧有看法,主张州县衙门处理的民事讼案远比我们之前想象的要多得多,且那些诉讼当事人大多数都是普通民众。②

上述针对"健讼之风"进行不同程度的史实描述与现象分析的作品,有助于加深我们对从宋代至清代的司法运作和社会实态之认识,由此不仅推动了社会史和法律史研究内部的历史叙事转变,而且还影响到其他学科的一些研究者的认识。③ 例如,法社会学研究者范愉借助法律史学界的此类研究成果,通过分析"无讼社会"与"诉讼社会"(litigious society)这两种理想类型所显示出来的纠纷解决之规律,力图从中国历史的经验教训中寻求解决当代社会问题的重要启示。④ 另一位法社会学研究者郭星华则从抑讼力度之变化的角度切入,强调"'厌讼'与'好讼'的矛盾与抑讼力度有关,任何一个维度上抑讼力

---

① Melissa Macauley, "Civil and Uncivil Disputes in Southeast Coastal China, 1723-1820", in Kathryn Bernhardt and Philip C. C. Huang (eds.), *Civil Law in Qing and Republican China*, Stanford, California: Stanford University Press, 1994, pp. 85-121; Melissa Macauley, *Social Power and Legal Culture: Litigation Masters in Late Imperial China*, Stanford, California: Stanford University Press, 1998, pp.59-69(该书的中译本为〔美〕梅利莎·麦柯丽:《社会权力与法律文化:中华帝国晚期的讼师》,明辉译,北京大学出版社2012年版)。

② Philip C. C. Huang, *Civil Justice in China: Representation and Practice in the Qing*, Stanford, California: Stanford University Press, 1996. 该书的中译本为〔美〕黄宗智:《民事审判与民间调解:清代的表达与实践》,刘昶、李怀印译,中国社会科学出版社1998年版。此中译版后由上海书店出版社在2001年改以《清代的法律、社会与文化:民法的表达与实践》之名重版。

③ 不过同时也要看到的是,关注并意识到此类研究成果之学术价值的法社会学研究者,由于学术训练背景的特点所限,并不擅长在史料搜集上进行实质性拓展和做必要的辨析,以至于在利用此类研究成果展开自己的分析时,有时无法对前者所下的那些判断进行检视和保持必要的反思。

④ 范愉:《诉讼社会与无讼社会的辨析和启示——纠纷解决机制中的国家与社会》,载《法学家》2013年第1期,第1—14页。

度的减弱都可能导致诉讼社会的出现",进而思考在推进现代中国法治建设的同时,如何尝试批判性地借鉴中国传统诉讼文化中的有益成分。①

综观学界关于"健讼之风"的已有研究,可以发现业已取得了许多值得称道的学术成就,但仍有不少有待进一步推进的地方。此外,一些研究成果当中尚存在某些需要反思和检讨的问题。

首先,近年来已有一些学者对此方面的研究成果进行了梳理,但主要只是通过简单列举相关研究作品的方式予以粗线条展示,抑或从宏观角度就"无讼说""好讼说"和"折中说"(或称"混合说")分别给予简评,②罕有结合中外学界自20世纪80年代以来的学术潮流变化、史料利用范围拓展、研究视角转换等相关背景,针对当代学者在不同时期围绕此主题撰写的代表性成果,从方法论角度进行过系统梳理和深入总结。

其次,有的学术作品在讨论此主题时,存在着一些混淆误解、矫枉过正的看法。例如,有研究者以"无讼"理想在中国古代现实社会中难以完全达致为理由,否认"无讼"理想作为意识形态对当时制度构建的重要影响,激进地认为"所谓中国传统社会存在'无讼'的'法律文化价值观'的论断,应该说是一个由学术话语制造的'神话',是对中国传统社会的一种误读"。③ 这种观点,显然低估了"无讼""息讼"之类的意识形态内容在中国传统社会当中的实际影响力。

---

① 郭星华:《无讼、厌讼与抑讼——对中国传统诉讼文化的法社会学分析》,载《学术月刊》2014年第9期,第92—94页。
② 徐忠明、杜金:《清代诉讼风气的实证分析与文化解释——以地方志为中心的考察》,载《清华法学》2007年第1期,第90—92页;王忠春:《清代无讼思想研究——以秩序建构为视野》,南开大学2010届博士学位论文,第7—14页。
③ 程宗璋:《中国传统社会"无讼观"再认识》,载《中华文化论坛》1999年第3期,第98页。

再次,一些研究者将史料文献中那些关于"健讼之风"的文字描述,直接视作对当地其时诉讼状况的完全如实反映,而并没有意识到"史料记载的一些情况能在多大意义上反映历史现实,还有待深究",①尤其是未能充分注意到官员和士大夫们对"健讼之风"的描述常常"是一个基于道德和现实层面的价值判断"。② 正如有学者已经指出的那样,一些日本学者尽管意识到"'健讼'未必就是实态,而是某些司法官或评论者的主观认识",但他们在具体行文论证的过程中,却"都将江西的'健讼'当作'实态',而不触及书写者的主观感受问题"。③ 此种对待史料之方法的缺陷,在依据地方志中关于诉讼风气的记载进行研究的学术作品当中尤其容易出现。有学者在进行此类研究时明确指出,"地方志对于好讼与否的描述,在很大程度上只能代表作者的一种感受和价值评判,而不能完全坐实",④但仍有另一些学者根据某些地方志当中"狱讼繁兴""多健讼之流""讼牍甚繁"之类的文字描述,来直接认定当地存在"健讼之风"。⑤

复次,不少先行研究成果得出的结论在学术视野上常常两极分化,要么显得过于地方化,以至于最终呈现的实际上只是具体某地历史上的诉讼图景,要么将一些通过研究局部地区得来的认识,强行提升为某种宏观而论的整体性判断。就学术视野过于地方化这一缺陷而言,由于有相当数量的此方面研究成果乃是针对从宋代到清代当中的某一时段、某一特定地区展开探讨,故而其所得出的最终研究结

---

① 索站超:《"无讼"之理想与"健讼"之现实——对我国传统法律文化悖论的反思》,载《理论月刊》2012年第11期,第115页。
② 吴佩林:《清代地方社会的诉讼实态》,载《清史研究》2013年第4期,第40页。
③ 赵晶:《中国传统司法文化定性的宋代维度——反思日本的〈名公书判清明集〉研究》,载《学术月刊》2018年第9期,第160页。
④ 徐忠明、杜金:《清代诉讼风气的实证分析与文化解释——以地方志为中心的考察》,载《清华法学》2007年第1期,第102页。
⑤ 胡瀚:《人口与诉讼风气关联性的定量分析——以〈秦疆治略〉所载数据为中心的考察》,载《陕西理工大学学报》(社会科学版)2020年第3期,第55—61页。

论,在其他一些学者看来基本上仅具有地方史中的"地方"意义,还很难上升到区域史中所说的"区域"层面,更加不用说与更大空间内总体历史叙事的其他各方面进行深度整合。举例来说,从学术成果的数量来看,学界对宋代以来徽州地区"健讼之风"的专门研究为数甚多,但纵观其中的不少研究作品,常常可以明显感觉到,其基本上最终只是描述了徽州地区历史上存在此种现象而已。这种缺陷,与徽学研究如今正在遭遇的一大困境有着密切的关系,即"徽学研究的地方史色彩日益浓重,碎片化倾向日趋明显"。① 但是,存在此方面缺陷的,并不只有一些研究徽州地区"健讼之风"的作品。就从局部性认识向整体性判断的"惊险一跃"中存在的问题而言,一些学者明确将明末以后的传统中国社会形容为"诉讼社会",② 或者直接声称"明清时期已经形成一个好讼社会",强调当时正在"从乡土社会逐渐向好讼社会转变",③ 诸如此类整体下一个质性判断的说法,容易误导今天的读者以为当时全国各地民众皆"健讼"。其他一些学者虽然没有直接给出与上述说法相类似的宏观质性判断,但其提问的方式,即"清代社会的诉讼风气究竟是'厌讼'还是'健讼'",仍然显露出试图以一地之研究来尝试回答整体性问题的学术焦虑。④

---

① 梁仁志:《从地方史到区域史——关于徽学研究的反思》,载卜宪群主编:《中国区域文化研究》(第1辑),社会科学文献出版社2019年版,第34页。
② 〔日〕夫马进:《明清时代的讼师与诉讼制度》,范愉、王亚新译,载〔日〕滋贺秀三等著,王亚新、梁治平编:《明清时期的民事审判与民间契约》,法律出版社1998年版,第411页;〔日〕夫马进:《讼师秘本〈萧曹遗笔〉的出现》,载〔日〕寺田浩明主编:《中国法制史考证·丙编第四卷·日本学者考证中国法制史重要成果选译·明清卷》,郑民钦译,中国社会科学出版社2003年版,第490页。
③ 陈宝良:《从"无讼"到"好讼":明清时期的法律观念及其司法实践》,载《安徽史学》2011年第4期,第21、23页。更详尽的版本,参见陈宝良:《"乡土社会"还是"好讼"社会?——明清"好讼"社会之形成及其诸面相》,何东译,载〔日〕夫马进编:《中国诉讼社会史研究》,范愉、赵晶等译,浙江大学出版社2019年版,第227—262页。
④ 魏顺光:《清代中期的"藉坟滋讼"现象研究——基于巴县档案为中心的考察》,载《求索》2014年第4期,第163页。

最后，先前具体研究过"健讼之风"的学者多是来自历史学界，或者当下学科分类意义上所称的法律史学界（名义上被归入法学界，但实际上，其中的大多数研究者对史学旨趣的追随，常常远远大于对法学的认同），虽然时常可见到有人打出社会史或者法律社会史的旗号，但受研究者自身知识背景之特点的影响，除了个别学者，很少有人明确结合社会科学理论加以探讨并与之进行深入对话，然后在此基础上概括提炼具有跨学科启发性的"中层概念"及理论命题。本书第一章将从方法论上对此种学术缺憾进行专门的反思。也正因为如此，从总体来看，那些讨论过"健讼之风"的已有研究成果的主要读者，基本上限于历史学界内部的社会史研究者，以及中国法律史学界当中主要以宋代至清代为研究时段的一部分学者，而不易在上述两个同行研究者群体之外引起较多的学术关注。

本书所做的研究，旨在立足于充分吸收学界已有成果并与之展开深入对话的基础上，首先搜集更多类型的史料记载进行相互对勘和多角度分析，然后将"健讼之风"放置在一个受相关社会科学理论启发而形成的分析框架内展开探讨，挖掘"健讼之风"作为一种话语其背后反映出的复杂面向，进而希望不仅能够推动对此方面史实的实证研究，而且尝试提炼社会科学意义上的分析框架和理论命题，以及同时概括出某种具有学术延展性的研究方法。

第二节 研究思路

一、方法、旨趣与核心概念

学界通常认为，瞿同祖在20世纪上半叶开创了"法律社会史"这一研究进路。在以往那些关于"健讼之风"的研究作品当中，有不少学者明确自言其作品采用了"法律社会史"研究方法,又或者往往被其他学界同行归入"法律社会史"研究的行列。然而本书第一章的具体分析将指出,从研究方法的具体特点来看,先前那些探讨过"健讼之风"的学术作品,绝大多数其实都属于历史学意义的社会史进路在此主题研究上的具体展开,而与瞿同祖当年所践行的那种"法律社会史"范式(我在本书中称之为"瞿同祖范式")大有不同。进而言之,当下学界许多以"法律社会史"为旗号的研究成果所说的"社会",实际上主要是被当作一种相对于"国家"而言的视界或对象;而瞿同祖当年创立的那种"法律社会史"范式,在方法论上呈现出以"功能主义"为底色的理论化特点,其中所说的"社会",并不仅仅是被作为对象范围意义上的视界加以强调,更重要的,它还有一层社会学意义上的关怀在里面,亦即运用社会学的理论和方法,从社会层面展开对法律现象的研究。

质言之,瞿同祖所开创的"法律社会史"范式,其真正的要义,实际上并不在于发展出了又一个类似于"经济史""政治史""文化史"之类主要按照研究对象的领域范围进行细分的史学新分支,而是在于运用社会学的方法来研究中国古代法律及其相关社会现象,旨在对中国历史当中的法律及其相关社会现象提供一种社会学意义上的解释。也因此,瞿同祖的"法律社会史"范式,其实与通常所说的史学研究(包括当下许多学者所说的社会史研究)存在颇大的差别。瞿同祖的"法律社会史"范式也重视对史料的搜集和运用,但并非像许多史学作品那样最终停留于追求对史实的复原性叙述。此特点与瞿同祖自身的学术训练背景有直接的关系。他晚年时在访谈中明确表示,"我当时在燕京大学上的是社会学系,想用社会学的方法和观点去研究中国传统社会。我的导师吴文藻和杨开道也鼓励我作这方面的研究。他们认为有价值,而且我这方面也有基础。于是我决心以社会史为专业,试图用社会学和社会人类学的观点和方法来研究中国社会史,希望能作出一点成绩来"。①让人感佩的是,社会学出身的瞿同祖,不仅在史料利用上远远超过了许多科班出身的史学研究者,②还开创出一种既借鉴了史学研究的优点、又丰富了社会科学之认识的新的研究范式。

瞿同祖曾专门谈及自己与其他研究法律史的学者在学术进路方面的主要区别。他说:"我写作、研究法制史的过程,与一般的研究者恰好相反。一般研究者是先研究法制史,然后找资料,参考外国的著作;我是先阅读外国学者的著作,从中受到启发,形成一定的方法论,然后开始研究法制史,写作有关法制史的著作。"③这种学术进路方面的不同,实际上与社会科学和历史学各自在训练本学科未来研究者时通常采用的方式不同有关。按照历史社会学家小威廉·休厄尔(William H. Sewell)的描述,"社会科学的研究生在学术生涯之初都要先学习本学科的理论和(或)研究方法;而历史学研究生的理论和研究方法基本都是纯粹的选修课程(如果有的话)",按照惯常的做法,对于历史学的研究生们来说,最重要的是"学习使用原始资料和撰写历史叙事,而不是掌握本领域的理论和清晰的方法论以成为一名历史研究者"。④

---

① 王健:《瞿同祖与法律社会史研究——瞿同祖先生访谈录》,载《中外法学》1998年第4期,第17页。着重号系我所加。
② 例如瞿同祖的学术代表作之一《清代地方政府》,全书所引用的史料据统计多达460余种,具体包含了官箴书、政书、诏谕、律令、条例、方志、野史等众多不同类型的文献,所利用史料的丰富性程度至今仍让人叹为观止。参见范忠信:《瞿同祖先生与中国地方政府传统研究——2003年初版译者序》,载瞿同祖:《清代地方政府》,范忠信、何鹏、晏锋译,新星出版社2022年版,第16—17页。
③ 瞿同祖、赵利栋:《为学贵在勤奋与一丝不苟——瞿同祖先生访谈录》,载《近代史研究》2007年第4期,第152页。
④ 〔美〕小威廉·休厄尔:《历史的逻辑:社会理论与社会转型》,朱联璧、费滢译,上海人民出版社2021年版,第4页。

需要指出的是,前述瞿同祖所说的"参考外国的著作""阅读外国学者的著作",并不能被理解为供我们僵化地依样效仿的一种读书写作方式,而应当被看作他在强调需要自觉带着社会科学意义上的方法论意识利用史料展开研究。在瞿同祖写作其学术代表作之一《中国法律与中国社会》的20世纪30年代末和40年代前期,由于社会科学的理论和方法几乎全靠从西方学术界引进,故而"参考外国的著作""阅读外国学者的著作"在当时便成为研究者们养成社会科学意义上的方法论意识的不二选择。而随着中国学术界自身在社会科学研究领域的积累和发展,西方的社会科学理论和方法,虽然仍有许多值得我们借鉴学习之处,但如今已不再是我们形成社会科学意义上的方法论意识时唯一的智识来源。今天要想养成社会科学意义上的方法论意识,国内社会科学界的一些出色研究成果同样值得参考。①

总的来说,瞿同祖所开创的那种后来被人们称作"法律社会史"的研究范式,高度重视从社会科学当中汲取学术营养,注重在形成一定的方法论意识后,再深入研究古代法律及其相关社会现象。就此而言,瞿同祖所践行的"法律社会史"范式,与日本的中国历史学家沟口雄三后来所说的"赤手空拳地进入中国的历史"之主张明显有别。②

本书将勉力追随"瞿同祖范式"的学术旨趣,并不以单纯回到中国古代的历史现场去复原有关"健讼之风"的史实作为最终目的,而是重在带着社会科学意义上的理论关怀,去剖析当时那些关于"健讼之风"的史料记载背后潜藏着的一些重要理论问题,希望从历史的维度推进我们对于传统中国的法律、社会与国家的深入认识。易言之,

---

① 就我阅读的感受而言,国内学术界近年来的一些历史社会学论著给人印象颇深。
② 〔日〕沟口雄三、〔日〕小岛毅主编:《中国的思维世界》,孙歌等译,江苏人民出版社2006年版,"序言",第5页。

我在本书中想要完成的主要学术工作,并非一头扎进故纸堆当中展开寻章摘句式的考据,而是更关注从"健讼之风"之类的文字书写背后,发掘出一些在我看来有着理论启发性的问题并进行深入分析。尽管本书在史料搜集和利用方面自问下了许多功夫,但我并不打算只是将那些辛苦搜集得到的史料文献当作"博物馆中的历史收藏物"进行展示,而是力图利用这些史料文献去论证某些具有理论意涵的问题。就此而言,本书的自我定位并非一份传统的法律史研究,甚至也不是今天一些学者所说的那种其实已然与"瞿同祖范式"存在很大差别的"法律社会史"研究。毋宁说,本书在研究方法上所尝试的是一种法律和社会研究的历史进路。从本书致力于发掘"健讼之风"的话语主要是受哪些因素影响而形成以及又影响到哪些方面来说,它亦可被视作大致属于法社会学巨匠劳伦斯·弗里德曼(Lawrence M. Friedman)所说的"法律与社会"研究当中的"影响研究"那一类型。①

为了让前述方法论上的追求能在具体研究过程中落到实处,同时也为了更有针对性地克服前文中所概括的以往关于"健讼之风"的研究中存在的理论分析之不足,本书注重从相关的社会科学理论当中汲取思想灵感,包括但不限于瞿同祖当年深受其影响的社会学传统中的"功能主义"理论及其视角。具体而言,除此之外,本书还从福柯(Michel Foucault)、艾森斯塔得(S. N. Eisenstadt)、阿尔都塞(Louis Althusser)、布迪厄(Pierre Bourdieu,又译为布尔迪厄)、黄宗智等前辈大家那里获益良多。在他们所提出的一些社会科学概念和理论的启发下,本书将传统中国历史文献中那些关于"健讼之风"的描述视作

---

① 在弗里德曼所做的概括当中,"影响研究"中所说的"影响",指的是"与特定法律、规则、原则或机构存在某种程度的因果关系的行为"。参见〔美〕劳伦斯·弗里德曼:《碰撞:法律如何影响人的行为》,邱遥堃译,侯猛校,中国民主法制出版社2021年版,第3页。

一类充斥着权力关系的话语,认为此种话语所展现的更多是一种表达性现实,而不能被直接当作对其时历史社会现状的完全如实反映,然后挖掘此类话语当中潜藏着的主、客观不同面向,尤其注重追问主要是哪些主体基于何种目的对"健讼之风"进行话语书写和传播,以及为了强化"健讼之风"话语的某些预期功能,这些主体又运用了其他哪些话语来加以配合,并采取了哪些在其看来具有针对性的实践行动。借用诺曼·费尔克拉夫(Norman Fairclough)将语言分析和社会理论加以结合所总结出来的话语分析之三维框架(即区分文本向度、话语实践向度和社会实践向度),中国古代历史文献中那些关于"健讼之风"的描述,在本书中将"被同时看作是一个文本,一个话语实践的实例,以及一个社会实践的实例"。①

在这里,有必要专门针对上文中提及的主要理论概念和核心术语进行说明。这涉及一个术语和两对概念。它们将共同构成本书用来搭建自己的理论分析框架的基石。

"话语"是本书在展开论述时贯穿始终的一个核心术语。对当代社会科学理论有所了解的人应该都知道,"话语"(discourse)这一术语最初是作为一个语言学概念而出现,但后来学者们对其的运用逐渐从语言学领域扩展到社会科学的诸多领域,从而使得该概念原先的意涵被大大突破,其中以福柯独树一帜的话语理论最为著名。福柯在学术界影响深远的话语理论,乃是他在《词与物》《疯癫与文明:理性时代的疯狂史》《临床医学的诞生》《知识考古学》《话语的秩序》《规训与惩罚》《性经验史》等一系列学术作品中,对"话语"概念进行

---

① 〔英〕诺曼·费尔克拉夫:《话语与社会变迁》,殷晓蓉译,华夏出版社2003年版,第4页。

发展而一步步丰富起来的。①

需要注意的是,福柯笔下所使用的"话语"一词,并不存在自始自终完全相同的内涵,而是既有延续性,又有重要的发展变化。有学者将福柯在其不同时期的著作中所使用的"话语"概念,按照"话语"功能的不同展示方式分为四种类型,即位于"话语—世界"层面的话语、位于"话语—话语"层面的话语、位于"话语—权力"层面的话语和位于"话语—自我"层面的话语。其中,位于"话语—世界"层面的话语,是指将外部世界整理为秩序,并在其中展示出构建话语对象之功能的话语;位于"话语—话语"层面的话语,是指在话语网络的形成和话语实践中,展示出话语控制之功能的话语;位于"话语—权力"层面的话语,顾名思义,是指与福柯意义上的权力密切纠缠在一起的,作为权力得以实现或形成的可能性条件的话语;位于"话语—自我"层面的话语,则是指个体用来进行自我塑造的话语。②

本书受福柯从上述四个层面对"话语"概念所做的运用的启发,认为清代文献中所称的"健讼之风"乃是一个不断地被"健讼之风"话语加以建构的对象,而"健讼之风"话语不仅发挥着特定的话语控制

---

① 参见〔法〕米歇尔·福柯:《词与物:人文科学的考古学》,莫伟民译,上海三联书店 2016 年版;〔法〕米歇尔·福柯:《疯癫与文明:理性时代的疯癫史》(修订译本),刘北成、杨远婴译,生活·读书·新知三联书店 2019 年版;〔法〕米歇尔·福柯:《临床医学的诞生》,刘北成译,译林出版社 2011 年版;〔法〕米歇尔·福柯:《知识考古学》,董树宝译,生活·读书·新知三联书店 2021 年版;〔法〕米歇尔·福柯:《话语的秩序》,载许宝强、袁伟编:《语言与翻译的政治》,肖涛译,袁伟校,中央编译出版社 2001 年版,第 1—31 页;〔法〕米歇尔·福柯:《规训与惩罚:监狱的诞生》,刘北成、杨远婴译,生活·读书·新知三联书店 2019 年版;〔法〕米歇尔·福柯:《性经验史》(增订版),佘碧平译,上海人民出版社 2005 年版。有学者细致梳理了福柯不同时期对"话语"概念的使用在具体内涵上所经历的微妙变化,并指出,如果说福柯在《词与物》一书中,是将"话语"作为对那种展示出某种外在功能的符号系统的称呼加以使用,那么到了《规训与惩罚》一书当中,福柯在讨论话语的功能性时,则专门强调话语与权力相互缠绕,作为权力的可能性条件而起作用。参见吴猛:《福柯话语理论探要》,九州出版社 2010 年版,第 75—118 页。

② 吴猛:《福柯话语理论探要》,九州出版社 2010 年版,第 41—118 页。

功能(从反面界定什么才是符合当时主流意识形态的关于诉讼的"正确"看法),而且也是潜藏于此种"正确"看法背后的权力关系得以实现的条件(这种权力关系的一侧是官员和士大夫,另一侧则是社会大众),在有的时候,官员们还会利用"健讼之风"话语,在其上司面前微妙塑造自己并非懈怠其职的地方主政者的形象。

除了"话语"这一核心术语外,本书还将借助于两对重要概念展开分析。

第一对概念是"表达性现实"(representational reality)与"客观性现实"(objective reality)。这对概念的区分,最早由黄宗智在1995年发表的一篇英文论文中提出。黄宗智受福柯的话语理论启发,并立足于自己对"表达"与"实践"这对概念之关系的独到理解和运用,认为"表达性现实"与"客观性现实"既可能相一致,也可能相背离。① 不过,与同样是由黄宗智提出的另一对概念——"表达"与"实践"——后来在中国学术界引发了其他学者大量的效仿使用相比,迄今很少看到有学者明确将"表达性现实"与"客观性现实"这对概念作为分析框架予以使用。② 事实上,黄宗智本人在提出"表达性现实"与"客观性现实"这对概念后,也很少再予专门使用,他更多使用的还是"表达"与"实践"那对概念。

本书受黄宗智提出的"表达性现实"与"客观性现实"这对概念的

---

① Philip C. C. Huang, "Rural Class Struggle in the Chinese Revolution: Representational and Objective Realities from the Land Reform to the Cultural Revolution", *Modern China*, Vol. 21, Issue 1(1995), pp. 105-143. 中译文为〔美〕黄宗智:《中国革命中的农村阶级斗争:从土改到文革时期的表达性现实与客观性现实》,载《中国乡村研究》(第2辑),商务印书馆2003年版,第66—95页。

② 管见所及,明确借用"表达性现实"与"客观性现实"这对概念作为其主要分析框架的学术论文,只有张志平:《建构和迷恋表达性现实——浩然小说的真实性及相关问题》,载《社会科学》2010年第8期,第163—172页;曲晓鹏、邵通:《乡村传统与妇女解放的纠葛——兼论表达性现实与客观性现实之间的偏差》,载《山西师大学报》(社会科学版)2014年第2期,第134—138页。

启发,认为清代文献中那些关于"健讼之风"的书写其实是在建构一种表达性现实,而并非对客观性现实的完全如实反映。本书对这对概念的运用,与黄宗智的做法亦有一些不同。黄宗智运用"表达性现实"与"客观性现实"这对概念展开分析时,主要是在强调二者之间可能存在的裂缝和距离。而本书除了看到二者之间存在的背离之外,同时还认为,许多人选择如何行为,其实会受到某种被建构出来的特定的表达性现实之影响。易言之,一种具体的表达性现实并不只是单纯作为被建构的产物而存在,而是也有着通过建构某种特定的意识形态进而影响更多人的行为的微妙功能。结合本书讨论的话题具体来说,清代文献中的"健讼之风"话语所建构出来的那种表达性现实的主要内容(例如认为词讼纷繁主要乃至完全是由于讼师挑唆民众打官司所致),又反过来会被官员和士大夫们作为采取某种特定的针对性行动的最主要依据(认为只要对讼师严加打压,便能平息"健讼之风"),尽管此种行动策略所收到的成效实际上并不大(词讼规模总体上仍在扩大)。清代的大多数官员与士大夫们在治理"健讼之风"时,之所以以此种与客观性现实之间存在偏差的表达性现实作为其决策依据,则是由于该表达性现实的内容与儒家政治哲学中的一种重要观念相契合,即认为寻常百姓并非独立自主的个体,他们的行事会在很大程度上受某些不普通之人的引导,而这些不普通之人既可能是作为道德化身的谦谦君子,也可能是诡计多端的阴险小人。儒家所秉持的这种政治哲学观念,同时也是清代的国家意识形态当中关于诉讼的那部分看法的重要组成部分,它相信,只要没有了讼师的教唆,那么那些回归到官府教化之中来的百姓们,就不会主动到衙门提起诉讼。

第二对概念是"制度资源"与"话语资源"。我在本书中所说的"制度资源",是指在官方制度框架内可供利用的各类实体性资源,包括国家正式的制度规定、官方长期奉行的半制度性做法、官方所掌握的人力资源和财力资源等;所谓的"话语资源",则是指那些可被不同的主体用来表达某种具有象征意义的评价倾向,并因此能够产生某些特殊的外在功能的话语内容及其言说方式。在本书当中,这对概念将被用来分析在"健讼之风"话语所对应的那种结构(structure)当中(既包括客观性结构的一面,也包括表达性结构的另一面),各方具有能动性(agency)的行动者,尤其是占据强势地位的官员和士大夫们,是如何对自己可利用的"制度资源"和"话语资源"进行操控的,以及此种操控又产生了什么样的实际效果。这对概念与艾森斯塔得提出的"自由流动的资源"(free-floating resources)有一定的相似性,但也有许多的不同。艾森斯塔得所说的"自由流动的资源",是指一种"业已不再混溶于或者首先从属于任何基本的先赋—特殊主义的群体之内"的"人力和经济资源、政治支持和文化认同的资源",[①]而在本书所说的"制度资源"与"话语资源"当中,虽然有一些是官民皆可自由利用的,例如第九章中讨论的"讼师恶报"话语,但也有许多则只有某个先赋—特殊主义的群体才可掌控,例如本书第六章中讨论的全国知县职位的设置总数,以及第七章中所聚焦的州县官实际任期。

二、章节架构

除导言与结语外,本书的主体部分共分为九章。

第一章旨在对学界以往关于中国古代民众诉讼意识的研究成果中存在的一些问题加以梳理和反思。此种方法论意义上的学术反思性工作,在本章中又将分为两方面具体展开。一个方面是对以往不少此类研究成果在思维框架以及概念使用(例如"法律意识""权利意

---

① 〔美〕艾森斯塔得:《帝国的政治体系》,阎步克译,贵州人民出版社1992年版,第30页。

识")上存在的问题加以检讨,另一个方面则是从学术范式的角度指出,目前绝大多数自言运用了"法律社会史"研究方法的此方面学术成果,实际上并非在承继"瞿同祖范式",而主要是来自历史学传统的社会史研究进路在中国古代法律议题上的延伸和展开。职是之故,此类作品在对社会史实的发掘以及事实性描述方面日益丰富和深入,但也往往在分析框架的推陈出新、理论命题的概括提炼等方面力不从心。在我看来,要想克服这一学术缺憾,则需要在借鉴"瞿同祖范式"的学术旨趣之基础上,重构一种兼顾历史真实性和理论启发性的研究范式。

第二章重点讨论作为国家意识形态的儒家道德观与中国传统诉讼文化之间的关系。本章指出,儒家道德观体系中有三个主要的伦理准则——克己、忠恕与中庸——与大传统诉讼文化气质相通。其对中国传统诉讼文化的气质模塑途径,最主要的则有两条,即儒吏们的理讼实践,以及宗族作为阿尔都塞意义上的"意识形态国家机器",[①]通过家法族规对其成员们的潜移默化。本章还参考了比较法文化论的观点指出,儒家道德观根源于以"安足静定"为追求的农耕文明并与之深度契合,而以"无讼""息讼"为价值追求的大传统诉讼文化,亦是对农耕文明这一经济基础的回应。但宋代以降发生的巨大社会变迁,使得儒家道德观无法再像以往那样能够强有力地统摄诉讼文化的不同层面。继方法论反思的第一章之后,之所以紧接着安排该章来讨论"无讼""息讼"理念,是因为在清代,"无讼""息讼"理念仍然是以儒

---

① 阿尔都塞区分了强制性国家机器和意识形态国家机器,认为其根本差别在于前者"以暴力手段"来发挥作用而后者则"以意识形态方式"发挥作用,其中意识形态国家机器表现为诸如教会、党派、工会、家庭、某些学校、大多数报纸等明显祖护强制性国家机器的实体,它们以一些各具特点的、专门化机构的形式呈现在临近的观察者面前。参见〔法〕阿尔都塞:《意识形态和意识形态国家机器(研究笔记)》,载陈越编:《哲学与政治:阿尔都塞读本》,吉林人民出版社2003年版,第334—339页。

家思想为内核的国家意识形态当中最重要的组成内容之一。唯有看到"无讼""息讼"理念在清代此种意识形态当中所具有的政治正确性和地位,才能理解为何会有那么多的官员和士大夫异口同声且言辞激烈地对"健讼之风"进行口诛笔伐。易言之,倘若没有当时意识形态中那种对"无讼""息讼"理念的尊崇和追求,则那些作为其对立面的关于"健讼之风"的描述也将失去意义。

第三章利用众多不同类型的史料进行互勘分析,揭示明清以来全国范围内的不少区域程度不等地呈现出词讼数量激增而非民众普遍"厌讼"的社会景象,并强调当下学界对明清诉讼文化的重思,不仅需要对当时州县衙门所实际面临的词讼压力谨慎估计(史料中通常记载的衙门所收词状的数量,并不能被直接等同于讼案实数,因为这些词状之中往往有大量的是属于针对某一相同案件递交的催呈或投词),而且还应该对明清官方所常用的"细故""鼠雀细事"等称谓的微妙意涵,以及"健讼之风"的区域性差异加以关注。本章特别提醒,片面坚持"厌讼"旧论固然会使我们错失对问题的全面认识,但如果对一些相关史料中的记载不加仔细辨析便转而径自强调"健讼"新说,也容易堕入过犹不及和矫枉过正的陷阱。

第四章和第五章共同围绕一个貌似悖论的现象展开讨论:一方面,清代的许多官员和士大夫们声言其地存在"健讼之风",另一方面,清代的官员和士大夫们往往又宣称打官司的费用非常高昂,乃至会令诉讼当事人倾家荡产。如果当时的诉讼费用果真像他们所说的那般高不可攀,那么为何正如本书第三章所揭示的,当时有不少地方衙门收到的讼案数量相当之多?为了解答这一问题,本书第四章将检视在清代的司法实践中,诉讼费用是否确实都是那么高不可攀且衙门吏役可以向原被两造肆意需索,而第五章则将诉讼当事人视为具有一定的经济理性的行动主体,讨论他们可能会采用哪些诉讼策略,来对讼费的"高昂"程度进行某种化解。

具体来说,第四章将指出,在清代,由于吏役收取司法陋规的做法在各地衙门中广泛存在,打官司的费用对于许多普通民众来说都会是一笔颇大的开销,但也未必皆沉重到让人无法承受。而且,大致从道光年间开始,不少地方衙门各自陆续出台了吏役规费章程,试图对吏役们在承办讼案过程中可收取的规费名目及其数额进行某种程度的规范化和标准化。上述做法的成效不能被高估,但也不能被轻视。第五章则强调,对清代讼费"高昂"程度的重新检视,还需要看到当时有不少当事人采用了一些内含某种经济理性的诉讼策略,例如"图准不图审""官司打半截",又或者多人分摊讼费,从而在不同程度上实际降低了司法陋规所带来的经济压力。本章提醒说,在看到衙门吏役收取司法陋规的普遍性做法所造成的结构性约束的同时,也要看到许多涉讼个体或群体在具体诉讼策略方面展现出某种经济理性。这两章从不同角度切入的讨论共同指向的是,清代那些看似与"健讼之风"话语相矛盾的"讼费高昂"话语,所呈现的同样是一种表达性现实。它既反映出打官司的费用明显给许多涉讼的普通民众造成经济压力的某种客观现实性,又潜藏着官员与士大夫的某些微妙用意,不仅被他们用于建构吏役皆是腐败之辈的整体负面形象,以维护特定的意识形态、利益格局和权力结构,而且被用来劝阻乃至恐吓民众不可轻易兴讼,进而期望能以此来遏制当时总体上正在趋于扩大的词讼规模。

第六章和第七章分别从两个不同的角度聚焦探讨,清代官方对其可利用的制度资源的掌控,在实际效果上构成了对"健讼之风"的有效应对抑或相反。具体来说,第六章从学界以往较少关注的财政制约角度切入,分析清代官方为何始终没有通过明显增设州县官在内的常规官僚职位的方式,来积极应对当时主要由于社会经济日益复杂化和人口渐繁而不断扩大的民间词讼规模,并指出流行于清代官场当中的所谓"健讼"之说,既是对官府理讼能力与民间诉讼需要之间的张力不断拉大这一客观现实的话语呈现,亦是当时的司法/行政体制在制度资源方面逐渐无法有效地应对社会变迁之时,用来弥补其正当性和合理性的一种话语资源。如果说第六章所指出的乃是清代司法/行政体制本身在面对总体不断扩大的民间词讼规模时故步自封的一面,那么第七章则从学界以往在讨论清代"健讼之风"时甚少关注到的一个制度性影响因素切入,即"健讼之风"的加剧与彼时州县官实际任期的长期变化趋势之间可能的内在关联,来展示在清代司法与行政合一的基层官僚体制当中,那些包含官员任期在内的制度资源对社会经济结构变迁之大趋势的回应能力,总体上越来越弱。

第八章和第九章转向关注清代官方在试图应对"健讼之风"时对话语资源的掌控和利用。鉴于讼师在清代官员和士大夫们所建构的那种关于"健讼之风"的表达性现实当中往往被视为致讼之源,这两章将分别围绕两种专门针对讼师整体形象的话语建构展开分析。具体来说,第八章指出,清代官方借助于对"讼师贪利"这一模式化形象的塑造和宣扬,来对民间助讼之人进行整体污名化,试图以此警示民众要远离这一"危险"群体,从而避免更多的诉讼案件被催生出来,以减轻区域性诉讼社会之背景下日趋严峻的压力。第九章则强调,"讼师恶报"的话语模式兼具官方和民间的双重色彩,官方以此来劝诫读书人不要操持讼师营生,希望能有助于从源头上减少既有讼师队伍的后备补充力量,而社会大众则以此来宣泄对某些无良讼师唆讼、借讼谋利的反感,并表达对正义的渴望。

借助于上述章节内容的安排,本书希望能够充分地论述,清代那种由"健讼之风"话语建构出来的表达性现实具有哪些重要的特点,以及就应对"健讼之风"所带来的冲击和压力而言,那些可被清代官方所掌控的制度资源和话语资源,又产生了什么样的实际效果。

第一章　中国传统诉讼文化研究的方法论反思

综观关于中国传统法律文化的学术论著,可以发现,不同的学者虽然对其各自使用的"法律文化"概念的理解不尽一致,①但无论是实际上将法律文化当作类似于"文化"那样的泛化概念,还是有意识地将其限缩在观念之维的层面,在概括中国传统法律文化之典型特征时,通常都会就其在诉讼方面体现出来的所谓特征大书特书。而以往被许多学者认为最能体现中国传统法律文化在诉讼方面之典型特征的,便是耳熟能详的"无讼",以及由其衍生出来的"息讼""厌讼""贱讼""耻讼""惧讼"等具有"家族类似"之特征的概念群。

具体而言,先前的研究常常强调"无讼"是"中国古代法律文化的

---

① 关于"法律文化"的概念界定,中外学界尽管达成了一定的共识,但迄今仍莫衷一是。参见梁治平:《比较法律文化的名与实》,载《法律学习与研究》1986年第8期,第52—53页;张文显:《法律文化的释义》,载《法学研究》1992年第5期,第8—12页;刘作翔:《从文化概念到法律文化概念——"法律文化":一个新文化概念的取得及其"合法性"》,载《法律科学》1998年第2期,第10—19页;高鸿钧:《法律文化的语义、语境及其中国问题》,载《中国法学》2007年第4期,第23—38页;尤陈俊:《"法律文化"概念在中国(1930—1985):一个知识考古学分析》,载《江苏社会科学》2020年第3期,第139—148页。

价值取向和影响悠久的法律传统"。① 一些以中西法律文化比较为研究特色的作品,则往往致力于建构对极性的"理想类型"(ideal type),将"无讼"视为中国传统法律文化特有的价值取向,以之区别于据称是将"正义"作为其价值取向的西方法律文化,并下断言说,"无讼,作为中国传统法律文化的价值取向,实现大同世界最基本的标志,不仅意味着它是中国传统法律文化的终极目标,也启发我们,要理解它的形成,应该从古代中国社会的结构和中国古代文明的特点入手"。② 与此类说法相呼应,"厌讼"亦被视为这一价值取向影响之下形成的社会心理结构。例如有学者明确强调,"对于中国传统社会而言,'和谐'与'无讼'的理想决不是毫无意义的、甚至决不是无足轻重的,它们不但作为一种永恒的理想长驻在中国人(无论是官僚还是百姓)的心中,而且作为一种终极的目标,规定着中国传统诉讼文化的总体发展方向,作为一种最根本的价值取向,引导着各项诉讼机制的建构、规范着各种诉讼活动的进行,并支配着人们的诉讼心理和诉讼观念。……在中国古代的诉讼传统中,最具特色、也最具文化底蕴的,恐怕还是迷漫于社会上下的'厌讼''贱讼'之诉讼心理,以及由此导致的息讼之文化趋向。……'厌讼'、'贱讼'之诉讼心理与'息讼'之文化趋向恐怕是中国传统诉讼文化中最独特、也最怪诞的一面了"。③

随着此方面研究的日益深入,上述这些关于中国传统诉讼文化的看法,如今正在受到冲击和挑战。如同本书导论中的学术史回顾部分业已大致介绍的那样,晚近以来的一些研究成果,从不同的侧面向人们具体展示了一幅幅有异于旧有印象的社会景象,亦即大致从宋代以来,"健讼之风"不同程度地向全国许多地方渐次弥散,一些百姓

---

① 张晋藩:《中国法律的传统与近代转型》,法律出版社1997年版,第293页。
② 张中秋:《中西法律文化比较研究》,南京大学出版社1991年版,第323页。
③ 胡旭晟:《中国传统诉讼文化的价值取向》,载《中西法律传统》(第2卷),中国政法大学出版社2002年版,第173、190、200页。

据称"鼠牙雀角动辄成讼",越来越多的人们正日益被卷入诉讼之中,到了明清时期更是如此。面对不同时期发表、出版的研究成果当中存在的上述观点分歧,厘清其各自借以展开论说的核心范畴、主要方法和思维框架,剖析其利弊得失,是本章力求完成的学术工作。

第一节 对思维框架及其概念使用的检讨

晚近十余年以来,先前那些立基于"理想类型"概括而对中国传统诉讼文化所做的整体性研究,在方法论上受到一些学者的批评。例如陈景良指出,诸如此类深受马克斯·韦伯(Max Weber)的"类型学研究方法"之启发而进行的特征概括,"给人的印象是中国的法律价值取向数千年来没有任何变化,都是'无讼'。其实这大大偏离了中国的历史实际。且不说明、清两个朝代江南地区(如徽州一带)存在着大量好讼、兴讼的事实,即便是宋、元两个朝代,单用'无讼'二字也很难穷尽司法活动中主审法官的功利主义价值蕴涵"。①

针对那些类型化整体判断的更为有力的质疑和颠覆,则来自社会史领域的研究成果。后者以翔实的史料展示了,传统中国时期的诉讼文化绝非"无讼""厌讼""贱讼"之类的语词所能一言以蔽之:至少自宋代以来,延至明清时期,不少区域均呈现出诉讼多发的实况(东南沿海各省、湖南、湖北、江西等地尤为突出);描述、斥责当地民众"健讼""好讼""嚣讼"的措辞,在方志、官箴、判牍等文献中常可见到,地方官府衙门所面对的诉讼案件数量大幅增长而远超其理讼能力。例如,根据对现存巴县档案进行的量化统计研究,清代同治年间,

---

① 陈景良:《反思法律史研究中的"类型学"方法——中国法律史研究的另一种思路》,载《法商研究》2004年第5期,第138—139页。

巴县衙门每年新收的诉讼件数为 1000—1400 件,而这还只是一个表明那些已在官府立案的诉讼件数的"最低限度的数据"。① 即便只是将"无讼""厌讼""贱讼"等视作代表大传统诉讼文化的价值取向,而并非对小传统诉讼文化的事实性描述,也仍然无法完全解释传统中国时期发生在司法领域的某些令人深思的现象。例如,州县官通常被认为深受儒家"无讼"理念的熏陶,但伍跃以巴县档案所见的一则清末案例为具体分析对象,细致地描述了一些地方衙门实际上"希望诉讼能够保持一定的数量,如果有需要,他们自身甚至不惜主动'挑起',或将民间人'诱入'诉讼","'必也使有讼乎'对于维持专制主义统治制度之下的官僚机构运转和各类在官之人的生活是十分重要的"。② 白德瑞(Bradly W. Reed)更为系统地利用巴县档案揭示出,由于人数众多的衙门吏役在主要收入来源方面乃是仰赖于"陋规",并非是从国家领取薪酬,而这些人对于维持衙门公务正常运作而言又是不可或缺的,因此他们在承办诉讼案件的过程中向当事人收取司法陋规,便成为了一套"法外制度"(extrastatutory system)。③ 易言之,对诉讼案件的承办沦为某种财源,这并不能完全归咎于州县官员、书吏和差役的贪欲,而是还有借其维持衙门日常运作经费的经济压力。

本节将从方法论角度,检讨当代的学者从不同进路研究中国传统诉讼文化时可能共同存在的一些问题。无论是先前借助"类型学研究方法"针对中国传统诉讼文化之特质所做的整体性概括,还是晚近以来注重结合丰富的史料发掘传统中国时期有关诉讼的微观社会

---

① 〔日〕夫马进:《中国诉讼社会史概论》,范愉译,载〔日〕夫马进编:《中国诉讼社会史研究》,范愉、赵晶等译,浙江大学出版社 2019 年版,第 76 页。
② 伍跃:《必也使有讼乎——巴县档案所见清末四川州县司法环境的一个侧面》,载《中国古代法律文献研究》(第 7 辑),社会科学文献出版社 2013 年版,第 380—410 页。
③ 〔美〕白德瑞:《爪牙:清代县衙的书吏与差役》,尤陈俊、赖骏楠译,广西师范大学出版社 2021 年版,第 325—400 页。

事实的社会史进路研究,在我看来,皆程度不等地受到了当代法学知识的"西学"特征之影响,从而有可能在某些议题的研讨方向上有意无意地偏离了传统中国的历史现场。有鉴于此,下节将整合法律史、比较法、法理学等相关学科的智识资源,从反思中国传统诉讼文化研究中的常见思维框架及其概念使用这一角度切入,展开讨论。

一、"纵向连缀法"与"视点穿越法"

当一些学者概括出"无讼""息讼""厌讼""贱讼""耻讼""惧讼"等所谓特征,并据此加以申说时,其所采用的研究进路通常有二:其一是就中国传统法律文化自身进行单独研究,以发掘其所谓主要特征的"纵向连缀法",其二则是将之与所谓西方法律文化进行比照,并进而试图提炼出中国传统法律文化作为一种"理想类型"所具有的所谓特征的"视点穿越法"。"纵向连缀法"和"视点穿越法"的区分,乃是高鸿钧针对学界以往那些研究传统法律文化的常用方法和进路所做的概括。按照他的解说,"纵向连缀法"是指"对某个法律传统进行独立研究,发掘其中法律文化的主要特征",而"视点穿越法"则是指"通过建立一些'理想类型'的基点和线索,对法律文化进行跨文化的比较研究"。①

先说那些运用"纵向连缀法"探讨中国传统诉讼文化之特征的学术论著常见的具体做法。此类作品通常采取宏大叙事的方式,试图从不同方面挖掘"无讼"等思想观念在传统中国生成的深层根源。例如,梁治平对"无讼"的讨论,便是首先从儒家、道家、法家针对各自心

---

① 高鸿钧:《法律文化的语义、语境及其中国问题》,载《中国法学》2007年第4期,第32页。高鸿钧在该文中还指出,除了这两种常见的进路,还有"根据生产方式的内在特征把人类社会分成不同的历史类型,通过对特定历史类型的研究来揭示和分析特定法律制度和法律文化的特征"的"横向切割法"。

目中的理想社会所做的阐发开始谈起,继而介绍中国古代的"和谐"观念如何在社会关系领域演化为"无讼"这一具体原则,最后强调说,中国古人基于"天道—自然—和谐"的信仰而创造出来的"一整套与众不同的价值体系",以及体现此套价值体系的礼、乐理论和制度,"从根本上决定了古代中国人对于诉讼的态度"。① 张中秋认为,家与国同构(或称家国一体化)的社会结构特点,以及法自然的文化思维,是古代中国缘何形成"无讼"价值观的两大要点,并进而指出,"从法自然的文化思维到法律文化以无讼为其价值取向,在根本上都只是传统中国特有的自然农业经济与社会结构及现实政治的需求相契合的结果"。② 另外一些学者则试图从更为"综合"的角度讨论"无讼"观念之所以形成于中国古代的各种根源。例如张晋藩将"无讼是求,调处息争"概括为中国法律传统的十二个特点之一,主张应从社会根源(家与国一体化的社会结构)、思想文化根源(对和谐的崇尚)和政治根源(专制统治对于秩序和稳定的追求)等三个角度,来理解"无讼"观念在古代中国的形成背景。③ 诸如此类从社会、思想、政治等多个角度,宏观讨论"无讼"观念在传统中国所由产生和维系的根源的做法,也为后来的很多学者所参考,甚至被一些人几乎完全照搬。④

不过,即便在上述提及的那些学术作品中,"纵向连缀法"往往也

---

① 梁治平:《寻求自然秩序中的和谐——中国传统法律文化研究》,上海人民出版社1991年版,第174—201页。
② 张中秋:《中西法律文化比较研究》,南京大学出版社1991年版,第323—328页。
③ 张晋藩:《中国法律的传统与近代转型》,法律出版社1997年版,第293—298页。
④ 例如,何铭:《论"无讼"》,载《江苏大学学报》(社会科学版)2004年第6期,第54—55页,该文认为"无讼"产生的根源包括"思想文化根源"(儒家、道家、法家思想中的共同倾向)、"社会、政治根源"("家天下"、"家国同构"的社会结构)和"经济根源"(自给自足的农村经济);于游:《解读中国传统法律文化中的无讼思想》,载《法律文化研究》(第5辑),中国人民大学出版社2009年版,第137—139页,该文认为"无讼"思想的成因有"社会根源:宗法制的社会结构"、"政治根源:维持稳定的社会秩序"、"经济根源:自给自足的小农经济"和"思想根源:和谐观"。

并非其使用的唯一方法,而是通常还穿插使用了将诉讼文化加以中西比较的"视点穿越法",只不过不同的学者在对后一方法的使用力度上有所差异。而"视点穿越法"所体现的比较,尤其折射出很多学者讨论中国传统诉讼文化时或显或隐的思维框架和知识背景。

"视点穿越法"之下的具体比较,通常首先是以将中西法律文化之所谓特征加以宏观对比呈现的形式展开。例如,胡旭晟声称,"就各自法律传统而言,中国人的'厌讼'与西方人的'好讼'大约是其最显著的特征之一"。① 范忠信认为,"鄙视、厌恶诉讼活动,一直是古代中国文化观念的典型特征之一","因为'讼'之可轻可贱,所以才要动员一切力量千方百计地息讼、止讼,力求无讼。这与西方自古希腊罗马以来的'健讼'(好讼)传统有着明显的区别"。② 值得注意的是,这种关于中西诉讼文化的比较,往往并非只是纯粹地加以对照性描绘,而是通常对此两种类型的所谓优劣之分予以明言或暗示。正如有学者所概括的,"中国传统诉讼文化(procedural culture)作为法文化的重要组成部分,在中西比较研究的路径中,一般是作为'反面典型'出现在诉讼法学教材上的"。③ 举例来说,在对被其视作中国传统法律文化之价值取向的"无讼"进行评析时,有学者在简单提及"无讼"亦有"值得肯定的积极的价值所在"的一面后,便迅速转向并重点强调说,"但若换一个视角,从社会的发展和文明的进化方面来论,它的负面则又比正面更加显著"。④ 另有一些作品更进一步,试图将"无讼"拔到国民性的高度加以反思,强调"一般认为厌讼即是传统中国人丧失

---

  ① 胡旭晟:《无讼:"法"的失落——兼与西方比较》,载《比较法研究》1991年第1期,第21页。
  ② 范忠信:《贱讼:中国古代法观念中的一个有趣逻辑》,载《比较法研究》1989年第2期,第62、64页。
  ③ 严音莉:《"天人合一"理念下的无讼与和解思想及其影响》,载《政治与法律》2008年第6期,第111页。
  ④ 张中秋:《中西法律文化比较研究》,南京大学出版社1991年版,第339—345页。

诉讼权利的心理表征之一,但从根本来说,这种厌讼心理是与传统国民性相互影响,互为表里的"。① 这种将诉讼意识(包括厌讼意识与好讼意识)与抽象的所谓国民性联系起来的思考方式,在国外学界也不乏其例,例如奥尔森(Walter K. Olson)在检讨美国社会的"诉讼爆炸"时,首先便问道:"好讼是否已然成了美国人的国民性的一个组成部分?"②但我们更应该注意的是对此类做法的反思,例如日本法律史学者小早川欣吾提醒人们,倘若单纯只是用所谓日本人的国民性这种暧昧的说辞,来解释为何日本传统社会中盛行私了而非诉讼,则跟什么都没有说明无甚差别。③

二、或显或隐的比较框架

诸如此类将"无讼"(以及"厌讼")与"好讼"分别作为中西法律文化体现于诉讼方面的所谓特征,并或显或隐地进行孰劣孰优之评判的论述方式,从其思维框架来看,实际上带有国外比较法研究领域某些早期作品的学术特点,尽管就中国学者此方面论述所展示出来的具体知识来源而言,很多作品实际上都对国外相关的比较法研究直接借鉴甚少。

那种实际上赋予"厌讼"观念以负面评价的做法,在一些声称研究法律文化的日本学者笔下也是颇为常见。只不过,日本学者通常更倾向于使用"法律意识""法意识"之类的概念来讨论法律文化的实质性问题。正如千叶正士在1996年发表的一篇日文论文中所指出的,

---

① 王石磊:《试析中国传统诉讼观念——官府"无讼""息讼"与百姓"畏讼""厌讼"》,载《北京市工会干部学院学报》2005年第1期,第44页。
② Walter K. Olson, *The Litigation Explosion: What Happened When American Unleashed the Lawsuit*, New York: Truman Talley Books, 1992, p.1.
③ 小早川欣吾:《近世民事訴訟制度の研究》,有斐閣1957年版,第80页。

在日本,"有关'法律文化'的实质性问题,主要是以'法律意识'的用语和观念做一般性研究,此外,还有一些以'法律观念'、'法律感觉'等其他用语对这一问题加以论述的,'法律文化'这一用语,通常作为上述用语的同义词、同类语或总称而加以使用"。① 六本佳平也强调,"'法文化'不仅表现法现象层面上的特征,而且还展示该国文化的法思考模式乃至思维构造,相当于上述日本人的'法意识'一词所涵盖的核心内容"。② 在日本学者的这种语词使用偏好下,"厌讼"观念常常被与"法意识"勾连起来加以讨论。例如在他那本出版于1967年的著名小册子《日本人的法意识》当中,川岛武宜便将日本人所谓的"厌讼"(避免采取诉讼的方式来解决民事纠纷)倾向称作"传统的法意识"或"前近代性法意识",而将那种"更频繁地利用诉讼、裁判制度"的举动所透露的观念,视为正处于近代化过程中的日本所亟需培养的"近代法意识"。③ 在社会进化论思潮的映照下,"传统""前近代"相对于"近代"而言所透露出的那种低等意涵,几乎跃然纸上。因此,川岛武宜笔下那种以"厌讼"为其内涵的日本人的法意识,自然无法获得他正面的积极评价。这种将日本人的法意识与欧美西方国家民众的法意识进行对比的研究方式,又被一些比较法研究者进一步提升至远东(具体为日本、中国、韩国等东亚国家)和西方(主要是西欧和美国)之法意识、法观念的差异性比较的抽象高度。④ 不过,即便

---

① 〔日〕千叶正士:《法律文化的操作性定义》,载〔日〕千叶正士:《法律多元——从日本法律文化迈向一般理论》,强世功等译,中国政法大学出版社1997年版,第229—230页。
② 〔日〕六本佳平:《日本法与日本社会》,刘银良译,中国政法大学出版社2006年版,第21页。
③ 〔日〕川岛武宜:《日本人的法意识》,载〔日〕川岛武宜:《现代化与法》,王志安等译,中国政法大学出版社1994年版,第207—212页。
④ 〔日〕大木雅夫:《东西方的法观念比较》,华夏、战宪斌译,北京大学出版社2004年版。对这种研究方式所得出的结论之检讨,参见余军:《东方人"厌讼"吗——对当代中国、日本低诉讼率现象的分析与思考》,载《社会科学家》2000年第3期,第28—33页。

放置在此类东西方比较的抽象框架下进行,一些对此种对极化比较之潜在陷阱有所认识的研究者,例如大木雅夫,也不得不承认"国民性中的所谓'好讼'或'厌讼'倾向之说,恐怕归根结底还是起因于学者的分类癖"。①

除了上述中西比较的学术进路,在关于中国传统诉讼文化的研究当中,很多时候还往往穿插着古今比较的进路。例如,以下这些说法便明显反映出"古代中国"与"现代中国"的对比论说框架:"'无讼'作为中国古代法律文化的最重要的价值取向,对后世影响很大,是我国今天法治建设的巨大障碍"②;"厌讼主义传统对现代中国社会产生的影响是很大的,直至今日,'赢了官司,输了金钱''居家戒争讼,处世戒多言'等俗语在中国还大有市场"③;"在中国历史上,多种因素促成了'厌讼主义'成为中国古代人们对待诉讼的传统主流思想,而传统一经形成,则成为整个中华民族抹之不去的阴影。从当代中国行政诉讼陷于困境之中的现实,我们不难发现现代中国人仍摆脱不了'厌讼主义'的影子"。④

而在古今比较的进路当中,常被加以运用但同时也是最为冒险的,便是那种实际上将"古代中国"与"现代西方"作为特定对比框架之两极的处理方法(请注意,这仅仅是"中""西""古""今"这四个概念相互组合后可以形成的四种对比性框架中的一种而已)。这种时空错置的比较所得出的结论的鲜明倾向性,自然可想而知。正如高鸿

---

① 〔日〕大木雅夫:《比较法》(修订译本),范愉译,法律出版社2006年版,第125页。

② 于语和:《试论"无讼"法律传统产生的历史根源和消极影响》,载《法学家》2000年第1期,第113页。

③ 何勤华:《泛讼与厌讼的历史考察——关于中西方法律传统的一点思考》,载《法律科学》1993年第3期,第15页。

④ 高新华、张振海、童毛弟:《传统"厌讼主义"对当代行政诉讼的影响》,载《南京化工大学学报》(哲学社会科学版)1999年第2期,第61页。

钧所提醒的,"合理的比较应把中西的传统社会(国家产生后至现代前时段)作为比较的对象,而不应把古今的西方作为一个整体,更不应用西方现代法律文化作为参照系比较中国传统法律文化"。①

三、作为中介概念的"权利意识"

值得注意的是,无论是中西比较,还是古今比较,抑或是将两者综合起来加以使用,被一些学者认为以"无讼""息讼""厌讼""贱讼""耻讼""惧讼"等观念和意识为核心构筑起来的中国传统诉讼文化,之所以往往在总体上所获评价负面,很大程度上乃是源于一个中介概念所具有的那种微妙的象征性意涵。这一关键性的中介概念,就是频频出现于有关诉讼文化的诸种论说当中的"权利意识"。

(一) 比较法研究作品中的"权利意识"

以作为法律意识具体化形式之一的"权利意识"的强弱,来评价某种特定的诉讼文化乃至整个法律文化之优劣,这种做法在比较法研究中有其学术传统。

川岛武宜认为,对于日本而言,摆脱"厌讼"这种滞后的"前近代性法意识"的影响和塑造"近代法意识"的过程,意味着"从不曾有权利意识的社会转化到有权利意识且不断增加权利主张的社会",并将更频繁地提起诉讼视为"更强烈地意识到权利所在、并坚持其权利"的重要手段之一。② 大木雅夫虽然不同意那种认为日本人权利意识淡薄的笼统性判断,而是强调"所谓日本人特别和谐或权利意识淡漠

---

① 高鸿钧:《法律文化与法律移植:中西古今之间》,载《比较法研究》2008年第5期,第17页。
② 〔日〕川岛武宜:《日本人的法意识》,载〔日〕川岛武宜:《现代化与法》,王志安等译,中国政法大学出版社1994年版,第139—152、212页。

的说法,不过是学者们的童话罢了",①但他的质疑和反驳,实际上依然受制于"权利意识"是否淡漠这一预先已被设定为提问方式的思维框架。事实上,他所念兹在兹的,便是极力证明日本在近代化之前的各时代都存在强烈的权利意识(例如江户时代被其视作权利意识的高潮),亦即主张权利意识在日本古已有之,只不过其是否表现在法律意识的表层,或者表现在法律意识的表层却"未发而终",不尽相同而已。②

最为典型地体现出将法律意识之强弱与对其的价值评判相勾连的做法,一如埃尔曼(Henry W. Ehrmann)看似不经意间所做的那样,乃是构建"权利本位的法律文化"(right-centered legal culture)与"义务本位的法律文化"(duty-centered legal culture)这样的对极性概念。③而耶林(Rudolf von Jhering)1872年出版的那本小册子所高喊的著名口号"为权利而斗争"(Der Kampf ums Recht),④则常常被视作最为形象地展示了西方"权利本位的法律文化"的特征。其实,"为权利而斗争"原本只是耶林的一句鼓舞性口号,却往往被很多人直接当作表明包括德国民众在内的西方人拥有极高的法律意识和极强的权利意识的事实性描述。大木雅夫提醒人们,"耶林并不是为了赞美德国民众极高的法律意识和极强的权利意识而写作《为权利而斗争》一书","耶林的《为权利而斗争》这部著作只不过是一本辩白之书,充其

---

① 〔日〕大木雅夫:《比较法》(修订译本),范愉译,法律出版社2006年版,第125页。
② 〔日〕大木雅夫:《东西方的法观念比较》,华夏、战宪斌译,北京大学出版社2004年版,第141、157页。
③ Henry W. Ehrmann, *Comparative Legal Culture*, Englewood Cliffs, New Jersey: Prentice-Hall, 1976, p.47.
④ 关于"Der Kampf ums Recht"的中文译法之流变,参见杜如益:《"法律的斗争"抑或"为权利而斗争"——耶林本意的探求与百年汉译论争考辨》,载《中国政法大学学报》2018年第2期,第173—194页。这句口号同时也是该书的书名,耶林本人将这一书名自诩为"人们可以到处喊的文学军令"。参见〔德〕鲁道夫·冯·耶林:《法学的概念天国》,柯伟才、于庆生译,中国法制出版社2009年版,译者前言,第24页。

量只是一本鼓舞为权利斗争的书",并且援引勒内·达维德(Rene David)的一本专著中的说法指出,"耶林在'为权利而斗争'的演讲(指耶林1872年春天在奥地利维也纳法律协会的那场传奇讲演——引者注)中所主张的观点是典型的法学家的观点。这种观点不仅没有在实务上得到承认,反而是耶林所激愤的最恶的调停也胜于最善的诉讼(Un mauvais arrangement vaut mieux qu'un bon procès)这一格言支配了整个西洋国家"。①

更加吊诡的是,在一些学者的笔下,"为权利而斗争"又常常被直接转化为"为权利而诉讼"。于是,民众诉讼偏好的强弱(被认为进一步具体表现为诉讼率的高低),便成了对比衡量权利意识(或法律意识)之高低、诉讼文化之先进与否、法制现代化程度之深浅乃至不同法律文化之优劣的重要指标。川岛武宜的观点便属此方面的典型例子。正如季卫东所概括的,川岛武宜在《日本人的法意识》一书中认为,"权利意识与诉讼行为之间势必存在着正比例的相关关系;诉讼率可以作为法和权利的意识发达程度的衡量标准"。② 大木雅夫在引述法律史学者对日本江户时代民众诉讼状况的研究成果之后,更是直接强调,"正因为江户时代的民众也具有强烈的权利意识,所以才产生数目庞大的诉讼案","将这种滥诉健讼之民风作为强烈的权利意识的证明来把握,则更接近事实"。③ 但是,针对能否用诉讼率之高低来测度民众权利意识之强弱的问题,埃哈德·布兰肯伯格(Er-

---

① 〔日〕大木雅夫:《东西方的法观念比较》,华夏、战宪斌译,北京大学出版社2004年版,第71—72、154页。

② 季卫东:《法律秩序的传统与创新(代译序)》,载〔日〕川岛武宜:《现代化与法》,王志安等译,中国政法大学出版社1994年版,第2—3页。

③ 〔日〕大木雅夫:《东西方的法观念比较》,华夏、战宪斌译,北京大学出版社2004年版,第131页。关于日本江户时代民众诉讼状况的最新研究,参见〔日〕大平祐一:《宣判之后——"诉讼社会"视角下的江户时代》,史志强译,载〔日〕夫马进编:《中国诉讼社会史研究》,范愉、赵晶等译,浙江大学出版社2019年版,第552—592页。

hard Blankenburg)便非常谨慎地指出,诉讼率的高低,与法律运行之基础结构(infrastructure)的制度形态(例如对诉诸法院起到过滤作用的替代机制是否发达)有很大关系,并以荷兰和联邦西德相邻地区作为具体例子(二者虽然有着近似的法律传统和社会经济环境,但却在民事诉讼率方面存在很大差异),验证了这一看法。①

(二) 中国传统诉讼文化研究作品中的"权利意识"

讨论中国传统诉讼文化的学者们,未必都熟悉比较法研究领域中的上述学术脉络,但这并不影响其对使用"法律意识"概念(或者更显具体化的"权利意识"概念)的同样偏爱。事实上,正是借助于"法律意识""权利意识"等中介概念所隐含的价值倾向,诸如"无讼""息讼""厌讼""贱讼""耻讼""惧讼"之类被视为与其对立的传统观念和态度,才成为频遭学术抨击的负面存在。冉井富将学界先前讨论中国传统社会所谓"厌讼"文化时展现出来的那些倾向概括为两点:其一是认为传统中国社会的厌讼文化与现代的或西方的权利意识相对立;其二是认为这种在今天依然有延续的厌讼文化,是抑制权利意识增长、导致诉讼率低下的重要原因之一。② 以下这段发声于20世纪90年代前期的论述,可被视为上述倾向的典型代表:"泛诉法律观,是指人们对于一切冲突和纠纷都希望通过司法诉讼途径解决的一种现代法律文化意识。它是由传统法律观向现代法律观转变的直接的外部表现,同时又促进了传统的以表面和谐掩盖潜在危机的礼治社会向表面纷争而实际稳定的法制社会的转变。……鼓励公民兴诉的泛诉法律观,是中国法制建设迫切需要的新观念。"③

---

① 〔荷兰〕埃哈德·布兰肯伯格:《作为法律文化指标的民事诉讼率》,载〔意〕D.奈尔肯编:《比较法律文化论》,高鸿钧等译,清华大学出版社2003年版,第63—99页。
② 冉井富:《当代中国民事诉讼率变迁研究——一个比较法社会学的视角》,中国人民大学出版社2005年版,第59页。
③ 陈晓枫主编:《中国法律文化研究》,河南人民出版社1993年版,第521页。

相应地,"好讼""健讼"等话语所描述或意味着的诉讼数量之增加,则被不少学者视为民众的"法律意识"或"权利意识"在某时某地萌发、觉醒或增强的积极表现,甚至一些并非法学出身的史学研究者亦明显受此影响。于是,正如有学者所指出的,在一些研究者的笔下行文当中,"是否'好讼'似乎与权利意识的有无或强弱密切相关"。① 采用此种论述手法的学术作品不胜枚举,此处聊举几例(引文中的着重号皆系我所加):

这时(指晚明时期——引者注)已不再是盲目排斥词讼,以"无讼"为目的,而开始试图通过词讼来保护、争取自己的权益。这是权利意识萌发的标志之一,是市民意识觉醒的一部分,它与资本主义萌芽的出现是同步合拍的,也同样是稀疏软弱,长期得不到应有的发展。②

被统治者斥之为恶风陋俗的"健讼"风习,其实恰恰反映了明代徽州人法律意识的增强。③

笔者浏览了清代四川巴县、河北宝坻、四川冕宁、台湾淡新档案及黄岩诉讼档案,从中发现民事诉讼案件在整个司法案件中占有相当的比重,民事诉讼的权利主体也有扩大。在民事诉讼案件中,大部分案件是为了维护财产权利而讼争,这说明清代民众的法律意识并不是蒙昧的,而是在觉醒。④

中国古代究竟是息讼还是健讼,学者们对此有着不同的认

---

① 徐忠明、杜金:《清代诉讼风气的实证分析与文化解释——以地方志为中心的考察》,载《清华法学》2007年第1期,第90页。
② 杜婉言:《明代诉讼制度》,载《中国史研究》1996年第2期,第84页。
③ 卞利:《明代徽州的民事纠纷与民事诉讼》,载《历史研究》2000年第1期,第105页。
④ 李青:《清代民事诉讼意识的萌发——以清代档案为视角》,载《政法论坛》2013年第4期,第101页。

识。应当说,随着社会经济的发展,经济形态越来越重视个人在经济中的作用。随着人口的增长,人口与土地的矛盾愈发显现。个人权利意识逐渐觉醒,作为个体的人要求维护自己的权利,但是由于权利上缠绕着各种制约因素,导致其无法在实际生活中顺利地实现。①

四、"权利意识"概念的陷阱

在传统中国的历史语境中,像上述所引各段文字那样使用"权利意识"之类的概念,尤其是将其与诉讼偏好的强弱正向勾连起来使用的做法,需要非常谨慎地加以斟酌。

"权利"一词早在先秦时期的文献中便已出现,但当时的意涵与今天人们对其的理解差异甚大。《荀子·劝学》曰:"君子知夫不全不粹之不足以为美也,故诵数以贯之,思索以通之,为其人以处之,除其害者以持养之。使目非是无欲见也,使耳非是无欲闻也,使口非是无欲言也,使心非是无欲虑也。及至其致好之也,目好之五色,耳好之五声,口好之五味,心利之有天下。是故权利不能倾也,群众不能移也,天下不能荡也。"(着重号系我所加)此处所谓的"权利",系指权势和财货。《商君书·算地》载:"夫民之情,朴则生劳而易力,穷则生知而权利。易力则轻死而乐用,权利则畏罚而易苦。"(着重号系我所加)此处的"权利"一语,则是权衡利害之意。自汉代以来,"权利"一词主要被用于泛指权势和利益。② 今天用于表示法律赋予人们实现其利

---

① 夏扬:《中国法律传统的经济理性》,载《法学研究》2016 年第 5 期,第 207 页。
② 金观涛、刘青峰:《观念史研究:中国现代重要政治术语的形成》,法律出版社 2009 年版,第 111 页。

益的自由、资格和能力之意的"权利"一词,并非中国自古有之的固有语汇,而是最早源于清朝同治年间美国传教士丁韪良(W. A. P. Martin)主持译为中文的《万国公法》一书对英文"rights"的对译。学界曾一度认为今天所用的"权利"一词系晚清时期由东瀛传至中国的回流译词,但很多研究业已确证,由丁韪良主译、1864年时由总理衙门刊版印行的《万国公法》一书将"rights"译为"权利",要早于法律意义上的"权利"一词在明治时期日本书刊中的最初出现(《万国公法》一书于1865年传入日本)。在《万国公法》一书中,"权利"一词共出现了81次,且全部都是在"合法的权利和利益"这种法律含义上使用;不过《万国公法》并未对"权利"一词明确做出界定,专门对"权利"一词加以解释说明的工作,直到同样是由丁韪良翻译、1878年出版的《公法便览》一书面世才算完成。①

不过,今天所理解的"权利"一词迟至晚清时期方才生成,并非笔者主张在研究中国传统诉讼文化时对"权利意识"一词应当慎予使用的最主要原因。更关键的理由在于,"权利意识"一词背后所隐含的西方文化背景(这主要源自对何谓"rights"的理解方式),未必适合于对传统中国社会的分析。严复在1896年翻译《天演论》一书时,虽然用"权利"对译"rights",但他在光绪二十八年(1902)致梁启超的一封信函中明确反思道,自己昔年以"权利"对译"rights",乃是以霸译王的强译,"于理想为害不细",从而认为"Right 诸名词,谓与生俱来应得之民直可,谓与生俱来应享之权利不可","以直字翻 Rights 尤为铁案不可动也",主张将"rights"译为"民直"或"天直"更符合其在英文

---

① 李贵连:《话说"权利"》,载《北大法律评论》(第1卷第1辑),法律出版社1998年版,第115—129页;刘禾:《普遍性的历史建构——〈万国公法〉与十九世纪国际法的流通》,陈燕谷译,载《视界》(第1辑),河北教育出版社2000年版,第64—84页;金观涛、刘青峰:《观念史研究:中国现代重要政治术语的形成》,法律出版社2009年版,第112页;林来梵:《权利概念的移植交流史》,载《中外法学》2020年第2期,第402—417页。

中的内涵。① 这是因为,在西方文化中,"rights"一词除了有对自身合法的权利和利益之明确认知这一层法律含义外,还带有"强烈的'理应''正当'这些明确的价值判断",也正因为如此,自近代以来,中国人对"权利"的理解便与西方的"rights"有微妙的差别。② 一旦考虑到上述这种文化背景差异,若将"权利意识"与诉讼率进行正向关联,认为诉讼率之高低折射出"权利意识"之强弱,进而对但凡不惧向官府提起诉讼的行为均予以积极评价,则那些并非为了维护自身的正当利益、而只是意图利用诉讼来侵蚀他人正当利益的诉讼行为之多发,③很可能也会被不加区分地视为权利意识觉醒、社会进步的体现。而这显然与"权利意识"一词中所隐含的"理应""正当"等价值判断相悖。

由于所受知识训练的不同,并非所有的研究者皆了解"权利"这一重要法律概念翻译背后的上述中西文化背景差异,但已经有一些史学研究者基于某种直觉,意识到将明清时期某些地区诉讼增多的现象与所谓"权利意识"的增强联系在一起的做法并不妥当:

> 过去有些学者从讼案中看到了人们法律意识的增强,我们觉得讼端增加未必就是社会进步的标志,某种意义上甚至是地方社会痞子化的表现。④

---

① 严复:《与梁启超书(三)》,载王栻主编:《严复集》,中华书局1986年版,第519页。此信最初以"尊疑先生覆简"为标题刊载于《新民丛报》第12期。
② 金观涛、刘青峰:《观念史研究:中国现代重要政治术语的形成》,法律出版社2009年版,第104、134—138页。
③ 例如有学者依据对清代南部县档案的研究指出,在当地的那些民事细故词讼中,至少有五分之一是因诸如嫁后图索之类的挣扑钱财而起,"兴讼图财者多是根据已有事实勒索钱财,也有编造情节借事图挫者"。参见吴佩林:《清代县域民事纠纷与法律秩序考察》,中华书局2013年版,第159—162页。
④ 王日根、江涛:《清代安徽士人健讼与社会风气——徐士林〈守皖谳词〉的解读》,载《中国社会经济史研究》2009年第2期,第70页。

近古以降各地讼风之兴，被有些学者看作人们法制观念增强、百姓依法维护自身权利的表现，反映了社会的进步。事实上，以皖北地区为对象的讨论表明，明清以来的民间健讼绝非正常现象，而是社会风习窳下的反映。因为民间健讼之兴起，与当时行政、司法和政治的缺憾，以及统治者的消息态度、民人的贫困有关；而讼者之所以热衷于讼诉，大多往往不是出于维护自身的正当权利，而是为了侵蚀或牺牲对方的利益，以貌似合法的手段达到非法的目的。而且，此类健讼对明清以来皖北地区社会风习的负向发展也具有极大的推助作用。因此，对于近古以来民间的健讼行为和习俗，我们绝对不能一概予以积极的评价，而应从诉讼双方的具体情况出发，实事求是地看待这一社会历史现象。①

因此，我以为，为了避免出现上述错位，与其使用"权利""权利意识"之类的语词来描述、评价传统中国某些时期、某些区域讼案数量增加乃至多发的所谓"健讼之风"，不如像一些学者那样使用"对生存利益的争夺与维护"②"逐利意识"③之类的表述更为妥帖。此主张并非笔者的一己之见。夫马进明确指出，相较于使用"权利意识"这一前近代中国并不存在的用语或概念，"情理意识"更适合用来分析传统中国民众提起诉讼的行为。他就此写道："所谓'情理意识'，是一

---

① 陈业新：《明清时期皖北地区健讼风习探析》，载《安徽史学》2008 年第 3 期，第 110 页。
② "健讼反映了民众为自身利益而斗争的积极方式。健讼本质上是民众对生存利益的争夺与维护，因此，其注定了无法因息讼趋势而消失。"邓建鹏：《健讼与息讼——中国传统诉讼文化的矛盾解析》，载《清华法学》（第 4 辑），清华大学出版社 2004 年版，第 193 页。
③ "健讼因由纷繁，无论是占诉讼比例最大的风水争讼，还是房屋田土、钱债，甚至是宗族成员家庭关系纠纷与诉讼，其中所牵涉的主要还是经济利益，是人们逐利意识的反映。"陈海斌：《清代赣南民风健讼问题研究》，载《嘉应学院学报》（哲学社会科学）2014 年第 9 期，第 28 页。

种人情与道理相结合的社会意识,或者说是基于人情的道理意识。在美国,权利意识是指人们在主张自己的正当性时,通常会以法律为依据;与此相对,中国的情理意识既有与法律相一致的情况,也不乏与法律相背离的场合。至少,在……汉代以后,根据这种情理意识主张自己的正当性而提起诉讼,完全是理所当然之举。"①寺田浩明也强调,"清代的审判无论从理念上还是在具体的操作上,都很难在对'权利'的保护这一框架下加以理解",当时的审判并非以"权利保护"为其理念,"缺乏制度性的装置来明确认定究竟从哪里到哪里才是正当地归属于自己的权益",②而其所对应的则是有着"拥挤列车"模型之特点(默默地彼此推来挤去,摸索共存互让的界限,谋求全员皆能忍受的均衡点)的社会空间,概言之,"如果就其内核或概要而言,明清社会确实存在类似权利秩序之物,但若从其周边来考察,与其说存在着确定的权利秩序,不如说这里包含了许多不确定的部分"。③ 明清时期体现民间房地买卖"绝卖不绝"之特征的叹契所指向的习惯性实践(卖主将房地绝卖于他人之后,多年后仍可再向买主索要俗称"叹价"的经济补偿),④以及由其引发的诉讼纠纷,可被视为正是夫马进所说的"情理意识"在小民百姓身上的体现,或者生活在寺田浩明所称的有着"拥挤列车"模型之特点的社会空间当中的普罗大众的行为样式。

---

① 〔日〕夫马进:《中国诉讼社会史概论》,范愉译,载〔日〕夫马进编:《中国诉讼社会史研究》,范愉、赵晶等译,浙江大学出版社2019年版,第5页。
② 〔日〕寺田浩明:《权利与冤抑——清代听讼和民众的民事法秩序》,王亚新译,载〔日〕寺田浩明:《权利与冤抑:寺田浩明中国法史论集》,王亚新等译,清华大学出版社2012年版,第261、231页。
③ 〔日〕寺田浩明:《"拥挤列车"模型——明清时期的社会认识与秩序建构》,阮云星译,载〔日〕寺田浩明:《权利与冤抑:寺田浩明中国法史论集》,王亚新等译,清华大学出版社2012年版,第409—423页。
④ 尤陈俊:《明清中国房地买卖习俗例中的习惯权利——以"叹契"为中心的考察》,载《法学家》2012年第4期,第14—28页。

五、由今视古时的概念使用方式反思

20世纪中叶,围绕着研究非西方社会时究竟应使用非西方社会的当地概念抑或现代西方社会的概念(应当采取客位视角还是主位视角),格卢克曼(Max Herman Gluckman)和博安南(Paul James Bohannan)之间曾有过一场在学界影响深远的论辩。[①] 这场学术争论虽然是发生在两位研究"异文化"的英美人类学家之间,但对于研究中国传统法律文化的当代学者而言,同样有着重要的启发性。在研究中国传统诉讼文化时,倘若使用诸如"权利意识"这样的现代概念,或者汲汲于利用司法档案进行诉讼率的统计分析,固然能够为与其他法学研究者之间的沟通创造某种便利,但也容易受到这些思维框架及其概念使用偏向性的影响却浑然不知,以至于无法真正地贴合传统中国的历史背景。

事实上,不只是在研究中国传统诉讼文化时对于诸如"权利意识"之类的现代概念必须保持必要的警醒,在研究传统中国的其他法律现象和法律问题时,使用现代的法学术语同样应当格外小心,因为处理不慎的话,将会歪曲乃至抹煞中国传统法律文化的真正特点。例如,一些法律史学者在研究传统中国时期的"户、婚、田、土"(官府常说的"细故")实践时,轻率地使用"民法"乃至"物权""债权"之类根源于罗马法的西方分类术语,不仅显得削足适履,甚至在很多时候根本就是牛头不对马嘴。[②] 置身于晚清以降一百多年来"西法东渐"的现实背景当中,哪怕在从事像中国传统诉讼文化这样非常本土化的

[①] 王伟臣:《法律人类学的困境——格卢克曼与博安南之争》,商务印书馆2013年版,第263—280页。

[②] 对这种做法的一个批评,参见俞江:《关于"古代中国有无民法"问题的再思考》,载《现代法学》2001年第6期,第35—45页。

议题研究时,也必须清醒地注意到"西学"知识背景对此类议题之讨论的微妙影响,不管此前所受到的这种影响是出于显意识、潜意识抑或无意识。

第二节 范式检视与方法调整

本节将以关于明清时期诉讼与社会的既有研究为对象,旨在通过梳理此类其作者自我认同属于或被学界同行归入"法律社会史"研究的代表性作品,从学术史和知识社会学的角度检视其与瞿同祖在民国时期开创的那种"法律社会史"研究范式之间是否存在着直接的继承性,借此重新思考当下一些研究者所贡献的中国"法律社会史"研究作品的学术特点及其美中不足之处。

一、赓续"瞿同祖范式",抑或另有渊源?

论及 20 世纪以来中国法律史的研究范式之演变,"法律社会史"无疑是其中备受关注的一种。尽管瞿同祖在其享誉学界的《中国法律与中国社会》一书当中并未直接使用过"法律社会史"一词,他本人晚年在回忆自己的学术成就时,也只是称《中国法律与中国社会》一书"把法律史与社会史结合起来的研究,是我个人创新的尝试,以前没有人这么作过",①但中国学术界的"法律社会史"范式通常被认为

---

① 王健:《瞿同祖与法律社会史研究——瞿同祖先生访谈录》,载《中外法学》1998年第4期,第17页。另可参见瞿同祖:《我和社会史及法制史》,载张世林编:《学林春秋——著名学者自序集》,中华书局1998年版,第219页。

是由瞿同祖所开创。①

有学者指出,"继瞿同祖之后,大陆学者沿法律社会史这一路径研究者甚少",②另有学者则认为,直到20世纪80年代末和90年代,才"出现了一批或多或少地追求瞿同祖范式的研究著作"。③晚近二十多年来,尽管"法律社会史"一词在学界的使用频率逐渐走高,但何谓"法律社会史",实际上至今仍莫衷一是,甚至根本就很少有人就此专门予以阐述。管见所及,只有几位学者曾尝试着对其进行较为明确的概念界定。例如,张仁善主张"法律社会史"即"法律与社会结构、社会生活等互动的历史",具体而言,是指"研究中国法律与中国社会结构、社会阶层、社会生活及社会心态关系的历史,目的是揭示中国法律发展与中国社会变迁之间的内在联系,探求中国法律演变的历史规律"④;付海晏则认为,"法律社会史的概念从内容上包括文本、制度与实践三个层次,从研究方法而言,应当是注重法律史和社会史的有机结合,最终实现整体史的研究。"⑤

---

① 主张瞿同祖开创了中国法律史研究中的"法律社会史"研究范式而其《中国法律与中国社会》一书乃是中国"法律社会史"研究的典范之作的学者及其观点,参见王健:《瞿同祖与法律社会史研究——瞿同祖先生访谈录》,载《中外法学》1998年第4期,第17—19页;林端:《由绚烂归于平淡——瞿同祖教授访问记》,载林端:《儒家伦理与法律文化:社会学观点的探索》,中国政法大学出版社2002年版,第128—129页;常安:《对一例学术史个案的考察——兼谈〈中国法律与中国社会〉的范式突破及启示》,载《法治论丛》2003年第2期,第80—81页;王进文:《悼中国法制史学一代宗师瞿同祖先生》,载《环球法律评论》2008年第6期,第113—114页;付海晏:《中国近代法律社会史研究》,华中师范大学出版社2010年版,第4页;张雷:《20世纪中国法律史学研究》,人民出版社2015年版,第144、189—201页。

② 赵晓华、刘佳:《中国法律社会史研究的回顾与前瞻》,载《东方论坛》2018年第5期,第85页。

③ 苏力:《在学术史中重读瞿同祖先生》,载《法学》2008年第12期,第88—89页。

④ 张仁善:《中国法律社会史的理论视野》,载《南京大学法律评论》2001年春季号,第97页。此段话亦可见于张仁善:《礼·法·社会——清代法律转型与社会变迁》,天津古籍出版社2001年版,第4页;张仁善:《法律社会史的视野》,法律出版社2007年版,第6页。

⑤ 付海晏:《中国近代法律社会史研究》,华中师范大学出版社2010年版,第3页。

与上述这种迄今仍很少有学者对何谓"法律社会史"明确加以概念界定的现状相关,尽管当下的学者们在谈及"法律社会史"时通常都会追溯到瞿同祖的《中国法律与中国社会》一书,但对于瞿同祖在该书中所开创的那种"法律社会史"研究路径之特点的概括,实际上并不尽相同,甚至某种程度上还明显存在一些理解上的偏差。细加考察可以发现,当下的学者们在谈及"法律社会史"时,大多数人实际上是立足于历史学的语境来加以阐述,其中不乏有人明确强调"无论作为研究范式还是学科方向,法律社会史的定位更侧重于历史学"。[1] 历史学界一些对中国社会史研究进展进行综述的文章,也往往是将"法律社会史"作为社会史这面大旗下的具体方向之一(与"经济社会史"等并称)。相较而言,法学界的中国法律史研究者在做研究综述时,很少将"法律社会史"单列出来并梳理该领域的研究成果,通常还是采取"法律制度史/法律思想史"的传统二分法。[2] 即便就对"法律社会史"这一名称的直接使用而言,目前绝大部分也都是出自历史学界的研究者笔下;在国内法学界的中国法律史研究者当中,明确标举以"法律社会史"为其主要研究方向的学者可谓凤毛麟角,即便有之,其往往之前就与历史学界有着某种学缘联系。

在这种情况下,历史学界对于"法律社会史"之学术特点的阐述,即便将瞿同祖的《中国法律与中国社会》一书举作例证,往往也只是停留在阐发"瞿同祖范式"的学术特点之一,即注重拓宽史料运用的范围,关注法律在普通民众、基层社会和日常生活当中的实际作用。

---

[1] 赵晓华、刘佳:《中国法律社会史研究的回顾与前瞻》,载《东方论坛》2018 年第 5 期,第 87 页。

[2] 就笔者目力所及,明确将"中国法律社会史研究"与"中国法律制度史研究""中国法律思想史研究""中国法律文献的整理与研究"等并列,并进而分类梳理各领域的研究进展的综述性文章,只有张仁善、李文军:《三十年中国法律史研究回顾与展望》,载《中国法律史学会成立 30 周年纪念大会暨 2009 年会会议论文集》,第 16—38 页。

也就是说,这些研究者侧重于从史学传统去界定和理解"法律社会史"研究该如何开展。而《中国法律与中国社会》一书所体现的"瞿同祖范式"的另一重要特点,即除了细致描述普罗大众与法律有关的社会生活诸面向外,还注重以社会学理论当中的"功能主义"立场,来分析法律文本规定本身与它在社会中的实际效果之间的差距及原因,则实际上往往被忽视甚至遗忘。瞿同祖曾在《中国法律与中国社会》一书的"导论"部分中写道:"我们不能像分析学派那样将法律看成一种孤立的存在,而忽略其与社会的关系。……只有充分了解产生某一种法律的社会背景,才能了解这些法律的意义和作用";"条文的规定是一回事,法律的实施又是一回事。……社会现实与法律条文之间,往往存在着一定的差距。……我们应该知道法律在社会上的实施情况,是否有效,推行的程度如何,对人民的生活有什么影响等等"。① 从他的这些阐述来看,其最终的研究目的并非对"某一种法律的社会背景"的关注,而是希望借此来"了解这些法律的意义和作用";同样地,发现社会现实与法律条文之间的差距,亦非其所自设的学术任务之全部,而是还要在此基础上分析究竟是哪些因素导致了这些差距的出现。这种学术立场,与法律社会学研究中的"差距研究"(gaps studies)范式非常相似。② 而当下的很多学者(尤其是来自历史学界的研究者)往往将瞿同祖视为一位史学研究者,忘记了他当年在燕京大学求学期间主要受到的乃是社会学训练。瞿同祖所做的学术工作,

---

① 瞿同祖:《中国法律与中国社会》,中华书局1981年版,导论部分,第1—2页。
② 法律社会学中所谓的"差距研究",是指注重研究"书本上的法"(law in books)与"行动中的法"(law in action)之间的差距。而这个学术传统,可以追溯到罗斯科·庞德在1910年发表的一篇著名论文。参见 Roscoe Pound,"Law in Books and Law in Action", *American Law Review*, Vol. 44, Issue 1 (1910), pp. 12-36;Jon B. Gould & Scott Barclay, "Mind the Gap: The Place of Gap Studies in Sociolegal Scholarship", *Annual Review of Law and Social Science*, Vol. 8(2012), pp. 323-335. 对"差距研究"的介绍,参见刘思达:《美国"法律与社会运动"的兴起与批判——兼议中国社科法学的未来走向》,载《交大法学》2016年第1期,第22—23页。

用他自己的话来说,乃是"用社会学的方法和观点去研究中国传统社会",而并非只是细致考证社会史意义上的各种史实。①

因此,在我看来,当下学界的多数中国"法律社会史"研究作品,实际上并非直接赓续"瞿同祖范式",而是还另有其他的学术渊源。进而言之,从宏观背景来说,当下的大多数中国"法律社会史"研究作品,在很大程度上可被视为20世纪80年代中后期以来复兴的"社会史"之研究方法向中国古代法律议题的延伸和扩展②;就直接渊源而言,则可以说是与一些研究中国社会史出身的学者针对中国古代法律议题所做的示范性研究之影响密切相关。

二、一文、一书的外来示范效应

在20世纪80年代后期和90年代的中国法律史学界,占据主流地位的是传统的法律制度史(主要体现为对法律制度的静态考证)和法律思想史(以针对精英人物之法律思想的数人头式研究为其明显特征)研究路数,当时蔚为新潮的则是偏重宏大叙事风格的法律文化研究。受前一节中提及的"视点穿越法"那种比较意识之或显或隐的影响,论及中国传统诉讼文化的很多作品,往往都倾力于概括提炼或

---

① 瞿同祖早年毕业于燕京大学社会学系,他晚年在概括自己的为学特点时说:"我治学的最大感受,就是用社会学观点来研究中国历史,对历史学和社会学都是一个出路,是一条途径。这也是我一生治学的方向。"参见王健:《瞿同祖与法律社会史研究——瞿同祖先生访谈录》,载《中外法学》1998年第4期,第17—18页。

② 对20世纪80年代中后期以来"社会史"研究在中国历史学界复兴的介绍,参见宋德金:《开拓研究领域 促进史学繁荣——中国社会史研讨会述评》,载《历史研究》1987年第1期,第120—128页;常建华:《中国社会史研究十年》,载《历史研究》1997年第1期,第164—183页;赵世瑜、邓庆平:《二十世纪中国社会史研究的回顾与思考》,载《历史研究》2001年第6期,第157—172页;常建华:《改革开放40年以来的中国社会史研究》,载《中国史研究动态》2018年第2期,第5—15页;刘平:《风生水起:中国社会史研究之演进》,载《史学集刊》2018年第3期,第78—83页。

者人云亦云地描述此方面的所谓整体性特征。流风所及,"无讼"既被视为中国传统法律文化中最为重要的价值取向之一,又被当作中国传统诉讼文化的典型特征。而"无讼"这种所谓中国传统诉讼文化的典型特征,经过一些学者反复地概括、提炼和宣扬,往往又会进一步被建构为所谓决定中国传统诉讼文化之方方面面的本质性特征,甚至常常有意无意地被直接当作对中国古代社会事实的描述加以处理。

在上述这种论说框架当中,帝制中国时期一些记载了与"无讼"理念相悖但却真实存在的社会现象的史料,要么被当作无关宏旨的个别例外情况轻易放过,①要么根本就不予理会。举例来说,宋史学者郭东旭早在20世纪80年代末便发表了多篇论文,其中引用了诸多史料来说明赵宋之时江南地区讼学的兴起和"喜争好讼"之风在当地民间的盛行,②但他的这些研究成果,在很长时间内都几乎完全没有被中国法学界的法律史研究者们关注到。中国法律史学界这种沉溺于讨论"无讼"理念的状况,大致要到20世纪90年代中后期才稍有改变,此后陆续有一些学者开始在其研究中重视探讨法律在社会当中的实际运作。

此时期一些学术论著中对法律与社会之关系的关注,与其说是直接得益于瞿同祖当年开创的"法律社会史"研究范式在学界中断数十年后又突然重获重视,不如说更多是来自某种外来的学术刺激,亦即一些国际知名的海外中国史研究者讨论明清诉讼的作品,此时被译成中文在中国出版,并逐渐引起中国同行们的注意和效仿。

---

① 例如范忠信、郑定、詹学农:《情理法与中国人——中国传统法律文化探微》,中国人民大学出版社1992年版,第172—173页;张中秋:《中西法律文化比较研究》,南京大学出版社1991年版,第343页;梁治平:《寻求自然秩序中的和谐——中国传统法律文化研究》,上海人民出版社1991年版,第199—200页。

② 郭东旭:《宋代的诉讼之学》,载《河北学刊》1988年第2期,第39—43页;郭东旭:《宋代法律研究浅议》,载《宋史研究通讯》1989年第1期(总第14期),第1—6页。

在 20 世纪 90 年代后期那些引发人们反思关于中国传统诉讼文化之旧看法的学术作品当中,有一篇论文和一本专著相当关键。那就是日本学者夫马进的《明清时代的讼师与诉讼制度》一文,以及美籍华裔学者黄宗智的《民事审判与民间调解:清代的表达与实践》一书。需要指出的是,夫马进和黄宗智皆主要是以研究中国经济史和社会史而蜚声学界。

在被译为中文并于 1998 年收入论文集出版的《明清时代的讼师与诉讼制度》一文中,①夫马进专门设置了一节文字,用来集中讨论明清时期的"健讼之风"(或称"好讼之风")。他利用康熙末年浙江会稽知县张我观所撰的《覆瓮集》、乾隆年间湖南宁远知县汪辉祖所撰的《病榻梦痕录》和《学治说赘》,以及清末民初徐珂所编《清稗类钞》中关于道光年间山东章邱县代理知县张琦的理讼情况之记载,大致估算了上述这些地方的清代县衙在放告期内一个月或一年中各自收到的词状概数(例如认为汪辉祖所在的宁远县衙一年间估计会收到一万余份诉讼文书),并且在此基础上进一步强调:

> 这种情况下,毕竟不能不说确实"好讼"、"健讼"。不能不认为,一个(男)人或他的家族成员一生中必然有一次或两次涉及诉讼。所以,我们必须明确地舍弃一个所谓"常识"或"偏见",即由于明清时代基本上是农业社会,所以对于一般民众来说应该距离诉讼相当远,或者当纠纷出现时,应该在付诸审判前,在村落、宗族或行会等小范围团体或集团内部调解解决。实际上,对

---

① 《明清时代的讼师与诉讼制度》一文的日文原稿,最初收录于日本的宋史研究专家梅原郁主编、京都大学人文研究科 1993 年出版的《中國近世の法制と社會》一书,后被范愉译为中文,收录于 1998 年由法律出版社出版、王亚新等人编译的论文集《明清时期的民事审判与民间契约》当中。

于当时的民众来说,涉及诉讼似乎是非常自然的事情。①

在被译成中文并且同样是在1998年出版的《民事审判与民间调解:清代的表达与实践》一书中(该书后来又由其他多家出版社改以《清代的法律、社会与文化:民法的表达与实践》作为新书名多次再版),②黄宗智提醒说,我们应当对存在于清代法律制度的实际运作与清代政府的官方表述之间的颇大差距(他将此称为"实践"与"表达"之间的"背离")多加措意。他指出,按照清代官方话语的表达,被称作"细事"的"户、婚、田、土"词讼为数甚少,安分守己的良民不会也不应涉讼公堂,即便有之,那多半也是受到道德败坏的讼师的挑拨或唆使。黄宗智所概括的上述情况,很容易让我们联想起中国法律史学界先前反复谈论的那种以"无讼"为其所谓特质的中国传统法律文化。但黄宗智的论说重点并非停步于此,而是利用其所擅长的社会史和经济史研究方法,通过对搜集自四川巴县档案、台湾淡水厅—新竹县档案(学界简称为"淡新档案")和顺天府宝坻县档案的628件清代民事讼案进行具体分析,揭示出此时期的民事讼案大约要占到这些县衙所处理案件总数的三分之一(至少从这三个地方的情况来看,清朝的很多县衙绝非极少审理民事纠纷),并且那些走上公堂的诉讼当事人大多都是包括农民在内的普通人。尤其是在该书的第七章中,黄宗

---

① 〔日〕夫马进:《明清时代的讼师与诉讼制度》,范愉、王亚新译,载〔日〕滋贺秀三等著,王亚新、梁治平编:《明清时期的民事审判与民间契约》,法律出版社1998年版,第394页。不过,上述引文中所使用的"必然"一词未免有些过于绝对化。

② 黄宗智1998年由中国社会科学出版社出版的《民事审判与民间调解:清代的表达与实践》一书,其英文原版 *Civil Justice in China: Representation and Practice in the Qing*,系他主持的英文学术丛书"Law, Society, and Culture in China"中的第一种,于1996年在美国斯坦福大学出版社出版。不过,此书在中国学界更为人们所熟悉的中译本,乃是由上海书店出版社2001年时改以《清代的法律、社会与文化:民法的表达与实践》作为新书名重版。此书后来还曾多次重印或再版(法律出版社2014年时将其作为黄宗智的《清代以来民事法律的表达与实践》三卷本专著中的第一卷重版)。

智在参考了夫马进前述研究成果的同时,还利用了为数更多的其他史料(例如19世纪顺天府宝坻县的"词讼案件薄"),扩展估算了清代更多地方衙门的大致诉讼规模,并据此推论认为:

> 有关清代的实际数字显示清代一定程度上的健讼性,每年可能有一百五十个案子闹到县府,相当于一年当中每二千人就有一件新案子(假设每县平均人口为三十万人)。如果我们是按诉讼当事人(包括原告和被告)而不是按官司件数,是按户数(平均每户五口人)而不是按个人来计算的话,那么一年当中每二百户就有一户会卷入新官司中,这也意味着每二十年内(这相当于日本人类学家所研究过的三个村庄中人们所能清楚回忆的年限)十户当中就有一户会有人卷入官司。①

尽管夫马进和黄宗智在描述清代地方诉讼实况时所用的措辞有所不同,但二者上述鲜明体现社会史研究特色的论述(尤其是他们所引用或统计的那些令人印象深刻的数字),无疑会刺激一些学者不得不去反思,先前那些宏观而论的法律文化研究作品所着力描述的"无讼"价值取向,是否确能在中国古代社会的现实中得到完满的落实,并且由此逐渐带动了不少学者对先前那种旨在提炼诉讼文化之所谓本质特征、但却对其实践运作情况关注不足的研究进路加以反思,抑或强化了后来的研究者们对旧有看法进行挑战的学术勇气和信念。正如有学者在梳理学界研究现状后所概括指出的,"国内学人的[此方面]问题意识多受国外相关研究启发所得"。② 具体举例来说,徐忠

---

① 〔美〕黄宗智:《清代的法律、社会与文化:民法的表达与实践》,上海书店出版社2001年版,第171页。

② 吴佩林:《清代县域民事纠纷与法律秩序考察》,中华书局2013年版,第165页。

明便曾写道,他在黄宗智的上述著作出版后不久便迫切地寻来阅读,明言此书读起来"非常令人振奋",并认为对于"中国古人真的'厌讼'吗"这一问题,"黄宗智提供的数字足以说明事实并非如此"。①

三、中国"法律社会史"研究的条件制约及其改观

如果说夫马进和黄宗智20世纪末被译成中文出版的上述论著,给中国的学界同行们带来了学术观点的刺激和方法论的启示(从其文其书被关注此领域的中国法律史研究者所频繁引用这一点,便可看出其广泛的学术影响),那么21世纪初以来中国法律史料利用方面的便利性大大增强,以及由此带来的史料利用范围拓宽,则是中国学者将上述刺激和启示落实到自己所做的研究当中的更重要的支撑条件。

(一)所用法律史料类型对研究者学术视野的限制

与20世纪80年代末和90年代流行的那种偏重宏大叙事的法律文化研究不同,法律社会史研究所赖以为基的,主要并非苦思冥想后的文思泉涌或神来一笔,而首先是对与法律有关的一手史料的广泛搜集和深入分析。因此,同样是对于中国传统诉讼文化的研究,在那种深受宏大叙事风格之影响的学术作品当中,常可看到出自于作者个人体悟的"我认为",而在法律社会史进路的作品中,更多的则应当是基于丰富史料的"我发现"。先前那些侧重于挖掘其整体性特征的中国传统法律文化研究所利用的论据,多来自于士人著述、正史律典等传统史料。而此类史料由于非常明显地受到官方意识形态话语或

---

① 徐忠明:《清代民事审判与"第三领域"及其他——黄宗智〈民事审判与民间调解〉评议》,载徐忠明:《思考与批评:解读中国法律文化》,法律出版社2000年版,第160、178页。

精英人物思想之深重浸染（它们也因此是借以研究传统中国时期的大传统文化的首选材料），其对"表达"的凸显，通常更胜于对"实践"的细描。研究能力卓越的学者固然可以将上述史料的优点加以充分展示甚至发挥得淋漓尽致，但也不得不承认此类史料的特点所造成的学术视野限制。

就对中国传统法律文化的研究而言，梁治平在20世纪90年代的研究路径转变，恰可作为说明此点的一个绝佳例子。梁治平在回顾自己的学术历程时明确谈道，他完成于20世纪80年代末并出版于90年代初的《寻求自然秩序中的和谐——中国传统法律文化研究》一书，其"主要注意力还是在国家的、士大夫的和精英的层面"，"基本上还停留在'大传统'的层面"，而他在1995年完成并于次年出版的《清代习惯法：社会与国家》一书，①则意味着其关注重心从"大传统"转向"小传统"，"开始从民间（而不只是'小传统'）的方面去看古代的法律世界"。② 这种关注重心的转变之所以能付诸实施，所依赖的并不只是其研究思路的调整，还在相当大程度上得益于史料利用范围的拓宽。在《清代习惯法：社会与国家》一书中，我们看到了梁治平对乾隆朝巴县档案③、乾隆朝刑科题本④、（民国时期）民商事习惯调查报告⑤等不见于《寻求自然秩序中的和谐——中国传统法律文化研究》

---

① 梁治平：《清代习惯法：社会与国家》，中国政法大学出版社1996年版。
② 梁治平：《在边缘处思考（代跋）》，载梁治平：《在边缘处思考》，法律出版社2003年版，第275—277页。
③ 具体是从《清代巴县档案汇编（乾隆卷）》（四川省档案馆编，档案出版社1991年版）中摘引。
④ 具体是从《清代地租剥削形态》（乾隆刑科题本租佃关系史料之一，中国第一历史档案馆、中国社会科学院历史研究所编，中华书局1982年版）、《清代土地占有关系与佃农抗租斗争》（乾隆刑科题本租佃关系史料之二，中国第一历史档案馆、中国社会科学院历史研究所编，中华书局1988年版）中挑选转引。
⑤ 具体是从《民商事习惯调查报告录》（南京国民政府司法行政部编印，台北进学书局1969年影印版）中摘引。

一书的"新"资料的不时摘引。就此点而言,相较于其此前出版的《寻求自然秩序中的和谐——中国传统法律文化研究》一书,《清代习惯法:社会与国家》似乎更接近瞿同祖所开创的"法律社会史"研究范式,尽管梁治平认为《寻求自然秩序中的和谐——中国传统法律文化研究》一书"未尝不可以看成是对瞿著的发展"。①

所用法律史料范围的拓宽,固然离不开研究者的学术关注点转变,但更与法律史料利用的便利程度有密切关系。中国传统的史籍,受载体介质(如竹简、绢帛、纸张)、印刷技术(如雕版印刷、活字印刷)、年代久远、保存条件等因素影响,不少业已湮没于尘埃而不复再见(例如在中国法律史学界耳熟能详的亡佚之书《法经》②),即便是目前存世的那些史籍,其中很多都珍藏于图书馆、学术机构之中,常人利用起来很不方便,有时甚至根本就难得一见,更加不用说那些秘而不宣的珍本、孤本。因此,客观地说,这种原始资料利用上的不便,

---

① 梁治平:《法律史的视界:方法、旨趣与范式》,载梁治平:《在边缘处思考》,法律出版社 2003 年版,第 215 页。
② 《法经》相传为魏文侯之师李悝所撰,据称公元前 359 年商鞅以此为蓝本,改法为律,制定《秦律》。目前所见最早提及《法经》的文献,是成书于三国时期的《晋书·刑法志》。除了《晋书·刑法志》所记录的《魏律·序》约略提及《法经》("旧律因秦《法经》,就增三篇,而《具律》不移,因在第六"),《晋书·刑法志》本身有更详细的叙述——"是时承用秦汉旧律,其文起自魏文侯师李悝。悝撰次诸国法,著《法经》。以为王者之政,莫急于盗贼,故其律始于《盗贼》。盗、贼须劾捕,故著《网捕》二篇。其轻狡、越城、博戏、借假不廉、淫侈逾制以为《杂律》一篇,又以《具律》具其加减。是故所著六篇而已,然皆罪名之制也。商君受之以相秦。"《唐律疏议》对《法经》亦有记述:"周衰刑重,战国异制,魏文侯师于里悝,集诸国刑典,造《法经》六篇:一、盗法;二、贼法;三、囚法;四、捕法;五、杂法;六、具法。商鞅传授,改法为律。汉相萧何,更加悝所造户、兴、厩三篇,谓九章之律。"《唐律疏议》,刘俊文点校,法律出版社 1999 年版,第 2 页。明末时人董说在其编著的《七国考》一书之《魏刑法》门中,援用了据称出自东汉经学家桓谭所撰《新论》(该书通常被认为在南宋时便已亡佚)关于《法经》的一段论述。由于《法经》在留存至今的两汉史籍中并未见有记载,直到修定于唐代贞观年间的《晋书·刑法志》才突然见到被提及,故而仁井田陞等学者怀疑《法经》的存在,亦由此开启了不同学者之间围绕《法经》是否真的存在的长期论辩。中国学者多持《法经》确有其书但已亡佚之说。参见张警:《〈七国考〉〈法经〉引文真伪析疑》,载《法学研究》1983 年第 6 期,第 68—72 页;何勤华:《〈法经〉新考》,载《法学》1998 年第 2 期,第 15—18 页。

第一章　中国传统诉讼文化研究的方法论反思

对20世纪90年代之前的中国法律史研究实际上构成了相当大的限制。

（二）法律史料利用的便利性对研究者关注点的影响

一直到了20世纪90年代中后期，上述状况才有了较大的改观，而这要归功于更多法律史料整理成果的出版。例如，1997年由黄山书社出版的《官箴书集成》，以皇皇十大册的规模，影印收录了101种自唐代至民国时期的官箴书（其中近三成为孤本和稀见本），大大便利了学术界对这些资料的深入挖掘和系统利用。而在这套丛书出版之前，尽管也偶有学者在其研究中对个别官箴书加以零星的引用，但往往仅限于以其来展示官箴书所体现的那种基于儒家道德观的仁政理念，例如梁治平在其著作中对清人汪辉祖的《佐治药言》之"息讼"一节文字的援引和解说。① 囿于这种印象，不少学者对官箴书的认识，在相当长的时期内基本只是停留于认为此类书籍充斥着基于官方意识形态的道德教化话语。但正如黄宗智所反复提醒的，官箴书实际上"同时包含着意识形态的说教和对实际操作的指导"。② 就其对传统中国诉讼实态的研究的学术价值而言，不少官箴书中亦不乏反映一些地方的民事讼案数量实则颇为可观的记载。例如，清代乾嘉时期的名幕循吏汪辉祖在其那本《学治说赘》中写道："邑虽健讼，初到时词多，然应准新词，每日总不过十纸，余皆诉词催词而已。有准必

---

① 梁治平：《寻求自然秩序中的和谐——中国传统法律文化研究》，上海人民出版社1991年版，第195页。

② 〔美〕黄宗智：《清代的法律、社会与文化：民法的表达与实践》，上海书店出版社2001年版，英文版序，第15页。黄宗智在书中对此多次予以提醒，例如，"这些手册性的书里还都有比较实际和具体的指示"（重版代序，第4页）、"被以往研究大量使用过的《牧令书》和《幕学举要》之类的手册事实上也指示县官们要仔细研究律例并严格遵行之"（第13页）、"这些手册同样显示了表达与实践的背离。诚然，这些手册是用道德说教包装起来的……但是，作为实用的手册，它们同时备有指导日常行动的具体指示"（第19—20页）。该书的第八章"从县官'手册'看清代民事调判"，更是专门致力于揭示官箴书的这种两面性特点。

审,审不改期,则催者少而诳者怕,不久而新词亦减矣。"①又如,清人袁守定在其《图民录》一书中谈及:"南方健讼……而投诉者之多,如大川腾沸,无有止息。办讼案者不能使清,犹挹川流者不能使竭也。"②

就对中国法律史研究原始史料的专门整理出版而言,当首推杨一凡令人敬佩的巨大贡献。杨一凡所主持的"珍稀法律文献整理"学术工程,自20世纪80年代初开始着手实施以来,经过三十多年的耕耘,至2013年初时便已取得了如下赫赫成就:

> 除"散见法律资料辑佚和法律孤本整理"子项目正在进行外,其他16个子项目已基本完成。已出版的有:《中国珍稀法律典籍集成》(14册)、《中国珍稀法律典籍续编》(10册)、《中国古代地方法律文献》(甲、乙、丙编,40册)、《古代榜文告示汇存》(10册)、《中国律学文献》(4辑,19册)、《历代珍稀司法文献》(15册)、《历代判例判牍》(12册)、《古代判牍案例新编》(20册)、《刑案汇览全编》(15册)、《中国监察制度文献辑要》(6册)、《古代乡约及乡治法律文献十种》(3册),这些法律文献共6000余万字,收入文献540余种。《皇明制书》(4册)和《清代成案选编》(50册)即将在2013年内出版。③

上述引文中提及的"《皇明制书》(4册)和《清代成案选编》(甲

---

① (清)汪辉祖:《学治说赘》,清同治十年(1871)慎间堂刻汪龙庄先生遗书本,"理讼簿",载《官箴书集成》(第5册),黄山书社1997年版,第308页。
② (清)袁守定:《图民录》,清光绪五年(1879)江苏书局重刊本,卷二,"南北民风不同",载《官箴书集成》(第5册),黄山书社1997年版,第202页。
③ 杨一凡:《为了推动中国法律史学的创新(代前言)》,载杨一凡:《重新认识中国法律史》,社会科学文献出版社2013年版,第4页。

编,50册)",后来已分别于2013年7月和2014年11月由社会科学文献出版社正式出版。不仅如此,杨一凡近年来主持整理出版的法律史料,还有《清代秋审文献》(30册)、《清代成案选编》(乙编,30册)、《古代珍稀法律典籍新编》(30册)、《中国律学文献》第五辑(14册)、《明清珍稀食货立法资料辑存》(10册)。① 在上述出版品中,不少系据散落珍藏于海内外各图书馆和研究机构中的稀见版本(包括刊本、抄本、稿本)汇集而成,寻常学人即便知晓原书的收藏地信息,若想查阅,则不仅往往须历舟车劳顿之苦乃至远涉重洋之困顿,而且还很可能会吃闭门羹。这些文献如今以影印或点校的形式整理出版,嘉惠士林,功莫大焉。

在上列法律史料整理成果中,就对传统中国诉讼实态的研究而言,能够作为直接素材加以利用的,就至少有《历代珍稀司法文献》《历代判例判牍》《古代判牍案例新编》《刑案汇览全编》等数种。试举几例以明之,《历代判例判牍》第3册收录的《云间谳略》(明代万历年间任松江府推官的毛一鹭所撰)、第4册收录的《折狱新语》(明代崇祯年间任宁波府推官的李清所撰)和第5册收录的《莆阳谳牍》(明代天启年间任兴化府推官的祁彪佳所撰),皆为今天难得一见的明代判牍,②其中所记载的众多案例,包含了关于明代后期地方民事讼案的不少社会信息。

---

① 杨一凡编:《清代秋审文献》(30册),中国民主法制出版社2015年版;杨一凡、陈灵海编:《清代成案选编》(乙编,30册),社会科学文献出版社2016年版;杨一凡编:《古代珍稀法律典籍新编》(30册),中国民主法制出版社2018年版;杨一凡:《中国律学文献》第5辑(14册),社会科学文献出版社2018年版;杨一凡、王若时编:《明清珍稀食货立法资料辑存》(10册),社会科学文献出版社2020年版。
② 关于明代判牍的介绍,参见〔日〕滨岛敦俊:《明代之判牍》,载《中国史研究》1996年第1期,第111—121页;巫仁恕:《明代的司法与社会——从明人文集中的判牍谈起》,载《法制史研究》第2期(2001),第61—88页。

四、多元史料推动"法律社会史"研究"复兴"

强调晚近二十多年来越来越多中国法律史料的整理出版对法律社会史研究之开展的助力,并非是说在此之前的研究者们即便有心为之也完全就是"巧妇难为无米之炊",而是指之前的中国法律史研究在相当大程度上受制于当时普通的研究者们能够方便接触到的法律史料类型和数量在总体上皆颇为有限。实际上,就中国"法律社会史"研究所倚重的"社会"信息而言,即便前述那些被整理出版的官箴书、珍稀法律典籍、律学文献,所能提供的也颇为有限。判牍在此方面似属例外,但我们也必须注意到,判牍之类的文献中所收录的,通常只有官府所做的裁断,并不像司法档案那样往往还相伴有民众提交的各式诉讼文书,故而其所传达的主要还是由具体官员代表"官府/国家"发出的声音,尽管其中也有一些对"社会"信息的描述。也因此,在晚近以来那些其作者自我认同属于或被学界同行归入中国"法律社会史"研究的论著当中,最常被引用的史料论据并非来源于此,而更多是来自于以下几种被认为包含了更多"社会"信息的史料类型——地方志、民间文书和司法档案。研究者们或主要使用其中的某一类型史料,或将多种类型的史料加以综合利用。以下选取与明清社会诉讼实态有关的三个具体研究议题加以申说。

(一)模糊感觉、刻板印象抑或如实反映:地方志中的讼风记载

地方志中的所记内容涉及面很广,且包含信息丰富,通常举凡舆地、山川、城邑、古迹、职官、人物、艺文、物产、风俗、掌故等方面的内容皆有记载,故而绝不可因其在传统史学中往往被列入史部地理类而仅以地理书视之。地方志的研究价值,很早便为中国近代的学者们所注意。梁启超在1902年发表的《新史学》一文中,将中国旧日之史学派别分为10种22类,而其中的第7种便是地方志(他当时称其为"地

志")。① 1924年时,梁启超除了写就《说方志》一文,②还在《东方杂志》发表了《清代学者整理旧学之总成绩——方志学》。③ 后者被一些学者视作"标志着方志学终于能成为一门独立的学问",④梁启超本人也因此被认为是"中国近代方志学理论的启蒙者和开拓者"。⑤ 在这篇对后世的方志学研究影响深远的文章中,梁启超将方志与史家记述相对比,阐明前者在社会史研究当中的重要价值:

> 以吾侪今日治史者之所需要言之,则此二三千种十余万卷之方志,其间可宝之资料万无尽藏。良著固可宝,即极恶俗者亦未宜厌弃。何则?以我国幅员之广,各地方之社会组织,礼俗习惯,生民利病,樊然淆杂,各不相侔者其夥。而畴昔史家所记述,专注重一姓兴亡及所谓中央政府之囫囵画一的施设,其不足以传述去现在社会之真相,明矣。又正以史文简略之故,而吾侪所渴需之资料乃摧剥而无复遗。犹幸有芜杂不整之方志,保存"所谓良史者"所吐弃之原料于粪秽中,供吾侪披沙拣金之凭借,而各地方分化发展之迹及其比较,明眼人遂可以从此中窥见消息,

---

① 梁启超:《新史学》,载《新民丛报》第1号(1902),第39—41页。
② 梁启超:《说方志》,载梁启超:《饮冰室合集》(第5册),"饮冰室文集",卷41,中华书局1989年版,第84—99页。
③ 梁启超:《清代学者整理旧学之总成绩——方志学》,载《东方杂志》第21卷第18号(1924),第91—109页。亦见梁启超:《中国近三百年学术史》,上海古籍出版社2014年版,第289—302页。
④ 廖菊栋:《试论梁启超之方志观》,载《内蒙古师范大学学报》(哲学社会科学版)2003年第2期,第21页。不过,据梁启超自己的看法,"'方志学'之成立,实自实斋始",亦即推举最早提出方志之于人物有"补史之缺、参史之错、详史之略、续史之无"之功用的清人章学诚为"方志学"之鼻祖,参见梁启超:《清代学者整理旧学之总成绩——方志学》,载《东方杂志》第21卷第18号(1924),第95页。
⑤ 刘光禄:《梁启超与方志学》,载《广州研究》1984年第1期,第63页。

斯则方志之所以可贵也。①

在20世纪30年代,顾颉刚向陶希圣提议从地方志中寻找经济史料,激发了陶希圣及其学生鞠清远在《食货》杂志上专门撰文予以响应,讨论地方志在社会经济史研究中的学术价值,以及如何利用地方志的方法。② 其后则有梁方仲、谭其骧、傅衣凌、何炳棣、萧公权等人,在各自领域的研究中对地方志多有利用。尤其是20世纪80年代以来,随着历史学界当中社会史研究的复兴和区域史、文化史研究的深入,地方志更是被视为基础资料之一。③

这种学术风气,也逐渐使得中国法律史学者在研究中对地方志加以关注。而各种明清时期地方志的重印出版,也为研究者们更为贴近地综合了解彼时民间的诉讼风气创造了便利条件。特别是由江苏古籍出版社(后改名为凤凰出版社)、上海书店和巴蜀书社自1991年起分头影印出版的大型方志丛书《中国地方志集成》,以当代的省和直辖市为单位,收录了来自北京、上海、天津、河北、山东、江苏、浙江、安徽、福建、湖南、湖北、吉林、辽宁、黑龙江、广东、海南、贵州、山西、陕西、甘肃、宁夏、青海、西藏等地的地方旧志两千余种,为学者们后来利用方志开展包括地方诉讼风气在内的各种法律社会史研究,提供了莫大的便利。例如,侯欣一在查阅了来自浙江、江苏、安徽、江西、湖南、湖北、山东等七个省份的150多种清代地方志后,发现"其中明确注明诉讼风俗中健讼的方志有70多个,寡讼的有40个",而"江南地

---

① 梁启超:《清代学者整理旧学之总成绩——方志学》,载《东方杂志》第21卷第18号(1924),第92页。
② 陶希圣:《搜读地方志的提议》,载《食货》第1卷第2期(1934),第40—41页;鞠清远:《地方志的读法》,载《食货》第1卷第2期(1934),第41—45页。
③ 李晓方:《社会史视野下的地方志利用与研究述论》,载《中国地方志》2011年第7期,第26—33页;常建华:《试论中国地方志的社会史资料价值》,载《中国社会历史评论》(第7卷),天津古籍出版社2006年版,第61—73页。

区有诉讼风俗记载的 70 多个地方志中,记载健讼的有 57 处,寡讼的有 14 处,也就是说健讼的地区已达到 3/4",从而得出"在清代中国的江南地区民间已经出现了健讼的风俗应该没有太大的问题"的学术判断。① 徐忠明和杜金也进行了类似的研究,"整理了清代的江苏、上海、山东、广东四省(市)的 284 种府志和县志有关当地社会是否'好讼'的记载",结果发现,"在地方志的'风俗'中,提到'好讼'的志书不在少数。在 284 种地方志中,有 95 种谈到了当时当地的好讼风气,约占 1/3",他们还注意到,"仍有 86 种提到了不尚诉讼,也接近 1/3"。②

不过,对于诸如"在对各地民情、风俗、历史的记载方面,无论是深度、广度,还是真实性,地方志都具有其他史料无法替代的作用"之类的看法,③尤其是地方志中记载内容的真实性,窃以为需要慎加斟酌。就将地方志中那些关于"好讼""健讼"或"厌讼""少讼"的文字记载作为对彼时社会实态的真实反映进行统计的做法而言,正如有学者业已敏锐意识到的,这些文字记载"很有可能只是作者对于当时当地的诉讼风气的主观感受和道德评判",并且,"不同的人可能会对当时当地的诉讼风气产生迥然不同的感受",由此主张不可将这些记载与当地的实况完全等同。④

关于上述此点,笔者拟再进一步予以申说。一方面,地方志中那

---

① 侯欣一:《清代江南地区民间的健讼问题——以地方志为中心的考察》,载《法学研究》2006 年第 4 期,第 151—152 页。

② 徐忠明、杜金:《清代诉讼风气的实证分析与文化解释——以地方志为中心的考察》,载《清华法学》2007 年第 1 期,第 93、96—98 页。利用地方志中的记载讨论明清时期"健讼之风"的作品,还有乔素玲:《从地方志看土地争讼案件的审判——以广东旧方志为例》,载《中国地方志》2004 年第 7 期,第 41—45 页。

③ 侯欣一:《清代江南地区民间的健讼问题——以地方志为中心的考察》,载《法学研究》2006 年第 4 期,第 150 页。

④ 徐忠明、杜金:《清代诉讼风气的实证分析与文化解释——以地方志为中心的考察》,载《清华法学》2007 年第 1 期,第 102 页。

些所谓"好讼""健讼"的记载,也有可能只是一种人云亦云、相沿成习的惯用语,而这种成见或刻板印象有时甚至会过于夸张。小川快之提醒说,"健讼"常常只是被作为一种模糊的印象而为书写者所使用,因此当我们看待文献史料中的这些记载时,需要注意到书写者的视角、感觉,而不能径直将其所写当作实态。① 特别是当该地若早在宋元明之时便已被打上"健讼"的标签,则这种描绘在清代的地方志中通常便会相延不改。例如山本英史指出,在光绪朝的《江西通志》《吉安府志》和同治朝的《建昌府志》《赣州府志》等江西地方志中,常可见到关于当地"健讼之风"的描述,但事实上,这些叙述"多转引自明代以前刊行的地方志与文集,几乎没有清代新添入、作为风俗的记载",故而他认为,"将健讼作为清代江西的风俗而大书特书,实际上没有什么价值,也说明不了问题"。② 另一方面,一些地方志中关于当地"寡讼""少讼"的记载,也未必皆完全契合当时社会的实情,亦有可能是修志者出于粉饰太平、彰扬主政者治绩之考虑而如此叙述。例如本书第六章中将举例指出,光绪年间的《长汀县志》自称当地清代以来"凶讼少闻",但据曾任汀州知府的王廷抡在《临汀考言》一书描述,早在康熙年间,长汀县所在的汀州地区便是一番"越控之刁风实繁"、当地劣衿势恶包揽词讼"专以唆讼而网利"的社会景象。因此,地方志中对诉讼风气的记载,未必皆与当时当地的诉讼实态相吻合。我们不可将二者混为一谈,而是需要将之与其他类型的更多资料进行对照后加以辨明。倘若将地方志作为"具有其他史料无法替代的作用"的文献单

---

① 小川快之:《伝統中国の法と秩序——地域社会の视点から》,东京汲古书院2009年版,第16页。中译本参见〔日〕小川快之:《传统中国的法与秩序:从地域社会的视角出发》,赵晶编译,台北元华文创股份有限公司2018年版,第13页。
② 〔日〕山本英史:《健讼的认识和实态——以清初江西吉安府为例》,阿风译,载中国政法大学法律史学研究院编:《日本学者中国法论著选译》(下册),中国政法大学出版社2012年版,第595页。

一使用,亦有可能造成所得结论在客观性程度上失之偏颇,甚至有时可能让读者无所适从。正如有学者所指出的,若不了解地方志中关于诉讼风气的文字描述往往承载着一定的政治目的,则将无法理解一些地方志(例如清代福建省的不少地方志)中为何会存在声称当地"既健讼又寡讼"的矛盾记述。①

(二) 社会视角:民间文书反映的百姓日常涉讼信息

另一类近年来常在法律社会史取径的中国传统诉讼文化研究作品中被加以使用的资料,是各地保存至今的民间文书(特别是其中的诉讼文书资料)。其中尤以来自宋代以来(主要是明清时期)徽州地区的文书,在学术界受到的关注最为充分。

自20世纪50年代以来大批徽州文书的发现,②是中国史学界公认的重大事件,被誉为"20世纪继甲骨文、汉晋简帛、敦煌文书、明清内阁大库档案之后的第五大发现"。③ 经过数代学者的耕耘和努力,自80年代以来逐渐形成了一门以地域命名、如今已发展得相当成熟的专门之学——"徽学",而"徽学"则又常被与"藏学""敦煌学"并称为三大显学。④ 由于海内外的众多档案馆、博物馆、图书馆、研究机构和个人皆有收藏徽州文书,⑤故而根本无法对现存徽州文书的确切数量进行准确统计。这种情况,也导致不同学者即便对其作大致估算,

---

① 肖丽红:《区域法律社会史视角下的地方志研究——以清代福建省地方志"既健讼又寡讼"的矛盾记述为例》,载《福建史志》2017年第2期,第21—25页。
② 参见翟屯建:《徽州文书的由来、发现、收藏与整理》,载《上海师范大学学报》(哲学社会科学版)2006年第1期,第111—112页;卞利:《徽州文书的由来及其收藏整理情况》,载《寻根》2008年第6期,第8—10页。
③ 栾成显:《徽学的界定与构建》,载《探索与争鸣》2004年第7期,第35页。
④ 阿风:《徽州文书研究十年回顾》,载《中国史研究动态》1998年第2期,第2—10页;卞利:《20世纪徽学研究回顾》,载《徽学》(第2卷),安徽大学出版社2002年版,第411—446页。
⑤ 关于徽州文书在国内外收藏情况的简介,参见卞利:《徽州文书的由来及其收藏整理情况》,载《寻根》2008年第6期,第11—13页。

所得结果也常常相差甚大。例如,周绍泉表示,"斗胆猜测","恐怕不下 20 余万件",①而卞利则"乐观地推测,现存徽州文书总量应当在 50 万件(册)左右"。②

在总数以几十万计的现存徽州文书中,有不少属于诉讼文书。③例如根据刘伯山的介绍,仅在安徽大学徽学研究中心收藏的 1.1 万件徽州文书当中,诉讼文书便有近 210 份(册)。④ 阿风以徽州诉讼文书的不同保存形态和史料来源为分类依据,将其分为三大类:第一,官府文书,包括诉讼卷宗和官府发出的诉讼文书;第二,民间文书,包括"私人收藏的与诉讼有关的讼费合同、息讼合同、状式草稿以及诉讼文书的抄白、稿本与刊本等";第三,介乎前两类之间的"抄招帖文"与"执照",其中所谓的"抄招帖文","是由诉讼当事人提出请求,由书吏抄写并经官府认可的文书","包含诉讼卷宗的抄本(告词、诉词、批语、供状等),及官府发出的'帖文'(帖文中有知县或知府的批文)"。⑤ 此外,他还专门按照诉讼的顺序,针对诉讼过程中形成的不同类型的徽州诉讼文书再加分类,例如状式,信牌(票),审讼与问拟文书(包括投审到单与覆命禀文、保状与结状、点单、问拟文书),甘结、领状与和息状。⑥

自 20 世纪 90 年代以来,中外学者利用包括民间诉讼文书在内的

---

① 周绍泉:《徽州文书与徽学》,载《历史研究》2000 年第 1 期,第 54 页。
② 卞利:《徽州文书的由来及其收藏整理情况》,载《寻根》2008 年第 6 期,第 13 页。曾任黄山市博物馆馆长的翟屯建也认为,现存徽州文书"总的绝对数量应当不下于 50 万件",参见翟屯建:《徽州文书的由来、发现、收藏与整理》,载《上海师范大学学报》(哲学社会科学版)2006 年第 1 期,第 113 页。
③ 郑小春:《明清徽州诉讼文书的遗存及其特点》,载《巢湖学院学报》2007 年第 1 期,第 127—134 页。
④ 刘伯山:《"伯山书屋"一期所藏徽州文书的分类与初步研究(上)》,载《徽学》(2000 年卷),安徽大学出版社 2000 年版,第 421 页。
⑤ 阿风:《明清徽州诉讼文书的分类——以存在形态为中心》,载阿风:《明清徽州诉讼文书研究》,上海古籍出版社 2016 年版,第 15—52 页。
⑥ 同上书,第 53—111 页。

徽州文献,围绕徽州地区的民间纠纷与官府诉讼之互动,以及当地民众在此过程中展示出来的诉讼观念,陆续发表或出版了数量相当可观的研究作品。① 其中关于徽州地区"健讼"之风和民众"好讼"观念的研究,亦复不少。例如,早在1993年,卞利便撰文专门针对明清徽州地区"民俗健讼"的历史渊源、形成过程和主要表现进行研究。据他考察,东晋南朝时期,一些北方士家大族为避战乱,南迁定居于徽州山区,他们为保家园而养成的"尚武之风",在两宋时期与唐末黄巢起义后不少中原士族衣冠南渡避居此地而带来的"右文之习"相结合,共同推动了"健讼之风"在当地的形成,明代中期以来,随着主要由商业兴盛之大背景影响所导致的贫富悬殊和社会风俗变迁,此种"健讼之风"更趋加剧,其具体表现为在日常生活的很多方面均发生了争讼事件(田地、山场、坟地、塘堨、婚姻、继子、主仆方面的争讼尤其明显)。卞利强调,"明清时期徽州地区民俗健讼的形成,固然与这里长期以来存在的武劲之风和争讼之习的传承有关,但更主要的还是徽州地区社会经济的发展和社会文明进步的结果"。②

不过,卞利当时所利用的徽州文献主要还只限于当地方志和士人文集,后来才逐渐开始结合契约、账簿等徽州文书,对明清时期徽州

---

① 曹天生:《本世纪以来国内徽学研究概述》,载《中国人民大学学报》1995年第1期,第110—115页;阿风:《徽州文书研究十年回顾》,载《中国史研究动态》1998年第2期,第2—10页;阿风:《1998、1999年徽学研究的最新进展》,载《中国史研究动态》2000年第7期,第8—14页;卞利:《20世纪徽学研究回顾》,载《徽学》(第2卷),安徽大学出版社2002年版,第411—446页;许文继:《2000、2001年徽学研究综述》,载《中国史研究动态》2003年第2期,第9—15页;王振忠:《新发现的徽州文书与徽学研究的新进展》,载《探索与争鸣》2004年第12期,第36—37页;栾成显:《改革开放以来徽学研究的回顾与展望》,载《史学月刊》2009年第6期,第5—16页;[日]中岛乐章:《明代乡村纠纷与秩序:以徽州文书为中心》,郭万平、高飞译,江苏人民出版社2010年版,第23—35页。

② 卞利:《明清徽州民俗健讼初探》,载《江淮论坛》1993年第5期,第55—63页。该文与作者同年发表的另一篇论文在内容上几近相同,即卞利:《明中叶以来徽州争讼和民俗健讼问题探论》,载《明史研究》(第3辑),黄山书社1993年版,第75—84页。

地区通过民事纠纷与诉讼展现出来的"健讼"现象进一步加以讨论。①就对徽州诉讼文书的专门研究而言,用力最勤的乃是日本学者中岛乐章和中国学者阿风、郑小春等人。

自1995年开始,中岛乐章便开始发表以徽州文书为主要研究素材撰写的专题论文。他在1999年时完成的博士论文,后经修改扩充,于2002年以《明代乡村纠纷与秩序:以徽州文书为中心》作为书名,在日本由汲古书店出版。正如中岛乐章自己在书中所明言的,他利用明代的徽州文约、合同等民间文书和各种诉讼文书作为核心史料,并辅之以族谱、方志、文集等关联资料,通过将明代徽州地区的乡村纠纷处理实态及其变迁状况予以充分展示,力求勾勒出彼时乡村社会纠纷解决的实然情况和社会秩序形成的真实过程。② 中岛乐章的深入研究清晰地表明,"明代后期乡村社会中,在老人、里甲制下可以平稳地解决当地纠纷的状况日益困难起来,结果导致向地方官提起的诉讼开始增加,'健讼'风潮明显"。③

阿风自20世纪90年代初开始追随周绍泉研究徽州文书,除了发表有关此研究主题的众多散篇论文外,近年来还先后出版了《明清时代妇女的地位与权利——以明清契约文书、诉讼档案为中心》《明清徽州诉讼文书研究》两本著作。④ 就对徽州文书的学术利用而言,在前一本书中,他利用了明清时期徽州地区的土地买卖文书、家产分析

---

① 卞利:《明代徽州的民事纠纷与民事诉讼》,载《历史研究》2000年第1期,第94—105页。另可参见卞利:《明清徽州社会研究》,安徽大学出版社2004年版;卞利:《国家与社会的冲突与整合——论明清民事法律规范的调整与农村基层社会的稳定》,中国政法大学出版社2008年版。

② 〔日〕中岛乐章:《明代乡村纠纷与秩序:以徽州文书为中心》,郭万华、高飞译,江苏人民出版社2010年版,第49页。

③ 同上书,第212页。

④ 阿风:《明清时代妇女的地位与权利——以明清契约文书、诉讼档案为中心》,社会科学文献出版社2009年版;阿风:《明清徽州诉讼文书研究》,上海古籍出版社2016年版。

文书、人身买卖文书,以及关于招婿、招夫等变例婚姻的婚姻文书,而在后一本书中,则更是充分利用了大量现存的明清时期徽州地区的诉讼文书(尤其值得一提的是,他还将自己所积累摘录的相当数量的明清徽州诉讼文书之原文,编成附录置于书后,极大地方便了后来者继续进行研究①)。在《明清徽州诉讼文书研究》一书中,阿风通过对明清时期徽州地区的讼费合同文约、记载诉讼个案的相关文书进行深入研究,不仅从宏观上指出"从现有的徽州诉讼文书来看,明清时代的民众与诉讼的距离并不是很远",②而且还细致地分析了明代中后期以来,在诉讼案件大量增多的共同表相背后,不同时期在主要诉讼纷争内容上的大致变化。例如,明初的土地登记方式,以及新宗族运动的蓬勃开展,使得与宗族始祖祭祀有关的墓产争讼大量增多;万历年间所进行的旨在"均田均役"的全国性土地清丈与赋役改革,造成土地争讼在万历十年(1582)前后达到最高潮;清代中期,随着雍正皇帝开豁世仆(世仆原先属于贱籍)的谕旨在徽州地区奉行,当地有关主仆纷争的讼案频发。值得一提的还有,该书作为附录收入的《清朝的京控——以嘉庆朝为中心》一文,令人信服地展示了嘉庆四年八月二十八日(1799 年 9 月 27 日)皇帝发布的京控新政谕旨是如何导致此后京控数量剧增的,并深入分析了嘉庆朝京控扩大化的诸多原因。③

---

① 阿风:《明清徽州诉讼文书研究》,上海古籍出版社 2016 年版,第 264—343 页。
② 同上书,第 177 页。从某种意义上讲,阿风的这一宏观判断,或可被视为是对滋贺秀三讲过的那种简略看法的重提。滋贺秀三曾在 20 世纪 80 年代中期非常简短地写道,相较于现代日本的民事诉讼情形,在清代中国,打官司这种方式与当时民众日常生活的距离,可能要比今天人们所想像的要近得多。但是,滋贺秀三此番论断的依据,只有清人高廷瑶在《宦游纪略》中声称自己嘉庆年间代理安徽六安州牧之时曾在十个月内断结 1360 余宗词讼的一则记载——"余不敏,忝牧斯土十阅月矣,检词讼簿,经断结者,凡千三百有六十余"。参见滋贺秀三:《清代中国の法と裁判》,創文社 1984 年版,第 210、260 页。而阿风的上述判断,则是建立在其对明清徽州地区的讼费合同文约等诸多史料所作的扎实研究之上,故而更具说服力。
③ 阿风:《清朝的京控——以嘉庆朝为中心》,载阿风:《明清徽州诉讼文书研究》,上海古籍出版社 2016 年版,第 344—397 页。

大致从 2006 年开始,郑小春也利用明清徽州地区的诉讼文书展开一系列的研究,其讨论的具体议题主要包括:诉讼文书的分类与特点,司法审判制度中涉及的状词格式、保证文书、代书制度、判词制作,宗族合约与乡村治理,等等。尤其是他利用徽州文书中的一些讼费账单和诉讼案卷(例如清初休宁苏氏诉讼案),通过对诉讼案例的挖掘,深入研究了明清徽州"健讼之风"在社会中的具体表现。①

上述研究成果的问世,在很大程度上得益于中国社会科学院历史研究所、安徽大学徽学研究中心等机构对徽州文书的搜集和整理。一些徽州文书被成规模地整理出版,更是为学者们的研究创造了极大的便利。从 20 世纪 80 年代末开始出版的《明清徽州社会经济资料丛编》第一辑和第二辑,分别点校收录了安徽省博物馆、徽州地区博

---

① 郑小春发表的此方面论文,主要有:《明清徽州诉讼文书的遗存及其特点》,载《巢湖学院学报》2007 年第 1 期,第 127—134 页;《明清官府下行文书述略:以徽州诉讼文书为例》,载《巢湖学院学报》2008 年第 1 期,第 130—137 页;《明清徽州案卷文书述略》,载《徽学》(第 5 卷),安徽大学出版社 2008 年版,第 281—294 页;《明清徽州宗族与乡村治理:以祁门康氏为中心》,载《中国农史》2008 年第 3 期,第 94—103 页;《清代徽州的民间合约与乡村治理》,载《安徽大学学报》(哲学社会科学版)2009 年第 1 期,第 113—120 页;《清代陋规及其对基层司法和地方民情的影响——从徽州讼费帐单谈起》,载《安徽史学》2009 年第 2 期,第 98—106 页;《从清初苏氏诉讼案看徽州宗族内部的矛盾与分化》,载《史学月刊》2009 年第 3 期,第 106—115 页;《里老人与明代乡里纷争的解决:以徽州为中心》,载《中国农史》2009 年第 4 期,第 102—113 页;《从徽州讼费账单看清代基层司法的陋规与潜规则》,载《法商研究》2010 年第 2 期,第 152—160 页;《清朝代书制度与基层司法》,载《史学月刊》2010 年第 6 期,第 34—43 页;《一起休宁苏氏诉讼案所再现的清代基层司法审判实践》,载《徽学》(第 6 卷),安徽大学出版社 2010 年版,第 79—94 页;《清代的基层司法审判实践:苏氏诉讼案所见》,载《清史研究》2012 年第 2 期,第 26—35 页;《明初徽州里老人理讼制度刍议》,载《厦门大学法律评论》(总第 21 辑),厦门大学出版社 2013 年版,第 76—97 页;《徽州诉讼文书所见清代县衙门判词的制作——兼评清代州县不单独制作判词》,载《社会科学》2013 年第 10 期,第 142—149 页;《明清徽州司法审判实践中的保证文书》,载《徽学》(第 8 卷),黄山书社 2013 年版,第 40—54 页;《诉讼文书所见清代徽州状词格式的演变》,载《徽学》(第 9 卷),合肥工业大学出版社 2015 年版,第 235—248 页;《谱牒纷争所见明清徽州小姓与望族的冲突》,载《安徽大学学报》(哲学社会科学版)2016 年第 3 期,第 94—103 页;《徽州诉讼研究二十年回顾与展望》,载《徽学》(第 10 辑),社会科学文献出版社 2018 年版,第 267—284 页。

物馆、中国社会科学院历史研究所收藏的一部分宋元明清时期徽州文书的文字内容。① 特别是《徽州千年契约文书》(全20册)在1993年的出版,随后极大地推动了此领域的研究。② 而近年来更是有多套明清徽州文书的大型资料集被整理出版,例如刘伯山主编的《徽州文书》(第1—5辑,全50册)、黄山书院编的《中国徽州文书·民国编》(全10册)、李琳琦编的《安徽师范大学馆藏千年徽州契约文书集萃》(全10册)、黄志繁等人编的《清至民国婺源县村落契约文书辑录》(全18册)、俞江主编的《徽州合同文书汇编》(影印版全11册,点校版全4册)和王振忠主编的《徽州民间珍稀文献集成》(全30册)。③ 此外,一些学者还结合对徽州民间私约的田野采集,深入徽州各地进行习惯调查,并出版了相关成果。④

近年来常被用于研究明清地方诉讼状况的民间文书,除了徽州文书,还有来自贵州清水江地区的民间文书,即学界所称的"清水江文书"。⑤ 因其数量众多(据估计约有30万份),且类型丰富,吸引了

---

① 安徽省博物馆编:《明清徽州社会经济资料丛编》(第1辑),中国社会科学出版社1988年版;中国社会科学院历史研究所徽州文契整理组编:《明清徽州社会经济资料丛编》(第2辑),中国社会科学出版社1990年版。
② 王钰欣、周绍泉主编:《徽州千年契约文书》(全20册),花山文艺出版社1993年版。该书分"宋元明编"和"清民国编"。
③ 刘伯山主编:《徽州文书》(第1—5辑),广西师范大学出版社2005年至2015年出版,共计50册;黄山书院编:《中国徽州文书·民国编》(全10册),清华大学出版社2010年版;李琳琦编:《安徽师范大学馆藏千年徽州契约文书集萃》(全10册),安徽师范大学出版社2014年版;黄志繁等编:《清至民国婺源县村落契约文书辑录》(全18册),商务印书馆2014年版;俞江主编:《徽州合同文书汇编》(影印版,全11册),广西师范大学出版社2017年版;俞江主编:《徽州合同文书汇编》(点校版,全4册),广西师范大学出版社2021年版;王振忠主编:《徽州民间珍稀文献集成》(全30册),复旦大学出版社2018年版。
④ 田涛:《徽州民间私约研究及徽州民间习惯调查》(上册·徽州民间私约研究),法律出版社2014年版。
⑤ 关于清水江文书的"发现"过程和搜集情况,参见张应强:《清水江文书的收集、整理与研究刍议》,载《原生态民族文化学刊》2013年第3期,第33—38页。

来自国内外的不少学者进行研究。① 与对徽州文书的整理和研究相互促进类似,近年来也有多套整理清水江文书的大型资料集出版,例如张应强等编的《清水江文书》至2011年时已经出版了3辑共33册(收录了1.5万余份清水江文书),②张新民主编的《天柱文书》在2014年出版了1辑共22册,③由贵州省档案馆、省内一些地方档案馆以及凯里学院、中山大学历史人类学研究中心等机构合作整理的《贵州清水江文书》系列,至2021年时已经出版了三穗、黎平、剑河、天柱等地方的文书共130册。④ 在这些清水江文书之中,亦有不少属于诉讼文书。而根据一些学者利用清水江文书等相关资料所做的研究,在

---

① 程泽时:《清水江文书国内外研究现状述评》,载《原生态民族文化学刊》2012年第3期,第28—31页;吴才茂:《近五十年来清水江文书的发现与研究》,载《中国史研究动态》2014年第1期,第39—52页。

② 张应强、王宗勋主编:《清水江文书》(第1辑),广西师范大学出版社2007年版,共13册;张应强、王宗勋主编:《清水江文书》(第2辑),广西师范大学出版社2009年版,共10册;张应强、王宗勋主编:《清水江文书》(第3辑),广西师范大学出版社2011年版,共10册。

③ 张新民主编:《天柱文书》(第1辑),江苏人民出版社2014年版,共22册。

④ 贵州省档案馆、黔东南州档案馆、三穗县档案馆合编:《贵州清水江文书·三穗卷》(第1辑),贵州人民出版社2016年版,共5册;《贵州清水江文书·三穗卷》(第2辑),贵州人民出版社2018年版,共5册;《贵州清水江文书·三穗卷》(第3辑),贵州人民出版社2019年版,共5册;《贵州清水江文书·三穗卷》(第4辑),贵州人民出版社2021年版,共5册;《贵州清水江文书·三穗卷》(第5辑),贵州人民出版社2021年版,共5册;贵州省档案馆、黔东南州档案馆、黎平县档案馆合编:《贵州清水江文书·黎平卷》(第1辑),贵州人民出版社2017年版,共5册;《贵州清水江文书·黎平卷》(第2辑),贵州人民出版社2017年版,共5册;《贵州清水江文书·黎平卷》(第3辑),贵州人民出版社2019年版,共5册;《贵州清水江文书·黎平卷》(第4辑),贵州人民出版社2019年版,共5册;贵州省档案馆、黔东南州档案馆、剑河县档案馆合编:《贵州清水江文书·剑河卷》(第1辑),贵州人民出版社2018年版,共5册;《贵州清水江文书·剑河卷》(第2辑),贵州人民出版社2020年版,共5册;贵州省档案馆、黔东南州档案馆、天柱县档案馆合编:《贵州清水江文书·天柱卷》(第1辑),贵州人民出版社2019年版,共5册;凯里学院、黎平县档案馆编:《贵州清水江文书·黎平文书》(第1辑),贵州民族出版社2017年版,共22册;《贵州清水江文书·黎平文书》(第2辑),贵州民族出版社2019年版,共28册;《贵州清水江文书·黎平文书》(第3辑),贵州民族出版社2020年版,共10册;张应强、王宗勋主编:《锦屏文书》(第1辑),广西师范大学出版社2020年版,共10册。

明代,随着卫所制度在黔东南地区的推行以及由此导致的外地移民到来,此地便开始进入争讼时代,而从清代中期开始,原先流行于当地的理讲和鸣神,不再是百姓们解决纠纷的主要途径,"好讼"之风逐渐在当地兴盛。① 这些研究丰富了我们对明清时期边疆多民族杂居地区的"健讼之风"的认识。

(三) 披沙拣金:利用司法档案探讨法律与社会

不过,在法律社会史进路的中国传统诉讼文化研究所喜用的各类型史料当中,对"无讼"旧论最具颠覆性的,恐怕还是要属各地方衙门的诉讼档案。杨鸿烈在20世纪30年代时曾提及,"我们若把明清两朝的刑部、御史台、大理寺所谓的'三法司'的档案用统计学方法整理出来,一定可推测出明清两代民风的升降厚薄,而且近代的中国社会史、法制史、犯罪史等也将以之为重要的材料",并援引了文史学家瞿宣颖(瞿同祖的叔父)的如下这番话,以说明县级司法档案对于社会史研究的重要价值——"县邑档案中最足窥见社会情态者,莫如狱讼"。② 但这种利用司法档案(无论是中央层级还是地方层级的司法档案)研究包括诉讼风气在内的社会实态的学术设想,一直要到数十年后才在学界真正开始实现。在1971年发表的一份开创性研究中,包恒(David C. Buxbaum)对淡新档案进行统计分析后认为,在清代,民事纠纷事实上相当频繁地被诉至当地衙门,并且指出,对清代的当地人来说,并非任何与官府的接触皆意味着是其个人的一场灾难。③

---

① 吴才茂:《清代清水江流域的"民治"与"法治"——以契约文书为中心》,载《原生态民族文化学刊》2013年第2期,第26—33页;吴才茂:《民间文书与清水江地区的社会变迁》,民族出版社2016年版,第74—85页。

② 杨鸿烈:《"档案"与研究中国近代历史的关系》,载《社会科学月刊》第1卷第3期(1939),第76页。

③ David C. Buxbaum, "Some Aspects of Civil Procedure and Practice at the Trial Level in Tanshui and Hsinchu from 1789 to 1895", *Journal of Asian Studies*, Vol. 30, No. 2 (1971), pp. 264-271.

而前文提及的黄宗智的专著《清代的法律、社会与文化:民法的表达与实践》,以及后来他与笔者合编出版的论文集《从诉讼档案出发:中国的法律、社会与文化》一书,①则将主要利用诉讼档案所做的清代法律社会史研究大大推进了许多步,无论是所利用资料的范围,还是分析的深度,皆是如此,由此在相当程度上带动了中国学者利用各地诉讼档案研究清代诉讼文化的新风潮,例如吴佩林利用南部县档案、杜正贞利用龙泉司法档案各自所做的系列研究。②

20世纪90年代以来,中国大陆越来越多的档案馆将各自收藏的档案文献加以整理,并陆续向公众开放以供学术研究使用,特别是近十余年来,一些地方档案被不同程度地整理出版,使得更多的中国学者利用其中的诉讼档案来研究清代诉讼文化成为可能。时至今日,淡新档案、巴县档案、宝坻县档案、南部县档案、黄岩县档案、龙泉司法档案、冕宁县档案、紫阳县档案等名字,在中国法律史学界尤其是清代法律史学界常被提及。而在这些诉讼档案皆占据其总量之相当大比例的各地方衙门档案当中,在过去的数十年间,有不少已陆续被部分或全部整理出版。

以上述这些档案中较早便向学界开放供利用的淡新档案为例。③

---

① 〔美〕黄宗智、尤陈俊编:《从诉讼档案出发:中国的法律、社会与文化》,法律出版社2009年版。

② 吴佩林:《清代县域民事纠纷与法律秩序考察》,中华书局2013年版;杜正贞:《近代山区社会的习惯、契约和权利——龙泉司法档案的社会史研究》,中华书局2018年版。

③ 其原件经过几番辗转后现藏于台湾大学图书馆的淡新档案,乃是清代乾隆四十一年(1776)至光绪二十一年(1895)之间台湾北部淡水厅、台北府和新竹县衙门遗存的官府公文卷宗。台湾大学法学院教授戴炎辉自1947年起最早开始整理此批档案,将其命名为"淡新档案",并按照现代法学的分类,将其分为行政、民事和刑事三编。除了上述整理出版品外,戴炎辉1978年应美国西雅图华盛顿大学教授包恒(David C. Buxbaum)之邀前往该校研究时,曾将淡新档案全部拍成微卷(共33卷)带至美国。这批微卷后来留在了华盛顿大学亚洲图书馆。哈佛大学、东京大学等国外学术机构后来亦有收藏的淡新档案微卷,便系向华盛顿大学亚洲图书馆复制购置而得。关于淡新档案的更多介绍,参见尤陈俊、范忠信:《中国法律史研究在台湾:一个学术史的述评》,载《中西法律传统》(第6卷),北京大学出版社2008年版,第42—44页;吴密察:《清末台湾之"淡新档案"及其整理》,载《中国社会经济史研究》2017年第2期,第78—88页。

一方面,自 20 世纪 70 年代以来,戴炎辉、包恒、艾马克(Mark A. Allee)、黄宗智、滋贺秀三等人都曾利用淡新档案,探讨了清代当地法律与社会之不同面向的议题。① 年轻一代的学者,例如林文凯,致力于利用淡新档案,并配合以其他诸种社会史料,践行一种其称之为"法律的社会史"的分析框架,以克服学界先行研究中存在的所谓"法律中心主义"之弊端,近年来更是倡导"地方法律社会史"的研究取径,围绕不同的议题,探讨清代台湾淡水—新竹地区的诉讼文化与地方社会整体变迁之间的关系。② 另一方面,经过戴炎辉等几代学者数十年的接续努力,淡新档案已于 1995 年至 2010 年之间全部点校整理出版,凡 36 册,共计 1143 案(其中行政编 575 案,民事编 224 案,刑事编 365 案)、19281 件。并且,淡新档案数位化后的电子资源,也已在台湾大学图书馆网络上免费开放,吸引了海内外更多学者利用其进行研究。③

---

① 戴炎辉:《清代台湾之乡治》,联经图书出版有限公司 1979 年版;David C. Buxbaum, "Some Aspects of Civil Procedure and Practice at the Trial Level in Tanshui and Hsinchu from 1789 to 1895", *Journal of Asian Studies*, Vol. 30, No. 2 (1971), pp. 264-271;Mark A. Allee, *Law and Local Society in Late Imperial China: Northern Taiwan in the Nineteenth Century*, Stanford, California: Stanford University Press, 1994(该书中译本为〔美〕艾马克:《晚清中国的法律与地方社会:十九世纪的北部台湾》,王兴安译,播种者文化公司 2003 年版);〔美〕黄宗智:《清代的法律、社会与文化:民法的表达与实践》,上海书店出版社 2001 年版。滋贺秀三 1987 年时发表的两篇日文论文,均已有中译本,即《诉讼案件所再现的文书类型——以"淡新档案"为中心》,林乾译,载《松辽学刊》2001 年第 1 期,第 13—24 页;《清代州县衙门诉讼的若干研究心得——以淡新档案为史料》,姚荣涛译,载刘俊文主编:《日本学者研究中国史论著选译》(第 8 卷·法律制度),姚荣涛、徐世虹译,中华书局 1993 年版,第 522—546 页。

② 林文凯:《地方治理与土地诉讼——清代竹堑金山面控案之社会史分析》,载《新史学》第 18 卷第 4 期(2007),第 125—187 页;林文凯:《清代地方诉讼空间之内与外:台湾淡新地区汉垦庄抗租控案的分析》,载《台湾史研究》第 14 卷第 1 期(2007),第 1—70 页;林文凯:《"业凭契管"?——清代台湾土地业主权与诉讼文化的分析》,载《台湾史研究》第 18 卷第 2 期(2011),第 1—52 页;林文凯:《清代法律史研究的方法论检讨:"地方法律社会史"研究提出的对话》,载柳立言编:《史料与法史学》,中国台湾地区"中研院"历史语言研究所 2016 年版,第 311—348 页。

③ 例如赖骏楠:《清代民间地权习惯与基层财税困局——以闽台地区一田多主制为例》,载《法学家》2019 年第 2 期,第 56—71 页。

除点校出版的 36 册淡新档案之外,目前已出版的包含司法文书的大规模档案整理套书(基本都采用影印的形式),至少还有《清代四川巴县衙门咸丰朝档案选编》(16 册)①、《龙泉司法档案选编·第一辑:晚清时期》(2 册)②、《龙泉司法档案选编·第二辑:1912—1927》(44 册)③、《龙泉司法档案选编·第三辑:1928—1937》(30 册)④、《龙泉司法档案选编·第四辑:1938—1945》(16 册)⑤、《龙泉司法档案选编·第五辑:1946—1949》(4 册)⑥、《清代四川南部县衙门档案》(308 册)⑦。除了这些价格不菲甚至远超普通研究者个人购买能力的大型精装套书,⑧尚还有一些价格相对平民化的档案整理成果出版。例如,四川省档案馆曾在 20 世纪 80 年代末和 90 年代挑选了一小部分清代乾嘉道时期的巴县档案进行点校整理,先后编成《清代巴

---

① 四川省档案局(馆)编:《清代四川巴县衙门咸丰朝档案选编》(全 16 册),上海古籍出版社 2011 年版。该书系从现藏四川省档案馆的 3 万余件咸丰朝巴县档案中精选了 5273 件予以影印出版。

② 浙江大学地方历史文书编纂与研究中心、浙江省龙泉市档案局整理编选:《龙泉司法档案选编·第一辑:晚清时期》,中华书局 2012 年版。该辑收录了晚清时期龙泉档案中的 28 个典型案件。

③ 浙江大学地方历史文书编纂与研究中心、浙江省龙泉市档案局整理编选:《龙泉司法档案选编·第二辑:1912—1927》,中华书局 2014 年版。该辑从 1.7 万余卷的龙泉档案中选取了 1912 年至 1927 年间的 180 例民事、刑事诉讼案件(合计约 11000 件文书)。

④ 浙江大学地方历史文书编纂与研究中心、浙江省龙泉市档案局整理编选:《龙泉司法档案选编·第三辑:1928—1937》,中华书局 2018 年版。该辑从 1928 年至 1937 年的现存龙泉档案中选取了 82 个民事、刑事诉讼案例,共 8600 余件文书。

⑤ 浙江大学地方历史文书编纂与研究中心、浙江省龙泉市档案局整理编选:《龙泉司法档案选编·第四辑:1938—1945》,中华书局 2019 年版。该辑收录了 1938 年至 1945 年间的民事、刑事诉讼案共 39 个,涉及 102 个卷宗,5000 余件文书。

⑥ 浙江大学地方历史文书编纂与研究中心、浙江省龙泉市档案局整理编选:《龙泉司法档案选编·第四辑:1946—1949》,中华书局 2019 年版。该辑收录了 1946 年至 1949 年间的民事、刑事诉讼案共 14 个,涉及 27 个卷宗,1300 余件文书。

⑦ 四川省南充市档案局编:《清代四川南部县衙门档案》,黄山书社 2015 年版。

⑧ 例如《清代四川巴县衙门咸丰朝档案选编》的定价为 8800 元,《龙泉司法档案选编·第二辑:1912—1927》的定价为 4.6 万元,《清代四川南部县衙门档案》的定价更是高达令人瞠目结舌的 24 万元。即便是其中相对最便宜的《龙泉司法档案选编·第 1 辑:晚清时期》,两册的价格也需 2200 元。

县档案汇编(乾隆朝)》和《清代乾嘉道巴县档案选编》(上、下两册)出版,近年则又从乾嘉道时期的巴县档案中挑选了上百宗司法档案,编成《清代巴县档案整理初编:司法卷·乾隆朝(一)》《清代巴县档案整理初编:司法卷·乾隆朝(二)》《清代巴县档案整理初编:司法卷·嘉庆朝》《清代巴县档案整理初编:司法卷·道光朝》等四种单册出版。① 此外,收录了经中国第一历史档案馆的专家修复后得到的78件诉讼文书的黄岩诉讼档案,在2004年时也已出版面世。②

　　由于巴县档案、南部县档案等地方衙门档案皆包含了数量非常可观的诉讼文书和司法文书,故而除了聚焦于若干个案展开"厚描"之外,还可以利用其进行一定程度的定量分析。例如夫马进利用现存的同治朝巴县档案中诉讼文书上清代所记的字号,"推算出同治年间一年提出的诉讼文书数量大约在12000份至15000份左右"(不过他也承认这个估计结果也有可能略微偏高),而这"13年间平均年诉讼件数为1000件到1400件左右",并认为"这是一个最低限度的数据",因为"通常一个诉讼往往要持续两三年,这样算来,每年间实际进行的诉讼数量无疑为这个数字的数倍";他还据此论述了上述数据对于彼时民众的社会生活意味着什么,亦即认为"每年大约每40户或60户中有一户提起新的诉讼并予以立案,参与诉讼","每年约

---

　　① 四川省档案馆编:《清代巴县档案汇编(乾隆朝)》,档案出版社1991年版;四川大学历史系、四川省档案馆主编:《清代乾嘉道巴县档案选编》(上册),四川大学出版社1989年版;四川大学历史系、四川省档案馆主编:《清代乾嘉道巴县档案选编》(下册),四川大学出版社1996年版;四川省档案馆编:《清代巴县档案整理初编:司法卷·乾隆朝(一)》,西南交通大学出版社2015年版;四川省档案馆编:《清代巴县档案整理初编:司法卷·乾隆朝(二)》,西南交通大学出版社2015年版;四川省档案馆编:《清代巴县档案整理初编:司法卷·嘉庆朝》,西南交通大学出版社2018年版;四川省档案馆编:《清代巴县档案整理初编:司法卷·道光朝》,西南交通大学出版社2018年版。
　　② 田涛、许传玺、王宏治主编:《黄岩诉讼档案及调查报告:传统与现实之间——寻法下乡》(上、下卷),法律出版社2004年版。

2000—2800人与新起诉案件发生关联",并同样强调这"只是一个最低限度的数据"。① 这种立基于大规模司法档案之基础上的定量研究,对于以往那些突出强调无讼理念和息讼实践的宏大叙事法律文化研究论点而言,无疑构成了强有力的冲击。

五、重构兼顾历史真实性和理论启发性的研究范式

倘若要举出被誉为中国"法律社会史"研究典范之作的《中国法律与中国社会》一书的最大特色,与其说该书在史料运用上,除了正史、律典,还大量援引了《刑案汇览》中的具体案例,不如说该书在方法论上呈现出两大鲜明特点——整体主义和功能主义。具体而言,所谓"整体主义"的视角,用瞿同祖的原话来说便是,《中国法律与中国社会》一书的目的之一"即在于讨论中国古代法律自汉至清有无重大变化。……试图寻求共同之点以解释法律之基本精神及其主要特征,并进而探讨此种精神及特征有无变化。为了达到上述目的,本书将汉代至清代二千余年间的法律作为一个整体来分析"。② 因此,有学者认为,瞿同祖此书其实应当被视作马克斯·韦伯意义上的"理想类型研究"。③ 所谓"功能主义"的研究方法,则是指瞿同祖强调法律对整体社会需要的功能回应,而这一点,通常被认为是受到其师吴文藻所代表的"功能学派"的影响。

如果将瞿同祖的上述方法论特色与20世纪80年代末和90年代以来的相关研究作品加以对比,那么可以发现,梁治平、张中秋、范忠

---

① 〔日〕夫马进:《中国诉讼社会史概论》,范愉译,载〔日〕夫马进编:《中国诉讼社会史研究》,范愉、赵晶等译,浙江大学出版社2019年版,第71—77页。
② 瞿同祖:《中国法律与中国社会》,中华书局1981年版,导论部分,第1—2页。
③ 苏力:《在学术史中重读瞿同祖先生》,载《法学》2008年第12期,第86页。

信、武树臣等人所做的"法律文化"研究,①可以说是继承了瞿同祖"整体主义"的方法论立场(类型学的文化解释路径),而苏力近年来出版的《大国宪制:历史中国的制度构成》一书,②则可被理解为继承了瞿同祖将"功能主义"运用于中国传统法律与社会研究的方法论立场(当然,苏力的研究带有更强的社会科学解说色彩)。

相较而言,前述那些明清诉讼与社会研究领域中其作者自我挂钩或被同行归类为"法律社会史"的学术作品,总体来看,很难说是继承了瞿同祖的前述方法论特点,而是主要来自历史学意义上的社会史研究进路在中国古代法律与社会议题研究上的延伸和展开。详言之,第一,当下研究明清诉讼与社会的"法律社会史"作品,通常都带有明显的区域关照(例如关于江西、徽州地区之诉讼文化的研究成果在数量上尤多),一些学者更是鲜明打出"地方法律社会史"的旗号,以彰显此种研究进路相较于另一种主要利用跨地域史料、采用从帝国整体着眼的宏观分析方法、关注法律文化与社会整体变迁之关系的法律社会史研究进路的优点,③并且似乎越来越倾向于对自己的考察时段予以限缩,以至于一些学者批评此类研究过于"碎片化",而这显然与瞿同祖当年所采用的"整体主义"方法有所不同;第二,当下研究明清诉讼与社会的"法律社会史"作品,大多都是从发掘更多社会

---

① 梁治平:《寻求自然秩序中的和谐——中国传统法律文化研究》,上海人民出版社1991年版;张中秋:《中西法律文化比较研究》,南京大学出版社1991年版;范忠信、郑定、詹学农:《情理法与中国人——中国传统法律文化探微》,中国人民大学出版社1992年版;武树臣:《中国传统法律文化》,北京大学出版社1994年版。

② 苏力:《大国宪制:历史中国的制度构成》,北京大学出版社2018年版。

③ 林文凯:《清代法律史研究的方法论检讨:"地方法律社会史"研究提出的对话》,载柳立言编:《史料与法史学》,中国台湾地区"中研院"历史语言研究所2016年版,第311—348页。据林文凯概括,地方法律社会史"这一取径的重点是以整个地方社会为讨论空间,关切社会纠纷如何在地方社会中出现,以及其如何解决的过程,尝试把这其间国家与社会的互动与变迁过程,以及政治、经济与法律文化的关联统合在一起讨论。尤其关切从地方行政的角度着眼探究法律文化与地方治理的整体关联。"

性史实入手展开,侧重于利用多元的史料文献描绘展示其时民间诉讼的状况,而不像瞿同祖当年所做的那样致力于对中国历史上的法律运作提供一种社会学意义上的功能主义解释(客观地说,这与当下此领域的研究者们总体上缺乏社会学的系统训练甚至对社会学兴趣不大有关)。由此可知,当代不少学者所理解和运用的"法律社会史"研究方法,与瞿同祖当年开创的那种"法律社会史"范式相比,其"名"虽同,但其"实"已然有变,故而很难称得上是对"瞿同祖范式"的直接复兴。

我们该如何评价当代学者所做的明清诉讼与社会领域的"法律社会史"作品?将之视为对"瞿同祖范式"的一种背弃,还是看作是在"瞿同祖范式"之外另辟新径?对于此类问题的回答,归根结底,取决于我们如何理解"法律社会史"的旨趣追求和学术意义。倘若我们不是将"法律社会史"当作时髦的学术标签加以标榜,那么我们就必须去认真思考上述这种"变"与"不变"背后的得失。一方面,当学者们从注重"整体主义"的"瞿同祖范式"逐渐转向区域性、地方性的法律社会史研究时,我们固然收获了更为精细化的细部认知,但同时也容易使得学术视野变得越来越碎片化,并且经常有意无意地从区域性甚至地方性的研究所得结论径直走向整体性的判断[1];另一方面,当今天的一些人们批评"功能主义"的法律社会史研究容易忽略历时性

---

[1] 例如,邓建鹏以近年出版的一本主要以清代南部县档案来研究清代县级层面的民事纠纷与法律秩序的专著为例批评说,"偏远的南部县(局部)与清代中国(整体)之间存在巨大逻辑跳跃,我们却未见作者尝试作出弥补这种逻辑断裂的任何理论论证",参见邓建鹏:《"化内"与"化外":清代习惯法律效力的空间差异》,载《法商研究》2019年第1期,第191页。另可参见尤陈俊:《司法档案研究不能以偏概全》,载《中国社会科学报》2015年1月19日。事实上,林文凯围绕清代淡水—新竹地区诉讼文化所做的"地方法律社会史"研究,也在某种程度上存在此方面的问题。

和滑入主观解释的泥潭,①于是转而主要致力于利用各种文献史料来力求如实呈现相关社会史实时,我们固然在微观层面深化了事实性认知(同时我们也应当看到,一些研究对相关地方性社会史实的展示和分析有时过于细腻或枝蔓太多,以至于让绝大部分并非专精于此的读者感到头绪繁杂,逐渐失去了继续阅读下去的动力和兴趣),但也往往在分析框架的推陈出新、理论命题的概括提炼等方面力不从心。而这具体表现为,近年来研究传统中国的诉讼与社会的论著数量越来越多,使得人们对相关社会史实的认识越来越丰富,但却很少有学者能提出具有较强的后续学术生命力的中层理论及相应学术概念②。

质言之,如果说法律史料利用的便利性增强(包括前文未专门提及的越来越多的史料文献数据库的出现)为我们提供了深入展开研究的重要外部条件,那么,如何重构一种兼顾历史真实性和理论启发性的研究范式,将是包括笔者在内的研究者们当下不得不加以正视的问题。尽管有学者对能否借助从相关社会科学理论中汲取灵感的训练再次形成类似于"瞿同祖范式"的新范式心存怀疑,认为"瞿同祖范式"的学术地位是天时地利人和的因缘际会之结果,若一味地追求再次形成类似的范式,则有可能会影响研究的实践感,但其也并不否认在一些具体问题上"形成不同层次的有解释力的概念和分析工具"

---

① 对功能主义的反思与批评,参见孙国东:《功能主义"法律史解释"及其限度——评瞿同祖〈中国法律与中国社会〉》,载《河北法学》2008年第11期,第196—200页;邓建鹏、刘雄涛:《假设、立场与功能进路的困境——对瞿同祖研究方式的再思考》,载《法律史评论》(总第9卷),法律出版社2017年版,第153—174页。
② 关于中层理论的学术史梳理,参见吴肃然、陈欣琦:《中层理论:回顾与反思》,载《社会学评论》2015年第4期,第30—43页。关于中层理论在中国史研究中的运用,参见杨念群:《中层理论:东西方思想会通下的中国史研究》(增订本),北京师范大学出版社2016年版。

的必要性和可能性。① 在我看来,即便如此退一步来说,今天的研究者们也仍然需要走出纯粹的历史学考据视野,保持开放的心态,强化自己的问题意识,训练自己的理论概括能力,善于从相关的社会科学理论(例如法社会学)当中汲取灵感。而在这一点上,瞿同祖这位既具有社会学视野的理论关怀、又能细致地梳理法律史料的前辈学者,正是我们应当向其致敬的学术榜样。

---

① 张小也:《重新梳理中国法律社会史的发展脉络》,载《南国学术》第10卷第4期(2020),第600页。

第二章 儒家道德观作为意识形态对中国传统诉讼文化的影响

长期以来,法律史研究者们通常认为,中国传统诉讼文化以"无讼"为其价值取向。① 杨鸿烈认为,《周易》中所体现的"非讼"思想,是此种价值取向的重要思想渊源。② 另有学者也主张,"《周易》之讼卦作为中国现存最早的与讼争相关的原始文献,其内含几乎可以被

---

① 例如,胡旭晟:《无讼:"法"的失落——兼与西方比较》,载《比较法研究》1991年第1期,第21—35页;张中秋:《中西法律文化比较研究》,南京大学出版社1991年版,第322—353页;梁治平:《寻求自然秩序中的和谐——中国传统法律文化研究》,上海人民出版社1991年版,第174—201页;范忠信、郑定、詹学农:《情理法与中国人——中国传统法律文化探微》,中国人民大学出版社1992年版,第157—184页;张晋藩:《中国法律的传统与近代转型》,法律出版社1997年版,第277—302页;胡旭晟:《试论中国传统诉讼文化的特质》,载《南京大学法律评论》1999年春季卷,第112—123页;范忠信:《中国法律传统的基本精神》,山东人民出版社2001年版,第237—241页;任志安:《无讼:中国传统法律文化的价值取向》,载《政治与法律》2001年第1期,第19—24页。

② 《周易·讼卦第六》曰:"讼,上刚下险,险而健。讼,有孚,窒惕,中吉,终凶。利见大人,不利涉大川。"此语在后世发生语义流变而被解释为"讼则终凶",被认为是孔子的"听讼,吾犹人也,必也使无讼乎"思想的渊源,继而影响中国传统法文化长达千年。参见杨鸿烈:《中国法律思想史》,中国政法大学出版社2004年版,第26页。

看作是传统中国涉'讼'之法律思想与制度的源头"。① 上述看法不无其道理,但若论对中国传统诉讼文化影响之直接与明晰,则当首推儒家道德观,②盖自汉武之世"罢黜百家,表章'六经'"以来,儒家道德观便因得到官方扶持而成为官方意识形态中的基色,从而加速向传统诉讼文化的不同层面广泛渗透。

有鉴于此,探讨作为意识形态的儒家道德观与中国传统诉讼文化的关系,便成为在聚焦讨论"健讼之风"之前必须先完成的学术工作。本章将首先从儒家道德观体系中厘出其主要借以影响中国传统诉讼文化的三个伦理准则,继而阐述此三个伦理准则具体影响中国传统诉讼文化的主要途径,再以宋代以来日益彰显于传统诉讼文化中的"大传统"与"小传统"之间的张力与冲突,③来说明儒家道德观

---

① 方潇、段世雄:《讼卦之"讼"辨正》,载《法制与社会发展》2011年第5期,第131页。从法律思想史角度对《周易》之讼卦的专门研究,另可参见李平:《重估中国法文化中的"讼"——以〈周易·讼〉卦为中心》,载《苏州大学学报》(法学版)2021年第2期,第53—65页。

② 例如有学者指出,儒家伦理学说对中国古代诉讼活动的渗透与影响,主要体现在如下三个方面:第一,以儒家的经义来审判决狱;第二,诉讼活动贯彻儒家纲常礼教的原则;第三,反映"礼"的"无讼"法律文化意识。参见公丕祥主编:《法律文化的冲突与融合——中国近现代法制与西方法律文化的关联考察》,中国广播电视出版社1993年版,第394—394页。

③ "大传统"(Great tradition)与"小传统"(Little tradition)之区分,最早出自美国人类学家芮德菲尔德(Robert Redfield)在20世纪50年代中期出版的 *Peasant Society and Culture; An Anthropological Approach to Civilization* (Chicago: University of Chicago Press, 1956)一书。具体参见该书的中译本——[美]罗伯特·芮德菲尔德:《农民社会与文化:人类学对文明的一种诠释》,王莹译,中国社会科学出版社2013年版,第94—95页。依据台湾学者李亦园对芮德菲尔德提出的这组概念所做的进一步解释,"所谓大传统是指一个社会里上层士绅、知识分子所代表的文化,这多半是经由思想家、宗教家反省深思所产生的精英文化(refinded culture);而相对的,小传统则是指一般社会大众,特别是乡民或俗民所代表的生活文化","芮氏认为不论是大传统或小传统都对了解该一文化有同等重要的意义,因为这两个传统是互动互补的,大传统引导文化的方向,小传统却提供真实文化的素材,两者都是构成整个文明的重要部分,如果只注意到其中一部分,而忽略另一部分,总是偏颇而不能综观全局的。"李亦园:《中国文化中的小传统》,载李亦园:《人类的视野》,上海文艺出版社1996年版,第143—144页。

第二章 儒家道德观作为意识形态对中国传统诉讼文化的影响

虽然被官方奉为意识形态,但并非能够始终强有力地统摄传统诉讼文化的不同层面,并从比较法文化论的角度对其原因加以宏观阐释。

第一节 儒家伦理准则与中国传统诉讼文化的沟通

依照学界通常的看法,儒家伦理以"礼"和"仁"为其核心。所谓"礼",在儒家学说中主要是指纲纪伦常(礼义)以及由其发展出来的社会等级关系安排(礼制、礼仪、礼教)。① "仁"则是指对内存性尽心、诚意尽仁,务求自我完善。上述内涵乃是衔接西周"德"的含义而来。孔子期望通过个体的内心修养,来"唤起人们……的良知与天性,激发人对亲人、亲族他人的情感与爱心"。② 为了达致"礼"与"仁"的道德要求,人们必得修身、反省、内求,而其实践方法则主要有"克己"和"忠恕"两途。③

所谓"克己",是指使自己的思想、言行皆符合于礼的规定,从而真正成为一名有仁德之人,故有"克己复礼为仁"的说法。在礼的精神之映照下,如孔子所言,"君子喻于义,小人喻于利"(《论语·里

---

① "礼"在不同层次上具有不同含义。很多学者都已指出,最早的礼起源于祭祀,是原始人事神祈福的各种宗教仪节(最狭义层面的含义),"广义的礼是指所有的礼节性或者礼貌性行为,既涉及世俗社会,也涉及宗教领域",而儒家所讲的"礼"则是在最广义的意义上运用,它表示儒家学说中所描绘的"完美社会中的所有的制度和关系"。亦即礼既能表示具体制度,也可表示人们在其熏陶下已接受的行为方式。参见〔美〕D. 布迪、〔美〕C. 莫里斯:《中华帝国的法律》,朱勇译,梁治平校,江苏人民出版社1995年版,第13—14页;马小红:《礼与法:法的历史连接》(修订本),北京大学出版社2017年版,第108—122页。在我看来,无论是具体制度,还是行为方式,从根本上讲,都是由两者所共同遵循的准则——纲纪伦常——所维系。
② 冯达文:《早期中国思想略论》,广东人民出版社1998年版,第83页。
③ 杨景凡、俞荣根:《孔子的法律思想》,群众出版社1984年版,第79—82页;于语和:《试论"无讼"法律传统产生的历史根源和消极影响》,载《法学家》2000年第1期,第113—117页。

仁》)。孟子反对"上下交征利"而倡导"仁政"(《孟子·梁惠王上》)。董仲舒则称:"夫仁人者,正其谊不谋其利,明其道不计其功。"①在此种儒家义利观的影响下(自宋代以来更是渐趋极端化②),诉讼被视作在追求个人私利,被认为易使人争心纷起而危及整体秩序,故而无法获得道德上的正当性——"义"。是以儒家在道德评价上往往非难诉讼,认为诉讼因体现了善争言利之"私"而有悖于君子之道。

孔子在讲"仁"时曾言道:"己所不欲,勿施于人。在邦无怨,在家无怨。"(《论语·颜渊》)后世据此认为,儒家倡导人们在处理人己关系上推己及人,反对"皆挟自为心"(《韩非子·外储说左上》)和念旧恶。此即儒家所标榜的忠恕之道。③ 在儒家看来,君子不尚争,即便对于不仁之人也不应痛恨过甚,例如孔子便曾言道,"人而不仁,疾之已甚,乱也"(《论语·泰伯》),而应宽恕容忍,旁通以情。至于双方步入官府衙门公堂争讼对峙,为一己之私而竭尽全力欲使对方败诉,则更是被认为有亏于忠恕之道,故而君子不可为之。依照儒家的观点,只要人人皆能行忠恕之道,则天下便可臻于无讼之治世。正如清儒焦循所称的:"天下之人皆能挈矩,皆能恕,尚何讼之有?"④故而在崇尚忠恕之道的儒家道德观中,诉讼是无法具有道德评价上的正当性的。

《论语·雍也》有言:"中庸之为德也,其至矣乎! 民鲜久矣。"依据宋儒的解释,不偏不倚谓中,平常谓庸,中庸就是不偏于对立双方当

---

① (东汉)班固:《汉书·董仲舒传》,中华书局1962年版,第1197页。
② 关于儒家义利观的历史演变尤其是宋明理学将义与利完全对立,参见杨树森:《论儒家义利观的历史演变及现代意义》,载《社会科学辑刊》2001年第2期,第18—23页。
③ 儒家并非"恕"道的首倡者,《逸周书·程典篇》便已有"慎德必躬恕,恕以明德"的表述,然未详言其法,至孔子始推演之,以其为终身可行之道,故而曾子称"夫子之道,忠恕而已矣"(《论语·里仁》),而后世儒学则承孔门衣钵,标举忠恕为儒家精义。参见柳诒徵:《中国文化史》(上卷),东方出版中心1988年版,第238—239页。
④ (清)焦循:《雕菰集》,清道光岭南节署刻本,卷9,"使无讼解",第16页b。

中的任何一方,使双方保持均衡的状态。① 在儒家看来,中庸是最理想的境界。孔子以中庸为最高的美德,就社会意义而言,其目的在于希望借此维系社会人际关系的和谐。但由于孔子有些夸大调和与平衡的作用,再加上后世的一些迂儒有意无意地断章取义,中庸之论在其后沦落到一味追求折中主义与调和主义的境地。当儒家知识分子持此道德观去反观诉讼时,便自然会认为诉讼破坏了"和谐"的理念与"和为贵"的传统而象征着失序。是以诉讼被视为那些不遵流俗、不安本分的小人的败德之行,而常常遭到儒家士人的口诛笔伐。也因此,不少儒吏即便是在受理词讼后,也往往会先以反复为之的教导与调解,来替代泾渭分明的立即审判。儒吏们的这种做法,被日本学者滋贺秀三称为"教谕式的调解"(didactic conciliation)。②

第二节 儒家道德观对中国传统诉讼文化的气质模塑途径

上文提出儒家道德观体系中有三个主要的伦理准则——克己、忠恕与中庸——与大传统诉讼文化气质相通,尚只是发现了一种理论上存在的可能勾连,更关键的问题在于考察前者具体是通过哪些途径致力于对后者的气质模塑。儒家思想自汉武帝时期取得国家意识形态上的正统性以来,一直致力于推动其道德观向社会大众生活诸方面的全方位渗透。其对中国传统诉讼文化的气质模塑途径,最主要也最重要的有两条,即儒吏们的理讼实践和家法族规的潜移默化。

---

① 朱伯崑:《先秦伦理学概论》,北京大学出版社1984年版,第40页。
② 〔日〕滋贺秀三:《清代诉讼制度之民事法源的概括性考察——情、理、法》,范愉译,王亚新校,载〔日〕滋贺秀三等著,王亚新、梁治平编:《明清时期的民事审判与民间契约》,法律出版社1998年版,第21页。

儒家道德观通过这两种途径向社会的广泛渗透,借用阿尔都塞的一对学术概念来说,①分别是通过衙门这种"强制性国家机器"来进行规训,以及借助宗族这样的"意识形态国家机器"来发挥影响。除此之外,在明清时期,还有一些具有彼时时代特点的特殊途径。

一、儒吏们的理讼实践

马克斯·韦伯(Max Weber)曾说:"2000 多年来,士人无疑是中国的统治阶级。"②而按照金耀基的观点,通常所说的"士"可细分为两大类:第一类为"士大夫",是"非统治的秀异分子",另一类则为"儒吏",是"统治的秀异分子"。③ 自科举考试在隋朝出现以来,"士大夫"和"儒吏"之间的身份角色转化,主要是借助科举考试的遴选来完成。古代"中国的考试制度,最大的功能之一是指导士大夫有系统地转变为儒吏(用现代的术语是官员)……至于考试所考的则以儒家的经典或文学为内容……"。④ 在正常情况下,能在科举考试中脱颖而出的,自然是那些熟读精通儒家经典的士子,而执掌一方行政并兼理司法的父母官,也正是主要从那些金榜题名之人当中委任。按照现代哲学阐释学的观点,在那些构成儒吏们之"成见"(prejudice,或称前

---

① 关于"强制性国家机器"和"意识形态国家机器"的各自特点,参见〔法〕阿尔都塞:《意识形态和意识形态国家机器(研究笔记)》,载陈越编:《哲学与政治:阿尔都塞读本》,吉林人民出版社 2003 年版,第 334—339 页。
② 〔德〕马克斯·韦伯:《儒家与道教》,洪天富译,江苏人民出版社 2003 年版,第 91 页。另可参见〔美〕古德诺:《解析中国》,蔡向阳、李茂增译,国际文化出版公司 1998 年版,第 56 页。
③ 金耀基:《从传统到现代》,法律出版社 2010 年版,第 35 页。
④ 同上书,第 38—39 页。对以儒家经义为考核内容的科举考试的专门研究,参见 Benjamin A. Elman, *A Cultural History of Civil Examinations in Late Imperial China*, Berkeley: University of California Press, 2000.

见、前理解)的内容当中,必定有着儒家道德观的深刻烙印。① 故而儒吏们通常亦会由此成见出发,去看待和处理其所在衙门中的词讼事宜。

前已叙及,诉讼因被认为有着善争言利之"私"的特点,在儒家道德观视野中并不具有积极的正当性。是以不少儒吏们千方百计地想出各种息讼之法,以追求无讼治世的理想。其中最常用的方法,是将孔子的"教化先行"思想运用于理讼过程之中,试图通过对当事人双方的感化教育,使其产生羞耻之心而主动息讼。此种事例在历代文献中俯拾即得。其中一个广被援引的著名例子,来自南宋时人郑克《折狱龟鉴》一书中的记载:"梁陆襄为鄱阳内史,有彭、李二家,先因忿争,遂相诬告,襄引入内室,不加责诮,但和言解谕之。二人感恩,深自咎悔。乃为设酒食,令其尽欢。酒罢,同载而还,因相亲厚。"②通过此种"人有斗讼,必谕以理,启其良心,俾寝而止"③的感化教育过程,儒吏们以其言传身教,向涉讼双方展示了儒家道德观对诉讼的看法,使得后者亲身体会到官方对待诉讼的正统态度,进而也将这种看法积淀为自身的成见。

除上述那种最常用的做法外,儒吏们采用的息讼之术,还有拖延、拒绝、设置"教唆词讼"罪等。④ 而所有的息讼之术均有一共同点,即都是在向包括涉讼双方在内的普罗大众传递着"不可终讼"乃至"讼

---

① 哲学解释学上所称的"成见",即海德格尔(Martin Heidegger)所讲的"理解的前结构","是在先行具有、先行见到和先行掌握中先行给定了的";伽达默尔(Hans-Georg Gadamer)认为这是理解的前提,人们只能从此种先入之见出发去理解另一新事物。参见王治河:《扑朔迷离的游戏——后现代哲学思潮研究》,社会科学文献出版社 1998 年版,第 212—213 页。
② (宋)郑克:《折狱龟鉴译注》,上海古籍出版社 1988 年版,第 504 页。
③ (元)黄溍:《金华黄先生文集》,元钞本,卷29,续稿二十六,"华府君碑",第 7 页a。
④ 马作武:《古代息讼之术探讨》,载《武汉大学学报》(哲学社会科学版)1998 年第 2 期。

不可兴"的信号。这显然是儒家道德观不断向民间社会深入扩散的过程。由于儒吏们的特殊身份地位之影响,渗透于其司法实践全过程中的儒家道德观对小民百姓的诉讼观念影响深远,并由此影响到诉讼文化的各个层面。

二、家法族规的潜移默化

儒家道德观借以模塑传统诉讼文化之气质的另一主要途径为家法族规。尽管我们至今仍不能确切断定家法族规在中国历史上最早发端的具体时间,但依据学者的考证,成文的家法族规大约问世于唐代。[①] 由于历史长河的冲刷,我们今天已很难看到唐代以前那些初具雏形、尚不成文的家法族规,所幸的是,唐季以降,尤其是北宋之后,家法族规的数量规模迅猛增长,一时间,"社会上大量流行'家训'、'宗规'之类的族内成文法"。[②] 这些丰富的家法族规资料构成了本小节研究的起点。

清末以前的家法族规,其制订者通常皆是读过儒家四书五经的孔门弟子,或是地方缙绅,或是民间士人。[③] 由是影响,儒家所大力倡导的教化,便成为中国古代家法族规的主要特点,其字里行间常常带有鲜明的儒家道德观烙痕。查其具体内容,可发现绝大多数的家法族规当中均载有"息争讼"之类的文字。兹抄录几则如下:

> 孝弟之人,满腔和顺,只求自己要合道理,何暇责人之是非。惟不仁不义之徒,不知反求责己之非,专言他人之不是。故虽小

---

① 费成康主编:《中国的家法族规》,上海社会科学院出版社1998年版,第14页。
② 张晋藩:《中国法律史论》,法律出版社1982年版,第56页。
③ 费成康主编:《中国的家法族规》,上海社会科学院出版社1998年版,第26页。

事,构成大讼,百计求胜,以矜其能,欲人畏己,以趋其势。嗟乎,事或如意,不荡产而愧身矣。古今来,谁人争得到底,那个争气不用钱。及至冤深祸结,仇恨莫解,则心术坏而德行亏,且莫知其祸之所终矣。可不戒哉?凡有此等,族长秉公送治。①

讼端原起于己心,好胜则必有争竞。苟以平心处之,则十讼九息矣。此松江太守有"明日来"之誉也。故《讼》之辞曰:"有孚窒惕,中吉。"即系上九之辞曰:"或锡之鞶带,终朝三褫之。"孔子从而象之,曰:"以讼受福,亦不足敬也。"请三思之。②

人生世上,当务其远者、大者,当看其远者、大者。务在远大,则睚眦之忿不介胸中矣;看得远大,则一朝之忿虑及终身矣。如此又何讼之可兴哉?所患客气用事,小忿不忍,始于斗粟尺布,迄于制挺操戈,职业荒废,身家陨颓,多由此起也。今与吾族约,凡遇不平之鸣,如祖茔世业大故,则房长、族长公同会议,解之以理;理不可解,乃鸣公廷,静听审断,毋肆斗殴。如非有大故,则情恕可也,理谴可也。又或自反未到极处,虽肉袒负荆,无不可也。不迁怒,犯而不校,非复圣祖家学乎?克己便是胜人,健讼于法当惩。③

儒家所推崇的"克己""忠恕"等道德要求,在诸如此类的众多家法族规中被展现得淋漓尽致。

明代以来,官方对于地方宗族自己订立家法族规的做法,多是予

---

① 《(安徽南陵)张氏宗谱》,清乾隆三十九年(1774)木活字本,载上海图书馆编,周秋芳、王宏整理:《中国家谱资料选编·家族规约卷》(上册),上海古籍出版社2013年版,第161页。

② 《(湖南湘潭)石氏续修族谱》,清嘉庆元年(1796)孝谨堂木活字本,载上海图书馆编,周秋芳、王宏整理:《中国家谱资料选编·家族规约卷》(上册),上海古籍出版社2013年版,第215页。

③ 《(湖南湘潭)颜氏续修族谱》,清道光十八年(1838)元吉堂木活字本,载上海图书馆编,周秋芳、王宏整理:《中国家谱资料选编·家族规约卷》(上册),上海古籍出版社2013年版,第328—329页。

以支持。① 不少家族将其族规呈给当地官府审看,而当地官府通常也会批准。例如在明代嘉靖年间,安徽祁门县奇峰郑氏便将其堂规呈送当地官府审验,而当地官府阅看后认为该堂规的内容"皆有裨于民风,且无背于国法",故而准其"祠内事理,一体遵守施行"。② 一些地方官府在允准某族规时,甚至还明确赋予在其族内施行一部分刑罚的权力。例如湖南宁乡熊氏在清代道光年间向当地官府上呈了"请刑具以肃祠规"的禀词,恳请准许"于祠内设立刑具,以便刊谱,临时酌用",而当地官府认为,对于那些"藐法妄为,及为匪为盗"的族内不肖子弟,须在族中严加教诫,"自应宗祠设立刑具",故而"准请存案",并在批复中详列了准其置备的"刑件"——"小刑竹板两幅,木枷两幅,祠壮号褂四件"。③ 对于此类表明官方认可其族规的批复,地方宗族除了采取将其刊入族谱宗谱的做法之外,还常常将得到官府批准的族规内容连同官府的批文,专门刻于碑石之上。例如在清代同治至光绪年间,陕西安康涧池王氏族人曾多次将其族规呈给当地官府核验,并将该族规的内容和官府阅看后表示认可的批文,共同勒石示众。④

有些地方的大家族还通过自订家法族规,仿效国家的司法制度,创设出家族内部职责明确、分级管辖的纠纷解决制度,对纠告、传唤、审理、裁断、执行等一应程序皆详加规定。例如制订于明代后期的浙江余姚《徐氏宗范》,便针对其家族内部的争讼,实行分级分房管辖制和"两审制"结构。⑤ 由此可见,不少家法族规因得到官府的支持,而

---

① 李雪梅:《碑刻史料中的宗法族规》,载《中西法律传统》(第3卷),中国政法大学出版社2003年版,第95页。该文后收入李雪梅:《碑刻法律史料考》,社会科学文献出版社2009年版,第101—132页。
② 原美林:《明清家族司法探析》,载《法学研究》2012年第3期,第193页。
③ 同上注,第193—194页。另可参见刘广安:《论明清的家法族规》,载《中国法学》1988年第1期,第105页。
④ 李雪梅:《碑刻史料中的宗法族规》,载《中西法律传统》(第3卷),中国政法大学出版社2003年版,第107—108页。
⑤ 原美林:《明清家族司法探析》,载《法学研究》2012年第3期,第181—194页。

第二章 儒家道德观作为意识形态对中国传统诉讼文化的影响

发展为具有强制力的"准法律规范"或"准法律"。① 个别的宗族规约,甚至还以"查律载……"的书写方式,将国家律例中的相关条文具体引载入内。② 有些族规中所定的具体"罪名",其内涵还被解释得比律典中的指涉范围更为宽泛,例如有不少族规碑基于儒家伦理对宗族秩序的理解,对"不孝罪"进行了扩大化解释。③

故而,家法族规中所体现的儒家道德观要求,亦会深刻影响到其族众们的诉讼观念。

---

① 关于某些家法族规之强制适用性的研究,参见朱勇:《清代宗族法研究》,湖南教育出版社1987年版,第91—102页;费成康主编:《中国的家法族规》,上海社会科学院出版社1998年版,第123—145页;〔英〕S. 斯普林克尔:《清代法制导论——从社会学角度加以分析》,张守东译,中国政法大学出版社2000年版,第105—107页;李雪梅:《碑刻史料中的宗法族规》,载《中西法律传统》(第3卷),中国政法大学出版社2003年版,第111—113页。

② 刘笃才:《民间规约与中国古代法律秩序》,社会科学文献出版社2014年版,第305—306页。该书举了一共11条的规约作为例子,并抄录了其中的3条族规内容,例如有一条写道:"戒违犯父母以笃伦常。父母之恩,昊天罔极,为人子者,即克承志,孺慕终身,犹恐于职有缺。倘执拗故违,甚或忤触不法,则问心何忍,必遭刑诛。查律载,子孙违犯教令者,杖一百,有别项悖逆重情,又当分别问拟斩绞。如族中有犯者,由户首会同房长,轻则祠堂责惩,重则公禀送究,以笃伦常。"遗憾的是,该书并未写明此系何时何地的族规及其具体名称。但从此族规中所引的"查律载,子孙违犯教令者,杖一百,有别项悖逆重情,又当分别问拟斩绞"一语来看,其为明清时期的某地规约当无疑问,因为对于子孙违犯教令的官府处刑,唐宋时期均为"徒二年",到了明清律中才改为"杖一百"。《唐律疏议》之"刑律·斗讼·子孙违犯教令"条规定:"诸子孙违犯教令及供养有阙者,徒二年。"《宋刑统》在"讼律·告周亲以下"中予以沿用。《明律》在"刑律·诉讼·子孙违犯教令"条规定:"凡子孙违犯祖父母、父母教令及奉养有缺者,杖一百。"《大清律例》沿用了明律的上述规定,并在其下纂入相应的例文。参见《唐律疏议》,刘俊文点校,法律出版社1998年版,第472页;《宋刑统》,薛梅卿点校,法律出版社1998年版,第420页;《大明律》,怀效锋点校,法律出版社1998年版,第179页;《大清律例》,田涛点校,法律出版社1998年版,第488—489页。对"子孙违犯教令"的专门研究,参见孙家红:《关于"子孙违犯教令"的历史考察:一个微观法史学的尝试》,社会科学文献出版社2013年版。

③ 李雪梅:《碑刻史料中的宗法族规》,载《中西法律传统》(第3卷),中国政法大学出版社2003年版,第86—88页。

三、明清时期的圣谕宣讲

儒家道德观借以传播其对诉讼之看法的具体途径,自然远不止上述两种。在明清时期,尚有由国家以制度化形式予以推行的圣谕宣讲这一特殊形式。贯穿明清两代的圣谕宣讲活动,主要是由官府自上而下推动。其宣讲的具体内容,在不同时期有所差别。

明初洪武三十年(1397)九月,明太祖朱元璋下令各地方挑选年老之人或瞽者,以所在里甲为范围,每月六次,持木铎沿途宣诵朱元璋所撰的"圣谕六言"——"孝顺父母,尊敬长上,和睦乡里,教训子孙,各安生理,毋作非为",并在次年颁布的《教民榜文》中对此再次予以强调。① 不过,由于朱元璋设计的那套里甲制度在明代中后期逐渐废弛,此种选用年老之人或瞽者循道宣诵圣谕的形式,在嘉靖、万历朝以后便开始沦为形式,从而被借助于乡约来组织民众定期集会的"定点宣讲"所取代。②

清代在圣谕宣讲方面更是不遗余力。顺治九年(1652),清廷沿用前朝明太祖的上述"圣谕六言",将其内容钦定为"六谕文"予以颁行;康熙九年(1670)时,再将其衍化扩充成圣谕十六条;至雍正二年

---

① 据明代洪武三十一年(1398)颁行的《教民榜文》第19条记载:"每乡每里各置木铎一个,于本里内选年高或残疾不能生理之人或瞽目者,令小儿牵引,持铎循行本里。如本里内无此人,于别里内选取,俱令直言叫唤。其辞曰:'孝顺父母,尊敬长上,和睦乡里,教训子孙,各安生理,毋作非为。'如此者每月六次。其持铎之人,秋成之时,本乡本里内众人随多寡资助粮食。如乡村人民居住四散窎远,每甲内置木铎一个,易为传晓。木铎式:以铜为之,中悬木舌。"参见《明太祖实录》,卷255,"洪武三十年九月辛亥条",中国台湾地区"中研院"历史语言研究所1962年影校本,第3677页;(明)张卤辑:《教民榜文》,载刘海年、杨一凡主编:《中国珍稀法律典籍集成》(乙编·第1册),杨一凡等点校,科学出版社1994年版,第638页。

② 王兰荫:《明代之乡约与民众教育》,载《师大月刊》第5卷第21期(1935),第115—120页;赵克生:《从循道宣诵到乡约会讲:明代地方社会的圣谕宣讲》,载《史学月刊》2012年第1期,第42—52页。

(1724),更是以"御制"形式,颁行了对此十六条圣谕逐条加以解说、长达上万言的《圣谕广训》,借助乡约、学校、考试等途径,在全国各地大力宣讲。① 并且,由《圣谕广训》又再衍生出诸如《上谕直解》《上谕合律直解》《上谕合律乡约全书》《宣讲集要》之类的众多诠释性文本。②

在作为上述文本之核心内容的圣谕十六条中,与息讼宣教直接相关的,就至少有"和乡党以息争讼""息诬告以全善良"两条,此外"讲法律以儆愚顽"条实际上亦对此多有涉及。③ 在《圣谕广训》中,针对"和乡党以息争讼"一条的含义,便用了多达 605 字的篇幅加以阐发,关于"息诬告以全善良"一条的解说文字也不遑多让,达到 619 字,而"讲法律以儆愚顽"条的解说文字还要更多,达到 632 字。

至于诸如《上谕直解》之类的衍生性诠释文本,则更是引用相关的律例进行解说。如《圣谕广训附律例成案》一书针对"和乡党以息争讼"条,便在其后面附加收录了相关的"律文""定例"乃至"成案"。④ 正如有学者所指出的,"随着宣讲圣谕活动的推进,清代也出

---

① 王尔敏:《清廷〈圣谕广训〉之颁行及民间之宣讲拾遗》,载周振鹤撰集、顾美华点校:《圣谕广训:集解与研究》,上海书店出版社 2006 年版,第 633—649 页;雷伟平:《〈圣谕广训〉传播研究》,华东师范大学 2007 届硕士学位论文。
② 关于清代圣谕宣讲文本的脉络演进,参见林珊妏:《清末圣谕宣讲之案证研究》,文津出版社 2015 年版,第 12—26 页。
③ 圣谕十六条的具体内容为:"敦孝弟以重人伦;笃宗族以昭雍睦;和乡党以息争讼;重农桑以足衣食;尚节俭以惜财用;隆学校以端士习;黜异端以崇正学;讲法律以儆愚顽;明礼让以厚民俗;务本业以定民志;训子弟以禁非为;息诬告以全善良;诫匿逃以免株连;完钱粮以省催科;联保甲以弭盗贼;解仇忿以重身命。"对圣谕十六条中包含的息讼宣教内容的一个简要分析,参见张仁善:《传统"息讼"宣教的现代性启迪》,载《河南财经政法大学学报》2015 年第 5 期,第 17—18 页。
④ 周振鹤:《圣谕广训及其相关的文化现象》,载周振鹤撰集、顾美华点校:《圣谕广训:集解与研究》,上海书店出版社 2006 年版,第 215 页。另有学者以《上谕合律注解》《圣谕图像衍义》《圣谕十六条附律易解》《宣讲集要》等四部衍生性诠释作品为例,搜集罗列了附于圣谕十六条条条之下的对具体律例的引述,参见林珊妏:《清末圣谕宣讲之案证研究》,文津出版社 2015 年版,第 185—246 页。

现了将圣谕和律例合编的文本及其宣讲实践。在这种情况下,宣讲圣谕几乎成为'讲读律令'的制度配置"。① 不仅如此,很多宣讲圣谕的文本,还在其中添加了一些活灵活现的具体诉讼例证,以期化民成俗。根据学者的统计,在这些文本所举的那些实则常常来历不明的诉讼例证当中,包含了讲述息讼即有善报、争讼易遭惩处、健讼必致恶报的大量具体事例。例如,据清代咸丰年间名医王锡鑫所编的《宣讲集要》一书所言,清代官员曾晖春(字霁峰)的祖父起初为寒儒时,曾与地方上的方姓豪族因坟山纠纷发生争讼,后来曾霁峰的祖父在其子劝说下息讼止争,结果数十年后方家没落而曾家兴旺;又如,在清人侠汉编纂的《宣讲大全》一书中,记载了一则讼师龚永培、杨志泰因唆使他人兴讼而遭恶报的故事。②

通过这些文本所传递的以儒家道德观为底色的官方意识形态,无疑会对普罗大众的诉讼观念产生直接的影响。③ 而在这些被大力宣扬的官方意识形态当中,"无讼""息讼"观念便是非常重要的组成部分。

四、其他的途径和载体

除了上述这些途径和载体外,在各个阶层的民众当中传播"无讼""息讼"理念的(主要源于儒家道德观,有时亦体现为儒释道思想

---

① 杜金:《故事、图像与法律宣传——以清代〈圣谕像解〉为素材》,载《学术月刊》2019年第3期,第110页。
② 林珊妏:《清末圣谕宣讲之案证研究》,文津出版社2015年版,第228—271页。
③ Victor Mair(梅维恒), "Language and Ideology in the Written Popularization of the Sacred Edict," in David Johnson et al. , eds. , *Popular Culture in Late Imperial China*, California: University of California Press, 1985, pp.325-359.

的汇流),还有已被一些学者做过专门研究的俗语①、笑话②、诗词③,以及戏曲、儿歌、小说、善书等。例如,《小儿语》中写道"当面证人,惹祸最大;是与不是,尽他说罢",而《改良女儿经》中则有"是与非,甚勿理;略不逊,讼自起;公差到,悔则迟"之类的说法。④ 在清人黄启曙汇辑的《关帝全书》一书中,收录有假托武圣人关羽之口撰就的《戒讼说》《戒讼文》两篇通俗劝善文,声言好讼者"冥谴尤烈",规劝戒讼"以保身家、全性命"。⑤ 在宋元以来的小说里面,常可见到有描写某人赴衙门打官司的情节,其中那些关于兴讼之人遭讼师盘剥、胥吏敲诈以及在公堂之上被威吓乃至遭受皮肉之苦的描述(例如晚清时人李宝嘉所撰小说《活地狱》中的相关刻画⑥),必然会给彼时的读者在心理上造成压力。甚至一些小说中的插图所描画的那种威严肃杀

---

① 〔英〕S. 斯普林克尔:《清代法制导论——从社会学角度加以分析》,张守东译,中国政法大学出版社2000年版,第168—169页;徐忠明:《传统中国乡民的法律意识与诉讼心态——以谚语为范围的文化史考察》,载《中国法学》2006年第6期,第66—84页;应星:《"气"与中国乡土本色的社会行动——一项基于民间谚语与传统戏曲的社会学探索》,载《社会学研究》2010年第5期,第117—118页。
② 徐忠明:《娱乐与讽刺:明清时期民间法律意识——以〈笑林广记〉为中心的考察》,载《法制与社会发展》2006年第5期,第3—22页。需要说明的是,徐忠明从《笑林广记》中摘选的几则笑话,看似展示了某些动辄争讼的庶民风气,但这些笑话的挖苦嘲讽口吻,恰恰体现了不可随意兴讼的看法。
③ 徐忠明:《雅俗之间:清代竹枝词的法律文化解读》,载《法律科学》2007年第1期,第15—24页。
④ 马小红:《礼与法》,经济管理出版社1997年版,第82页。由于此种作品大多出自儒家知识分子的手笔,故而通常都带有教谕的色彩。
⑤ 王谋寅:《道教劝善书中的"无讼"观》,载《宗教学研究》2012年第1期,第34—35页。更多反映无讼理想和息讼劝诫的善书资料,参见袁啸波编:《民间劝善书》,上海古籍出版社1995年版。小川阳一在研究关帝灵签时,也注意到关帝灵签中有多则签文是在讲述"讼则终凶"的道理,参见小川陽一:《明清のおみくじと社会——関帝霊籤の全訳》,研文出版社2017年版,第118—119页。
⑥ 徐忠明:《〈活地狱〉与晚清州县司法研究》,载《比较法研究》1995年第3期,第240—250页。另可参见徐忠明:《从明清小说看中国人的诉讼观念》,载《中山大学学报》(社会科学版)1996年第4期,第54—61页。

的公堂审案场景,亦会产生暗示人们勿要涉讼以免受辱的心理效果。①

不过,上述这些传播形式,往往因缺乏具体的制度化或半制度化支撑,更多是一种润物无声的潜移默化,其具体成效相较而言不易被直接考察。故而此处论述儒家道德观对传统诉讼文化之气质的主要模塑途径,以前述三者为要。

第三节　比较法文化论视野下的农耕文明与"健讼之风"

大致自宋代起,关于许多地方官府为当地民众的"健讼之风"所困扰的文字便时常可见,尤其是在明清时期那些记载风俗民情的资料中,"好讼""嚣讼""健讼"之类的语词更是层出不穷。② 如果将儒家所追求的"无讼治世"及其"息讼"理念看成引导大传统的诉讼文化,那么所谓的"健讼之风",则可被视为对当时小传统层面的社会诉讼状况的某种程度的反映。

尽管就当时"健讼之风"所涉的地域范围而言,绝非某一州县等个别地域之独特现象,③但官员、士大夫所代表的"深思的少数人",有

---

① 杜金、徐忠明:《索象于图:明代听审插图的文化解读》,载《中山大学学报》(社会科学版)2012年第5期,第26—27页。
② 详见本书第三章。
③ 例如,依据学者的考证,南宋一代,"好讼之风"几乎涉及其所辖的全部疆域,详见陈景良:《讼学与讼师:宋代司法传统的诠解》,载《中西法律传统》(第1卷),中国政法大学出版社2001年版,第203—206页。有关"健讼之风"地域分布之历史记载的整理,详细本书第三章。

很多都并未改变其对诉讼的传统看法。① 在深受儒家道德观熏陶的官员、士大夫们看来,那些兴讼且不肯善罢甘休之人,即便不是黠且悍者,也必非安分良善之徒。儒吏们认为此种刁顽小民锱铢必争,有亏于儒家推崇之道,是故几乎无不把弹压"健讼之风"作为其重要政务之一。在宋代以后的各种判牍和经世文章之中,我们常可看到州县官员以及刑名幕友痛心疾首地斥责当地"健讼之风"对社会秩序和世道人心危害甚大的文字。例如宋人郑玉道等编纂的《琴堂谕俗编》中就收录有此类文字:"斯民之生,未尝无良心也,其所以陷溺其良心,不好德而好讼者,盖亦刀笔之习相习成风,而不自觉耳";"彼二女争桑至于灭邑,兄弟讼田至于失欢,皆忿心使之耳。况又有徒恶党激之争、嗾之使讼,不至亡身及亲,破家荡产不已也"。② 并且,这些讲述"健讼之风"的危害性的文字,往往同时还附随着关于如何究治此种习气的论述。其中最引人注意的,便是关于如何抓拿讼师并严加惩处的详细描述。③

按照儒家的道德观,只要儒吏们能以身作则,言传身教,对百姓导

---

① 需要指出的是,两宋以降亦有个别的儒家知识分子在看待诉讼的问题上另持新解,例如清代经学大师崔述曾在其《无闻集·讼论》中言道:"自有生民以来莫不有讼。讼也者,事势所必趋也。人情之所断不免也,传曰饮食必有讼。"关于崔述此方面思想的研究,参见陈景良:《崔述反"息讼"思想论略》,载《法商研究》2000年第5期,第116—123页。此外,明人丘浚在《大学衍义补》中亦有类似的表述。但就其在当时的代表性而言,这些见解只是极少数人的"思想反动"而已。

② 向燕南、张越编注:《劝孝·俗约》,中央民族大学出版社1996年版,第200—201页。在南宋时期的《名公书判清明集》当中,亦不乏与此类似的话语。

③ 《大清律例》之"刑律·教唆词讼"条载:"凡教唆词讼,及为人作词状,增减情罪诬告人者,与犯人同罪。若受雇诬告人者,与自诬告同。受财者,计赃,以枉法从重论。其见人愚而不能伸冤,教令得实,及为人书写词状而罪无增减者,勿论。"该律文之后更是附有诸多惩治讼师的例文。关于乾隆时期开始的以增纂例文的方式掀起的全国性抓拿讼师运动,参见林乾:《讼师对法秩序的冲击与清朝严治讼师立法》,载《清史研究》2005年第3期,第1—12页;邱澎生:《十八世纪清政府修订"教唆词讼"律例下的查拿讼师事件》,载《"中研院"历史语言研究所集刊》第79本第4分(2008),第637—682页。

之以德，便可使民无争而臻于大治。正如孔子所云，"子率以正，孰敢不正"（《论语·颜渊》）。而其时之所以"好讼成风"，主要原因被认为在于一些惯弄刀笔、诱陷乡愚的讼师们从中教唆良善小民争讼，以致教化受损而民风不古，民间和睦的秩序遭到侵蚀与破坏。是故在面对此种与儒家道德观主导的大传统诉讼文化之方向背道而驰的诉讼风气时，讼师们便往往被儒吏们视为造成彼时"健讼之风"盛行的罪魁祸首，严惩讼师于是也就成为儒吏们眼中根治此一问题的关键所在。例如在清代各地新任州县官到任后所发布的第一批文告中，往往就有关于严惩讼师的告示。①

今天看来，当时的儒吏们将引发"健讼之风"的原因主要乃至完全归咎于讼师们的挑词架讼，乃是"极大的估计错误"。② 这是因为，上述那种简单归罪于某一群体的看法，忽略了其时生动的社会发展和经济变迁。③

大致从宋代开始，中国社会发生了许多影响深远的重大变化，私有制逐步深入发展，商业贸易蓬勃兴盛。④ 此过程被一些学者名之为"商业革命"。⑤ 依据中国经济史名家斯波义信的研究，"唐末以来，政

---

① 梁治平：《寻求自然秩序中的和谐——中国传统法律文化研究》，上海人民出版社1991年版，第198页。
② 〔日〕夫马进：《明清时代的讼师与诉讼制度》，范愉、王亚新译，载〔日〕滋贺秀三等著，王亚新、梁治平编：《明清时期的民事审判与民间契约》，法律出版社1998年版，第418页。关于此问题的专门讨论，参见本书第五章第二节。
③ 有学者也意识到此点，并指出："词讼并非如官方话语中所认为的那样，主要由'民风浇薄，人心不古，世风日下'所致，而是主要由物质生产与生活条件变迁使然。"邓建鹏：《健讼与贱讼：两宋以降民事诉讼中的矛盾》，载《中外法学》2003年第6期，第733页。
④ 有关宋代繁荣的商业的专门研究，参见〔日〕斯波义信：《宋代商业史研究》，庄景辉译，浙江大学出版社2021年版。
⑤ 〔美〕费正清：《中国：传统与变迁》，张沛译，世界知识出版社2002年版，第149—156页。

第二章 儒家道德观作为意识形态对中国传统诉讼文化的影响

府对商业的政策已起了变化,从原来虽把商业看成不可或缺的手段而又以末业视之、严格控制在一定范围内的态度开始转变,已经能够既不强行统制,也不横加弹压,而是利用商业作为广开财源的手段"。① 受此有利因素的推动,商业化进程的发展趋势彼时势不可挡。沿至明清时期,尤其是明代中叶以后,社会经济发生了很大的变化,以江南地区为代表的商业经济相当活跃。② 有学者更是基于对彼时社会基本结构及其演变历程的研究,将明清时代的中国社会称为"帝制农商社会"。③ 商业文明的不断扩展,冲击了儒家伦理所致力于维护的农耕文明,使得原先主要被固化在家庭、家族当中展开的社会人际关系网络之藩篱日益受到冲决,小民百姓在日常生活中涉及的利益日渐多元化。商业经济的趋利性,在极大程度上影响着人们的观念及日常行为,流风所及,越来越多的民众开始习惯于锱铢必争,其表现之一便是讼案数量的明显增多。例如,小川快之的研究指出,唐宋变革之后,宋代的农业、矿业和海上贸易等以"竞争性社会状态"的方式得到了长足的发展,在江西等区域出现了所谓"诉讼繁兴型纠纷社会"的状态④;邱澎生的研究揭示,明清时期的商业讼案屡见不鲜,"部分商人好打官司的风气,甚至还直接影响到现行法律,连中央政府都被迫制订专门法规限制商人越诉打官司"⑤。再加上 18 世纪乾隆朝以来人

---

① 〔日〕斯波义信:《宋代江南经济史研究》,方健、何忠礼译,江苏人民出版社 2001 年版,第 68 页。
② 林丽月:《奢俭·本末·出处——明清社会的秩序心态》,新文丰出版公司 2014 年版,第 183 页。
③ 赵轶峰:《明清帝制农商社会研究(初编)》,科学出版社 2018 年版;赵轶峰:《明清帝制农商社会研究(续编)》,科学出版社 2021 年版。
④ 〔日〕小川快之:《传统中国的法与秩序:从地域社会的视角出发》,赵晶编译,台北元华文创股份有限公司 2018 年版,第 101—108 页。
⑤ 邱澎生:《当法律遇上经济:明清中国的商业法律》,浙江大学出版社 2017 年版,第 246 页。

口总数的急剧增长,①社会大众之间的摩擦与纷争日益增多,司法资源被予以诉求动用的频度也相应随之增高。② 上述社会经济方面的重大变化,才是那种"健讼之风"的主要形成原因。

当时的儒吏们在耳闻目睹中必定会对此种商业化浪潮有所思考,但为何他们中的绝大多数人皆不能转而坦然接受伴随商业发展而出现在很多地区的讼案增多现象,反而试图极力予以弹压(严惩讼师只是其手段之一),以期回复到旧有的社会秩序轨道上来？在我看来,问题的关键,在于儒吏们浸淫其中的儒家道德观与农耕文明的深度契合性。

孔子将所谓"大同之世"(《礼记·礼运》)作为其理想,而孟子也曾描绘过其心目中憧憬的社会景象——"五亩之宅,树之以桑,匹妇蚕之,则老者足以衣帛矣;五母鸡,二母彘,无失其时,老者足以无失肉矣;百亩之田,匹夫耕之,八口之家,足以无饥矣。"(《孟子·尽心上》)这些儒家先贤眼中的理想社会有一共同点,即民无争心,和谐相处,生活于此理想社会之中的民众,人人皆能自觉践行为儒家伦理所称道的"克己"与"忠恕"。而这一切,正是钱穆所称具有"安足静定"之特征的农耕文明的理想化缩影。或者借用野田良之从比较法文化论的角度所做的概括来说,相较于游牧民族型的社会因其精神面貌而形成的"竞技型诉讼观",农耕民族型的社会将斗争视为一种需要通过

---

① 〔美〕何炳棣:《明初以降人口及其相关问题:1368—1953》,葛剑雄译,中华书局2017年版;葛剑雄主编、曹树基著:《中国人口史》(第5卷·清时期),复旦大学出版社2001年版。

② 法国历史学家雷吉娜·佩尔努(Regine Pernoud)曾说过:"……法律的运用同贸易的经营紧密相连,经营商业总免不了发生争执和诉讼。"〔法〕雷吉娜·佩尔努:《法国资产阶级史》(上册),康新文等译,上海译文出版社1991年版,第145—146页。另可参见尤陈俊:《中国传统社会诉讼意识成因解读》,载《中西法律传统》(第4卷),中国政法大学出版社2004年版,第321—326页。

第二章 儒家道德观作为意识形态对中国传统诉讼文化的影响

预防型措施加以摒弃的社会病理现象,重视利用各种作为社会关系"润滑油"的规范(例如"礼")来避免引起纷争。① 儒家道德观正是在回应农耕文明之上述要求的基础上由萌芽而发达。任何一种道德观,在其成形之后,必然会在价值观层面倾向于保护其所由产生的经济基础。在儒家道德观看来,商业发展对自给自足的小农经济构成了经常性威胁,容易使人变得奸诈而致民风败坏、社会失范,常常扮演着对传统伦理秩序的破坏性因素的角色,②是故儒家素有重农抑商的思想传统。

金耀基讲:"任何一个在农业性文化中成长的民族,都是比较保守,比较安于现状,比较崇古的。而中国民族的保守性与崇古心理尤浓。"③此种"传统导向"(借用雷斯曼[D. Riseman]的说法④)的心态,实与中国古代农业文明的发达有莫大的关系。农耕社会看重经验,其技艺依靠一代代人的积累来不断传承,是以造就了传统中国时期人们重因循、重传统、忌变革的习性。扎根于农耕文明的儒家道德观,更是将此种特点体现得淋漓尽致。儒家士人信奉的道德学说之精髓——礼——就尤其强调因循,其所致力之处主要不在创新,而在于遵循传统、维护传统和回复传统。受此种崇古心性的文化惯性之影响,商业文明在传统中国社会中很难为儒家道德观所完全接受,故而在讲求义利之辨的儒家道德观的视野中,商业无论何等兴盛,通常也并非正业,于社会而言至多是利弊参半;至于伴随商业兴盛而出现的

---

① 〔日〕野田良之:《比较法文化论的一个尝试》,王奥运译,载《法史学刊》(2021年卷),社会科学文献出版社 2021 年版,第 240、246 页。
② 范忠信:《中国法律传统的基本精神》,山东人民出版社 2001 年版,第 303—307 页。
③ 金耀基:《从传统到现代》,法律出版社 2010 年版,第 130 页。
④ David Riseman, et al., *The Lonely Crowd*, New Haven: Yale University Press, 1951, Chapter 1.

民间词讼增多之现象,亦只能是被视为"各亲其亲,各私其财"的商业文明所造就的社会病理现象而已。

第四节　文明类型、道德观与诉讼文化之间的选择性亲和性

宋代以降商业发展日趋兴盛的趋势,给社会大众带来了观念上的巨大冲击,使得儒家道德观无法再像以往那样能够强有力地统摄诉讼文化的所有层面。以江南地区为代表的"健讼"的小传统,与帝国意识形态追求"无讼"的大传统间的紧张,向我们展示了,在社会经济结构内部发生重大变化之时,儒家道德观熏陶下的大部分知识分子,依然以根源于农耕文明的理想来要求普罗大众,一如既往地试图以大传统来完全整合小传统。

近二十多年,已有一些学者对此种因循守旧的做法所造成的消极影响进行批评。概其要者,大致有如下三方面:第一,由于儒家一贯标举中庸之道,故而儒吏们的息讼努力主要体现为调解,强调情、理、法三者兼顾,由此造成了司法的个别化和非逻辑化,从而未能构造出有可能产生马克斯·韦伯所称的"形式合理性"法治的文化土壤;第二,儒家道德观所追求的"无讼"理想之下的息讼努力,使得民众对合法利益的诉求未能获得道德评价意义上的正当性,从而抑制了权利意识的成长和私法的发达;第三,由儒吏们对讼师的厌恶所致,讼师们屡遭弹压,地位低下,从而使古代中国错过了像英国那样发展出近代律师职业的契机。

此类批评均有一定的道理,但我们若将之作为对儒家道德观与中国传统诉讼文化之关系的全部评判,则恐怕缺乏足够的"同情的理

解"。我们今天的首要任务,并非是在苦思冥想后下一个粗略的整体性判断(例如传统中国社会究竟是"无讼"还是"健讼"),而是要先去反思中国历史上发生的那些重大变化所昭示的意义。在一些人的刻板印象中,中国社会似乎自从踏上了农耕文明的发展路径,就再也没有出现过实质性的重大变动。但实际上,中国文明并非始终一成不变,而是从来没有杜绝变动的可能性。例如许倬云就提醒我们,"在公元前 5 世纪到 3 世纪的动乱年代中,始终存在着一种强大的可能性,即发展一种占主导地位的、以城市为中心的经济生活,而不是一种以农村为基础的经济",只是在经历了一系列因缘际会后,中国的文明类型才确定了立足农村的发展方向。① 而到了 16 世纪、17 世纪,则出现了商业化进程在很多地区加速发展的现象,②尽管我们今天未必赞同将这种变化称为"资本主义萌芽"或"现代化"的因素。

任何一种文明类型的背后,皆会有与之气质相通的诉讼文化氛围。如同前文所论及的,儒家道德观根源于农耕文明并与之深度契合,而以"无讼"为价值追求的大传统诉讼文化,亦是缘自于对农耕文明这一经济基础的回应,是故我们可以在传统中国时期的大传统诉讼文化中感受到儒家道德观的明显烙印。而一旦在传统的农耕文明之外崛起不断壮大的商业文明,必定会同时出现与后者同质的另一种诉讼文化氛围(宋代以降民间的"健讼之风"即为其例)。异质文明类型之间的张力和冲突,终将造成大、小传统诉讼文化之间的紧张。

---

① 〔美〕许倬云:《汉代农业:早期中国农业经济的形成》,程农、张鸣译,邓正来校,江苏人民出版社 1998 年版,第 1 页。
② 明清经济史研究领域的著名学者吴承明曾将 16、17 世纪出现的"新的、不可逆的"经济变迁概括为如下六端:大商人资本的兴起;工场手工业的出现;财政的货币化;租佃制的演变;雇工制的演变;白银内流。参见吴承明:《现代化与中国十六、十七世纪的现代化因素》,载《中国经济史研究》1998 年第 4 期,第 6—7 页。

由于"农业在中国人的生活方式中始终保持着至高无上的地位",①与之相契合的儒家道德观亦因此保持着正统意义上的优势,为维持其借以产生的经济基础,儒家道德观必定会想方设法去消弥各种可能的威胁,故而我们可以看到,传统中国时期,在此种观念驱使下,出现了形形色色甚至颇显怪异的息讼实践。诚然,从宏观上将不同的文明类型、道德观和诉讼文化加以对应讨论的做法,在当下注重精细化研究的大趋势中或许显得有些粗疏,但对其间所透露的那种马克斯·韦伯意义上的"选择性亲和性"加以洞察,②不失为我们在做进一步深入研究之前必要的框架性认识。

---

① 〔美〕许倬云:《汉代农业:早期中国农业经济的形成》,程农、张鸣译,邓正来校,江苏人民出版社1998年版,第1页。

② "选择性亲和性"是一个在马克斯·韦伯的著作中出现得并不多但极富启发性的方法论概念,它不同于因果范畴和客观可能性判断。有学者将这一方法论概念的意涵概括为:"'选择性亲和性'是研究者在认知过程中,相对于'客观可能性判断'的因果态范畴,在认识论中所必须有的'主观范畴'设计,是指在主观认知的考虑下,研究者对于价值关系与社会意义,下达不同程度的主观判断。"参见翟本瑞:《选择性亲和性——韦伯对历史认识的方法论设计》,载翟本瑞、张维安、陈介玄:《社会实体与方法——韦伯社会学方法论》,巨流图书公司1989年版,第85—103页。

第三章 "厌讼"幻象之下的"健讼"实相？

滋贺秀三在日本法哲学学会1985年度年会上所做的学术演讲伊始，便道明了他缘何极为注重以诉讼的形态作为理解中国法文化的切入点："某种事实以及支持着该事实的思维架构是某一历史阶段的某一社会所特有的，或者说即使不完全是特有的但却特别显著地表现出来的话，就可以说这种东西不是自然本身而正是文化。在这个意义上，对于所谓法来说具有核心般意味的社会事实就是诉讼的形态……"①晚近以来，对明清社会的诉讼形态以及支持该事实的思维架构的探讨，俨然已经成为一条引人注目的学术发展脉络。与此紧密相关，明清时期的诉讼形态之下芸芸众生的诉讼观念和诉讼行为，正在日益激发越来越多研究者的学术兴趣。

值得注意的是，从这一具体领域的学术进展来看，质疑当时民众普遍"厌讼"的看法已然不再新鲜，而声称当时社会"健讼"的论调同

---

① 〔日〕滋贺秀三：《中国法文化的考察——以诉讼的形态为素材》，王亚新译，载〔日〕滋贺秀三等著，王亚新、梁治平编：《明清时期的民事审判与民间契约》，法律出版社1998年版，第2页。该文的日文稿，原载有斐阁1986年出版的日本法哲学学会年报《东西方文化》。

样亦非罕见。为数颇为可观的研究成果业已指出,大致从宋代以来,"健讼之风"不同程度地渐次弥散于民间各地,以至于不少区域的百姓据称"鼠牙雀角动辄成讼",到了清代时更是如此,其中尤以江南地区为甚。不过,倘若对晚近以来的相关研究细加审视,则可以发现,很多成果由于缺乏不同性质的经验证据的相互印证和综合支撑,导致其针对"厌讼"旧论而发的质疑之声,在说服力方面实则并不强而有力,而不少意在凸显"健讼"新论的阐述,则由于对一些似是而非的史料论据缺乏警醒,以至于坠入过犹不及的陷阱,甚至在破除旧的幻象之后又建构出另一个新的幻象。

本章旨在追求彼此紧密关联的双层学术目的:既注重以具有足够说服力的经验证据,来检讨先前那种借助法律文化或法律传统之宽泛名义而刻画出来的"厌讼"印象,又注意去反思,晚近一些或多或少地转而突出明清社会之"健讼"的论调当中,所同样可能存在的某些宽疏之失乃至片面之误。易言之,本章追求以一种精细论述的方式,来平稳推进对此论题的深入讨论。

第一节　宗族族谱与文人日记中的争讼记载

一些遗存至今的宗族族谱与文人日记之中的相关记载,以一种细部的方式,展示了诉讼经历日益渗入明清时期民众的日常生活之中。

明代徽州府休宁县茗洲村吴氏族谱《茗洲吴氏家记》之卷十《社会记》①,以年表的形式,详细记录了自明英宗正统二年(1437)至万历

---

① 关于《茗洲吴氏家记》尤其是其卷十《社会记》的专门研究,参见〔日〕中岛乐章:《围绕明代徽州一宗族的纠纷与同族统合》,李建云译,王振忠校,载《江淮论坛》2000年第2期,第102—109页;〔日〕中岛乐章:《围绕明代徽州一宗族的纠纷与同族统合(续)》,李建云译,王振忠校,载《江淮论坛》2000年第3期,第105—111页。

十二年(1584)这148年间,当地吴氏家族所发生的各种大事,其中包括33件自明成化二十三年(1487)到万历七年(1579)约九十年间,以茗洲村吴氏族人作为当事人的纠纷记录。这些记录显示,其中告至府、县衙门的纠纷有26件,而直接在乡村内部解决的纠纷只有7件。①

《历年记》系明末清初松江府下层文人姚廷遴所撰写,其中记载的内容始于明崇祯元年(1628),迄于清康熙三十六年(1697),前后历70年。②据日本学者岸本美绪的研究,在该书关于审判的那些记事中,以姚廷遴本人或其亲友们直接作为两造的案件共有24起,而这些案件"都是得到官方受理的案件,不包含不受理,或者不至诉讼的纠纷事件",也"不是姚廷遴作为胥吏办理的"案件。③按照徐忠明的统计,《历年记》中被提及的与姚廷遴和其亲友相关的诉讼案件,实际上比岸本美绪的上述统计结果要更多,共有35起。④易言之,在姚廷遴这位下层文人一生之中,与其自身及亲友直接有关的诉讼案件,便至少有二三十起之多。

清代康熙后期的徽州府婺源县浙源乡嘉福里十二都庆源村,是

---

① 中岛乐章的统计结果为32件,并指出"大部分纠纷发生在以茗洲村为中心、相当局限的一个范围之内",参见〔日〕中岛乐章:《围绕明代徽州一宗族的纠纷与同族统合》,李建云译,王振忠校,载《江淮论坛》2000年第2期,第105页。但朱开宇的统计表明,其实共有33件纠纷。与中岛乐章的统计相比,朱开宇的统计除了针对纠纷内容性质所做的统计有所差异外,还发现了嘉靖四十五年(1566)九月一起不知事由的诉讼记录。参见朱开宇:《科举社会、地域秩序与宗族发展——宋明间的徽州,1100—1644》,台湾大学出版委员会2004年版,第282—284页。
② 姚廷遴所撰的《历年记》(稿本)现藏上海博物馆,后经整理,收入本社编:《清代日记汇抄》,上海人民出版社1982年版,第39—168页。
③ 〔日〕岸本美绪:《清初上海的审判与调解——以〈历年记〉为例》,载《近世家族与政治比较历史论文集》(上册),中国台湾地区"中研院"近代史研究所1992年版,第249页。
④ 徐忠明:《清初绅士眼中的上海地方司法活动——以姚廷遴〈历年记〉为中心的考察》,载《现代法学》2007年第3期,第9页。

一个拥有约 1000 亩耕地和约 900 人的村落。熊远报利用当地秀才詹元相所撰的《畏斋日记》,①通过研究发现从康熙三十八年到康熙四十五年(1699—1706)间,当地共有 49 件纠纷事件。其中,詹元相作为纷争之直接当事人一方的有 7 件,平均每年 1 件以上;其作为纷争当事人一方之成员的事件有 16 件,平均每年约 3 件。易言之,在前后约 8 年的此段时间之内,詹元相平均每年被卷入 4 件纷争事件之中。而在这 49 件纠纷里面,告到当地官府的纠纷事件数约占总事件数的三分之一。②

在明清时期,不仅正如这些来自当时基层社会的记载所展示的,民间的纠纷事件常常冲垮宗族、乡村内部解纷机制的堤防,而且,甚至连可谓儒家伦理之内核的家庭亲伦关系也时遭其侵蚀,以至于发生在父母子女兄弟之间的相互争讼亦所在多有。③ 这些日益涌入衙门之中的讼争事件,不仅增大了地方官府所面临的治理压力,而且也更加成为彼时普通百姓日常记忆中的重要内容。曾在中国华北地区生活了数十年的美国基督教公理会传教士明恩溥(Arthur Henderson Smith),在其 19 世纪末出版的一本在华见闻录中便提到,那些关于最新官司的细节,乃是当地乡村百姓日常闲聊中"最感兴趣和最不厌倦的谈论话题"。④

---

① 《畏斋日记》(稿本)原件现藏于安徽省黄山市博物馆,其部分内容经过整理之后,载中国社会科学院历史研究所清史研究室编:《清史资料》(第 4 辑),中华书局 1983 年版,第 184—274 页。
② 熊远报:《清代徽州地域社会史研究——境界·集團·ネットワークと社會秩序》,汲古书院 2003 年版,第 153—158 页。
③ 〔日〕水越知:《中国近世的亲子间诉讼》,凌鹏译,载〔日〕夫马进编:《中国诉讼社会史研究》,范愉、赵晶等译,浙江大学出版社 2019 年版,第 161—200 页;汪雄涛:《明清判牍中的亲属争讼》,载《环球法律评论》2009 年第 5 期,第 84—92 页。
④ 〔美〕明恩溥:《中国乡村生活》,午晴、唐军译,时事出版社 1998 年版,第 308 页。该书的英文原版最早出版于 1899 年。

第三章 "厌讼"幻象之下的"健讼"实相?

第二节　官员们眼中的词状纷繁景象

早在宋代,许多官员便已时常为其治下词讼繁多而抱怨不已。北宋官员陈襄曾写道:"州县一番受状,少不下百纸。"①南宋时期各县衙的讼牒数量之多,则更是有增无减。例如,福建漳州龙溪县衙所收词状"日百余纸",福建福州宁德衙门所收"讼牒日不下二百余",江西隆兴丰城县衙所收词状"日四百纸",江西抚州临川县衙所收词状"一日五百余纸",浙江温州平阳的词讼之繁尤甚,"每引放,不下六七百纸"。② 在《名公书判清明集》这本南宋司法判决名文的合集之中,更是频频见到官员们痛责其治下百姓"顽讼最繁""嚣讼成风"的文字描述。"健讼"一词在这本集子所收录的判决文书中是如此时常可见,③以至于一些当代学者认为该书所展示的可谓是一个"健讼的世界"。④ 诸如此类用来形容"健讼之风"的词汇,甚至还被写入不少宋代官员的墓志铭之中。据研究,写有"健讼"之类文字的北宋时期墓志铭,颇为广泛地出现在江南西路、江南东路、福建路、荆湖南路、两浙路、京东东路、京畿路、淮南西路等地区,其中尤以江南西路(管辖区域大致相当于如今的江西省)的墓志铭为数最多。⑤

---

① (宋)陈襄:《州县提纲》,卷2,"籍紧要事",载《官箴书集成》(第1册),黄山书社1997年版,第54页。
② 刘馨珺:《明镜高悬:南宋县衙的狱讼》,北京大学出版社2007年版,第55—57页。
③ 一份统计发现,《名公书判清明集》中出现"健讼"一词的判决文书多达24篇。参见刘馨珺:《明镜高悬:南宋县衙的狱讼》,北京大学出版社2007年版,第216—217页。
④ 大泽正昭编:《主張する〈愚民〉たち:伝統中国の紛争と解決法》,角川书店1996年版,序言。
⑤ 翁育瑄:《北宋の'健訟'一墓誌を利用して》,载《高知大學學術研究報告》(人文科學編)第56卷(2007),第33—49页。

111

宋代的诗词,也对其时民间词讼纷繁的社会景象多有描述。根据晚近的一份研究所提及的线索,我们至少可以从如下数首宋诗中感受到其时民间的诉讼景象。① 北宋时人苏轼曾有诗云:"保甲连村团未遍,方田讼牒纷如雨。尔来手实降新书,抉剔根株穷脉缕。"②其中所描述的,便是北宋神宗熙宁五年(1072)施行方田均税法后田土官司不胜其繁的景象。曾于北宋宣和六年(1124)高中进士第一名的冯时行,也以"末俗竞芒忽,讼纸霜叶落"的诗句感慨其时词讼之多。③南宋时期的著名诗人陆游,更是形象地描绘了官吏们面对"讼氓满庭闹如市,吏胥围坐高于城"④的情形之时,不仅疲于应付而且几欲发狂的心境——"庭下讼诉如堵墙,案上文书海茫茫。酒酸胹冷不得尝,椎床大叫欲发狂。故人书来索文章,岂知吏责终岁忙。"⑤

与其官场前辈们一样,明代的许多官员也频频因为面对词讼日繁的现实而抱怨不已。明初以洪武皇帝名义颁布的《教民榜文》中便已声称:"两浙、江西等处,人民好词讼者多,虽细微事务,不能含忍,径直赴京告状。"⑥15 世纪中期,时任江西吉安知府的许聪如此描绘当地"嚣讼大兴"的情形:"近则报词状于司府,日有八九百;远则致勘合

---

① 李凤鸣:《诗情法意:唐宋诗中的法律世界》,载《政法论坛》2009 年第 6 期,第 175—176 页。
② (宋)苏轼:《寄刘孝叔》,载北京大学古文献研究所编:《全宋诗》(第 14 册),北京大学出版社 1993 年版,第 9215 页。
③ (宋)冯时行:《隐甫圣可子仪同游宝莲分韵得郭字》,载北京大学古文献研究所编:《全宋诗》(第 34 册),北京大学出版社 1998 年版,第 21601 页。
④ (宋)陆游:《秋怀》,载北京大学古文献研究所编:《全宋诗》(第 39 册)北京大学出版社 1998 年版,第 24654 页。
⑤ (宋)陆游:《比得朋旧书多索近诗戏作长句》,载北京大学古文献研究所编:《全宋诗》(第 39 册),北京大学出版社 1998 年版, 第 24663 页。
⑥ (明)张卤辑:《教民榜文》(明洪武三十一年[1398]三月颁布),载刘海年、杨一凡总主编:《中国珍稀法律典籍集成》(乙编·第 1 册),杨一凡等点校,科学出版社 1994 年版,第 639 页。

于省台,岁有三四千。"①崇祯末年任广州府推官的颜俊彦,也曾抱怨当地"每日期告状,动以百纸将尽"。②

延至清代,官员们对词讼繁多的抱怨更是不绝于耳。清人袁枚在与其门生的应答中曾反问道:"以州县之繁而谓必亲记,似属奢阔之论,不知讼牒极多,每日所进能过百纸乎?"③19世纪末任山东惠县知县的柳堂,在谈及该地的"健讼"民情时声称:"每逢三八告期,呈词多至六七十张,少亦四五十张。"④不过,在清代的官箴书、官员札记等史料当中,每逢论及词讼纷繁的景象之时,所收词状数十纸的记载并非最为常见,往往皆是声称数以百计。

终清之世,关于词讼纷繁的记载不绝如缕。而且,从这些抱怨声中可以感受到,不惟那些向来以词讼剧繁而闻名官场的地方通常如此,即便在不少简缺之邑,一期收呈亦很可能词逾百纸。康熙年间吴宏在徽州府休宁县为幕佐治,据其所言,"刁健讼之风虽所在有之,从未有如休邑之甚者。每见尔民或以睚眦小怨,或因债负微嫌,彼此互讦,累牍连篇,日不下百十余纸"。⑤ 在康熙五十九年(1720)三月发布的一份告示中,浙江会稽知县张我观声称"本县于每日收受词状一百数十余纸"。⑥ 而会稽知县这一位置,当时还只是在地方官缺等级中

---

① 《明宪宗实录》,卷56,"成化四年(1468)秋七月癸未"条,中国书店1983年影印版,第1152页。
② (明)颜俊彦:《盟水斋存牍》,明崇祯年间刻本,"一刻·公移·谕民休讼",中国政法大学法律古籍整理研究所整理标点,中国政法大学出版社2002年版,第345页。
③ (清)袁枚:《答门生王礼圻问作令书》,载(清)沈兆澐辑:《蓬窗随录》,清咸丰年间刻本,卷11"序、记、书",第33页b。
④ (清)柳堂:《宰惠纪略》,清光绪二十七年(1901)笔谏堂刻本,卷1,载《官箴书集成》(第9册),黄山书社1997年版,第492页。
⑤ (清)吴宏:《纸上经纶》,卷5,"词讼条约",据清康熙六十年(1721)吴氏自刻本整理,载郭成伟、田涛整理:《明清公牍秘本五种》,中国政法大学出版社1999年版,第219页。
⑥ (清)张我观:《覆瓮集》,清雍正四年(1726)刻本,"刑名"卷1,"颁设状式等事",第3页a。

占了"冲、繁"两字的中缺,并非"冲、繁、疲、难"四字皆具的最要缺。①雍正年间出任广东潮州府潮阳知县的蓝鼎元,对当地的"健讼之风"印象尤深,他如此写道:"余思潮人好讼,每三日一开放,收词状一二千楮,即当极少之日,亦一千二三百楮之上。"②乾隆六年(1741)十一月初一,湘乡知县向湖南布政使张璨、按察使王玠禀称:"湖南民风健讼,而湘邑尤甚。卑职莅任之始,初期放告,接收呈词一千五百余张,迨后三、八告期,不下三、四百纸。"③四十多年后,同在湖南任官的宁远知县汪辉祖,也亲眼目睹了湘民"健讼"的景象,据其所记,每逢三八放告之日,所收词状多达二百余纸。④而因僻处湘南,宁远知县还不过是个简缺而已。乾隆二十六年(1761)九月间,朱涵斋初任浙江绍兴知府,据称"逢放告期,多至二三百纸"。⑤嘉庆年间,工部给事中胡承珙向皇帝呈递奏折,详陈清厘外省积案之法,其中写道:"三八放告,繁剧之邑常有一期收呈词至百数十纸者。又有拦舆喊禀及击鼓讼冤者,重来沓至,较案件不啻百倍。"⑥张琦(字翰风)于道光年间出任山东章邱县知县时,称"章邱民好讼,月收讼牒至二千余纸"。⑦光绪

---

① 郭建:《帝国缩影:中国历史上的衙门》,学林出版社1999年版,第200页。
② (清)蓝鼎元:《鹿洲公案》,"偶记上·五营兵食",刘鹏生、陈方明译,群众出版社1985年版,第5页。
③ (清)吴达善纂修:《湖南省例》,清刻本,"刑律"卷10,"诉讼·告状不受理·代书每词钱十文",现藏北京大学图书馆。
④ (清)汪辉祖:《病榻梦痕录》,清道光三十年(1850)龚裕刻本,卷下,载《续修四库全书》(第555册),上海古籍出版社1995年版,第647页。
⑤ (清)卢文弨:《抱经堂文集》,卷32,"浙江绍兴府知府朱公涵斋家传",中华书局1985年版,第398页。
⑥ (清)包世臣:《齐民四术》,卷7下,"刑一下·为胡墨庄给事条陈清理积案章程折子",潘竟翰点校,中华书局2001年版,第252页。
⑦ (清)徐珂编撰:《清稗类钞》(第3册),"狱讼类·张翰风治狱得民心",中华书局1984年,第1098页。《齐民四术》中对张琦署理章邱县的事迹也有记载,但稍有不同,参见(清)包世臣:《齐民四术》,卷3,"农三·皇敕授文林郎山东馆陶县知县加五级张君墓表",潘竟翰点校,中华书局2001年版,第118—119页。

年间,河北唐县知县钱祥保更是多次在禀呈中提及其治境内的词讼之繁:"卑县讼狱之繁,甲于他属。……向之每告期状纸百数十起者……";"卑县民情刁诈,词讼繁多,平时告期呈词,每次不下一百三四十张,而上控之案亦复络绎不绝。"①成书于晚清时期的《卢乡公牍》中所收录的一份公告则声称,山东"泰邑词讼繁多,新旧案件,每期不下百纸"。②

上述所列的史料虽然只是冰山一角,但已足以描绘出一番"词讼繁多"的社会图景。并且,倘若留意其中所描述的时空,则可以发现,此类所谓"词讼繁多"的区域,甚至已不再集中于江南诸省;随着时间的推移,"健讼之风"在帝国版图内向其他区域蔓延和扩散。

第三节　词状的分类构成

必须指出的是,上述史料中所说的成百上千的讼牍、词状数量,并不等于当时真正的讼案实数。所谓的"讼牒""词状"或"状词",毋宁说只是一个笼统的称呼,一旦细分起来,可以发现其实包含了不同的类别,③而且不同类型的诉讼文书各自扮演的角色各有差异。

---

① （清）钱祥保著、何震彝编:《谤书》,卷1,"增订民间典卖房地章程厘剔库户各书税契过割积弊以清讼源禀",文海出版社1976年影印版,第53页;卷4,"讯结上控自理各案除专案禀报不计外现共拟结一百三十起摘叙节略呈请核示禀",同书,第279页。

② （清）庄纶裔:《卢乡公牍》,清末排印本,卷2,"谕书差整顿词讼条告文",第30页a。

③ 有研究者以巴县档案为例,简要介绍了禀状、告状、催状、催禀状、首状、伸状、存状、诉状和哀状等多种类型的诉讼文书名称,参见葛勇:《谈清代巴县档案司法文种》,载《四川档案》2006年第4期,第1页。

115

一、"告状""诉状"与"禀状"

夫马进曾简略地区分了词状的不同种类,据其所言:"原告告诉所用的文书叫做告状(告词),而被告的反驳叫做诉状(诉词)。"①而滋贺秀三在研究淡新档案中的诉讼文书类型之时,则区分了"呈"和"禀"这两种不同的词状形式。他认为,"所谓'呈'是指一般百姓作为当事者而提出的东西,记在印有固定文字和格式的官制状纸上",而所谓"禀","概而言之,可以说是有绅衿身份者作为当事人提出的诉状,及总理、庄正等地方斡旋人和同族长老、其他当事人周围的人从公益立场出发诉讼某种事情时所使用的书式。记在任意的白纸或红纸上"。但滋贺秀三同时也指出:"'呈'与'禀'只有这种书式上的差异,在法的意义上和在法的效力上二者是相同的。长官的批文同样也是写在最后。且虽说有基本身份的区别使用,但界限是很含混的,未必是十分严格的。"②

滋贺秀三关于呈状或禀状系根据提交词状之人的身份差异而择一使用、但两者界限未必十分严格的看法,在清末武清县的诉讼习惯调查中也得到某种证实。当被问及"诉讼呈状,共有几种?具禀与用呈有何区别?其格式若何?"这一问题之时,武清县调查员提供的回答是:"有呈有禀。平民有呈,其纸有横竖乌丝格。凡有职衔及有功名者用禀,其纸无乌丝格。呈禀叙事相同,呈称其禀某人呈为某事云云,禀称其禀某人禀为某事云云,格式不过如此。应交应领之件,皆具

---

① 〔日〕夫马进:《明清时代的讼师与诉讼制度》,范愉、王亚新译,载〔日〕滋贺秀三等著,王亚新、梁治平编:《明清时期的民事审判与民间契约》,法律出版社1998年版,第395页。

② 〔日〕滋贺秀三:《诉讼案件所再现的文书类型——以"淡新档案"为中心》,林乾译,载《松辽学刊》(人文社会科学版)2001年第1期,第14—18页。

状,格式与呈禀大同小异。"在进一步回答"是否人民具禀即为违式,概不受理? 抑但加申饬,仍可准理? 收呈之人有无查看合式与否之权? 抑不准不收?"这一相关问题时,武清县调查员所提供的答案则为:"具禀违式,或但加申饬,准理与否,视案情缓急,收呈之人亦应查看,令违式者更正,然亦看案情缓急。"①

不过,禀状在诉讼中的使用,也可能并非基于提交人的特殊身份,实际情况似乎更为复杂,并且可能因地因时而异。阿风对明清徽州诉讼文书的研究发现:"诉状、禀状等可以统称为'状词'或'词状'。在徽州诉讼文书中,明代的原告状式多称'告状',明代后期开始出现了'禀状',清代原告状式多称'禀状(禀词)'。明清两代的被告状式多称'诉状(诉词)'。在清代光绪年间的诉讼卷宗中,被告的诉状亦称'禀状',但在状式上加外注明是'诉词'。"②吴欣则认为:"虽然禀状亦是原告在进行诉讼时所运用的状式,但它与'告状'之间又存在着很大的差别:一般原告首次进行诉讼时称告状,而在以后因案情的变化或再次呈明案情而进行的诉讼中,才称为'禀状'。其次,同样在诉状中被告的应诉的状纸也有类似的情况,被告首次应诉的状纸称为'诉状'。再次进行解释或应诉的状纸称为'禀状'。"③

二、"投词"与"催呈"

尽管"告状""诉状"与"禀状"之间的细致区分有待进一步厘清,

---

① 《法制科民情风俗地方绅士民事商事诉讼习惯报告调查书》(武清县),清末稿本,第五部《诉讼习惯报告调查书》第二款"民事诉讼"第一项"原告投呈",现藏于北京大学图书馆。

② 阿风:《明清徽州诉讼文书的分类》,载《徽学》(第5卷),安徽大学出版社2008年版,第262页。

③ 吴欣:《清代民事诉讼与社会秩序》,中华书局2007年版,第15页。

但在明清时期由当事人提交的诉讼文书之中,数量最多的往往是一类被称为"投词"(亦称"投状""续词")、"催呈"(亦称"催词")的文书。

讼师秘本《法笔惊天雷》对何谓"投词"有所解释:"不论原被各人,有不白之事,情真理确,前一未晰者,不妨再具投明,而深详细绎说之,故谓之投词。"①易言之,所谓"投词"之类,乃是原被告在递交告状、诉状之后,为了进一步说明案情而向官府接着呈交的一类诉讼文书。需要指出的是,此种关于"投词"的特指用法,似乎直到明清时期才逐渐变得普遍,而在宋代,"投词"通常与"投牒""投状"等词语一起,被作为与官府"受词"相对应的一种表述,意指民人告至官府的行为及其所递的词状,并不特指那些后续递状补充说明案情的行为及其相应文书。"投词"在明清时期的诉讼案卷中甚是常见,例如成书于17世纪后期的《未信编》,在列举"卷案总式"所包含的各种文书类目之时,便明确将"投词"列于"原词"和"诉词"之后。② 清代一些官箴书在论及衙门放告收受词状之时,亦曾使用过另一个文书名称——"投文"。例如《未信编》中便写道:"每日早堂,先示放告,后收投文。放告之时,投文不许混进。"③"投文"在清代乃是一种指涉甚为宽泛的用语,既可用来指称衙门之间的投递文书,亦可用来指称民人在其首份词状被衙门准理之后陆续提出的其他诉讼文书。④ 其中后

---

① 《法笔惊天雷》,清光绪甲辰年(1904)仲冬月刊本,上卷,"十法须知·投词说四法",笔者收藏。该书封面写为《法家第一书惊人雷》,目录中则写为《法笔惊天雷》。

② (清)潘月山:《未信编》,清康熙二十三年(1684)刊本,卷3,"刑名上",载《官箴书集成》(第3册),黄山书社1997年版,第89页。

③ 同上注,第71页。在出版时间稍晚于《未信编》的《福惠全书》之中,也有类似的文字表述——"升堂宜早,先为放告,后收投文",参见(清)黄六鸿:《福惠全书》,清康熙三十八年(1699)金陵濂溪书房刊本,卷11"刑名部·放告",载《官箴书集成》(第3册),黄山书社1997年版,第329页。

④ 郭润涛:《清代州县衙门的"告状"、"投词"与"批词"》,载陈支平主编:《相聚休休亭:傅衣凌教授诞辰100周年纪念文集》,厦门大学出版社2011年版,第531—536页。

一种用法所指的含义,即与"投词"相同,《未信编》中便有多处文字实际上将"投文"与"投词""投状"等词相混用。①

除"投词"之外,尚有"催呈"。所谓"催呈"之类,顾名思义,即原被告中一方或双方在递交告状或诉状之后,再次呈至衙门以用来催促官员尽快审办其案件的诉讼文书。

"投词"与"催呈"虽然有所区别,但其界限远非截然分明,实际上,它们常常在实际内容方面互相包含,且往往共同占据了一个案件的全部诉讼文书中的相当比例,成为最为常见的诉讼文书类型之一,通常一案之中都会包含有多份"投词"或"催呈"。19 世纪前期任巴县知县的刘衡曾不无得意地声称,在其励精图治之下,除了"钱债辗轕,追缴不能不稍延时日"的案件之外,巴县衙门"自来未收一纸"催呈。② 不过,这种情况似乎相当少见,通常的情形是一案全部文书之中会夹杂着许多张催呈或投词。

南宋时期的胡太初曾称"每一次受牒,新讼无几,而举词者往往居十之七八",并因而要求当事人以两月为限,"两月之外不睹有司结绝,方许举词,不然并不收理"。③ 可见此类文书在当时便已司空见惯。明末在广州任推官的颜俊彦声称,当地民人惯于"叠诉","投到之后复有诉词……今日一诉,明日一诉,抄来抄去再三重复,附案则既虑堆积无益,抹去则又谓厌倦不看",因此他主张"今后一投之外,静听审质,或有别情,亦即一诉而止"。④ 延至清代,这种情形似乎变得

---

① 除了最常使用"投文"一词之外,《未信编》卷 3 之中亦偶尔用到"投状"或"投词"等表述,其意皆可视为同一。参见(清)潘月山:《未信编》,清康熙二十三年(1684)刊本,卷 3,"刑名上",载《官箴书集成》(第 3 册),黄山书社 1997 年版,第 78、89 页。
② (清)刘衡:《庸吏庸言》,清同治七年(1868)楚北崇文书局刊本,上卷,"禀严束书役革除蠹弊由",载《官箴书集成》(第 6 册),黄山书社 1997 年版,第 181 页。
③ (宋)胡太初:《昼帘绪论》,百川学海景刊宋咸淳本,"听讼篇第六",载《官箴书集成》(第 1 册),黄山书社 1997 年版,第 106 页。
④ (明)颜俊彦:《盟水斋存牍》,明崇祯年间刻本,"二刻·公移·禁叠诉",中国政法大学法律古籍整理研究所整理标点,中国政法大学出版社 2002 年版,第 666—667 页。

更为常见。乾嘉时人汪辉祖便指出:"邑虽健讼,初到时词多,然应准新词每日总不过十纸,余皆愬词、催词而已。"①张我观的记载也透露,他自己在放告日收受词状之时,常常发现有"一事而进数十之续词"的情形。②

包恒对淡新档案所做的研究,使我们对此现象有更为直观的认识。他从淡新档案的"民事门"现存的总共 224 起案件中,选取了 152 起(占该门类案件总数的 67.9%)加以统计,结果显示,平均每起案件中原告先后递交了 3.1 份词状。这意味着,在告状之外,原告通常在后来还递交了多份投词与催呈。我们对其统计结果稍做计算后则会发现,在这 152 起民事案件中,原告递交一份以上词状的比例高达 79.6%,甚至连总共递交过 8 份(含)以上词状的案件比例也有 19.1%。包恒还从淡新档案"刑事门"现存的总共 365 起案件中,选取了 105 起(占该门类案件总数的 28.7%)加以统计,结果显示,尽管相较于民事案件的上述情形为低,但平均每起案件中原告也递交了 1.4 份词状,递交一份以上词状的案件比例,达到统计案件总数的 61%,其中有 10.5% 的案件原告先后递交过 8 份(含)以上的词状。③

这种现象也可以在众多具体个案之中得到印证。在淡新档案"民事门"现编号为 22514 的案件所包含的 177 件文书之中,④由该案的不同当事人在不同阶段所提交的催呈为数甚多,其中仅罗福振一

---

① (清)汪辉祖:《学治说赘》,清同治十年(1871)慎间堂刻汪龙庄先生遗书本,"理讼簿",载《官箴书集成》(第 5 册),黄山书社 1997 年版,第 308 页。

② (清)张我观:《覆瓮集》,清雍正四年(1726)刻本,"刑名"卷 1,"颁设状式等事",第 3 页 a。

③ David C. Buxbaum, "Some Aspects of Civil Procedure and Practice at the Trial Level in Tanshui and Hsinchu from 1789 to 1895", *Journal of Asian Studies*, Vol. 30, No. 2 (1971), p.271.

④ 《淡新档案》(第 22 册),"第二编 民事(田房类:争界、争财)",台湾大学图书馆 2007 年版,第 1—140 页。

人先后递交的催呈便有18件。① 麦柯丽曾将1847年一桩由讼师为某军士包揽词讼的案子举作特别例证,在该案中,那位湖北的讼师曾先后撰写了100份状词。② 可以想见,其中占绝大部分的便是"投词"或"催呈"。对于那些在同一案件中被先后递交过来的词状,一些州县衙门还专门盖上不同的钤章以作区别。例如清代光绪年间,徽州府绩溪县民程德安与人告官互控,他在约一个半月的时间内,便至少先后向县衙递交了3份词状,而县衙在这些词状之上分别盖上"新词""续词""旧词"的不同钤章作为标记。③ 除了第一份词状之外,程德安的后两份词状皆可被视为投词。

如何在不同的阶段适时地提交催呈或投词,甚至还成为一些讼师秘本所传授的专门技法。在清代同治年间的稿本讼师秘本《器利集》之中,写有如下一段文字:"往上司告状,不可即要叩提,宜用催提纸张。第二状方带提字,第三状放个立提字,即便提矣。若开告提,下状已无可告矣。切记!其上文已提而此案又未提者,要候二三十日方可催提,不可大紧。○作首词须要宽缓,看他如何告来,二词定自己案,三词驳他人案。"④

值得注意的是,在明清时期的诉讼实践之中,"投词"往往并非完全限于对告状或诉状中所述案情的补充说明,而是很可能在所述内

---

① Mark A. Allee, *Law and Local Society in Late Imperial China: Northern Taiwan in the Nineteenth Century*, Stanford: Stanford University Press, 1994, p.163. 该书同页还提及另一些例子,例如在淡新档案"民事门"现编号为22609的案件中,周许氏除了通过其抱告向官府递交告状之外,还先后让后者递出了10件催呈。

② Melissa Macauley, *Social Power and Legal Culture: Litigation Masters in Late Imperial China*, Stanford, California: Stanford University Press, 1998, pp.341-342.

③ 《徽州千年契约文书(清·民国编)》(第3卷),花山文艺出版社1993年版,第128、139、147页。

④ 参见《器利集》,"三十六桥决·正桥"。《器利集》为笔者所收藏的清代稿本讼师秘本原件,从书中的相关记载来看,该书为江西赣州廪生邹列金所编纂,其成书时间在清同治十年(1871)之后。

容上与前词差异颇大,以至于结果常常实际变成初词耸听夸大而投词所述始实。这种情形,用明代一本官箴书中所言来概括,即"初告极大,后来投到极小","惟投到之小事,乃其真情节也"。① "催呈"也常常并非如滋贺秀三所称的那样"大体为同一内容的申诉再度提起",②而是很可能会另生枝节,又起一案。《器利集》中传授的如下内容,正好从撰状技法上说明了造就这一特点的部分原因:"词告多人不审者,须另起一案以催之。○此案不足难他,须别出一案以乱之"③;"前案虚、后案实者,须将后案缩上前案。后案重者,须将后案缩起在前,头词带案而起次案。"④

这种情形,自然会引起官员们的极大恶感。例如清初循吏黄六鸿便对此心知肚明,他写道:

> 夫格状之外,又有投词者,因格状限字,故须投词详述始末耳。不谓狡诈之徒,欲陷害怨家,恐细事不准,务张大其词,以耸上听。及其准后,始将所告本情说出,止以一二语撼入,前告之事不粘不脱,其中又复生波,牵连多人,使上官见其投词,不得罪以前状全虚。据其后词语本属微末,然前状业为骗准,是朝廷牧民之官既为奸棍害民之具,有司执法之地又为此辈侮法之场矣。⑤

在黄六鸿看来,"凡狱讼止贵初情,若投词之中又添一事、又牵一

---

① (明)佘自强:《治谱》,明崇祯十二年(1639)呈祥馆重刊本,卷4"词讼门","准状不妨多",载《官箴书集成》(第2册),黄山书社1997年版,第109—110页。
② 〔日〕滋贺秀三:《诉讼案件所再现的文书类型——以"淡新档案"为中心》,林乾译,载《松辽学刊》(人文社会科学版)2001年第1期,第15页。
③ 《器利集》,"三十六桥决·砌桥"。
④ 《器利集》,"三十六桥决·缩桥"。
⑤ (清)黄六鸿:《福惠全书》,清康熙三十八年(1699)金陵濂溪书房刊本,卷11"刑名部·批阅",载《官箴书集成》(第3册),黄山书社1997年版,第329—330页。

人,则前告分明是诳",因此他主张"除投词不究外,仍将前状审理,如虚反坐,严行重治,则后此诳告自除,而投词亦不至节外生枝矣"。①李渔更是对"好讼之民……以恃有投状一着为退步耳,原词虽虚,投状近实,以片语之真情,盖弥天之大妄"的手段深恶痛绝,他强烈主张"请督抚严下一令,永禁投词,凡民间一切词讼,止许一告一诉,此外不得再收片纸"。②张我观同样如此认为。他告诫百姓说:"词讼止许一告一诉,不得陆续投递,定例开载甚明,更当一体遵奉,毋许仍前混呈叠诉,滋扰取尤。"③不过,黄六鸿等人的上述主张,并未能够遏制当时词状源源不断地涌入不少州县衙门的总体趋势。

第四节 明清地方官府面临的词讼压力

一、讼案实数

由于催呈与投词之类的文书往往占据一案词状总量之中的相当大比例,一些史料记载中关于词状数量的描述,并不能被看作当时讼案实数的真实反映。倘若对此种情况不加辨析便据以断言清代一些地方衙门所面对的讼案实数,则很容易在戳破"厌讼"幻象的同时,却又在不经意间构建了另一个言过其实的"健讼"幻象。

在最初发表于1993年的一篇后来学术影响甚广的文章中,夫马

---

① (清)黄六鸿:《福惠全书》,卷11"刑名部·批阅",清康熙三十八年(1699)金陵濂溪书房刊本,载《官箴书集成》(第3册),黄山书社1997年版,第330页。
② (清)李渔:"论一切词讼",载(清)徐栋辑:《牧令书》,卷17"刑名上",载《官箴书集成》(第7册),黄山书社1997年版,第376页。
③ (清)张我观:《覆瓮集》,清雍正四年(1726)刻本,"刑名"卷1,"颁设状式等事",第3页b。

进以张我观（清康熙末年曾任浙江省会稽县知县）、汪辉祖（乾隆五十二年[1787]任湖南宁远县知县）和张琦（道光年间任山东省章邱县代理知县）的笔下记载，来说明其时一些州县衙门收到的词状数量之多。① 遗憾的是，该文所提及的那些词状份数，后来被另一些学者误作为讼案实数来加以看待。例如山本英史便以夫马进该文所引的张我观的记载为参照，将清初江西吉安府下属九县衙门收受的讼案总数过高地估算成一个"天文数字"——每年64800—90000件。② 而且，类似的疏失不只有上述一例。18世纪前期任浙江台州府天台县令的戴兆佳，曾在一则告示中声称，"本县莅任以来，披阅呈诉共计千有余纸"。③ 一篇被译为日文的论文在引述此段文字时，在行文表述之中，不经意间便将此一千多纸词状快速转换成一千多件诉讼案件。④

此类将词状数量直接当作讼案实数的错失，甚至也出现在一些档案研究者的笔下。20世纪80年代末发表的一份依据巴县档案所做的研究提及，在巴县，"据礼房一本《接词簿》记载，宣统元年五月至宣统二年四月，办理案件2167起"，而"处理案件最多的刑房和户房，不知倍于凡几"，并据此推断当时"巴县词讼一年当不下一万件"。⑤ 这个高得出奇的讼案总数估算数字，曾令对巴县档案有着深入研究的美国学者白德瑞大为不解。他提供了另一个其认为更值得相信的

---

① 〔日〕夫马进：《明清时代的讼师与诉讼制度》，范愉、王亚新译，载〔日〕滋贺秀三等著，王亚新、梁治平编：《明清时期的民事审判与民间契约》，法律出版社1998年版，第392—393页。

② 〔日〕山本英史：《健讼的认识和实态——以清初江西吉安府为例》，阿风译，载中国政法大学法律史学研究院编：《日本学者中国法论著选译》（下册），中国政法大学出版社2012年版，第594页。

③ （清）戴兆佳：《天台治略》，清活字本，卷7，"告示·一件严禁刁讼以安民生事"，载《官箴书集成》（第4册），黄山书社1997年版，第172页。

④ 陈宝良：《"鄉土社會"か"好訟"社会か？—明清时代の"好訟"社会の形成およびその諸相》，水越知译，载夫馬進编：《中國訴訟社会史の研究》，京都大学学术出版会2011年版，第269页。

⑤ 李荣忠：《清代巴县衙门书吏与差役》，载《历史档案》1989年第1期，第100页。

第三章 "厌讼"幻象之下的"健讼"实相?

数字来表达怀疑之情,即从1907年至1909年(光绪三十三年至宣统元年)间巴县知县所呈交的报告来看,巴县衙门每年平均受理633起民事新案,尽管"这些数字极有可能比当时巴县衙门每年实际所收的民事讼案数量要低,因为知县们往往都会向其上峰少报其辖境内的诉讼案件数量"。① 但白德瑞并未指出前一个数字缘何不可信的症结所在。其实,问题的关键正是在于,《接词簿》上通常只是依日期记载衙门所收到的各份词状,而这些词状的份数,并不能被直接等同于其实际涉及的讼案数量。

不过,对于讼案实数而言,这些词状份数也并非全无参考价值。麦柯丽综合汪辉祖所留记载中的若干线索,认为汪辉祖做知县时所收的那些词状中大概有5%构成新案。② 以这一比例为基准,她对那些为数众多的词状当中究竟包含了多少起新案进行了粗略估算:偏远的宁远县每年有480起新案,湘乡这一要县则有720起到960起新案,而即便采用蓝鼎元所报称的最低数字,位于东南沿海的揭阳和海阳两县每年的新案也多达1800起。③ 当然,这毕竟只是她所做的大致估算而已,5%的比例未必各地皆准。在对四川巴县档案进行深入研究后,夫马进发现,在清代同治年间,巴县衙门每年所收到的词状份数为12000件至15000件,但实际上,从现存的巴县档案来看,新控讼

---

① Bradly W. Reed, *Talons and Teeth: County Clerks and Runners in the Qing Dynasty*, Stanford, California: Stanford University Press, 2000, pp.205-206. 中文版见〔美〕白德瑞:《爪牙:清代县衙的书吏与差役》,尤陈俊、赖骏楠译,广西师范大学出版社2021年版,第333—336页。

② 麦柯丽所称的线索,分别来自汪辉祖所撰的《病榻梦痕录》和《学治说赘》。汪辉祖曾在《病榻梦痕录》中提及自己在乾隆五十二年(1787)任湖南宁远知县时,"三八收辞,日不下二百余纸计"。参见(清)汪辉祖:《病榻梦痕录》,清道光三十年(1850)龚裕刻本,卷下,载《续修四库全书》(第555册),上海古籍出版社1995年版,第647页。而他在《学治说赘》中则说道:"邑虽健讼,初到时论多,然应准新词每日总不过十纸,余皆恕讼、催词而已。"参见(清)汪辉祖:《学治说赘》,清同治十年(1871)慎间堂刻汪龙庄先生遗书本,"理讼簿",载《官箴书集成》(第5册),黄山书社1997年版,第308页。

③ Melissa Macauley, *Social Power and Legal Culture: Litigation Masters in Late Imperial China*, Stanford, California: Stanford University Press, 1998, p.342.

案的件数每年只有1000至1400件(年平均1098件)。① 这意味着,在同治朝巴县衙门的现存全部词状之中,约有8%至9%构成新案。尽管并非精确的估算,但参照上述例证稍做推延,似可大致认为,18世纪以来,清代各地州县衙门每年所面临的新案数量,很可能往往不到其所收词状总数的1/10。

二、衙门放告与积案

明清时期许多地方衙门采取各种措施,试图对诉讼大潮加以遏阻,就放告日所做的控制即属其中之一。在17世纪、18世纪,大多数的州县衙门对于民事讼案奉行"三六九放告"的惯例,将农忙季节(自每年四月初一至同年七月三十)之外,每月的初三、初六、初九、十三、十六、十九、廿三、廿六、廿九定为受理民词的放告日。② 这种做法至少可追溯至明代。明代以来,尽管在一些"民淳事简之地"也有施行"初二、十六放告"的做法,③但"三六九放告"已逐渐成为大部分州县衙门奉行的惯例。其撰者不详的官箴书《居官格言》中收录的一则关于递状日期的文告显示,至少从明武宗正德年间(16世纪前期)开始,"三六九放告"的做法便已被不少地方衙门所采用。④ 吴遵在明末撰

---

① 〔日〕夫马进:《中国诉讼社会史概论》,范愉译,载〔日〕夫马进编:《中国诉讼社会史研究》,范愉、赵晶等译,浙江大学出版社2019年版,第71—75页。

② 需要指出的是,尽管清代法律规定每年四月初一至七月三十日农忙时节停讼,仅受理刑事案件,但并不意味着一切民事讼案在此期间都无法提起,实际上,"农忙虽有停讼之例,亦有不应停讼之例"。参见(清)陈宏谋:"申明农忙分别停讼檄",载(清)徐栋辑:《牧令书》,卷17"刑名上",载《官箴书集成》(第7册),黄山书社1997年版,第399页。

③ "民淳事简之地,初二、十六放告,此正理也。"(明)余自强:《治谱》,明崇祯十二年(1639)呈祥馆重刊本,卷4"词讼门","准状不妨多",载《官箴书集成》(第2册),黄山书社1997年版,第108页。

④ (明)不著撰者:《居官格言》,明崇祯金陵书坊唐氏刻官常政要本,"下篇","施行条件·放告",载《官箴书集成》(第2册),黄山书社1997年版,第78—79页。

写《初仕录》之时,便就此清楚地说道:"放告明开告示,或三或六或九。"①明代关于州县放告的惯例,也为清代所继承。一直到19世纪中期左右,清代的多数州县衙门皆奉行"三六九放告"的定例。成书于17世纪末的《福惠全书》中明确写道,"凡告期必以三六九日为定"。② 根据康熙朝末年刊刻的《天台治略》中的记载,在18世纪前期的浙江天台县,凡有词状相告者,"俱于三六九日期当堂投递"。③

不过,到了19世纪中后期,"三六九放告"的做法,在绝大多数的清代州县衙门开始被"三八放告"的新惯例所取代,亦即民事讼案的放告日被压缩为每月初三、初八、十三、十八、廿三、廿八,从原先的每月九天减至六天。19世纪前期刊行的《州县事宜》(该书得到雍正皇帝谕旨钦颁)中提到:"州县放告不可拘三六九日。"④这似乎在暗示"三六九放告"的通例当时虽尚属常见,但可能已发生变化。进入19世纪中后期,很多州县衙门的放告日都有所减少,取而代之的是另一种做法,即"三八放告"。⑤ 19世纪中期刊刻的《牟公案牍存稿》在叙

---

① (明)吴遵:《初仕录》,明崇祯金陵书坊唐氏刻官常政要本,"刑属","严告诘",载《官箴书集成》(第2册),黄山书社1997年版,第52页。
② (清)黄六鸿:《福惠全书》,清康熙三十八年(1699)金陵濂溪书房刊本,卷11"刑名部·放告",载《官箴书集成》(第3册),黄山书社1997年版,第328页。
③ (清)戴兆佳:《天台治略》,清活字本,卷7,"告示·一件示谕放告日期事",载《官箴书集成》(第4册),黄山书社1997年版,第171页。
④ (清)田文镜:《州县事宜》,清道光八年(1828)刊本,"放告",载《官箴书集成》(第3册),黄山书社1997年版,第666页。
⑤ 需要指出的是,"三八放告"的做法并非19世纪以来方才出现,最晚在13世纪中期,便已有一些州县衙门将此惯例适用于对一般案件的受理上,例如在写于南宋端平乙未(1235)的《昼帘绪论》一书之中,已有"县道引词,类分三八"的记载。参见(宋)胡太初:《昼帘绪论》,百川学海景刊宋咸淳本,"听讼篇第六",载《官箴书集成》(第1册),黄山书社1997年版,第105页。但《昼帘绪论》中也有主张"间日放告"的文字记载。这似乎表明南宋时期并未如清代那样形成了被大部分衙门所遵行的放告日通例。南宋时期将受理词讼的日期称为"引状日分""放词状日"。关于南宋时期讼牒受理时间的情况,参见刘馨珺:《明镜高悬:南宋县衙的狱讼》,北京大学出版社2007年版,第66—71页。

及放告之期时,便已直接写为"三八收呈之日"。① 而19世纪末刊行的《平平言》一书中,则更是明确写道:"三八放告,上下衙门通例也。"②

上述变化表明,清代的许多州县衙门试图通过压缩放告日的总天数的方式,来达到减少衙门收词总量进而减轻讼案处理压力的目的。一些地方官更是未雨绸缪,在农忙停讼行将结束、衙门开始放告之初,便发布告示劝诫百姓切勿受健讼之人唆使而轻易兴讼。③ 在晚清时期,一些为词讼繁剧所累而感到烦不可耐的地方衙门长官,为了减少所收词状的总量,甚至立下了被时人抨击为"千古未闻之奇政"的古怪规矩,亦即严格限定"三八放告"之时收受词状的数额,每期根据定额只接受多少张新词、多少张旧词,超过限额的便不再收受。对于这种荒谬的做法,时人王韬以"考试之士子文章尽好,竟以额满而见遗"加以讽刺,并表示"不亦大堪骇异耶"。他所做的批评还透露,当时甚至有极个别的地方衙门为了避免讼累,竟然在放告日"概不收呈"。④

然而,这些措施总体的成效并不大。清代的各级衙门,均不同程度地困扰于其治下未决积案的广泛存在,一些区域尤为严重。例如在嘉庆十二年(1807),根据安徽等九省省级衙门的奏报,福建巡抚衙门先前所积压的未结讼案有2977起,而湖南省级衙门所积压的未结积案更是多达3228起(这意味着该省当年每5008人中就有一起积案),

---

① (清)牟述人:《牟公案牍存稿》,清咸丰壬子(1852)西湖公寓开雕本,卷1,"访拿讼师示"。
② (清)方大湜:《平平言》,清光绪十八年(1892)资州官廨刊本,卷2,"三八放告",载《官箴书集成》(第7册),黄山书社1997年版,第639页。
③ (清)吴达善纂修:《湖南省例》,清刻本,"刑律"卷12,"诉讼·教唆词讼·严禁讼师讼棍诬告越诉"。
④ (清)王韬:"论息讼之难",载(清)宜今室主人编:《皇朝经济文新编》,"西律·卷二",文海出版社1987年影印版,据清光绪二十七年(1901)上海宜今室石印本影印,第196页。

即便是积压讼案数量相对最少的陕西,也上报了 208 件。① 此种常被形容为"讼案山积"的情形,并不能简单地被归咎于地方官员们懈怠其职,而毋宁说是在清代故步自封的司法制度设计之下,州县衙门有限的理讼能力(一个州县衙门平均每月所能实际审结的词讼案件数量,一般只有一二十件)在遭遇总体上日渐扩大的民间词讼规模之时不可避免的后果。②

第五节 "鼠雀细事"及其讼争之物

一、明清司法中的"细故"

明清时期的官员们在面对大量积案而痛斥"健讼之风"时,往往都会强调讼民们将大量本不应该烦扰官府的琐屑纠纷告至衙门。例如,清代康熙年间徽州境内发布的一则官府告示提及,在很多看似严重争端的词状背后,真正隐藏的其实不过是民间的一些轻微纠纷:"或因口角微嫌而驾弥天之谎,或因睚眦小忿而捏无影之词,甚至报鼠窃为劫杀,指假命为真伤,止图涖准于一时,竟以死罪诬人而弗顾。……更有不论事之大小,情之轻重,理之曲直,纷纷控告。一词不准必再,再投不准必三,而且动辄呼冤,其声骇听。及唤之面讯,无非细故。"③

---

① Melissa Macauley, *Social Power and Legal Culture: Litigation Masters in Late Imperial China*, Stanford, California: Stanford University Press, 1998, pp. 66-67.
② 详见本书第六章中的讨论。
③ (清)吴宏:《纸上经纶》,卷5,"禁健讼",据清康熙六十年(1721)吴氏自刻本整理,载郭成伟、田涛整理:《明清公牍秘本五种》,中国政法大学出版社1999年版,第221页。

其中所称的"细故",又常被称为"细事",乃是清代诉讼法制中的一个基本分类概念。清代法律通常将讼案区分为"重情"与"细事"。① 其中,前者常以"命盗重案"来指称,有时也被略称为"案件";后者则是指事关户婚、田土、钱债之类的诉讼,按照清代法律的规定,这属于州县"自理词讼"的范围,因此也有人直接将之唤为"词讼"。② 虽然"户婚、田土、钱债及一切口角细故,乃民间常有之事",③但官方认为此类纠纷过于琐细,不应该被直接告到衙门中来。正如乾隆年间的一份告示所形容的,它们被看作"鼠牙雀角微嫌"。④

尽管"户婚、田土、钱债、偷窃等案,自衙门内视之,皆细故也",被看作一些鸡毛蒜皮的轻微纠纷,但是正如方大湜所意识到的,"自百姓视之,而利害切己,故并不细"。⑤ 而正是由于此类日常生活中常见的纠纷对于百姓而言牵涉许多实实在在的利益,结果造成"一州一县之中,重案少,细故多",⑥以至于晚清时期为官的樊增祥甚至声称,中

---

① 例如《大清律例》"刑律·诉讼·告状不受理"中关于农忙止讼的一条例文,将"谋反、叛逆、盗贼、人命及贪赃坏法等"名之为"重情",而以"细事"来指称"户婚、田土等"。参见(清)薛允升:《读例存疑》(第4册),黄静嘉重校本,成文出版社1970年版,第991页,第684页。关于清代诉讼案件的类型区分及其称呼的专题研究,参见邓建鹏:《词讼与案件:清代的诉讼分类及其实践》,载《法学家》2012年第5期,第115—130页。

② "自斥革衣顶、问拟杖徒以上,例须通详招解报部,及奉各上司批审呈词,须详覆本批发衙门者,名为案件。其自理民词,枷杖以下,一切户婚、田土、钱债、斗殴细故,名为词讼。"(清)包世臣:《齐民四术》,卷7下,"刑一下·为胡墨庄给事条陈清理积案章程折子",潘竟翰点校,中华书局2001年版,第252页。

③ (清)方大湜:《平平言》,清光绪十八年(1892)资州官廨刊本,卷2,"为百姓省钱",载《官箴书集成》(第7册),黄山书社1997年版,第638页。

④ 《湖南省例》"刑律"卷12"诉讼·教唆词讼·严禁讼棍以安良善良"载:"乾隆四十九年十二月初一日,奉巡抚部院陆札开。照得楚南民情素称好讼,每因鼠牙雀角微嫌,辄架虚词,频年评告。……""鼠牙雀角"的说法,典出《诗经·召南·行露》,参见(清)阮元校刻:《十三经注疏》(上册),中华书局1980年版,第288页。

⑤ (清)方大湜:《平平言》,清光绪十八年(1892)资州官廨刊本,卷3,"勿忽细故",载《官箴书集成》(第7册),黄山书社1997年版,第675页。

⑥ 同上。

简州县"所听之讼皆户婚田土、诈伪欺愚"。① 因此,它们是衙门所受理讼案中占据相当大比例的重要组成部分,处理民事讼案也就成为州县官们实际上经常面对的政务。

当代的多份研究不同程度地支持了上述判断。黄宗智对清代巴县、宝坻和淡水—新竹等三地的现存诉讼档案所做的研究表明,诸如此类的民事讼案,大概要占到衙门处理讼案总数的 1/3。② 而包恒对 1789 年至 1895 年的现存淡新档案卷宗进行辨认后,通过统计发现,尽管无法找到绝对精确的标准用以分类,但可以认为这是由 555 起行政事务案件、218 起民事讼案和 361 起涉及刑事的案件所构成。也就是说,其中 19.2%属于"细事"案件,并且,"细事"案件所涉的内容遍及百姓民事生活的方方面面。③

既然户婚、田土、钱债等纠纷被冠以"鼠雀细事"之类的鄙称,那么就意味着,倘若民众直接据此呈控,则很可能将会被官府认为过于琐屑而不予受理。这使得讼民们不得不采取相应的对策。用黄六鸿的话来说,"恐细事不准,务张大其词,以耸上听"。④ 19 世纪后期《申报》所刊登的一篇时论文章举例说,在词状之中被写成"白昼鸣锣连毙二命"的某起控案,其实不过是"卖糖者手敲小锣,践毙小鸡二只"而已。⑤ 除了夸大其词这种为官方所深恶痛绝的谎状技

---

① (清)樊增祥:《樊山政书》,"批拣选知县马象雍等禀",那思陆、孙家红点校,中华书局 2007 年版,第 595 页。
② 〔美〕黄宗智:《清代的法律、社会与文化:民法的表达与实践》,上海书店出版社 2001 年版,重版代序,页 5。
③ David C. Buxbaum, "Some Aspects of Civil Procedure and Practice at the Trial Level in Tanshui and Hsinchu from 1789 to 1895", *Journal of Asian Studies*, Vol. 30, No. 2 (1971), pp. 264-267.
④ (清)黄六鸿:《福惠全书》,清康熙三十八年(1699)金陵濂溪书房刊本,卷 11"刑名部·批阅",载《官箴书集成》(第 3 册),黄山书社 1997 年版,第 329 页。
⑤ 《论京控当分别办理》,载《申报》1882 年 11 月 21 日,第 1 版。

法之外,①讼民们尚有其他的诉讼手段。例如,在16世纪后期编纂的讼师秘本《珥笔肯綮》之中,其编者在评点一则状词时指出,由于"此系小事,多难告准",故而撰状之人须在词内多叙述了一些煽情的"闲话","布情以动人"。②

二、"细故"具象:以《珥笔肯綮》与《器利集》为例

让人感兴趣的是,这些往往被官方认为在词状中夸大其词而实则轻微的"鼠雀细事",事实上究竟有多琐细?或者说,明清时期百姓们讼争的对象,是否真的如官方所不屑的那样皆属鸡毛蒜皮?

前述《珥笔肯綮》中的状词显示,该案起因于某人借银5两却久赖不还。在《珥笔肯綮》成书的16世纪80年代左右(明神宗万历朝),根据当代学者的研究,白米一石价约800文,在京师顺天府治下的宛平县,每一匹绢价值6钱整,即便是在山多地少、田价甚昂的徽州,从一些契约文书上的记载来看,万历朝时每亩地一般也不会超过10两(5、6两左右居多)。③ 可见,5两的债务在当时绝非小数目,尤其对于底层百姓而言更是如此。而在《珥笔肯綮》的作者觉非山人看来,这样的官司在官方那里很可能会被视为"小事"。这个例子多少能表明,那些被官方称为"鼠雀细事"的讼案,实际上却可能在经济意

---

① 尤陈俊:《从讼师秘本到新式诉讼指导用书:中国法制近代化背景下的撰状技巧之变》,载陈金全、汪世荣主编:《中国传统司法与司法传统》(下册),陕西师范大学出版社2009年版,第742—754页;[美]贾空:《谎言的逻辑:晚清四川地区的诬告现象及其法律文化》,陈煜译,载《法律史译评》(第4卷),中西书局2017年版,第296—319页。

② (明)新安婺北小桃源觉非山人:《珥笔肯綮》,"户・财本私债",现藏于江西省婺源县图书馆。关于《珥笔肯綮》的考证,参见[日]夫马进:《讼师秘本〈珥笔肯綮〉所见的讼师实象》,严雅美、廖振旺译,载邱澎生、陈熙远编:《明清法律运作中的权力与文化》,联经出版事业股份有限公司2009年版,第14—15页。

③ 黄冕堂:《中国历代物价问题考述》,齐鲁书社2008年版,第59、107、141—142页。

义上对当事人相当重要。

官方将民事讼案的事由贬称为"鼠雀细事",可能是受到一些比较特殊但令人印象深刻的词讼的影响所致。稿本讼师秘本《器利集》大约成书于清代同治年间,其编纂者江西赣州廪生邹列金在里面收录了不少当地的讼案文书(涉及其族人的颇多),其中包括道光年间一件"猫儿官司"的两份诉讼文书。

这两份诉讼文书上的文字记载显示,该案是由一只丢失的猫儿所引发的相互控告。王某、张某两家都丢失了猫儿。道光某年的三月廿七日,王某丢失的雌猫被蔡某捡到,但不久后王某便到蔡家认领。这只雌猫被王某带回家中养了数月后,生下了三只小猫。张某得知后,声称王某的猫儿正是他先前丢失的那只,不听中人劝说,于该年六月十九日趁无人注意之际,将王某的那只母猫捉走。并且,张某事后还到县衙控告王某偷窃其衣衫、猫儿等。王某获悉后,以"盗反捏窃"等情反控张某,其亲邻则向衙门递交甘结,声称王某"父子素履无嫌,迹形无玷,何得有行窃之事,且伊父子端悫,并无盗窃过犯",请求知县断明张某"控窃衣衫、猫儿等项,实无此情,原属虚捏"。面对两家人的相互控告,县官签发差票传唤双方到衙门堂审。此时,当地的士绅表示"不忍坐视听其终讼",在两造之间进行调解,最终斡旋出一个张某拥有母猫而三只小猫归王某所有的和解方案。王某、张某均表示接受这一方案。居中调解的士绅于是向县衙递交了请求销案的和息状,声称若蒙准息,则"不惟两造戴德,即生等均沐鸿慈"。①

上述那样的"猫儿官司"虽不多见,但应该并非绝无仅有。宋人范俞便曾有诗云:"些小言词莫若休,不须经县与经州。衙头府底赔

---

① 《器利集》,"诬盗乡村进公呈"与"盗情和息"。原书隐去了张某和王某的名,只保留了其姓氏。

杯酒,赢得猫儿卖了牛。"①"赢得猫儿卖了牛",这或许有文学性的夸张成分在内,不过未必全无可能。在明清时期,某位百姓由于一时之气蒙蔽了对经济成本的算计而冒然发动诉讼的例子,也并非鲜见。不然的话,在康熙二十二年(1683)所立的一通劝诫民人切勿好讼的碑刻上,两江总督于成龙也不至于写下这样的文字——"乃若好讼犹可异,事其睚眦极微细。不肯按住心头刀,非争名利只争气。"②

三、重思"细故"的意涵

由此看来,尽管明清时期的大多数民众不会率性而为地轻易打官司,但审理案件的衙门公堂并非与社会大众完全隔绝的神秘所在。这或许可以用"恐惧下的可就性"(黄宗智语)来概括。③ 一些百姓甚至可能主动地将一些的确非常琐屑的事端告到衙门,④从而在官方那

---

① (明)凌濛初等:《别本二刻拍案惊奇》,卷之十"赵五虎合计挑家衅,莫大郎立地散神奸",萧相恺校点,浙江古籍出版社1993年版,第173页。
② 该碑刻现藏于苏州碑刻博物馆。其上所刻的《忍字歌》碑文,参见王国平、唐力行主编:《明清以来苏州社会史碑刻集》,苏州大学出版社1998年版,第553—554页。
③ 〔美〕黄宗智:《清代的法律、社会与文化:民法的表达与实践》,上海书店出版社2001年版,第181页。艾马克也对"中国人鉴于诉讼带来的风险与钱财耗费,而几乎竭尽所能地避免与法律的纠缠"的笼统说法表示质疑,并且强调,"甚至连平民百姓也乐意利用国家的法律机构,他们的这种意愿不应再让我们感到诧异。"Mark A. Allee, *Law and Local Society in Late Imperial China: Northern Taiwan in the Nineteenth Century*, Stanford, California: Stanford University Press, 1994, p. 164.
④ 陈玉心(Carol G. S. Tan)的研究指出,在1898年之后被英国"强租"的威海卫,英国官员便见识到当地百姓的"好讼"。最早来到威海卫的英国裁判官中的一位甚至如此写道:"本地民众热衷于打官司,且将其视同于上剧场或其他休闲场所一般。"当然,这种情形有其特殊背景,亦即"威海卫的任何居民只要递交诉状就可以得到裁判官的帮助",而"与调解相比,诉讼花费很少"。参见〔马来西亚〕陈玉心:《清代健讼外证——威海卫英国法庭的华人民事诉讼》,赵岚译,苏亦工校,载《环球法律评论》2002年秋季号,第350—359页。亦可参见 Carol G. S. Tan, *British Rule in China: Law and Justice in Weihaiwei 1898-1930*, London: Wildy, Simmonds and Hill Publishing, 2008, pp. 184-220。

里加深了认为当地存在"健讼之风"的成见。从这个意义上讲,对于在纷繁词讼面前业已穷于应付的许多地方衙门来说,官员们将民事讼案鄙称为"鼠雀细事",未必就一定是全无道理。

不过,"鼠雀细事"之称的真正含义,并不在于此类讼争之物的价值均低得微不足道以至于不值一提,而更可能是官方试图借助此类鄙称来表达如下意思,即民众不应该动辄将琐屑的纠纷闹到几已不堪重负的衙门当中,而首先应该由村落、宗族、行会等内部尽最大努力来自行化解。潜藏在"细故""鼠雀细事"这些有着特殊涵义的称谓背后的,除了在儒家意识形态之支配性影响下形成的治理理念,还有受制约于财政因素及其模式的当时行政/司法体制之特征。从某种意义上讲,"细故""鼠雀细事"之类的称谓,究其实质而言,与清代官方所持的"健讼"之论相同,可被视为在官府理讼能力与民间诉讼需要之间的张力不断拉大的社会现实面前,当时的行政/司法体制在"制度资源"方面越来越难以有效应对社会经济结构大变迁时,用来维系那种"无讼""息讼"的意识形态之正当性的一种"话语资源"。

第六节 "诉讼社会"的区域错综性

在 18 世纪中叶,清人袁守定描绘了帝国南方"健讼之风"如何剧烈:"南方健讼,虽山僻州邑,必有讼师。每运斧斤于空中,而投诉者之多,如大川腾沸,无有止息。办讼案者不能使清,犹抱川流者不能使竭也。"[①]由于许多官员在论及民间词讼之时往往因其成见而下笔偏

---

① (清)袁守定:《图民录》,清光绪五年(1879)江苏书局重刊本,卷 2,"南北民风不同",载《官箴书集成》(第 5 册),黄山书社 1997 年版,第 202 页。

颇,这番声称即便在偏僻州邑也是一番讼民川流不息的景象的描述,自然难免包含了某些夸大其辞的成分在内。而且,正如袁守定也已经意识到的,"南北民风不同",词讼有繁有简。但即使如此,前引数量如此众多的史料记载,已足以共同向我们展示了一幅与先前那种旧有印象大不相同的社会图景。明清时期,至少在帝国境内的不少区域,奔走在前往衙门途中的涉讼小民,可能谈不上络绎不绝,但也为数不少。

而且,当时的一些人也很可能对此深信不疑。在19世纪晚期,当出任陕西臬司之职的樊增祥发现三原县令上报的月报清册中并无一起自理案件时,他根本就不相信其所报属实。樊增祥因此在批词中对该县令加以嘲讽:"三原之民竟一月不打官司乎?抑因该令不能问案,不屑告状乎?该令腼颜注册,深堪怪异!"①这不禁让人想起乾嘉时人崔述的那一番言论——"自有生民以来,莫不有讼。讼也者,事势之所必趋,人情之所断不能免者也"。② 这番当年显得另类的言说,后来却逐渐因为词讼日渐汹涌而被越来越多的官员们无可奈何地实际承认。

一位论者多年前曾强调说:"尽管'健讼'的概念应当被视为一个相对的说辞,但清代社会无疑相当好讼。"③这一概括,可以追溯到夫马进的先行研究。在其关于明清讼师的系列研究之中,夫马进曾开创

---

① (清)樊增祥:《樊山政书》,"批三原县六项月报清册",那思陆、孙家红点校,中华书局2007年版,第6页。
② (清)崔述:《无闻集》,卷2,"讼论",载顾颉刚编订:《崔东壁遗书》,上海古籍出版社1983年版,第701页。
③ Guangyuan Zhou(周广远), "Beneath the Law: Chinese Local Legal Culture during the Qing Dynasty", Ph.D. dissertation, University of California, Los Angeles, 1995, p.5.

第三章 "厌讼"幻象之下的"健讼"实相？

性地将明末以后的中国社会形容为"诉讼社会"。① "诉讼社会"的提法,后来不仅为其他日本学者(如寺田浩明)所接受并加以使用,②近年来其影响也逐渐扩展至中国学术界,以至于也有中国学者开始使用"健讼社会"这样大同小异的变称。③ 中日学者这些名虽有小异但其质实同的提法,在有助于我们重新认识明清司法与社会的同时,也应当稍作修正。

如同我们在前文中所看到的,在目前所见关于"健讼之风"的史料记载中,绝大部分均是在描述帝国疆域内东南沿海和南方诸省的情形。具体而言,那些被认为民风"健讼"之地,主要包括湖南、湖北、江西、安徽、浙江、江苏、福建和广东等省,其中的一些省份(例如江西、湖南与湖北)甚至长期被视为"健讼之风"的渊薮。④ 尽管"健讼之

---

① 夫马进早期关于明末以来"诉讼社会"的提法,参见〔日〕夫马进:《明清时代的讼师与诉讼制度》,范愉、王亚新译,载〔日〕滋贺秀三等著,王亚新、梁治平编:《明清时期的民事审判与民间契约》,法律出版社1998年版,第411页;〔日〕夫马进:《讼师秘本〈萧曹遗笔〉的出现》,载〔日〕寺田浩明主编:《中国法制史考证·丙编第四卷·日本学者考证中国法制史重要成果选译·明清卷》,郑民钦译,中国社会科学出版社2003年版,第490页。夫马进还将其主持的一个日本学术振兴会科学研究费补助金研究计划直接名之为"東アジア史上における中国訴訟社会の研究"("东亚历史上的中国诉讼社会之研究",2006年4月—2010年3月),其最终研究成果的日文论文集于2011年由京都大学出版会印行。该书的中译本于2019年由浙江大学出版社推出。值得注意的是,在该书中,夫马进还主要依据王符《潜夫论》中的相关记载,实际上将其所称"诉讼社会"的雏形向前推进至东汉时期,参见〔日〕夫马进:《中国诉讼社会史概论》,范愉译,载〔日〕夫马进编:《中国诉讼社会史研究》,范愉、赵晶等译,浙江大学出版社2019年版,第30—42页。

② 〔日〕寺田浩明:《中国清代的民事诉讼与"法之构筑"——以〈淡新档案〉的一个事例作为素材》,李力译,载《私法》(第3辑第2卷),北京大学出版社2004年版,第306页。

③ 邓建鹏:《清代健讼社会与民事证据规则》,载《中外法学》2006年第5期,第610—623页。

④ 方志远:《明清湘鄂赣地区的人口流动与城乡商品经济》,人民出版社2001年版,第190—203页;陈宝良:《"乡土社会"还是"好讼"社会?——明清"好讼"社会之形成及其诸面相》,何东译,载〔日〕夫马进编:《中国诉讼社会史研究》,范愉、赵晶等译,浙江大学出版社2019年版,第227—262页。山本英史指出,江西自宋代至清初一直被地方官僚们作为"健讼之地"大书特书,乃是出于后者所持的一种延续传统说法的成见,参见〔日〕山本英史:《健讼的认识和实态——以清初江西吉安府为例》,阿风译,载中国政法大学法律史学研究院编:《日本学者中国法论著选译》(下册),中国政法大学出版社2012年版,第595—597页。

风"在明清以来也不同程度地向四川、山东、河南、陕西等其他地区扩散,①但东南沿海和南方的上述诸省始终构成受其困扰的核心区域。

事实上,清代的数位论者便已从不同的角度,强调过当时民间讼风分布的"南北"问题。清代名幕万维瀚在乾隆朝初年谈论习幕之道时指出:"北省民情朴鲁,即有狡诈,亦易窥破。南省刁黠最多,无情之辞每多出意想之外,据事陈告者不过十之二三。"②此中所着重强调的南北词状之风格差别,正是讼风中的重要内容之一。袁守定在稍后的 18 世纪中期所描述的"南北民风之不同",其实即为"南北讼风之不同"。他在描绘南方的"健讼"情形后,作为对照,认为"北方则不然,讼牍既简,来讼者皆据事直书数行可了。即稍有遮饰,旋即吐露"。③ 类似的论调,也出现在差不多同时期的一些官员所写的奏折之中。乾隆二十九年(1764)八月十七日,江苏按察使钱琦在上呈皇帝的一份奏折中声称,他自己在履任之后"于一切词讼时时留心",结果每每发现"江北民情朴实,词状稀少,即有一二控告之人,词意肤浅,虚实一览可尽,讼棍唆使尚属间有之事。至江以南,则讦讼成风,除按期放告外,拦舆喊冤投递者,殆无虚日"。④ 按照钱琦所言,在江苏一省之内,其地讼风便因长江之隔而南北颇有不同。这些论述,无疑暗示了清代讼风总体性分布状况的一种特点,即清代所谓的"健讼

---

① 方志远:《明清湘鄂赣地区的人口流动与城乡商品经济》,人民出版社 2001 年版,第 190—203 页;邓建鹏:《清代健讼社会与民事证据规则》,载《中外法学》2006 年第 5 期,第 610 页;〔日〕山本英史:《健讼的认识和实态——以清初江西吉安府为例》,阿风译,载中国政法大学法律史学研究院编:《日本学者中国法论著选译》(下册),中国政法大学出版社 2012 年版,第 596—597 页。

② (清)万维瀚:《幕学举要》,清光绪十八年(1892)浙江书局刊本,"总论",载《官箴书集成》(第 4 册),黄山书社 1997 年版,第 732 页。

③ (清)袁守定:《图民录》,清光绪五年(1879)江苏书局重刊本,卷 2,"南北民风不同",载《官箴书集成》(第 5 册),黄山书社 1997 年版,第 202—203 页。

④ "江苏按察使臣钱琦谨奏为请严积惯讼棍之例,以杜刁健,以安良善事",载《宫中档乾隆朝奏摺》(第 22 辑),台北故宫博物院 1984 年影印本,第 448 页。

第三章 "厌讼"幻象之下的"健讼"实相?

之风",其影响所及虽然可能已远至西北与北方,但其核心区域则主要在于长江以南的省份。易言之,清代的"健讼之风"并非同等烈度地席卷帝国全境,而是主要集中分布在南方与东南诸省。

倘若深入考察,则我们甚至还可以进而发现,所谓的"南北"之别,实际上也并不具有精确界分的意涵,甚至还容易掩盖某些问题。一个足以说明此点的例子,是清代广东的情形。位处南方沿海的广东,在清代通常被视为"健讼之风"最剧的区域之一,其积案总数位居全国所有省份之前列。例如在嘉庆十二年(1807)各省巡抚奉命上报省级衙门的未结案件数时,广东便上报了2107起未结讼案,仅次于湖南上报的3228起和福建上报的2977起,在总数上位居全国第三,而按照人均积案率(未结案件总数除以人口总数)来算,广东也同样名列全国三甲之末。① 此种粤省乃属"健讼"之地的总体印象,晚近以来更是借助于不少论著中对曾在广东任官的一些清代官员所记文字的引述(蓝鼎元的《鹿洲公案》便是最常被引用的史料之一),在学界不断得到强化。实际上,即便是在广东,其辖下各府州县衙门的收呈情况,也并非皆是如同蓝鼎元所描述的潮阳县那样放告一日便会收词逾千。杜凤治曾在同治年间于广东肇庆府广宁县任知县,据他所撰《望凫行馆宦粤日记》中的相关记载,在同治五年(1866)的十月、十一月和同治六年(1867)的六至十二月,三八放告之时,广宁县衙每日所收的呈状总数,最多之时也只有四十二张,且通常以从十几张到二十几张不等的情形居绝大多数。杜凤治还在其日记中描述了紧邻广宁县的四会县的情形——"每乡呈词多至十余张止矣"。② 这一例子提醒我们注意,当我们描述粤省讼风之时,也应当注意该省内部的区域差异,比如蓝鼎元任职的潮州府潮阳县和杜凤治任职的肇庆府广宁

---

① Melissa Macauley, *Social Power and Legal Culture: Litigation Masters in Late Imperial China*, Stanford, California: Stanford University Press, 1998, pp. 66-67.
② 张研:《清代县级政权控制乡村的具体考察:以同治年间广宁知县杜凤治日记为中心》,大象出版社2011年版,第187—189、231页。

县的各自情形,便很可能大不相同。① 而且,不独广东如此,东南沿海和南方被总体归入"健讼"区域之列的其他诸省亦不应例外。

因此,"诉讼社会"的提法,在启发我们去反思学界成说的同时,也容易不经意间将一些人云亦云的后来者导向另一个均质而论的学术陷阱。倘若笼统地使用此一概括而不是立体化地去深入理解,如前所示,很可能会遮蔽和忽略"健讼之风"之核心/非核心区域的相对差别,以及那些所谓核心区域内部的错综结构。尤其是考虑到"二次简化引证"之风在当代中国法律史论著中的大量存在(在简化引用前人所创的某个新学术概念之时,却不对前人用来论证支撑这一学术概念的事实论据保持应有的鉴别意识,乃至进行必要的重新检讨),如果片面地突出"诉讼社会"这一宽泛概念,那么固然能对"厌讼"旧论有所拨正,但很可能又将塑造出另一种似乎万家皆赴讼的新幻象。而这种"诉讼社会"之区域错综性实相及其彼此异同具体如何,以及如何在观照到区域性差异的同时,又妥当地理解"健讼"或"好讼"之类总体提法中的内在微妙差异(例如"健讼"的实际程度差异),尽管已有一些先行的研究,②但仍然尚待更多更细致的深入探讨。

---

① 步德茂(Thomas Michael Buoye)对 18 世纪广东财产权纠纷之地理分布的细致考察,可作为我们理解此问题的有用参照。参见 Thomas M. Buoye, *Manslaughter, Markets, and Moral Economy: Violent Disputes over Property Rights in Eighteenth Century China*, New York: Cambridge University Press, 2000, pp.131-132。此外,清代的地方官缺等级制度亦有助于我们深入探讨此问题。例如潮州府居粤省之最东,蓝鼎元任职的潮阳县在该府之东南部,被确定为符合"疲""繁""难"三项,其知县官缺为"要缺",而杜凤治任职的肇庆府广宁县位处粤省中部偏西北,在清代划分不同州县等级的"冲""繁""疲""难"四字中,只占一"疲"字,其知县官缺因此仅为简缺。

② 黄宗智曾主要根据当地经济发展状况和社会结构等差异,区分了清代民事调判制度运作中的"巴县—宝坻型式"和"淡水—新竹型式",参见〔美〕黄宗智:《清代的法律、社会与文化:民法的表达与实践》,上海书店出版社 2001 年版,第 131—161 页。王志强比较了同治年间四川巴县衙门和差不多同时期(19 世纪中期)英格兰法院各自所收的案件数和司法官员数量,认为清代中国诉讼的绝对数量虽然的确不小,但其(尤其是新案件数)相对于人口总数而言的比例则恐怕未必比同时期的英格兰更高,并且,面对同样的词讼压力,英格兰的法官在数量上并不比清代行政兼理司法的州县官占有优势。参见王志强:《官方对诉讼的立场与国家司法模式——比较法视野下清代巴县钱债案件的受理与审判》,载〔日〕夫马进编:《中国诉讼社会史研究》,范愉、赵晶等译,浙江大学出版社 2019 年版,第 534—536 页。后一研究虽然比较的是清代中国与英格兰,但仍然对我们思考"健讼"或"好讼"之风在不同区域的复杂意涵有着启发意义。

第四章 "讼费高昂"话语及其表达性现实

清代的许多文献常常声称打官司的费用相当高昂,以至于当事人在涉讼之后,往往就会落得个倾家荡产的悲惨下场。此类说法在当时数见不鲜,例如,"一朝之忿,忘身及亲,终讼之殃,破家荡产",①"一讼之费,动辄破家"。② 当代的许多学者受到清代此类说法的影响,也强调当时的诉讼费用非常之高。一些论及传统中国时期人们诉讼意识的早期研究作品,将诉讼费用高昂视为古代民众厌讼、惧讼的主要原因。③ 晚近以来,一些学者在质疑所谓"健讼之风"是否真的成立时,用来主张当时并不存在"健讼"的社会土壤的最主要论据之一,便是认为诉讼费用的沉重负担会让百姓们对到官府打官司都避之唯恐

---

① 《嘉定县续志》,清康熙二十三年(1684)刻本,卷5,"全民十则约言",第2页b。
② (清)刘衡:《庸吏庸言》,清同治七年(1868)崇文书局刻本,上卷,"札各牧令严禁蠹役由",第17页b。
③ 张晋藩:《中国法律的传统与近代转型》,法律出版社1997年版,第298—300页;徐忠明:《从明清小说看中国人的诉讼观念》,载《中山大学学报》(社会科学版)1996年第4期,第57页;潘宇:《中国传统"厌讼"观念辨析》,载《北华大学学报》(社会科学版)2004年第2期,第76—77页。

不及。①

至于清代的讼费开销具体高昂到何种程度,以往却常常只有一种非常模糊和抽象的刻板印象。直到晚近二十多年来,一些学者对清代讼费问题进行深度不等的研究,打官司费用的具象面貌才逐渐开始显现出来。在此方面用力较多的学者,主要有黄宗智、郑小春、吴佩林、邓建鹏、阿风、赵晓华、李艳君、赵娓妮、白德瑞等人。他们在瞿同祖、戴炎辉、那思陆、夫马进等人更早之前所做的简略介绍之基础上,②曾各自围绕清代诉讼费用问题专门做过进一步的探讨。不过,这些研究的关注点通常主要集中在清代的某一地区(特别是徽州地区和四川),③或者着重围绕清代的某一时段(例如晚清时期)。④ 此外,其中一些早期的作品受限于其所搜集到的有关清代诉讼费用详细数额的记载"零星且不那么令人满意",不仅其所讨论的清代讼费

---

① 魏文超、范忠信:《官司讼累生态与徽州民间调处解纷偏好——依据明清徽州文书的解读》,载《南大法学》2021年第2期,第90—101页。

② 瞿同祖、戴炎辉、那思陆、夫马进对此问题的约略描述,参见瞿同祖:《清代地方政府》,范忠信、何鹏、晏锋译,新星出版社2022年版,第66—67页;戴炎辉:《清代台湾之乡治》,联经出版事业公司1979年版,第706—709页;那思陆:《清代州县衙门审判制度》,中国政法大学出版社2006年版,第28、35—36、53—54页;〔日〕夫马进:《明清时代的讼师与诉讼制度》,范愉、王亚新译,载〔日〕滋贺秀三等著,王亚新、梁治平编:《明清时期的民事审判与民间契约》,法律出版社1998年版,第401页。

③ 例如郑小春、阿风对此方面的研究皆聚焦于徽州地区,而李艳君、赵娓妮和白德瑞则是分别主要结合清代冕宁县档案、南部县档案和巴县档案对此进行探讨。参见郑小春:《清代陋规及其对基层司法和地方民情的影响——从徽州讼费帐单谈起》,载《安徽史学》2009年第2期,第98—106页;郑小春:《从徽州讼费账单看清代基层司法的陋规与潜规则》,载《法商研究》2010年第2期,第152—160页;阿风:《明清徽州诉讼文书研究》上海古籍出版社2016年版,第165—177页;李艳君:《从冕宁县档案看清代民事诉讼制度》,云南大学出版社2009年版,第279—285页;赵娓妮:《审断与矜恤:以晚清南部县婚姻类案件为中心》,法律出版社2013年版,第154—162页;〔美〕白德瑞:《爪牙:清代县衙的书吏与差役》,尤陈俊、赖骏楠译,广西师范大学出版社2021年版,第325—400页。

④ 例如邓建鹏关于讼费的专题研究聚焦在清末和北洋时期,而赵晓华则主要关注晚清时期的诉讼费用问题。参见邓建鹏:《清末民初法律移植的困境:以讼费法规为视角》,法律出版社2017年版;赵晓华:《晚清讼狱制度的社会考察》,黑龙江教育出版社2019年版,第20—25页。

信息几乎全部都是来自清代晚期,而且还运用民国时期的一些资料来推测清代的情形。① 后来的一些研究搜集了州县档案等更多类型清代资料中的相关记载,②但并没有充分区分"讼费高昂"这一说法所蕴含的主、客观不同面向。

本章将在借鉴已有相关研究成果并与之展开学术对话的基础上,首先检视清代那些关于"讼费高昂"的概括性描述在表述方式上有哪些共同特征,然后利用更多类型的丰富资料,来展示清代人们(尤其是官员、士大夫)关于"讼费高昂"的概括性描述,与当时一些具体案例中所见当事人的实际讼费花销数额之间的吻合度及差异性。接着分析构成所谓"高昂"讼费之最主要部分的那些由衙门吏役收取的司法陋规,是否真的像许多官员与士大夫们所极力抨击的那样始终完全是肆意需索和毫无定章。最后在此基础上,讨论应当如何将清代文献中流传的那些"讼费高昂"说法视作一种有着多重意涵的话语进行理解,既看到其所反映的某种程度的客观现实性,又注意到其书写者及主要言说者的某些主观目的。

第一节 清代关于"讼费高昂"的笼统描述及其印象流传

清代的官员、士大夫们撰写了许多劝告民众勿要兴讼的文字,或刊诸告示,或刻碑勒石,或编成歌诀,并常常在其中浓墨重彩地宣称打

---

① 〔美〕黄宗智:《清代的法律、社会与文化:民法的表达与实践》,上海书店出版社2001年版,第172—176页。这种资料利用之做法的瑕疵,受到了其他学者的批评。参见范金民:《明清商事纠纷与商业诉讼》,南京大学出版社2007年版,第14页。
② 吴佩林:《清代县域民事纠纷与法律秩序考察》,中华书局2013年版,第126—163页。

官司处处皆需花钱,以此来强调告官兴讼会给当事人招致倾家荡产之祸。例如,陆陇其在康熙年间任直隶灵寿知县时,曾向当地百姓发布了一份被时人誉为"语既透彻,而一种慈祥恺悌之意,溢于言表"的劝民息讼告示,其中声称"欲争财,则讼之耗财愈甚"。① 蒲松龄在康熙年间被江苏宝应知县孙蕙延揽为幕宾,期间曾代后者撰写了一则劝民息讼告示,痛陈打官司时易遭衙门胥吏的肆意勒索,认为"其中苦状,备难殚述",并声称兴讼之人即便最后侥幸胜诉,"而自己之人品、家私,已萧索殆尽矣"。② 嘉庆年间官居刑部员外郎的杨景仁则说道:"民间中人之产,一受讼累,鲜不破耗,讼费固不支也。"③

尤其值得注意的是,清代的许多官员、士大夫在宣称兴讼将致破家的表述方式上,呈现出高度的相似性,往往喜欢强调民人一入讼庭便会因此在数年后家财耗尽。嘉道年间曾在粤蜀两地任知县的刘衡认为,"大凡告状的人,自做呈之日起,到出结之日,无事不用花钱"。④ 他不仅概括描述了普通百姓被卷入讼案后的境遇("良民者,但经票上有名,一讼之费,动辄破家,冤苦莫伸,辄寻自尽"⑤),而且还声称,即便那些家有百金的富民涉讼,也难免会因此家道中落。刘衡得出上

---

① (清)龚炜:《巢林笔谈续编》,卷下,"陆清献息讼示",中华书局1981年版,第228页。该则息讼告示的全文为:"健讼之风,最为民间大患。欲争气,则讼之受气愈多;欲争财,则讼之耗财愈甚。即幸而胜,亦成一刻薄无行之人,况未必胜耶? 且如有一事,我果无理,固当开心见诚,自认不是;我果有理,亦当退让一步,愈见高雅。与其争些些之气,何如享安静之福? 我愿尔民为耕田凿井之民,不愿尔民为匍匐公庭之民;但愿尔民为孝友睦姻之民,不愿尔民为便给善讼之民。"
② 盛伟编:《蒲松龄全集》(第2册),"聊斋文集",卷5,"又示",学林出版社1998年版,第226页。
③ (清)杨景仁:《式敬编》,清道光二十五年(1845)刻本,卷2,"断讼",第1页a—1页b。
④ (清)刘衡:《庸吏庸言》,清同治七年(1868)楚北崇文书局刊本,下卷,"劝民息讼告示",载《官箴书集成》(第6册),黄山书社1997年版,第200页。
⑤ (清)刘衡:《庸吏庸言》,清同治七年(1868)楚北崇文书局刊本,上卷,"札各牧令严禁蠹役由",载《官箴书集成》(第6册),黄山书社1997年版,第183页。

述论断的推导逻辑是,打官司处处急需用钱,"大约一讼之费,至少亦须数十金",就算是富户,平日里家中也未必随时皆备有如此数额的现钱,故而届时往往就需要向人借高利贷以救急,这笔高息借贷利滚利不出十年,便会累加达到四五百金之多,到了这时候,昔日的富民之家便会落得个变卖家产来偿债的下场。刘衡借此特别提醒说,"夫富民之贫窭绝产,虽在十年以后,而其致贫之由,则在十年前入城涉讼之时"。① 刘衡这番言之凿凿地断言富民涉讼后不出数年也难逃家财散尽之收场的说辞,可谓是明清时期相当常见的一种叙述套路。在比他更早和更晚的一些官员、士大夫笔下,都能见到与此极其类似的说法。例如明末崇祯年间李陈玉任浙江嘉善知县时,曾在一则息讼告示中向当地乡民们劝诫道:"尔乡有田一十五亩,便充粮长。假令结讼一岁,此十五亩者,何异浇雪?馁妻子而饱他人,他人又不任恩,非计之得也!况并无一十五亩者乎!若其家富,一年一讼,不及十年,田宅必空。"② 而在清代乾隆年间,汪辉祖也以与前述刘衡所言极像的口吻讲过,"民间千金之家,一受讼累,鲜不破败",认为即便那些家有四十亩田的乡民,一旦涉讼,不出七八年,便将无以为生,"其贫在七八年之后,而致贫之故,实在准词之初"。③ 同治年间成书的《宣讲拾遗》,更是举出了一则题为"忍让睦邻"的具体事例,讲述因隙成讼的两家人相互告官,不到十年,便都落得个田产一空、家败人亡的下场。④

如果说上述这些文字是在向普罗大众笼统描述打官司将会耗费

---

① (清)刘衡:《蜀僚问答》,清同治七年(1868)年江苏书局牧令书五种本,"富民涉讼必致破家之故",载《官箴书集成》(第6册),黄山书社1997年版,第150页。
② (明)李陈玉:《退谓堂集》,明崇祯十年(1637)刊本,卷4,第32页。转引自朱声敏:《中国传统司法文化的现代启示——以李陈玉的息讼实践为中心的考察》,载《理论月刊》2018年第4期,第113页。
③ (清)汪辉祖:《佐治药言》,清同治十年(1871)慎间堂刻汪龙庄先生遗书本,"省事",载《官箴书集成》(第5册),黄山书社1997年版,第317页。
④ 林珊妏:《清末圣谕宣讲之案证研究》,文津出版社2015年版,第235、267—268页。

大量钱财甚至因此罄家,那么如下这些由当时的一些官员、士大夫们编写并流传开来的息讼歌,①则是通过细数诉讼过程不同阶段碰到的各类相关人物,强调打官司时处处都需花钱打点。光绪年间任山东惠民县知县的柳堂,目睹当地的"健讼之风",曾于公务之余专门编写了三则劝民息讼俚歌,并印制了数千张分发给当地民众,其中一则历数刁诈讼师如何在助讼过程中从当事人那里诈取钱财,另一则强调吏役在办案时向涉讼人等勒索规费之狠("一有官司,三班六房,那个不想将尔钱来弄")。② 光绪二十九年(1903),松江府许太守将某徐姓官员生前所编的息讼歌进行印制,并分发给自己下属的各衙门。上海县知县汪瑶庭接到这位顶头上司下发的一百多张息讼歌后,迅即派出差役分头将其张贴在当地的各交通要道,以使百姓们都能看到。该息讼歌写道:

> 世人有事莫经官,人也安然,己也安然。请众公剖两情愿,你也无怨,他也无怨。听人唆讼到衙前,告也要钱,诉也要钱。差人奉票又奉签,锁也要钱,开也要钱。约邻干证日三餐,茶也要钱,酒也要钱。投到州县细盘旋,走也要钱,坐也要钱。三班六房最难言,审也要钱,和也要钱。自古道,官清吏不廉,打也要钱,枷也要钱。唆讼本来是奸贪,赢也要钱,输也要钱。争强角胜官司缠,田也卖完,屋也卖完。食不充口衣不全,妻也可怜,子也可怜。才知唆讼被人陷,阻也枉然,悔也枉然。③

---

① 关于息讼歌的总体介绍,参见白中阳:《论近代的息讼歌及息讼的思想根源》,载《社会科学动态》2018年第3期,第38—42页。另,美国威斯康星大学麦迪逊分校历史系戴思哲(Joseph Dennis)副教授在2016年7月21日于中国台湾地区"中研院"召开的"2016年明清研究国际学术交流工作坊"上,报告了题为"The Publication and Dissemination of Songs to Encourage the Cessation of Litigation"的论文,对清代和民国时期息讼歌的出版和传播做了专门研究,但该文未见正式发表。

② (清)柳堂:《宰惠纪略》,清光绪二十七年(1901)笔谏堂刻本,卷1,载《官箴书集成》(第9册),黄山书社1997年版,第492—493页。

③ 《劝息讼端》,载《申报》1903年10月28日,第3版。

第四章 "讼费高昂"话语及其表达性现实

诸如此类逐一描述诉讼过程中处处皆要花钱的做法,在当时各地流传的息讼歌中相当常见,几乎成了一种套路化的叙述模式。例如上述那则息讼歌的文字内容,便与山东曲阜孔庙一通碑石上镌刻的《忍讼歌》如出一辙。①

当晚清时期的一些地方开办近代报纸后,"讼费高昂"的说法更是借助这一传播范围更广的新渠道,在更多社会大众心中积淀成长期的刻板印象。同治十一年(1872)创办于上海的《申报》,是近代中国最具社会影响力的中文日报之一。② 在19世纪70年代至20世纪初出版的各期《申报》上面,便时常可以看到其转登《劝民息讼示》《示劝息讼》《劝息讼示》之类的告示。这些告示先前是由各地官员在其治境内发布,最常见的叙述方式便是极力声称打官司费钱费事费心费力,尤其是突出诉讼将会致使当事人因此耗尽家财。例如光绪四年(1878)6月27日出版的《申报》,便转登了直隶州江夏县宗姓知县发布的一则劝民息讼告示,其中写道,告状之人即便走到了衙门开堂审理该案的阶段,"待到此时回头一想,花了多少银钱,卖了几多田地,受了几多折磨,误了几多生活,甚至将祖父千辛万苦所积家资大讼一场顿然花尽,当年富户,

---

① 山东曲阜孔庙一通碑石上镌刻的《忍讼歌》,相传为孔子第76代嫡孙、袭封衍圣公的清人孔令贻所撰,其歌曰:"世宜忍耐莫经官,人也安然,己也安然。听人挑唆到衙前,告也要钱,诉也要钱。差人奉票又奉签,锁也要钱,开也要钱。行到州县细盘旋,走也要钱,睡也要钱。约邻中正且三餐,茶也要钱,烟也要钱。三班人役最难言,审也要钱,和也要钱。自古官廉吏不廉,打也要钱,枷也要钱。唆讼本来是奸贪,赢也要钱,输也要钱。听人挑唆官司缠,田也卖完,屋也卖完。食不充口衣不全,妻也艰难,子也艰难。始知讼害非浅鲜,骂也枉然,悔也枉然。"转引自张晋藩:《中国法律的传统与近代转型》,法律出版社1997年版,第299页。
② 《申报》由英国商人美查(Frederick Major)在清代同治十一年三月二十三日(1872年4月30日)创办于上海,1949年5月27日上海解放时停刊,前后逾77年。作为近代中国第一份商业性中文报纸,《申报》在创刊之后,其读者群体便不断扩大,据葛元煦在1876年成书的一本上海旅游指南中声称,《申报》当时便已在"各省码头风行甚广",至1895年时,其发行量达到15000份之多。参见葛元煦:《沪游杂记》,上海书店2009年版,第49页;〔美〕白瑞华:《中国报纸(1800—1912)》,王海译,暨南大学出版社2011年版,第70—76页。

今变穷人,借贷无门,亲朋不齿,始悔一时之失足,然而晚矣"。①

清末宣统元年(1909),四川总督在下发全省各地的一张宣布厘订讼费的文告中开篇便讲,"照得词讼有费,始于周礼之束矢钧金,历久相沿,无有不取费之词讼"。② 此处所说的"周礼之束矢钧金",具体是指《周礼·秋官·大司寇》中记载的"以两造禁民讼,入束矢于朝,然后听之,以两剂禁民狱,入钧金"。民国时期的学者往往将《周礼》中所说的上述做法,理解为西周时期存在着一种类似于后世所说诉讼费用的规定。③ 而当代的不少法律史学者,以及绝大多数的中国法律史教科书,则直接将"束矢""钧金"称作西周时期诉讼当事人需要交的诉讼费,并认为"束矢"适用于民事诉讼而"钧金"则适用于刑事诉讼。④ 但实际上,姑且不说以民事诉讼与刑事诉讼这样的现代分类来区分西周时期的诉讼的做法是否妥当,在西周的历史语境当中,"束矢""钧金"能否被视为就是诉讼费用,在学术界迄今尚存在许多争议。例如,有学者便认为,"束矢并不是所谓诉讼费,而是当事人表示曲直的一种方式"。⑤ 另一些学者认为,西周金文资料中"取徽若干寽"之类的记

---

① 《劝息讼事示》,载《申报》1878年6月27日,第2版。
② 鲁子健编:《清代四川财政史料》(上),四川省社会科学院出版社1984年版,第570页。
③ 殷贵华:《束矢钧金与诉讼费用》,载《法律评论》第8卷47期(1931),第38页;徐朝阳:《中国古代诉讼法 中国诉讼法溯源》,吴宏耀、童友美点校,中国政法大学出版社2012年版,第100—101页。
④ 例如张继孟:《古罗马与中国西周诉讼制度比较》,载外国法制史研究会编:《外国法制史汇刊》(第1集),武汉大学出版社1984年版,第51页;张晋藩总主编、蒲坚主编:《中国法制通史》(第1卷·夏商周),法律出版社1999年版,第332页;曾宪义主编:《中国法制史》,北京大学出版社、高等教育出版社2000年版,第59页;李交发:《中国诉讼法史》,中国检察出版社2002年版,第235页;范忠信、陈景良主编:《中国法制史》,北京大学出版社2007年版,第70—71页;《中国法制史》编写组:《中国法制史》(马克思主义理论研究和建设工程重点教材),高等教育出版社2017年版,第51页;李文玲:《中国古代刑事诉讼法史》,法律出版社2011年版,第16页。
⑤ 南玉泉:《〈琱生簋〉与〈曶鼎〉中的诉讼资料》,载《中国古代法律文献研究》(第2辑),中国政法大学出版社2004年版,第12页。

载指的是当时的诉讼费,①但更多的学者(尤其是古文字学者)则主张"取徽"并不能被解释为征收诉讼费用。至于这具体是指什么,则众说纷纭,有学者认为"取徽"是朝廷就讯讼而向那些负责审理的官员所支付的俸禄,也有学者认为"取徽"是负责审理的官员从败诉方所交罚金中抽取的酬金。② 就此而言,四川总督声称在词讼中收取诉讼费用的做法始于《周礼》所记之"束矢""钧金"的上述说法,并非确证无疑。

在清末变法之前,中国历史上并不存在专门关于讼费的全国性统一规定。正如有学者所指出的,"在中国传统社会,历代正式的法典未曾明确规定当事人参与诉讼必须缴纳费用",首次在国家法律草案中就讼费问题明确作出规定的,乃是清代光绪三十二年(1906)四月沈家本等人奉旨奏进的《大清刑事民事诉讼法草案》,至于在朝廷颁布生效的全国性法律中出现关于讼费的专门规定,则更是要等到光绪三十三年(1907)十一月二十九日法部奉旨颁布的《各级审判厅试办章程》。③ 在此之前,由于朝廷没有确立全国性的法定讼费收取标准,故而各地方衙门吏役向当事人所收取的词讼规费,一直都只是以陋规的形式存在,往往给人留下胥吏需索无度、收费毫无定章的刻板印象。例如光绪十九年(1893),就读于上海格致书院的一位生员在课试答卷时,曾专门谈到自己的此方面印象:"中律诉讼之事分十二条,西国或二三十条、三四十条不等,各有轻重之不同。即如西律,诉讼有票费,有堂费,其费有一定限制,此为中律所不载。然中国涉讼,耗费竟倍于泰西,大都差役狼比为奸,视讼者之贫富,以别索费之

---

① 李力:《〈九刑〉、"司寇"考辨》,载《法学研究》1999年第2期,第129页。
② 南玉泉:《论〈曶鼎〉案例中的诉讼主体》,载《中国古代法律文献研究》(第3辑),中国政法大学出版社2004年版,第18—19页;王沛:《刑书与道术:大变局下的早期中国法》,法律出版社2018年版,第330页。
③ 邓建鹏:《清末民初法律移植的困境:以讼费法规为视角》,法律出版社2017年版,第11、59—67页。

多寡。故中律虽无讼费,反不若西律有一定费,胥役转难多索丝毫也。"①在这种背景下,"讼费高昂"成了描述衙门吏役如何贪腐的主要罪状之一。例如晚清时期四川总督在批复一份禀文时便声称,"川省讼事之害民,说者皆归咎于讼棍,而实则其毒发于书差……该州于案费之外又有票费,每年至六千钏之多……而书役之纵肆,亦得藉口挟制,以行其鱼肉斯民之计"。②

第二节 清代诉讼费用具体数额实况

上述这些关于"讼费高昂"的笼统描述,主要出自试图以此劝诫民众息讼的官员、士大夫之口,故而难免会被怀疑夸大其辞。因此,有必要对清代一些具体事例、案例中当事人所实际开销的诉讼费用情况进行考察,来检视上述印象是否符合当时的实际情况。

清代的一些文献在讲述讼费如何高昂时,常常声称那些家无余赀之人在打官司时,为了凑够讼费而不得不将自家稍稍值钱的物什典当或变卖,甚至忍痛卖掉祖传的田产和房宅。此类"典房卖地充讼费"的说法,③并非全属虚构,在清代确有一些实例。④尽管在房地买

---

① (清)王韬编:《格致书院课艺》,清光绪二十五年(1898)上海富强斋书局石印本,"刑律类",第7页。
② 鲁子健编:《清代四川财政史料》(上),四川社会科学院出版社1984年版,第569—570页。
③ 《齐东县志》,明万历四十五年(1617)刻本,民国二十四年(1935)重修本,卷6,第84页b—85页a。
④ 试举各地方志中的一些记载为例:"徐氏,沈廷对妻。二十六,夫亡无子,立侄。有欲徐变志而并其产,多方挤子死地。卒不死,乃兴讼,产遂破。徐日夜号泣,誓死不更嫁,且借弟产鬻之济讼费"(《太平府志》,清乾隆二十三年(1758)刻本,卷30,"人物志·列女",第28页);"钱氏骅妻瞿氏,新场人,年二十七而寡,抚遗腹子景昌成立。舅为仇家所构,典簪珥,助讼费"(《光绪南汇县志》,民国十六年(1927)重印本,卷16,"人物志",第19页a)。

卖契约上面只是写自己由于缺乏讼费才出卖田产、房屋的例子容易被认为是有悖孝道的败家之举,①但倘若声明自己是在为了保护自家祖坟或其他家族重要财产而不得不与他人讼争,则为了此目的"筹措讼费"的这种说辞,亦可被堂而皇之地写在契约文书里面。例如徽州歙县百姓徐兆禄死后,其妻瞒着儿子偷盗家产并出逃,徐兆禄的兄弟们于是到当地官府控告追人,因不够钱打官司,便在道光元年(1821)七月将徐兆禄生前从其父手中分到的一块田地当给一位族人,在双方订立的那份当契中,明确写道所收到的当价洋钱5元"以作讼费之用"。② 自清代顺治十七年至光绪三十三年(1660—1907)的近250年时间里,徽州歙县唐模的许氏荫祠至少从别人手中购置了70宗田产,而卖方在契约中具体写明是因"讼费无措"或"祖坟讼费无措"才将自家田地卖给许氏荫祠的,便有3宗(皆发生于康熙年间)。③ 在清代的下层社会当中,甚至还有靠卖儿鬻女才能勉强凑足诉讼费用的极端例子。例如康熙二十年(1681)时,浙江会稽县百姓刘见龙被卷入官司,"遭讼费无出,欲卖其养媳"④;乾隆年间,广东番禺百姓陈九经死后留下寡妻曾氏及幼子,孤苦无依,乡里有人拿着陈九经生前写立的借据找曾氏讨债,被曾氏詈骂,结果对方将曾氏告到当地衙门,曾氏只得"质子以供讼费"。⑤ 由此来看,清末山东莱阳县令庄纶裔称涉讼之民当中"变卖房产、典鬻妻子以偿讼费者尤难悉数",⑥并非全属子虚

---

① 这与古人的如下观念有关,即认为为人子孙者应尽己所能保守祖业,纵然度日艰辛,也不可将其变卖,否则会被视为不孝,更何况是因为与人打官司而变卖祖产。正如有学者所概括的,"出卖祖产以应急需,虽非不孝之尤,亦属败家之征,自为农业社会人情所不愿。"潘维和:《中国民事法史》,汉林出版社1982年版,第400页。
② 《光绪元年歙县26都4图徐兆华等立当契》,现藏上海交通大学图书馆。
③ 刘淼:《清代徽州祠产土地关系——以徽州歙县棠樾鲍氏、唐模许氏为中心》,载《中国经济史研究》1991年第1期,第114—115页。
④ 《浙江通志》,清文渊阁四库全书本,卷188,第33页b—34页a。
⑤ 《番禺县志》,清乾隆三十九年(1700)刻本,卷16,第7页a。
⑥ (清)庄纶裔:《卢乡公牍》,清末排印本,卷2,第28页a。

乌有。至于为了筹措讼费而不得不向他人临时告借的实例,则更加多见。①

如果说上引史料提供的还只是当时讼费不菲的大致印象的话,那么需要更进一步追问的是,在清代,普通百姓打上一场官司通常具体需要花多少费用。明代文献中关于诉讼费用数目的具体记载颇为少见,相较之下,清代的一些史料在不同程度上描述了诉讼费用的具体花销,其中有的文献更是详细记录了某起讼案的开销数目。

一、清代不同时期关于诉讼开销具体数目的记载

(一) 清代前期的情况

松江府上海县落魄文人姚廷遴在顺治十四年(1657)时进入当地县衙的供招房承充书吏,后来又先后换到刑房、工房工作,继续干到康熙七年(1668)。其所写的《历年记》的记事时间跨度为明崇祯元年至清康熙三十六年(1628—1697),留下了一些关于清初松江当地诉讼费用的记载。岸本美绪在研究了《历年记》中所记的此方面零星信息后指出,"当时打官司需要的费用是数十两,有时候多至数百两"。②她的这一判断,乃是通过从《历年记》中梳理出24起诉讼案件并加以研究后得出,但根据徐忠明所做的更细致的统计,《历年记》中出现的诉讼案件总数有62起之多。③而在《历年记》关于这些诉讼案件的记

---

① 例如福建长汀县民马晋锡等人"于康熙三十四年涉讼上杭,盘费不敷,窥周本也兴贩棉花、投寓牙行,遂托春声耽承揭借一十二包,原银十七两二钱四分,原议一月即还,过期三分行利"。参见(清)王廷抡:《临汀考言》,清康熙三十九年(1700)刻本,卷15,"长汀县民马晋锡等揭借周本也棉花过期不楚",第20页a。
② 〔日〕岸本美绪:《清初上海的审判与调解——以〈历年记〉为例》,载《近世家族与政治比较历史论文集》(上册),中国台湾地区"中研院"近代史研究所1992年版,第254页。
③ 徐忠明:《清初绅士眼中的上海地方司法活动——以姚廷遴〈历年记〉为中心的考察》,载《现代法学》2007年第3期,第8页。

载中,有不少均以不同的方式提及当时打该场官司的具体花销。例如,明崇祯五年(1632),姚廷遴的外祖父与人打官司,"所费数百金";清顺治七年(1650),姚廷遴因田地纠纷而与其祖母的亲弟赵思槐发生冲突,遭后者打伤,于是告到当地衙门,姚廷遴自称对方经过此番官司后,"彼田亦荒,揭债使费,自此破家";康熙八年(1669),当地民人陆华海遭人诬告,后来"费二百金"才得以从官司中脱身;康熙十四年(1675),姚廷遴好友赵圣庸的亲家钟登一被卷入一场人命官司,赵圣庸通过姚廷遴的关系,一起去新任太守府中打点,"费银十二两",才换来太守将此案移交给县衙来处理,后来双方在知县审理此案后决定和息,但"大费银钱";康熙二十七年(1688)八月,姚廷遴的邻居赵明贤因庇护盗犯朱七,打伤前来抓人的捕快,结果被捕快告到衙门,姚廷遴与几位好友为赵明贤之事周旋了约两个月后方得安贴,"共费百金",不料盗犯朱七被官府抓获后,又攀咬赵芳令,姚廷遴于是代赵芳令在衙门中打点,"又费二百余金";康熙二十九年(1690)八月,当地民人吴秀裔与陈元宰打官司,次月双方共同出钱在一家酒馆请人演戏,以示和解,这番开销比先前姚廷遴从中说和时"两边各多费几十金",同年九月,姚廷遴的寡嫂与其亡夫的族人打官司,后来其亡夫的族长到衙门投词和息此事,而这时姚廷遴的寡嫂和对方业已"费二十金";康熙三十二年(1693),姚廷遴的已故邻居黄佐官之子黄天官到知府衙门状告康秀官,声称后者欺负自己孤儿寡母,要强行赎回他们现在所住的房屋,该案后被知府交由海防厅处理,姚廷遴奉命从中调处,两造和息时"各费廿金",其中原告黄天官在"结讼之后,将宅傍田出卖";康熙三十三年(1694),姚廷遴的学徒陈三官被人控告诱拐寡妇出逃,托姚廷遴从中劝和,前后"约费三十余金"。[①]

[①] (清)姚廷遴:《历年记》,载本社编:《清代日记汇抄》,上海人民出版社1982年版,第44、67、99、108、133、137—138、145—146、148、151页。

聚讼纷纭:清代的"健讼之风"话语及其表达性现实

岸本美绪引用明末湖州《沈氏农书》中的一处记载(当时雇佣一个长工的费用是每年13两),来与姚廷遴在《历年记》中零星记录的那些诉讼费用数额做整体对比,认为当时"打官司似乎至少也需要庶民一年的生活费用"。① 事实上,与其引用明末湖州的长工工资作为参照,还不如举姚廷遴在《历年记》中经常记录的松江当地日常生活物资的时价,来直观感受这些诉讼费用数目在当时大致意味着何种程度的购买力,以及其与当地农民收入之间的大致比例。根据姚廷遴在《历年记》中所记松江当地的一些物价信息,在前述陆华海"费二百金"后才得以从被人诬告的那场官司中脱身的康熙八年(1669),当地的米价为每石7钱;在前述那位被卷入人命官司的钟登一托姚廷遴带人花12两银子打点新任太守的康熙十四年(1675)的次年,米价在该年年初时为每石6钱,后在年底时涨到每石1两,但豆价仅为每石8钱;在前述赵明贤、赵芳令受盗犯朱七所连累而被卷入官司,托姚廷遴从中周旋而分别花费"百金"和"二百余金"进行打点的康熙二十七年(1688),当地"米价每石六钱,白米七钱,豆价五钱半,花价一分二厘";在前述互相控告的吴秀裔与陈元宰后来"两边各多费几十金"凑钱请人演戏以示和解、姚廷遴的寡嫂与其亡夫族人和息官司时业已"费二十金"的康熙二十九年(1690),当地遭遇秋荒,姚廷遴称自家"种稻四亩,荒三亩",年底又遇严寒天气,黄埔境内的河流几乎都结冰冻住,"过渡金涨至每人十文";在前述姚廷遴奉命调处黄天官与康秀官之间的官司而后来两造和息时"各费廿金"的康熙三十二年(1693),当地六月遭遇大旱,田里稻苗俱枯死,"诸物皆贵,即如米价向来八钱,今则一两二钱;豆价五钱半者忽涨至八钱半",年底时"据

---

① 〔日〕岸本美绪:《清初上海的审判与调解——以〈历年记〉为例》(上),载《近世家族与政治比较历史论文集》,中国台湾地区"中研院"近代史研究所1992年版,第254页。

云各色店铺极其清闲,无人买年货,则知民穷财尽矣";在前述陈三官被控拐媚诱逃,而托姚廷遴从中劝和前后开销"约费三十余金"的康熙三十三年(1694),"岁暮食用之物,件件皆贱,独白米涨至九钱一石"。① 若将上述那些因涉讼而发生的钱财花销折算成当时当地的米价、豆价等,则很容易感受到当地农民需要卖多少米、种多少豆才能挣到前述那些诉讼费用的数目。由此来看,《历年记》中所记载的那些在诉讼过程中的开销,对于底层百姓而言毫无疑问会是一笔相当沉重的经济负担。

(二) 清朝中期的情况

汪辉祖在乾隆年间先做幕友,后又出任知县,在其所写的多本著述中都留下了有关诉讼费用具体数目的一些线索。他在《学治续说》一书中约略谈及,一场官司的讼费大概至少需要"五六金"。② 不过,在自序于乾隆五十年(1785)的《佐治药言》一书中,他提供了另一个更具体但比这更低一些的讼费数字:

> 其累人造孽,多在词讼。如乡民有田十亩,夫耕妇织,可给数口。一讼之累,费钱三千文,便须假子钱以济。不二年必至鬻田,鬻一亩则少一亩之入。辗转借售,不七八年,而无以为生。其贫在七八年之后,而致贫之故,实在准词之初。③

---

① (清)姚廷遴:《历年记》,载本社编:《清代日记汇抄》,上海人民出版社1982年版,第99、109、133、138、145、147、149页。

② "然民间千金之家,受讼累鲜不破败。盖千金之产,岁息不过百有余金,婚丧衣食,仅取足焉。以五六金为讼费,即不免称贷以生。况所费不止五六金乎?况其家不皆千金乎?"(清)汪辉祖:《学治续说》,清同治十年(1871)慎间堂刻汪龙庄先生遗书本,"宜勿致民破家",载《官箴书集成》(第5册),黄山书社1997年版,第303页。

③ (清)汪辉祖:《佐治药言》,清同治十年(1871)慎间堂刻汪龙庄先生遗书本,"省事",载《官箴书集成》(第5册),黄山书社1997年版,第317页。

按照汪辉祖的上述说法,当时打一场官司所需的费用至少大概为3000文左右。汪辉祖还称自己在湖南宁远县任知县时,曾向当地百姓了解过打官司的"讼费"情况。① 因此,他所描述的上述讼费开销数额,应该是来自其为幕为官时对此方面情况的了解。汪辉祖于雍正八年腊月十四日(1730年1月21日)出生于浙江萧山,弱冠后不久,便因家贫而开始习幕业谋生。② 他对讼费有直接的体会,应该是在18世纪中期之后的事情。而从清代刑科题本中的一些记载来看,从乾隆十五年(1750)到二十六年(1761)之间,在山西、安徽、四川、陕甘、湖北、广东、江西、山东等地,长工的工价一般是每年银子3—5两,月工的工价则通常在每月300—600文钱之间。③ 若以此来折算的话,则汪辉祖前述所称的至少3000文钱的诉讼费用,在当时差不多就相当于普通雇工一年的收入。

从道光年间的一些司法案例来看,当时人们在诉讼过程中的具体花销数额,实际上很可能比汪辉祖在乾嘉时期所说的要高上不少。

道光三十年(1850),四川南部县寡妇张黄氏让其弟黄宗荣作为自己的抱告,④到当地县衙状告赵朝华,声称后者仗着是张黄氏一家的债

---

① 汪辉祖晚年回乡卧病,曾忆及自己初任宁远知县时,若当日需要处理的讼案较少,则会主动借与民众闲话"家常生理"之机了解讼费的情况:"或是日讼简,进堂下人,问所疾苦,晓以务本守分之利、讼则终凶之害。故民见余不甚惧,有狡黠者,与言家常生理,辄得其情,讼费若干,民亦告余,所无避忌。"参见(清)汪辉祖:《病榻梦痕录》,清道光三十年(1850)龚裕刻本,卷下,载《续修四库全书》(第555册),上海古籍出版社1995年版,第666页。

② 关于汪辉祖的生平,参见瞿兑之:《汪辉祖传述》,上海商务印书馆1935年版;鲍永军:《绍兴师爷汪辉祖研究》,人民出版社2006年版。

③ 黄冕堂:《中国历代物价问题考述》,齐鲁书社2008年版,第177、183—184页。

④ "抱告"系中国古代诉讼制度当中的一项特色规定,学界通常认为最早出现于元代,是指除少数特定案件外,官员、生员、妇人以及老幼、笃疾之人等成为事主时,不能自己独立参与诉讼,而必须由他人代为提起或参与诉讼。关于清代此方面司法实践的介绍,参见姚志伟:《清代妇女抱告探析》,载《法学杂志》2011年第8期,第63—66页;吴佩林:《清代县域民事纠纷与法律秩序考察》,中华书局2013年版,第314—348页。

主之子的身份,上门来要强娶张黄氏的孀居儿媳为妾。南部县知县在审理此案后作出判决,将赵朝华锁押,并责令他缴钱5万文,"以十千与张黄氏做讼费之资,余钱四十千充入文庙公用"。① 这说明在那位南部县知县的意识当中,张黄氏此番花销的讼费之资至少应有"十千"之数。

不仅是像张黄氏这样的原被告正主在诉讼过程中要花许多费用,即便一些只是受到牵连而被卷入诉讼之中的人们,也可能因此开销不菲。道光二十五年(1845)七月廿六日,时年38岁的重庆临江坊民人祁洪发又一次到巴县衙门递状。祁洪发在这份状纸中声称,与其相熟的吴健昌在道光二十二年(1842)将邓天发的童养媳左寅姑抱养作为义女,请他帮忙写立一份抱养文约。后来吴健昌却将左寅姑收作三房妾室。次年邓天发之父邓福陞以"媳被串占"为由将吴健昌告到巴县衙门,并在所提交的告状中将祁洪发也列名牵连在内。祁洪发为了应付这场官司,找何永代借了1.2万文钱作为讼费。吴健昌得知自己被控告后心虚,于是找人想与邓家父子说和。但邓福陞在道光二十四年(1844)六月以"豪监谋娶"为由,再次将吴健昌告到巴县衙门,同样在告状中牵连到祁洪发。祁洪发没有办法,只好再找人借了4800文钱作为此次的讼费。吴健昌在堂审时怕被刑讯,当众表示祁洪发向别人所借的那些讼费都由他代为偿还,但后来却并没有向何永代偿还祁洪发借的那作为讼费的1.2万文钱。次年祁洪发向吴健昌催讨,却反被吴健昌打伤。祁洪发声称自己只好到巴县衙门递状控告吴健昌,但祁洪发不知使了什么手段,"得外法网"。祁洪发在前述这份再次递交给巴县衙门的补词之结尾处,痛陈自己平白无辜"反遭讼费逼迫,心难甘恢",恳请知县为其伸冤。② 在这份状词里面,祁洪发提及

---

① 毛立平:《"妇愚无知":嘉道时期民事案件审理中的县官与下层妇女》,载《清史研究》2012年第3期,第106—107页。
② 巴县档案,"临江坊祁洪发以他转抱天发义媳为义女,后将义女为妾,天发之父控株其在案,该借讼费他知情虚,认偿讼费催问反凶伤,告吴健昌等",档案号:清6—11—09505。

自己为了应付上述官司,先后向人借了1.2万文钱和4800文钱作为讼费。而在邓福陞与吴健昌之间的上述官司中,祁洪发还只是被牵连在内,并非原被告之类的正主。

如果是离开州县本地到外地(例如到省城乃至京城)告状或上控,那么在诉讼过程中的开销,往往就要比上述所列的那些数额高得多。

《驳案汇编》一书为乾嘉时期纂修的案例汇编,其中一则案例在不经意间叙及诉讼费用。嘉庆七年(1802)二月,直隶永年县百姓韩兆林家贫难以度日,想到了在先前一桩被王良佐牵连在内的官司中,自己曾"在京花用盘费银三十两",于是便捏称当时王良佐找他借了30两盘费银但后来却未归还,到王良佐那位家境富裕的伯伯王学仁的家中索讨。① 韩兆林所说的这一因涉讼而花掉的"盘费银"数目,或许会让我们想起那些关于讼费之高昂足以致人倾家荡产的恐怖传说,因为就在同一年中,1石稻米在京城才卖到2000文,而以嘉庆元年(1796)京城某位店铺雇工的月工价(制钱300文)来换算的话,30两大致相当于他连续工作100个月的总收入。② 遗憾的是,该份文书在介绍其案情时无意中透露出的讼费信息,仅此而已,我们无法进一步获知,其在京涉讼过程中这30两所谓"盘费银",究竟具体是被用于哪些事项(只是到京城涉讼花掉的路费和住宿费,还是也包括一些用来打通衙门关节的开销在内?),但至少有一点可以确定,那就是30两这一高昂的花销,应该与韩兆林是从外地来到京城涉讼而不是在其本地打官司有很大的关系。

在一些讼争对象价值很高、案情比较复杂且又是经年累月上控

---

① (清)全士潮、张道源等纂辑:《驳案汇编》,"续编卷五·捏词诬控致子女自缢",何勤华等点校,法律出版社2009年版,第709页。

② 黄冕堂:《中国历代物价问题考述》,齐鲁书社2008年版,第64、177、184页。

的群体性讼案中,包括往返路费及食宿开支在内的各种诉讼费用开销长期累积起来,其数目甚至会相当惊人。例如从嘉庆二年到五年(1797—1800),在重庆经营瓷器业的一群浙江商人,因当地瓷器贸易市场经营权的问题而发生内讧,于是不仅到巴县衙门互相控告,而且后来还上控到位于成都的省级官员那里,其中"单是以邢士良为代表的浙江籍瓷器商人一方,在成都进行上控所缴纳与花费的诉讼费用,连同赴成都打官司商人代表的食宿等开支,就花掉了4400两白银"。① 邢士良一方在此案诉讼过程中的花销之所以高达4400两银子之巨,一方面是由于此案双方往返对战的场所不只是位于重庆城内的巴县衙门和重庆知府衙门,而且还包括远在成都的省级衙门,另一方面则与双方讼争的瓷器贸易市场经营权连带牵涉上万两白银的债务纠纷有关,在这种攸关巨大经济利益的情况下,双方都在打官司的投入上不惜血本。

(三) 清朝后期的情况

再来关注咸丰朝以降清代后期的一些司法案例中所透露的诉讼费用信息。

在现存的清代巴县档案里面,有不少关于当时当地一些人在打官司过程中的讼费开销数目的信息。咸丰年间,四川巴县人士何辉山为了能够掌控当地接龙场万天宫米市的商业利益,联合其族人何增庸,与其他竞争者打了许多年的官司,在此期间,何辉山和何增庸两人总共花掉的诉讼费用,高达770多两银子,何辉山负担了其中的500余两。② 同治二年(1863)六月,家住巴县红岩坊的六旬老妇刘王氏,通过其抱告刘世宗到当地县衙告状,声称住在自己家对门的邻居尹

---

① 邱澎生:《"是官当敬"?——检视十八世纪重庆商业诉讼的政治风险问题》,载《清史研究》2020年第6期,第79页。
② 〔日〕夫马进:《清末巴县"健讼棍徒"何辉山与裁判式调解"凭团理剖"》,瞿艳丹译,载《中国古代法律文献研究》(第10辑),社会科学文献出版社2016年版,第405页。

海源与别人在江北厅打官司时,将她那位靠做裁缝营生的次子刘回生牵连在内。尹海源向刘回生哄骗说自己会在案件审理期间替他出钱打点衙门吏役,让刘回生认下欠自己代垫的"口岸、讼费共钱十六千"。① 尹海源从江北厅受堂审回来后,多次找刘回生讨要这笔后者先前被骗认下的欠债,但未能如愿,于是带人上门强行抢走刘回生家中的财物,并将其打伤。② 在该案中,被官司牵连在内的刘回生先前认下1.6万文钱的"口岸、讼费"欠债,虽说是受尹海源的哄骗,且在后来并未交钱,但恐怕也说明了刘回生先前很可能并没有觉得尹海源所报出的这一数目十分离谱,或者说大致符合其对衙门讼费花销的模糊印象,否则的话,他应该不至于在一开始时便会认下如此数额的欠款。而下面这起于同年七月告到巴县衙门的讼案,则给出了口岸钱、讼费的实际花销数目。家住巴县慈里的五旬老翁陈松亭到县衙告状,声称自己先前受邀在谭裕亭与杨精一之间的一桩产业交易中充当中人,帮他们写立契据。谭裕亭后来向杨精一多要钱,但未能如愿,于是谭裕亭将杨精一告到县衙,捏称后者赌博,并将陈松亭也牵连在内。陈松亭在状词中称该案讯结时自己总共花去了"口岸、讼费三十五千四百六十文",并认为自己是由于为杨精一与谭裕亭之间的那桩产业交易充当中人才被卷入官司之中,故而其所花销的那些"口岸、讼费"理应都由杨精一补偿给他,但杨精一却阳应阴违,结果陈松亭在登门讨要时,反被杨精一的儿子们打伤。虽然巴县知县在批词中驳

---

① 小野达哉在识读巴县档案中常有出现的"口岸钱"一词时,认为"口岸钱"即住宿费,也写作"口案"。参见〔日〕小野达哉:《〈巴县档案〉读书会研讨词汇集》,杜金译,载《中国古代法律文献研究》(第12辑),社会科学文献出版社2018年版,第548页。这一界定有些过窄。"口岸""口岸钱"这种称呼,不仅在包括巴县档案、南部县档案在内的现存清代四川司法档案中常可看到,而且在湖南、陕西等地的历史文献中也有记录,其意思是指在旅店中的吃住花销,尤其是差役下乡时的食宿花销。

② 巴县档案,"红岩坊刘正氏具告尹海源哄子四去抬欠讼费骗钱不楚向讨反遭殴伤一案",档案号:清6-25-04553。

回了陈松亭想让杨精一补偿讼费的请求,但并没有就陈松亭所列出的那个看起来相当高昂的讼费数字(即 35460 文钱)进行质疑。① 这或许反映出,如此水平的讼费支出,并没有大大超出巴县知县的意料,以至于他并不觉得完全不可能如此之高。

南部县与巴县在清代同处于四川省内,而从南部县档案中一些晚清时期司法案例的记载来看,很可能是由于该地商业经济的发展水平远比巴县落后,而使其百姓们在经济能力上总体不如巴县民众,在 19 世纪末 20 世纪初,南部县的诉讼费用看起来比巴县要低一些。吴佩林曾展示过光绪朝至宣统朝时数例南部县案子的档案中所列出的讼费花销,其中最高者为 8000 文,最低者为 3000 文。② 从我对清代南部县档案的阅读印象来看,当地有许多讼案的花销大致都在这个数额区间之内,有时还有更低者。例如,在光绪二十二年(1896)南部县孀妇罗黎氏控告其亡夫长房之孙罗永昌刻薄其衣食一案的判决文书中,写有"又认讼费钱四串"的字样。③ 南部县夫亡再醮的妇人陈黄氏捏词妄控其前夫之子侯大友,据光绪二十五年(1899)当地知县就此案所下的判词中所写,在县衙堂讯之前,涉讼双方曾邀集众人进行调解,议定由陈黄氏付给侯大友 12 串钱作为讼费赔偿,但后来陈黄氏在付了 3 串钱后,就坚持不再继续交清剩下的钱数。④ 由此或可推断,在双方堂下调解之时,侯大友因这场官司的花销估计就有 12 串

---

① 巴县档案,"慈里六甲陈松亭以不付讼费朋殴伤人告杨精一案",档案号:清 6-27-09633。
② 吴佩林:《清代县域民事纠纷与法律秩序考察》,中华书局 2013 年版,第 131 页。
③ 南部县正堂清全宗档案,目录号:13,案卷号:463,四川省南充市档案馆藏。该判词的原文,详见里赞:《晚清州县诉讼中的审断问题——侧重四川南部县的实践》,法律出版社 2010 年版,第 280 页。此份判词的记载不甚清晰,从其字里行间来看,"讼费钱四串"应该是罗黎氏赔付对方(一部分?)讼费损失的数额。
④ "为具告侯大友等逼婚押搕钱文事",光绪二十五年,南部县正堂清全宗档案,目录号:14,案卷号:453,四川省南充市档案馆藏。该判词的原文,详见里赞:《晚清州县诉讼中的审断问题——侧重四川南部县的实践》,法律出版社 2010 年版,第 170、264 页。

钱。12串钱这个数目看起来并不非常多,但考虑到这笔支出乃是发生在双方上堂听讯之前,侯大友花掉的应该主要是用于状纸费、代书费及传呈费等名目的支出,远非走完全部诉讼程序后的总费用。

除了四川地区,晚清时期其他地方的诉讼费用情况又是怎样？光绪五年(1879),浙江慈溪知县在审理一起争水毁车讼案后做出裁断,原告毛显恩获赔水车钱2万文。该起讼事完结后,慈溪县衙的某差役向原告毛显恩勒索讼费,毛显恩已经给他交了40万文钱,但该差役仍不知足,还要他再交18万余文。毛显恩不胜其扰,于是到知府衙门指名控告该差役。此案例当时不仅被《申报》加以报导,①而且还在两年后,即光绪七年(1881),被宁波知府作为典型的反面例子,写在了其发布的一则关于整顿讼案规费的告示当中。② 不过,从宁波知府在那则告示中称此案原告"毛显恩讼费耗至五六百千,人人闻之发指,致慈民以到县为畏途,不敢伸冤告状"来看,此案的讼费如此之高,在当时恐怕相当罕见。光绪朝后期,山东莱阳知县庄纶裔在审理李邢氏控李成文一案后做出堂判,让李成文、李成美、李谦益平摊该案的讼费5.4万文,即每人各分担1.8万文。③ 据光绪三十四年(1908)江苏的一份县衙堂判中所写,该案当事人黄埙在先前一起为争油坊而与人对簿公堂的官司中,所支出的讼费为9200余串钱,而这在当时相当于6800元左右。④ 该起案件的讼费开销数额之所以如此高昂,应该是与其标的物乃是一间价值不菲的油坊有关。梁临霞在对清末宣统年间顺天府宝坻县档案所做的研究中指出,根据其中一件诉讼档案的记

---

① 《查办县差》,载《申报》1879年12月20日,第2版。
② 《慈溪县志》,清光绪二十五年(1899)刻本,卷2,第38页b。
③ (清)庄纶裔：《卢乡公牍》,清末排印本,卷4,第4页b。
④ (清)赵幼班辑：《历任判牍汇记》,卷1,"判黄增等覆讯堂词",载杨一凡、徐立志主编：《历代判例判牍》(第12册),中国社会科学出版社2005年版,第161页。该判牍还提及另一组数字,即当时1840元折合钱2483串。6800元的折合数,便是据此标准换算所得。

载,当时打这场官司的诉讼费为4.5两白银。① 而在清末,4.5两白银大致相当于一位长工半年多的收入。② 邓建鹏介绍说,同样是在顺天府宝坻县,民人宝子馨在同治四年(1865)正月提及自己为了所开设的广成钱铺而与人打官司,讼费开销高达600两银子。③

二、民间讼费账单对打官司开销数额的直观展示

上述这些从清初到清末全国不同地方的讼费开销数目信息,主要来自一些清代司法文书中的零星记载。而在众多不同类型的清代史料当中,最为直观地反映出当时打某场官司实际花费了多少钱的详细信息的文献,当首推一些当事人自己记录下来的讼费账单。在目前所知总数以数十万件计的徽州民间文书当中,④清代的讼费账单虽然颇为罕见,但仍有一些留存至今。

晚清时期,徽州黟县百姓朱庆春、汪佛金被人到官府衙门控告抬棺盗占坟地。汪佛金在打这场官司的过程中,至少记下了7份讼费支用账单,上面详细记录了己方在光绪六年(1880)十二月至光绪九年(1883)四月间的讼费开销详细情况。以下是这些讼费账单中的一部分记载:

---

① 梁临霞:《论批呈词——从宝坻档案看清朝土地债务案件的审理》,载中国法律史学会编:《法史学刊》(第1卷·2006),社会科学文献出版社2007年版,第167页。
② 清末时,长工的工价一般为每年8两银子左右。参见黄冕堂:《中国历代物价问题考述》,齐鲁书社2008年版,第191页。
③ 邓建鹏:《从陋规现象到法定收费——清代讼费转型研究》,载《中国政法大学学报》2010年第4期,第7页。
④ 仅以现由国内外档案馆、博物馆、高校科研机构以及私人收藏的徽州文书为例,其总数至少便在50万件(册)以上,有学者的估计总数为80万件(册),而在这些从南宋到民国时期遗存至今的徽州文书当中,清代和民国时期的占了大宗。参见卞利:《徽州文书的由来及其收藏整理情况》,载《寻根》2008年第6期,第4—14页;赵春兰、卞利:《从徽州文书看非遗保护中文献资料的重要性》,载《文化遗产》2013年第4期,第9—13页;李梦霞、申斌:《徽州文书的收藏与整理》,载《图书馆界》2014年第1期,第17页。

(光绪)七年正月廿八日,元呈:洋一元
　　图书:钱七百文
二月十三日,图书:钱三百廿文
十六日,差票:钱四百文
十八日,抄呈:洋一元,钱一百文
十九日,旧差书:钱四百九十文
廿三日,图书:洋一元,钱四百四文
　　方顺:洋一元
廿八日,点心:钱二百二十文
卅日,方顺:洋一元,钱二百文
　　汪法、余高门上蜡烛:钱一千二百文
三月初八日,勘地用:钱九百卅四文
初九日,差汪梁、叶成:洋一元
　　点心:钱四百七十六文
初十日,房伙食点心:钱三百文
十三日,图书呈、佛托米:钱九百十文

郑小春在专门研究了汪佛金所记的包括上述内容在内的7份讼费账单后解释说,在上面所列出的那些名目当中,"元呈""上呈"等是指当事人向衙门呈递状词时交给书吏的费用(在该案中,此项费用基本上每次为洋元1元左右,总共支付了洋元11元、钱2468文);"图书""依口代笔"等是指请官代书为自己写状的费用(在该案中,此项费用总共支出了洋元1元、钱6693文以上,其中请官代书将当事人自己带来的状词草稿誊写在状纸之上的"图书"费用,基本上每次约为钱400文);"抄呈"是指当事人从承办该案的书吏那里抄写对方状词内容和长官批语的费用(在该案中,此项费用基本上每次为洋元1元左右,共花费洋元12元、钱1900文);"差票""出差票"是指书吏奉知

第四章 "讼费高昂"话语及其表达性现实

县之命开出传票时要当事人交的费用(在该案中,此项费用每次花销差异甚大,总共花去洋元3元、钱7434文);记为"方顺""差汪梁、叶成"的事项,是指当时这几位差役拿着传票下乡时,汪佛金一方给他们交的鞋袜费之类的费用(在该案中,差役叶成收到的钱数为洋元1.5元,而差役汪梁收到洋元2.5元、钱1600文);"勘地用"是指官差下乡实地踏勘现场时收的费用;"点心""房伙食点心"是指吏役下乡办案时当事人招待其伙食的支出(在该案中,此项费用的记录次数非常频繁,共花费洋元1元、钱8937文);"佛托米"是指汪佛金自己托人打点衙门上下的费用。除了上述名目外,根据7份讼费账单中的记载,汪佛金一方还交过另外的一些费用,例如给当地地保交了不少钱,以及在一次堂审时给值堂的吏役们交了铺班费洋元1元。①

在现存的徽州文书中,除了郑小春专门研究过的上述那些光绪朝讼费账单,管见所及,至少还有如下两起案件的现存文书中也保留了讼费账单。其中一起案件是康熙年间的事情,而另一起案件则发生在道光时期,在时间上皆比郑小春所讨论的光绪朝案件要更早。

康熙三十四年(1695)四月,徽州歙县吴氏族人发现,自家早在明代崇祯年间购置的祖坟地,被方祖儿、方明甫等人盗葬。其后数月间,吴氏族人多次找对方交涉,但皆无果,于是在其族中秀才吴济美的带领下,于六月初八(一说是六月初七)到歙县衙门告状。歙县知县受理该案后,于当月初十派出差役持传票下乡,传唤原被告两造赴县衙候审。方祖儿于六月二十四日向知县递交了一份诉词。七月十七日,秀才吴济美向县衙呈上一份投词,不仅针对方祖儿在诉状中的说辞进行驳斥,而且催促知县早日开堂审理此案。知县起初表示将在七月

---

① 郑小春:《清代陋规及其对基层司法和地方民情的影响——从徽州讼费帐单谈起》,载《安徽史学》2009年第2期,第99—100页;郑小春:《从徽州讼费账单看清代基层司法的陋规与潜规则》,载《法商研究》2010年第2期,第152—158页。

二十二日的午间堂审此案,后又改为二十三日午间举行。此次堂审后,秀才吴济美又投文恳请知县亲自下乡查勘,早日了结此案。知县后来派了一位宋姓吏人负责实地查勘。该宋姓吏人于八月初四来到双方讼争的山地进行现场查勘,并在回到衙门后向知县报告了情况。在吴氏族人从衙门抄存的那些文书之后,附有一份"起舆讼事支账",详细记录了吴济美为首的吴姓族人在打这场官司过程的各项花销。从这份"起舆讼事支账"中列有"得胜酒"一项支出来看,吴姓族人最后应该是打赢了这场官司。①

这份"起舆讼事支账"虽然明确注明"仍有杂用失记",但其所记录的各种名目及其数额,足以让我们了解吴姓族人在这场官司中的具体开支如何之多。现将其列表如下:

表1　康熙三十四年徽州歙县吴氏族人"起舆讼事支账"中所记开销细目

支出名目	具体数额	支出名目	具体数额
饭金	五两	起舆钱	四两
差	四两	包面	二两
房	三两	谢人	三两
勘地军衙礼	十两	得胜酒	二两
衙房	五两	铺堂二次	二两五钱
酒饭支应	三两	差暖臀	三钱
打发夫马	四两	签差礼	五钱
官公正礼	四两	零用	三两
上下盘串	二两	见县公小礼	二两
纸笔资	五钱	传帖	三钱
议约酒席	二两	贺县公寿	一两五钱

在上述众多名目当中,有不少支出事项与前述汪佛金一案中的

---

① 《清康熙三十四年歙县吴济美等控方祖儿、方明甫等斩龙盗葬案》,载李琳琦主编:《安徽师范大学馆藏千年徽州契约文书集萃》(第2册),安徽师范大学出版社2015年版,第395—411页。

非常相似。例如,"铺堂二次"意即该案曾在县衙开堂审理过两次,这两次堂审时,吴济美一方总共向吏役们交了"二两五钱"的铺堂礼;"差""房""衙房"分别是指交给衙门当中具体承办此案的差役和书吏的费用。但这份"起舆讼事支账"里也有一些特别的开销。例如吴济美一方不仅记载了举办"得胜酒"的费用,还将贿赂打点知县的开销也都算在诉讼花销之内。除了上列被计作"见县公小礼""贺县公寿"的开销,这份"起舆讼事支账"还另外单独记载了送给知县的其他更重的厚礼及其具体价值——"雕漆拜闸一方,十两;铜雀砚一个,四两;炉一座,一两二钱;墨一斤,一两二钱;绒绣魁星一幅,二两;广绸,二两"。在开列这些支出名目及其具体数额的同时,这份"起舆讼事支账"还列出了吴姓族人是如何多方筹措上述费用,即"借颖中伯拾两,加利还讫""当震伯翁卅两,屋抵卖讫""外店寄廿两""当典内十三两"。上面所记的那总共73两的借款和典当所得,并不够诉讼过程中的全部开销,恐怕还有其他款项来源未予记录。按照这份"起舆讼事支账"所记的那些花销,除了送给知县的雕漆拜闸等总共价值20两4钱的厚礼,吴氏族人在这场官司中其他的那些开支,加起来足足也有63两6钱之多。

同样是在清代的徽州,家住歙县城关四图的童生许世炳(时年62岁),于道光二十九年(1849)正月来到当地县衙,状告与其住在同里的周运昌、周仲坚父子欠钱赖债。据许世炳在呈交县衙的禀状中所说,自道光二十年(1840)以来,周运昌、周仲坚父子先后向他那位经营钱店的兄长许世超诓借了三笔银钱,如今本息已经累计共计洋元103元4角2分9厘、银20两1分6厘、钱49470文。许世炳声称,周家人经营的那两间开在城里城外的羊肉店,如今具体是由周仲坚和周仲坚的侄子周双庆掌理,生意颇好,但一直都不曾还钱,而自己的兄长许世超已在道光二十四年(1844)身故。许世超生前经营的钱店如今已歇业,而许世超之子尚年幼,故而只得由做叔叔的他出面,代自家幼侄向周运昌等人追讨上述欠债。在提起控告之后，许世炳又多次向县衙递交禀状（据现存文书中的信息，他最后一次呈递禀状的时间是道光三十年八月十八日），但当地县衙的前后两任知县都一再搁置此案。这一由隔年烂账所引发的诉讼，看起来并没能在当地县衙正式堂审。不过即便如此，许世超仍然记下了自己打官司的具体花销：

> 正月廿七，支钱五文，白笔帖一个；廿八，支钱六十文，打包事用；卅，支钱十一文，纸钉簿；二月初六，支钱一百文，房□茶礼（承发司□□留）；初七，支钱六百文，差草鞋礼（赵升、汪正、汪增三名）；二月廿二，支钱十文，白笔帖二个；廿三，支钱四十八文，打包事用（共用卅四文）；九月廿八，支钱三文，白笔帖一个；又，支钱六文，白笔帖二个（重写）；十月初二，支钱一百六十文，托人抄前递数张粘呈；初八，支钱六十文，打包事用；八月十三，支钱六文，白笔帖一个（未收）；十八，支钱六文，又一个。①

上述所记的诉讼费用数目，应该是许世超自道光二十九年（1849）正月首次告状到道光三十年（1850）八月十八日最后一次呈交禀文的那一年半多时间内的开销。其中所说的"白笔帖"一项，可能是指购买生员向衙门呈交的空白禀帖的费用，而所谓"打包事用"，则可能是指递交禀帖时书吏收取的传词费之类的开销。至于"纸钉簿""房□茶礼"，应该是指交给当地衙门中承发房书吏的挂号费之类的费用，而"差草鞋礼"则是指交给具体承办该案的差役们的费用。或许是由于这起官司并没有走到堂审的阶段，许世炳自己记下来的前后开销总计为1075文钱，比起前述康熙三十四年（1695）吴氏族人在

---

① 《清道光歙县城东〈控周运昌抄存递词底稿〉》，载王振忠主编：《徽州民间珍稀文献集成》（第2册），复旦大学出版社2018年版，第171—196页。

那场控告他人盗葬的诉讼中的花销,要远少于之。

第三节　在无度和有度之间:清代的司法陋规名目及其收取数额

在清代许多史料所描述的那些总额不菲的诉讼开销当中,给人印象最深的是人们在打官司的过程中需要交给衙门吏役的众多规费。19世纪后期曾任地方官的方大湜在其所写的《平平言》一书中,详细列出了涉讼人等需要交给衙门吏役的戳记费、挂号费、传呈费、取保费、纸笔费、鞋袜费、到单费、夫马费、铺班费、出结费、和息费等众多规费名目,并声称打官司可谓"事事索费,人人索费,费之名色,更仆难数"。① 这些种类多到令人咋舌的规费名目,并非方大湜所杜撰。嘉庆二十三年(1818)时,陕西道御史程伯銮从四川回来后上书皇帝,详细列出四项川省积弊并请旨查办,其中专门提及:"川省州县衙门,多有堂规等陋习。凡狱讼,无论大小,初递呈词即需使费,谓之呈子钱。及呈审之时,又有打扫衙门之说,谓之'坐堂礼'。除人命盗案外,田土、婚姻各件,辄计家赀之贫富为多寡,用费不到,则望审无期。若欲速提速结,则所费尤巨。内而长随茶房,外而书胥差役,莫不分润。每签提一案,差役多至十数人,到彼先索鞋脚钱、轿马钱。人证到案后,又索酒食钱、差使钱。不满所欲,则虽官长屡催,总以人证不齐登答朦混。结案之后,又苛求辛苦钱、酬谢钱。案愈延,则诛求愈广。"② 到了清末之时,甚至在朝廷下发给京内外各衙门的谕旨当中,也能看到援引大臣奏折中的相关描述,自承"各省讼费名目繁多,百

---

① (清)方大湜:《平平言》,清光绪十八年(1892)资州官廨刊本,卷2,"为百姓省钱",载《官箴书集成》(第7册),黄山书社1997年版,第638页。
② 《陕西道监察御史程伯銮奏折》,载四川省档案馆、四川大学历史系编:《清代乾嘉道巴县档案选编》(下册),四川大学出版社1996年版,第221页。

端需索"。①

需要强调的是,这些让人眼花缭乱的诉讼费用名目,在清代的律例典章中都不会见到有明确的全国性统一规定,但却在各地衙门处理讼案的过程中以陋规的形式广泛存在。所谓陋规,按照清人黄六鸿、方大湜异口同声的说法,"乃地方历来之成例"。②瞿同祖则提醒说,陋规属于衙门当中的惯例性收费,我们不应将其与那些非法的、被禁止的贿赂及其他贪污腐败混为一谈,尽管两者之间未必完全存在泾渭分明的分界线。他强调应当将陋规看作一种制度,并结合清政府的财政制度之特点来进行考察,认为"正是这些陋规收入,才使州县官们及其僚属们得以维持生计及满足各种办公费用",在这种情况下,朝廷只能容忍陋规在地方衙门中的实际存在,但也希望能够通过省级官员们的约束,对各地方衙门中的陋规名目及收取数额进行某种程度的规范化。瞿同祖同时还指出,地方衙门中吏役们对陋规的收取,实际上并非可以完全随心所欲,而是"多少仍不得不受当地人所共知的习惯之规限"。③不过,瞿同祖的上述说法过于笼统,有许多细节皆未进一步予以阐明,例如他所称的"当地人所共知的习惯"具体指的是什么、如何形成以及主要又是依靠哪些力量加以维护,还有这些陋规的通常收取数额是多少,仍然并不清楚。因此,有必要结合更多的清代案例和事例,来对当时这些构成诉讼费用之主要部分的司法陋规细加探讨。

---

① 《谕旨》,载《东方杂志》第6卷第3期(1909),第31页。
② (清)黄六鸿:《福惠全书》,清康熙三十八年(1699)金陵濂溪书屋刊本,卷3,"革陋规",载《官箴书集成》(第3册),黄山书社1997年版,第257页;(清)方大湜:《平平言》,清光绪十八年(1892)资州官廨刊本,卷1,"陋规",载《官箴书集成》(第7册),黄山书社1997年版,第610页。"陋规"一词最早见于南宋时期,《辞源》中将其解释为"历来相沿的不良成例,特指贿赂需索"。参见《辞源》,商务印书馆2002年版,第3267页。
③ 瞿同祖:《清代地方政府》,范忠信、何鹏、晏锋译,新星出版社2022年版,第36—38页。

第四章 "讼费高昂"话语及其表达性现实

一、清代中后期司法陋规名目及收取数额的局部标准化

以往的大多数研究受到清代官员与士大夫们笔下所刻画的那种贪婪无度的衙门吏役群体形象之影响,往往认为这些被称作"衙蠹"的小人物在承办讼案的过程中,可以肆意地通过收取各种陋规来鱼肉百姓和中饱私囊。但正如白德瑞所注意到的,此种刻板印象背后潜藏着不少夸大其辞的成分,如今需要做一定程度的修正。他利用巴县档案所做的研究表明,在晚清时期巴县衙门里的那些书吏当中,绝大多数典吏的案费年收入上限约为300—400两银子,而经书们可能的案费年收入,则大概是前述典吏所得的 1/3 至 1/2;差役们的案费收入总体上比书吏们的要低,领役们的案费年收入上限约为 100—200两银子,总役们的年均案费收入差不多是领役们所得的 1/3 至 1/2;此种案费收入水平,虽然能让这些吏役们在当地维持还算过得去的生计,但通常不大可能借此发大财。白德瑞提醒我们尤其需要注意的是,不仅有许多知县会在其上峰的压力之下,想办法将司法陋规的名目及其收取数额,限制在某种对于官员乃至当地百姓而言相对来说尚可以容忍的标准之内,而且,由于许多吏役将自己在衙门中的这份工作视作长期的生计,吏役们也在其内部制定了并奉行着一些关于案费收取标准的"房规""班规",以避免自己群体内部某些毫无节制之人在案费收取方面贪索无度而招致县官的惩处,结果可能连累到其他吏役也无法在衙门中长期待下去;此外,地方上的士绅们基于捍卫乃至扩张自己在当地事务中所具有的权威的实际目的,常常以为民请命的姿态向知县请愿,推动将吏役们向涉讼人等收取的案费种类及其数额加以某种程度的标准化,而此方面的具体例子至少包括,同治八年(1869)年时巴县地方士绅与知县就案费收取标准进行协商后所定立的一纸规定,在光绪三年(1877)又获得时任知县的认可,被

刻在立于巴县境内各处的石碑之上,以及成立于同治三年(1864)的巴县三费局在光绪五年(1879)奏请川东道道台并获准,将当地吏役可收取的案费数额标准,刻在一通立于巴县衙门大门口的石碑之上,供当地民众周知。① 由此来看,此类将吏役承办讼案过程中向涉讼人等收取的规费进行某种程度的规范化、标准化的做法,常常与知县、地方士绅的共同推动密不可分,甚至吏役群体本身也可能主动做出了某些配合。

事实上,不仅同光时期的巴县如此,在19世纪中期以后清帝国境内的其他许多地方,也可看到不少与此相类似的做法。在此方面,四川地区在全国范围内尤其先行一步,乃至于后来该省的一些地方在定立书役规费章程时,称"川北各属早年均议有书役规费通禀在案"。② 此言非虚。例如时任四川按察使的牛树梅在同治元年(1862)的一道札文中说,四川射洪县衙门先前曾在杨姓知县的主持下,定立了书役规费章程,对当地县衙吏役收取词讼规费的做法予以约束,该章程后由四川总督下令抄发全省各衙门,并通饬照此办理,但因"迄今日久,具禀遵办者绝少",故而牛树梅下令重申明定章程以限制吏役逾额妄取规费,要求川省各地方衙门邀集当地士绅速为筹办。而四川各地的士绅们则纷纷上书,强烈请求官府下令将射洪县昔年所定的15条书役规费章程在各地立碑公示。牛树梅在回应上述请求时,虽然将士绅们这种在他看来属于"纷纷越呈"的做法斥为"迹近挟制",但仍指示各地方衙门要与本地"公正绅粮各就射洪十五条斟酌损益,务求妥善,再为立碑垂久之计"。牛树梅在做出上述回应时还透露,在射洪知县定立书役规费章程之前,同省的安岳县更早出台了

---

① 〔美〕白德瑞:《爪牙:清代县衙的书吏与差役》,尤陈俊、赖骏楠译,广西师范大学出版社2021年版,第325—400页。
② 鲁子健编:《清代四川财政史料》(上),四川社会科学院出版社1984年版,第568页。

类似的章程,二者在内容上相比"互有增减"。① 包括安岳、射洪两县衙门在内的一些川省州县衙门在此方面的先行做法,后来经常被其他衙门在陆续定立书役规费章程时加以提及。同治四年(1865),四川荣昌县衙定立书役规费章程,并刊碑示众。后来铜梁县士绅周象乾在向当地县衙具呈请求整顿吏役陋规时,便将荣昌县所定的这份书役规费章程的内容一并附上,希望铜梁知县也能加以效仿。后经铜梁知县请示四川总督,由四川总督下令将荣昌县所定书役规费章程发给省内各地方衙门,命各地方衙门以此作为参考,来约束吏役办案时向原被告收取规费的行为。同治九年(1870)正月底,重庆知府将四川总督下发的附有荣昌县所定书役规费章程的札文转饬巴县知县,要求照章施行。②

不仅是四川,全国其他不少地方在道光朝以来也出台了类似的章程。道光二十五年(1845)十一月,广东恩平县的一众读书人联名向当地官府上书,请求对当地衙门吏役所收的司法陋规加以规范化,并于次年获知府批准,后来恩平县衙将知府批行的那些条款勒石为禁。而那些被刻在石碑之上、可由民众查看的准行条款,其具体内容总体上都试图将衙门吏役向当地百姓收取的各种陋规及其数额加以标准化,例如规定"户婚田土等案,奉票到乡传唤,限承差二名,共支开票钱贰百文。其饭食工钱,自十里至三十里,每名给钱贰百文,四十里至六十里,每名给钱三百文,七十里至百里,每名给钱四百文。无论远近,俱不得索取轿钱船钱",并且许多条款在其结尾处还强调说,日后

---

① (清)牛树梅:《省斋全集》,载《清代诗文集汇编》(第604册),上海古籍出版社2010年版,第624—626页。
② 巴县档案,"川督批发《书役规费章程》,通饬书吏差役办案向被告原告照章收费,重庆府札饬巴县照章施行",档案号:清6-23-01300。

若有吏役胆敢违反这些条款,则当事人或当地绅耆可向知县指名禀究。① 同治五年(1866),陕西洋县当地的一群士绅,将经过知县批准后的禁弊章程的内容勒石为禁,以期限制当地吏役在承办公务时向百姓过度需索,其中有许多条规定便是专门针对司法陋规的,例如其中有一条称:

> 词讼凡属婚姻、田土、帐债,俱为民间正案,只准其取保听审,无须管押,并无费钱之例。陋规有书役官号一项,已系额外索求。查乱后凡遇词讼,原差传唤,动辄六人,甚至九人、十二人,与乡约串通舞弊,往往草鞋钱数串,口案钱数十串,官号钱多者甚至八九十串,少者亦不下三四十串。此等恶习,殊堪痛恨。嗣后仍照旧,每案照八股派钱,赤贫之家,不得拘定数目,即殷实者,一案至多不过三串二百文,送案到单钱在外。原差一班只准一名,五十里路者,每名给口食钱一百文。百里外者,按路远近照算,发给口食,不得复索草鞋、口案等钱。如多取者,以诈赃告发究办。②

光绪朝以来,此类以地方官府定立专门章程、勒石为禁等方式,将衙门吏役可收取的司法陋规名目及其数额加以某种程度的规范化的做法,在全国许多地方都可见到。

四川省内各地尤其如此。例如光绪三年(1877)四川梁山县成立三费局后不久,知县因三费局的局绅们所请,参考同省垫江县仿效安岳、射洪两县而行的做法,专门制定并发布了书役条规,对在讼案送审、知县批出传票、差役下乡传唤、词讼结案具结等诉讼过程各环节当

---

① 《奉宪严禁碑刻》(该碑现存广东省恩平市博物馆),载谭棣华等编:《广东碑刻集》,广东高等教育出版社2001年版,第440—442页。
② 《洋县正堂为民除弊碑》,载陈显远编著:《汉中碑石》,三秦出版社1996年版,第301—303页。

中,原被告双方各自须交给吏役的规费之标准加以明确,例如具体规定"民间词讼等案件,凡批准出票,勿论名数多寡,总以一票而论。原告出钱贰千文,被告出钱叁千文,共计钱五千文,交轮内首领拨差,原差收领。其铺堂礼仍照旧规钱数,均着原被告各给贰百文,共计钱肆百文,不得格外多索"。① 在四川蓬溪县,时任知县宋家蒸在光绪七年(1881)定立书役规费章程,然该章程未及刊行,宋家蒸便离任,后来饶榆龄于光绪十一年(1885)任当地知县时,铸造了一通铁碑立于县衙当中,在上面列出吏役可收取的规费数额,以落实四川总督丁宝桢"通饬每案以五千为限"的要求。根据该铁碑上面所刻的那些规定,此后民众到蓬溪县衙打官司时,"两造之所费始卒不及五缗"。此铁碑规费之章虽未行多久便遭废止,但光绪二十二年(1896)时潼川知府下令对上述条规加以重申,要求其下属各衙门照此遵行。光绪二十四年(1898)时,四川蓬溪县当地士绅上书县衙,请求仿效实施同省内江、邻水两县的司法规费收取标准。蓬溪知县认为该收取标准稍低,于是在其基础上略增数额后,定立了二十余条规费章程,自当年十二月初一起施行。该规费章程详细列出了吏役可收取的司法规费名目及具体收取方式与数额,规定"每一案原被告给役头钱各三千,给房书送案开单钱各一千,给唱名钱百,给送审钱各一千四百八十,给茶房小班五顶人钱二百,共五千七百八十",上述各项,原被告须如数交给当地三费局,由团保、局绅照章代收。除此之外,其他不通过三费局转收的费用则包括,"给承发房格式钱八十,给传呈钱二百五十及值日役钱百,给侧门钱八十,又侧门帮贴外监粥食钱一百六十。批准随堂带讯者,给房书开单钱五百,役钱五百。书件或察勘,两造各给辛力钱一千,五十里内者给夫马饭食钱六百。传役以一里各给钱二文为率,皆路远照加。临验命盗及道毙等费,由三费局支,不另索。送盗于县,

---

① 《梁山县志》,清光绪二十年(1894)重刊本,卷3,第14页a—20页b。

给房书开单钱百,役钱二百。两造和息请销,共出钱二千四百"。蓬溪知县声称按照上述标准所收取的规费,总共加起来比根据先前的铁碑规费之章所须缴纳的要少了1/5,"自是当无以讼破其家者乎"。① 光绪二十四年(1898),四川三台县知县奉潼州知府之命,将后者奏准后颁行的18条书差规费条规刻碑立于县衙大堂之侧,对吏役承办讼案过程中可收取的规费名目及具体数额加以规范化,例如规定"词讼案件送审,向有送案钱文,今议定原、被告各出钱一千五百文,不准多取"。② 由上可知,此种通过定立专门章程对吏役所收司法陋规加以某种约束的做法,在四川各地由来已久。正如宣统元年(1909)四川总督向全省各地方衙门下发新定的讼费章程时所说,该省自丁宝桢任总督时开始定立讼费章程并责令各地方衙门遵办以来,"迄今已将三十余年"。③

在四川地区之外,光绪朝以来全国其他不少地方也通过各种形式,力图对衙门吏役收取司法陋规之举加以适度规范化。例如光绪七年(1881),浙江宁波知府自称鉴于当地慈溪县"书役恣横,讼费开销极大",于是专门面向慈溪当地的吏役及百姓们发布了一份文告,规定"此后官出牌票,必须差役自己赴乡,不准以白役、军犯、烟摊、伙友代往,不准浮索牌费至数千文之多,不准另有行牌后眼挂牌诸名目,不准以一差为一脚、按脚索费及加二后眼等名目,不准另有讯费以开销名目,不准带有人伙计堂烛名目,门稿、值堂、跟班不准需索一文,亦不准差役代索,歇家饭钱应与寻常饭铺,一律不准每名每日索饭钱至数百文之多。代书写结、用戳、堂招、房钞、录呈词底稿堂断,多寡随人

---

① 《蓬溪县续志》,清光绪二十五年(1899)刻本,志第八,"职役",第39页a—42页a。

② 鲁子健编:《清代四川财政史料》(上),四川社会科学院出版社1984年版,第566—568页。

③ 《四川官报》,清宣统元年(1909)八月中旬,第24册,"公牍类",第5页。

断,不准需索至二元以外。传呈名目,永远革除",并强调"以上各事,如有违犯,许被索人立禀府县,将浮索之人提案,从重治罪"。① 同样是在浙江,绍兴府余姚县知县在光绪十六年(1890)定立了10条讼费条规,责令合邑人等一体遵行,例如规定"本县审理一案,所有原被两告共给堂习钱二千四百文,原告出钱一千六百文,被告出钱八百文,多索者即准原被两告当堂指控"。② 光绪年间,海南昌化县知县声称当地自咸丰、同治两朝以来就有讼规一项,并且涉讼人等所须交出的司法陋规数额后来有增无减,"每递一呈,无论原被告,均缴规钱三四串或五六串不等,其批令调息及准传讯复经和息了事者,亦如之",而自己到任后,除了严令县衙的门丁、书役不得借机向当事人需索陋规外,"所有前项规钱,概不收受",并在申报上司并获准后,"勒石永远裁革"。③ 在陕西,安康知县于光绪二十四年(1898)专门立碑,其中规定差役传唤涉讼人等时可收取的"草鞋钱"为"每案给钱三串贰百文",而旬阳知县则在光绪二十七年(1901)立碑重申兴安府知府先前颁发的规定,其中包括"传唤人证,每案草鞋、口岸钱不得过三串"。④ 甚至在清代一些地处偏远的少数民族聚居地区,到了光绪朝时也出现了试图将当地讼费收取标准加以规范化的做法。例如在甘肃舟曲的一通立于光绪二十四年(1898)正月的碑石上面,刻有当时当地官府所定的除弊章程共10条,其中的第8条就是直接与词讼规费有关:"民间投告词讼,向有讼费。近来任意需索,以出钱多寡为胜负,番情因此不服。今予明定限制,其繁要事件,两造各有不是,审断平允,两造各

---

① 《慈溪县志》,清光绪二十五年(1899)刻本,卷2,第38页b。
② 《酌定讼费示》,载《申报》1890年9月14日,第2—3版。
③ 《昌化县志》,清光绪二十三年(1897)刻本,卷11,"记事·讼规",第7页a—9页b。
④ 李雪梅:《法制"镂之金石"传统与明清碑禁体系》,中华书局2015年版,第197页。

出讼费大钱一千。若审系一家无理,专归无理之人出费二千,一切开销在内。寻常户婚田债细故,减费一半,总管评讲词讼,照长限例,再减一半。"①

在光绪朝以来全国各地的此类实践当中,直隶总督袁世凯在天津改革讼费陋规的做法,其影响尤大。袁世凯于光绪二十六年(1900)到天津上任直隶总督后,便令天津县自当年八月起改革吏役积弊,并酌定讼费标准。天津县衙门当时奉命所定的讼费标准为,"应需工食银两,酌收讼费,按月开支。讼费画分三等,上户限交制钱十千,中户八千,下户六千,令理曲者当堂交纳,贫户酌量免缴。和息案交钱十六千。遇有控追欠债,统按追出之数,酌提一成作为公费,并将限定数目悬示晓谕,俾众周知,以免额外需索"。此做法施行半年多后,袁世凯在光绪二十七年(1901)四月上奏朝廷,声称天津"民间乐于去弊,且有定额,莫不甘心输纳,交口称便","官无废事,役无贪索,民无旷业,已著有成效",故而恳请朝廷将上述讼费章程在全国其他地方加以推广。② 天津县的这一做法,当时不仅被《申报》等社会影响力很大的报纸加以报导,③而且确实成为全国其他一些地方在此方面进行改革时所效仿的对象。例如在后来黑龙江将军向朝廷上奏的18条章程中,其所采取的那些"明订讼费,以杜讹索"的具体做法,便是仿照直隶总督袁世凯先前所奏定的讼费收取章程,同样将讼费划分为三等,只不过结合了本地情况稍加调整,规定"酌收上户中钱三十吊,中户中钱二十吊,下户交中钱十六吊,贫民酌量免交。和息案亦分三等,上户交中钱六十吊,中户交中钱五十吊,下户交中钱四十吊,

---

① 景山:《两方关于土司管辖地区行政条规的石碑》,载《档案》1990年第6期,第30—31页。
② (清)朱寿朋编:《东华续录(光绪朝)》,清宣统元年(1909)上海集成图书公司本,光绪一百七十八,第13页a—13页b。
③ 《酌定讼费》,载《申报》1902年10月10日,第1—2版。

贫者酌减。遇有控追欠债,统按追出之数酌提二成,作为办公经费",黑龙江将军称自己业已饬令全省各衙门皆照此办理。① 袁世凯20世纪初在天津酌定讼费标准并付诸实施的前述做法,可被视作他后来在天津试办审判厅,并于光绪三十三年(1907)年出台包括讼费规则在内的《天津府属试办审判厅章程》的前期摸索阶段。《天津府属试办审判厅章程》当中所规定的那些讼费规则,②有相当多的内容就是在总结当地衙门先前做法之经验得失的基础上加以革新。而《天津府属试办审判厅章程》当中的讼费规定,则成为同年朝廷法部起草《各级审判厅试办章程》中关于讼费的规定时的直接参考对象。

二、司法陋规被加以某种程度的规范化之效果的两面性

如前所述,大致从咸丰朝以来,一些地方官府便开始针对衙门吏役收取各种司法陋规的做法加以某种程度的约束。当时有官员声称,收取司法陋规的做法,不仅容易导致在吏役当中滋长腐败,而且还会严重拖累民生,故而应彻底禁绝。前述提及的陕西道御史程伯銮在嘉庆二十三年(1818)上书皇帝请旨查办川省积弊时,便是如此认为。他在详细描述了川省各州县衙门中存在的司法陋规名目后,主张应由四川总督严令该省内各州县衙门将这些陋规一律禁绝,嗣后若还

---

① 《大赉县志》,民国二年(1913)钞本,"政治·吏治",第26页b—27页a。
② 光绪三十二年(1906),袁世凯在天津筹备各级审判厅,令人拟成《天津府属试办审判厅章程》,不仅在同年十一月出版的《北洋法政学报》上刊登,而且将该章程"饬令印刷,分发津府各属,责成宣讲所逐条讲演,俾民周知,并先期演习,务令与章程一一吻合,以儆向来含混隔膜之风"。次年二月初十在天津试办的由乡谳局、地方审判厅和高等审判分厅共同组成的三级审判厅,便是按照此章程中的相关规定加以落实。《天津府属试办审判厅章程》的第四编为"讼费规则",该编依次规定了印纸费、承发吏规费、杂费和保证细项(第130条至第146条)。参见《天津府属试办审判厅章程》,载《北洋法政学报》第10册(光绪三十二年十一月上旬),"法令一斑",第1—38页;《直隶袁宫保批准审判章程》,载《申报》1906年12月23日,第4版。

有吏役向涉讼人等需索此类陋规,一经告发,便要从重惩办,认为如此一来,则"积案可以速靖而讼风亦稍息矣"。① 此类主张彻底禁革司法陋规的观点,也为其他一些官员所分享。例如道光年间曾任巴县知县的刘衡,认为陋规有可收者和必不可收者两大类,其中那些"大抵出之民者,或牵涉讼案者,必不可收",尤其是像命案夫马钱、两造出结钱、代书戳记钱及坐堂礼之类的陋规,"皆出于民而又牵涉讼事,则分毫不可收受,必须革除罄尽,乃可保富而安民"。② 光绪七年(1881),湖南凤凰直隶军民府知府在呈交给其上司的一份禀文中声称,自己在到任后,便将传词费、到单费、铺堂费、具结费等司法陋规"概行禁革"。③

但也有许多清代官员意识到,由于衙门吏役的薪金非常微薄甚至几乎等于没有,④倘若要求这些人饿着肚子为公家办事,则既不近人情,也不符合实际,故而对于衙门吏役收取词讼规费的做法实际上无法完全禁绝,务实的改革之法只能是通过对词讼陋规的名目及其收取数额进行某种限定,来对吏役们在承办讼案过程中可能存在的肆意需索行为加以约束。例如光绪年间海南昌化知县在一份裁革讼规告示中明确写道:"自示之后,凡有词讼案件,无论告诉,一切陋规,本县概不收受。至家丁书役人等,原难枵腹从公,今照从前应有规费,亦各减二成,以资糊口,此外概不准格外勒索。如有指官为名、勒索乡愚并造言撞骗借端吓诈者,准即来辕指名喊告,本县定当拘拿严究。"⑤而刘汝骥在光绪三十三年(1907)出任徽州知府后,向当地官设

---

① 《陕西道监察御史程伯銮奏折》,载四川省档案馆、四川大学历史系编:《清代乾嘉道巴县档案选编》(下册),四川大学出版社1996年版,第221页。
② (清)刘衡:《蜀僚问答》,清同治七年(1868)年江苏书局牧令书五种本,"陋规有必不可收者,革陋规之法",《官箴书集成》(第6册),黄山书社1997年版,第154页。
③ 《凤凰厅续志》,清光绪十八年(1892)刻本,卷16,"通禀",第5页b。
④ 瞿同祖:《清代地方政府》,范忠信、何鹏、晏锋译,新星出版社2022年版,第63—67、89—91页;吴佩林、白莎莎:《清代州县书吏薪金变化及其原因》,载《江汉论坛》2017年第7期,第95—101页。
⑤ 《昌化县志》,清光绪二十三年(1897)刻本,卷11,"记事·讼规",第7页a。

代书、衙门承发房的书吏发布文告，称"在官人役因讼索费诚所不免"，要求代书们将自己给人缮写呈词时收取费用的数额，承发房书吏将挂号费及各房发行费、值日差费的收取数额，都一一据实向他禀明，由他权衡后确定可收取的数额标准，如此则"尔书役等原不能枵腹从公，凡我百姓亦不致因讼受累，与者、受者皆可告人，此两利之事也"。①

经过全国一些地方衙门不同程度的整顿，在清代后期，词讼陋规的名目及其收取标准在一些地方获得了某种程度的规范化，但是，仍然名目众多，数额不低，且在实践中无法皆被所有吏役严格奉行。② 这在清末各地奉旨调查诉讼习惯后上呈朝廷的报告书中，有较为集中的整体呈现。③

---

① （清）刘汝骥：《陶甓公牍》，梁仁志校注，安徽师范大学出版社 2018 年版，第 3—4 页。

② 瞿同祖：《清代地方政府》，范忠信、何鹏、晏锋译，新星出版社 2022 年版，第 37 页。

③ 在清末由修订法律馆和宪政编查馆共同组织指导的全国性习惯调查之中，各地被要求调查呈报的事项，除了诉讼习惯之外，还有民情风俗、绅士办事习惯、民事习惯和商事习惯等其他四项内容。关于清末习惯调查的总体背景介绍，参见张勤、毛蕾：《清末各省调查局和修订法律馆的习惯调查》，载《厦门大学学报》（哲学社会科学版）2005 年第 6 期，第 84—91 页；眭鸿明：《清末民初民商事习惯调查之研究》，法律出版社 2005 年版。关于清末诉讼习惯调查的专门介绍，参见江兆涛：《清末诉讼事习惯调查与清末诉讼法典的编纂》，载《法律文化研究》（第 5 辑），中国人民大学出版社 2009 年版，第 491—502 页。与清末的其他习惯调查资料命运相似，当时的诉讼习惯调查资料如今基本都已散佚，只有少数几种尚见存世。张松多年前曾指出，"在目前有记录可查的诉讼习惯调查资料，仅有三种：石孟涵辑《广西诉讼事习惯报告书》（宣统二年）、《调查川省诉讼习惯报告书》、《山东调查局商事民事民刑诉讼习惯报告书》"。但根据日本学者西英昭多年来搜集的信息，现存中国、日本等地的清末诉讼习惯调查资料不止此数，至少有：《山东调查局民刑诉讼习惯报告书》《调查川省诉讼习惯报告书》《广东省调查诉讼事习惯第一次报告书》（以上均现藏于中国社会科学院法学研究所图书馆）；《法制科民情风俗地方绅士民事商事诉讼习惯报告调查书稿本》（现藏于北京大学图书馆）；《惠来县民情风俗民暨绅商诉讼事册》（现藏于中山大学图书馆）；《法制科第一股调查诉讼事习惯条目（第四册）》（现藏于京都大学人文科学研究所图书室）。参见张松：《关于清末诉讼习惯资料的初步整理与研究》，载《法律文献信息与研究》2012 年第 1 期，第 2 页；西英昭：《近代中華民國法制の構築：習慣調査・法典編纂と中国法学》，九州大学出版会 2018 年版，第 70—80 页。

据清末《山东调查局民刑诉讼习惯报告书》的编纂者指出,在此次调查诉讼习惯的过程中,由于州县官们多不愿将讼案规费的情况据实相告,而旁人通常又无从得知,故而只能调查到一些大概的情况。① 不过,即便此次调查所悉情况并不全面,从《山东调查局民刑诉讼习惯报告书》中罗列的内容来看,讼案规费名目相当之多。《山东调查局民刑诉讼习惯报告书》将这些费用分为六大类,即关于起诉者、关于差传者、关于堂讯者、关于拘留者、关于判结者和关于和息者的费用,并列举了上述各项费用的大致收取数额与所收费用归谁所有。其中仅被归入"关于差传者"一类的就有 5 项,其具体名目分别被唤作"差役费""该管房费""买嘴费""总役费"和"了票费"。比如这里所说的"买嘴费",又名"书差酒饭费",需要交京钱二三千文不等(京钱为当时山东省惯用的一种铜钱,每两文合制钱一文)。《山东调查局民刑诉讼习惯报告书》的编纂者还提醒说,当地衙门吏役常常视诉讼当事人之贫富程度而相应需索不同数额的司法规费,并且在索取之时常常先只以小数目相告,由此可能造成虽然口头声称只要交 100 文但实际上随后却勒索了 1000 文的情形,因此,该报告书上所写的那些数目只是一个大概区间。②

在清末四川调查局呈送的《调查川省诉讼习惯报告书》中,也设置了专门的文字对该省百姓赴官府衙门诉讼时所需交的费用情况予以记载。在被称为"案费"的一项之下,该报告书的编纂者通过将其

---

① 被《山东调查局民刑诉讼习惯报告书》置于书首的内容,是以山东调查局名义向上呈报的《送抚院民刑诉讼习惯报告书详稿》。其中写道:"……伏查宪政分年筹备事宜单,宣统二年各省审判厅一律成立。"由此可知,这份报告书的成稿时间当在 1909 年至 1910 年之间。此时相距将"讼费"明列为一节的《各级审判厅试办章程》颁布之日,至少已有近一年的时间。

② 《山东调查局民刑诉讼习惯报告书》,"民事诉讼习惯"部分第一章"诉讼费用"第一节"关于诉讼之公费"。

第四章 "讼费高昂"话语及其表达性现实

细分为23个小问题,以问答的方式对相关情况予以具体说明,其中包括费用名目及其收取的大致数额,并且还另以图解的直观方式予以展示。如前所述,四川省内最晚从同治朝开始便有一些地方衙门采取了某些整顿司法陋规之举,但从这份报告书所记载的情况来看,当地百姓打官司时实际需要交纳的费用,无论在名目、种类还是数额上,似乎都很难看出后来有彻底的改观,而且无论官司胜负,对两造来说皆是一大笔数目的支出。例如根据该报告书中第十项关于"案费"的记载,在回答"给差费时有无各种名目及一定之惯例"这一问题时,其下所写的回答为:"差费名目烦多,种种不一。兹据各属报告,录其最普通者于左:(1)双方付给者六:甲、票钱;乙、路费;丙、草鞋费;丁、下马饭钱;戊、烟茶钱;己、带案礼。(2)败诉付给者三:子、看押钱;丑、开锁钱;寅、口食钱。(3)胜诉付给者惟喜钱一项。至于治酒、延宴、书差与否,悉听当事者之自由。然对于普通人,几为一定惯例。"此外,《调查川省诉讼习惯报告书》第十项"案费"下的第14个问答,更是直接谈到铺堂礼这一典型的司法陋规。针对"堂礼之定额若干?有无一切陋规及各种名目?"这一问题,该报告书给出的回答是:"川省各属诉讼,堂礼定额不一。分述其大要如左:(一)至少者二千二百文;(二)至多者四千文。此外如附加之一切陋规及各种名目,各属俱有。分述如左:(1)站堂钱;(2)看门钱;(3)唱名钱;(4)录供钱;(5)茶房钱;(6)带案钱;(7)提刑钱;(8)少数钱;(9)换毛钱;(10)灯油钱。"①

张勤以清末奉天省昌图府、复州的《调查诉讼事之习惯》《调查司

---

① 《调查川省诉讼习惯报告书》,第十项"案费"。该书由四川省调查局法制科第一股股员李先珠编辑,现藏于中国社会科学院法学研究所图书馆。该报告书的点校版,作为附录收入吴佩林:《清代县域民事纠纷与法律秩序考察》,中华书局2013年版,第407—429页。

法行政之沿习利弊》等报告书为主要资料,在对两地衙门在诉讼过程中各自所收取的费用名目及数额进行研究后,归纳指出,"收取的诉讼费用有状纸费、路费(车马费、传呈费)、结案费(和息费)、尸厂费、踏勘费,其中又以尸厂费最重,而铺堂费等项目则并不存在。各地在收取数量上也并不完全统一,结案费一项便是例证。"更具体来说,关于昌图府的情况,在报告书中同时记录了其具体数额的讼费名目至少有:(1)状纸费。在光绪三十一年(1905)改革之前为每张交东钱2吊200文(约合0.18两市平银),光绪三十一年(1905)改革之后则为每张交银圆8角,并易名为"投状费";(2)结案费(以判决方式结案而收取的费用)。光绪三十一年(1905)改革之后,分三等收取,其中上等收制钱8吊(约合市平银0.67两)、中等收制钱6吊(约合市平银0.5两)、下等收制钱4吊(约合市平银0.33两)。与昌图府的上述情况相比,复州当地衙门收取的各项诉讼费用,似乎都要高出不少。例如根据报告书中对复州当地结案费、和息费具体收取数额的记录,在光绪三十一年(1905)改革之前为东钱62吊500文(约合市平银4.16两),在光绪三十一年(1905)改革之后则变为市钱50吊(约合市平银3.33两),亦即几乎是同时期昌图府此项司法规费收取数额的五到十倍。即便当事人后来是以和息的方式结案,复州官府衙门收取的和息费,也高达市钱60吊(约合市平银4两)。①

除了清末之时各地诉讼习惯调查报告书中的上述记载,当时一些省份还在报告本省财政情况的资料当中对此加以记录。例如宣统年间印制的《福建财政沿革利弊说明书》一书,不仅总体介绍了该省各府厅州县所收状纸费的情况,称"各州县收受呈禀及诉讼堂礼所收之费,均系胥差丁役办公之用,并无缴官",而且还将调查所得的该省

---

① 张勤:《从诉讼习惯调查报告看晚清州县司法——以奉天省为中心》,载《南京大学法律评论》(2012年秋季卷),法律出版社2012年版,第93—95页。

第四章 "讼费高昂"话语及其表达性现实

各地衙门诉讼费、状纸费的具体收取数目,通过列表的方式加以展示。①

表2　宣统年间福建省内各府州县衙门所收诉讼费和状纸费数额概况

各属	诉讼费	状纸费
福州府	期呈每张一两一钱九分五厘,喊禀一两九钱一分二厘	每张三分四厘
福防厅	期呈每张四百文,堂礼三元至三元六角	
平潭厅	传呈每张一元九角,期呈七角五尖,堂礼每案三元八角四尖	
闽县	期呈每张四百文	每张三分七厘五毫
营前县丞	传呈每张三百四十文,期呈二百文,堂礼每堂八百文	每张五十文
侯官县	期呈每张五百文	每张六分二厘
长乐县	期呈每张一百文	
福清县	喊呈、期呈每张各三百六十文,堂礼每案二元五角	每张六十四文
连江县	喊呈每张六百四十文,期呈二百四十文,堂礼每案一千二百文	
罗源县	期呈每张三百一十文,堂礼每案四百五十文	每张四分
古田县	期呈每张一百三十五文	
水口县丞	呈禀每张五百文,堂礼每次四百文	每张三分五厘
屏南县	期呈每张五角,堂礼每案四十角	
闽清县	期呈每张三角一尖,堂礼每次三千六百文或四千八百文	每张一角三尖
三都同知	红白禀每张七百二十文,堂礼每堂八百文	
霞浦县		每张八十文

---

① 《福建财政沿革利弊说明书》,清宣统间铅印本,"杂款类",载北京图书馆出版社影印室辑:《清末民国财政史料辑刊》(第12册),北京图书馆出版社2007年版,第429—434页。

(续表)

各属	诉讼费	状纸费
福鼎县	期呈每张四百三十二文,传呈一千七百二十文,堂礼每礼八元五角	
福安县	期呈每张五角,传呈六角,堂礼每次三十六角	
寿宁县	期呈每张六百八十文,堂礼每次二十八角	每张一百二十文
延平县	期呈每张七百四十文	每张六十文
上洋通判	期呈每张三角二尖,传呈六角四尖,堂礼每堂三元	每张七分
南平县	投呈每张二元,期呈一元,堂礼每堂三元四角	每张六十四文
顺昌县	传呈每张二元六角,期呈一元,堂礼每堂二三元至十余元	每张六十四文
将乐县	期呈每张四百文,堂礼不定	
沙县	期呈每张七钱,堂礼每堂三千二百文或一千六百文	
尤溪县		
建宁府	期呈每张二百七十文	每张八十文
建安县	期呈每张七百文	
瓯宁县	传呈每张八百文,堂礼每堂二千四百二十文	每张收纸料价二百七十七文,又代书戳费七百九十五文
岚下县丞	期呈每张八十文,传呈一百六十文,堂礼每堂一千二百八十文	每张八十文
麻沙县丞	传呈每张三百二十文,堂礼每堂二元四角	
建阳县		收费一分
崇安县	期呈每张八百文,堂礼每堂二两四钱	每张收料价六分八厘
浦城县	期呈每张一元,堂礼每次一元二角	每张九十文
松溪县	新呈一张六百三十文,旧呈五百三十文	
政和县	期呈每张三百文	
邵武府	期呈每张一两二钱,堂礼一次六千四百文	每张一百文

(续表)

各属	诉讼费	状纸费
邵武县	投呈每张十角,期呈五角,堂礼每次一千文	每张一角
光泽县	新呈每张一千二百文,旧呈八百文,诉呈一千六百文,堂礼每堂二千七百文	每张一百文
泰宁县	期呈每张三分,传呈六分	每张三分
汀州府	每呈一张一两二分,堂礼一两四钱	每张六十文
长汀县	新呈一张四钱四分九厘,旧呈三钱六分一厘,每张另收挂号二角,堂礼每堂二元一角	每张三十文
清流县	期呈三角,堂礼二两	
归化县	传呈每张八百文,期呈二百文,堂礼二千四百文	每张一百文
连城县	期呈每张一钱四分,传呈六钱	每张二分
武平县	期呈二钱八分,堂礼每堂[此处缺字,原文如此]	每张四分
永定县	传呈每张一两七钱二分八厘,期呈戳记费每张一钱零八厘,堂礼每次一两八钱	每张七分二厘
云霄同知	传期呈每张收戳费工料银一钱八分,堂礼每次九百六十文	
龙溪县	堂礼每堂一元六角	每张三钱六分八厘
漳浦县	呈词一张五角,另收学堂费一角	
海澄县	期呈每张四百五十文,堂礼每堂一千二百文	每张三分
南靖县	呈词每张九角	每张五十文
长泰县	期呈收戳费一元三角,喊呈收二元七角,堂礼每堂二元余	
诏安县	呈词每张五百文,堂礼每次一千余文或数百文	
龙岩县	期呈每张二百八十文,喊呈一千三百四十文	
溪口同知	期呈二百四十文,传呈四百八十文,堂礼每次三四五元	

(续表)

各属	诉讼费	状纸费
漳平县	期呈每张六角,堂礼五角	每张一百五十文
宁洋县	传呈六角,期呈一百二十文,堂礼五六元	每张八十文
莆田县	喊呈一张一千六百二十文,收戳费二百八十文或二百二十文,堂礼每次二元	每张六尖
仙游县	喊呈每张八百四十文,期呈三百六十文	每张四十文
泉州府	期呈八百文	每张一百文
马家巷通判	喊呈每张一千二百文,期呈一百九十文	每张一百三十文
晋江县	期呈每张八角,投呈二元二角,堂礼每堂一元一角	每张六十文
南安县	新案传呈每张二千一百七十六文,旧案传呈一千一百四十二文,新案期呈一千四百四十五文,旧案期呈一百九十五文,堂礼每次五千五百文	
惠安县	期呈每张五角六尖,要呈六角三尖,堂礼三元	每张一百六十文
安溪县	期呈每张一百二十五文,传呈一千四百五十文,堂礼每次四千二百四十文	每张一十七文
永春州	期呈每张三百文	每张四十文
大田县	期呈每张六百四十四文,堂礼每次四百八十文	每张六十文

从上述这些记载来看,当时福建省内各府厅州县衙门的诉讼费收取标准并没有统一,其中一些同样的规费名目,在该省不同地方各自收取的数额相差甚大,例如每张期呈在长乐县只收100文,而在崇安县则要收800文,后者足足是前者的八倍。此种同一省之内相同司法规费名目的各地所收数额大致标准不尽相同的现象,在清末恐怕颇为常见。例如《广西诉讼事习惯报告书》中便明确说,"就广西诉讼而论,有呈状费,有传提费,有审判费,有抄卷费。其名称则甲地与乙

地各殊,其数额则此属与彼属互异。甚或一县之中,有费用出于无名,纳数逾于定额者。种种流弊,不可名状,非一时调查所能悉"。①

对于前述所介绍的清代中期以来不少地方衙门所定立的那些书役规费章程的实际效果,我们既不能过于高估,但也不可视而不见,或者过于低估。

从某种意义上讲,就诉讼费用对人们是否决定到衙门打官司的直接影响而言,民众心中最为惧怕的,恐怕在于衙门吏役索要的司法陋规据称是个无底洞,亦即心里对此完全没有任何准数。在清末光绪三十二年(1906)沈家本等人起草进呈的《大清刑事民事诉讼法草案》之前,衙门吏役收取司法陋规的做法,从名义上讲乃是属于有违朝廷例禁之事,故而自然不会存在由朝廷颁布的全国性定章与统一标准。就此而言,在缺乏全国性定章的背景下,清代中期以来不少地方衙门自己定立书役规费章程,于其治境内大致划定吏役可收取的司法规费的名目范围及数额标准,并程度不等地付诸实施,可谓是在无(朝廷明文颁布的)章与有(一些地方衙门自己出台的)章、无(全国统一的)度与有(一些地方衙门力图限定的)度之间。这些将讼费名目及其数额在某种程度上加以规范化的地方衙门专门章程,固然无法绝对保证每位吏役都不敢向诉讼当事人收取超出该章程中所定标准之上限的司法陋规,但至少会使一部分知晓些此方面信息的民众,从对司法规费完全无底的那种绝对恐惧中走出来,并多多少少认为吏役如若再敢肆意需索讼费,则州县官将会对其加以约束乃至进行惩戒,从而对照那些章程上所开列的司法规费标准,从经济角度大致盘算比较自己兴讼后可能的讼费花销与若能打赢官司的所得利益孰大孰

---

① 石孟涵辑:《广西诉讼事习惯报告书》,清宣统二年(1910)铅印本,现藏于国家图书馆古籍部。该书末尾写有如下字样:"鉴定者:总办广西调查局翰林院编修颜楷、总办广西调查局提学使司李翰芬、总办广西调查局布政使司魏景桐、总办广西调查局提法使司王芝祥、会办广西调查局候补道陶敦勉,编辑者:法制科员大理院七品小京官石孟涵"。

小,然后做出是否主动兴讼或者在被人控告时是否要奉陪到底的决定。清末《调查川省诉讼习惯报告书》里面与诉讼费用关系最大的那部分介绍(第十项"案费")当中,便在某种程度上对上述情况有所反映。该报告书中先是写道,川省差费"向来并无通章,各属自为规定,且有任书差婪索无厌者",如今虽然已经遵章改定案费,但若遇到对此并不严明用心的长官,"仍不免额外需索之弊",不过现在已经"奉文严饬查禁";接着又称"属书差规费,均系立案刊碑,但积久弊生,违章搕索者往往有之",并给出了诉讼当事人应对此种情形的两种办法,一种办法是"执定章以斥其非",另一种办法则是"指定章以为呈控"。①

而且,一旦对诉讼费用的花销数额有了大致的了解,一些有打官司的强烈意愿的百姓,还可能会在心里比较到不同的衙门兴讼时的预计讼费开销,然后选择到其认为相对而言花费更小的那个衙门去告状。李典蓉在研究清代的京控时指出,有些民众觉得相较于在当地衙门打官司时需要不断给吏役们交纳的各种司法规费,前往京城控告的路费开销毕竟有限,于是选择了其自以为可以降低诉讼成本的京控一途。②关于一些当事人对京控所需费用的认知与其行动抉择之间的微妙关系,1882年(光绪八年)11月21日出版的《申报》上刊登的一篇文章,在谈到为何"京控之案近来日多一日"时亦有侧面提及,据称当时在江北有所谓京控局者,专门以承揽京控为生意,其收取的费用不高,"一纸京控所费,不过数千文,可以直达天听"。③而且,此事在好多年后还被一些人在《申报》上继续提及,认为正是由于有人听闻江北"京控局"承揽一起京控案子时"所费不过二千文",且原告或其抱告均可由京控局雇用,无须当事人自己进京,"事便而价廉,

---

① 《调查川省诉讼习惯报告书》,第十项"案费"。
② 李典蓉:《清朝京控制度研究》,上海古籍出版社2011年版,第256、262页。
③ 《论京控当分别办理》,载《申报》1882年11月21日,第1版。

夫是以江北京控之案为最多,盖彼固视京控为惠而不费之举也"。①

从上述角度来说,清代中期以来,不少地方衙门此类本意在于将讼费名目及其收取数额加以适当规范化以减轻吏役盘剥需索程度的举措,反而会让至少一部分百姓觉得打官司费用的可预见性有了一定程度的提高,由此多少降低了他们对于打官司之经济成本的恐惧,进而很可能导致更多讼案的出现。

第四节 "讼费高昂"话语所蕴含的主客观意涵

清代文献中时常可以见到的那些关于"讼费高昂"的描述,在我看来,与其视之为对当时普遍情况的全部如实反映,不如看作时人所使用的一种包含了多重意涵的话语。这类话语既反映了某种程度上的客观现实性,又潜藏着其书写者和主要言说者一些微妙的主观目的。更进一步来说,与其殚精竭虑地汲汲于考证辨析每一条关于诉讼费用的记载中所说的情况究竟是真是假,或者虚实程度各自如何(姑且先不说这是否能够完全做到),还不如转而思考为何关于清代讼费的记载几乎都不约而同地在突出"讼费高昂"这一点来得更有学术启发性。

一、"讼费高昂"话语反映的客观现实性程度

就其包含了某种程度的客观现实性而言,"讼费高昂"作为清人留下的一种历史书写,反映出当时各地基层衙门实际运作情况的一个重要特点。

清代地方衙门中具体负责承办各种政务的书吏和差役,在其总

---

① 《书酌定讼费告示后》,载《申报》1890年9月17日,第1版。

人数上呈现出明显增长的大趋势,甚至在许多地方都远远超出了朝廷关于该衙门经制吏役的定额。魏丕信(Pierre-Etienne Will)将这种现象视为"明清时期国家机器的扩展"的具体表现之一。① 大量超过朝廷定额的非经制吏役在清代各地方衙门中的存在,主要是由于随着当时社会经济的发展,地方官需要更多的行政办事人手,来协助其实际办理各种纷繁复杂的具体政务。但这些人数急剧扩张的非经制吏役的薪酬,又无法由朝廷下拨地方衙门的那些本就非常有限的经制性经费来承担。② 在这种情况下,各地方衙门便不得不默许其手下吏役们靠向当地百姓收取各种陋规来养活他们自身,以及同时借此获取这些人在日常办公时所需的费用。而在承办讼案过程中向涉讼人等所收取的规费,便是众多陋规当中非常重要的类型之一。清代的一些官箴书中暗示说,由讼民们负担的司法陋规,构成了众多衙门吏役赖以为生的主要生活来源。例如刘衡在19世纪前期声称,巴县虽为词讼剧繁之地,但自己任当地知县以来一直励心治理,半年之后做到了累月无一张词状入衙,结果造成巴县衙门吏役的收入剧减,以至于一年后先后裁退的吏役人数达到六千七八百人之多,最后只留下一百余名吏役。③ 这些司法陋规名目繁多,吏役们往往又"视讼者之贫富,以别索费之多寡",④再加上一些地方官员试图将司法陋规规范化的努力在实际效果上常常不尽如其意,故而不乏在打官司的过程中有些讼民的规费开销加起来颇为高昂的实例,甚至确有一些因此

---

① 〔法〕魏丕信:《明清时期的官箴书与中国行政文化》,李伯重译,载《清史研究》1999年第1期,第6页。
② 有学者详细讨论了清代州县衙门经制性经费总体来看呈逐渐减少的趋势,参见岁有生:《清代州县经费研究》,大象出版社2013年版,第24—42页。
③ (清)刘衡:《蜀僚问答》,清同治七年(1868)年江苏书局牧令书五种本,"先审原告例有专条",载《官箴书集成》(第6册),黄山书社1997年版,第153页。
④ (清)杨毓辉:《中外刑律辨》,载(清)陈忠倚编:《皇朝经世文三编》,清光绪石印本,卷6"学术六",第2页b。

第四章 "讼费高昂"话语及其表达性现实

而倾家荡产者。此类"高昂"讼费给人的印象极深,故而特别容易被时人作为触目惊心的例子进行记录或传述,甚至成为当时一些人进行小说创作时描述打官司过程的印象来源(例如清人李伯元所写《活地狱》一书中的相关描述①)。

不过,在当时各地衙门的那些讼案当中,恐怕还有许多当事人所花的讼费通常不会很低但也不至于高不可攀的情况。易言之,此类当事人在某种意义上将所花的讼费看作打官司的代价,他们通常会对这些为数不少的开销觉得心疼,但还算在自己可以勉强承受的范围之内。这样的情况在清代即便不能说是非常普遍,但也应当并不少见,只是因为给人的印象不深,而没有像某些讼费无比高昂的故事那样被专门提及乃至记录下来。说到底,讼费的所谓"高昂"程度,固然可以用多少文钱、多少两银子之类的绝对数额来加以具体展现,但更为关键的则在于它是否完全超出大部分涉讼的当事人所能承受(哪怕是勉强承受)的经济能力范围。从清代不少地方衙门每年新收的讼案数量常常成百上千来看,②其实际所收讼费的数额,应当不至于都会完全压垮每位前来打官司的当事人。本书下一章中将展示,尤其是在那种至少有一方当事人为多人或团体的案子当中,由于常常是大家一起分摊讼费,故而每人的实际经济负担相对而言会轻许多。更何况从经济理性的角度来讲,在"讼费高昂"的说法广为流传的那种社会氛围之下,除了少数纯粹意气用事而完全不管不顾的民众外,敢于主动到衙门打官司的通常不会是一贫如洗之辈,而往往是多少还有些财

---

① (清)李伯元:《活地狱》,上海古籍出版社1997年版,第3—41页。
② 以同治朝巴县衙门的情况为例。根据夫马进的估算,从现存巴县档案来看,当时正式受理的新诉件数年均为1000—1400件左右。而张晓霞则指出,越到同治朝后期,巴县衙门收到的呈状数量越多,其中同治十年(1871)时的所收新案数量可能已经达到2000件左右。参见〔日〕夫马进:《中国诉讼社会史概论》,范愉译,载〔日〕夫马进编:《中国诉讼社会史研究》,范愉、赵晶等译,浙江大学出版社2019年版,第75页;张晓霞:《清代巴县婚姻档案研究》,中华书局2020年版,第212—213页。

力之人。否则的话，我们将无法很好地解释，在清代许多被认为盛行"健讼之风"的地方，一些先前应该已经有过交纳讼费陋规之经历（亦是教训）的民众，为什么后来还会到该衙门缠讼不已（尤其是趁州县官换任之机试图旧案重翻），甚至多年来与不同的对手打了许多场官司。①

二、"讼费高昂"话语背后所隐藏的主观用意

"讼费高昂"之类的说法，还包含着官员、士大夫这些掌握着书写权力的帝国精英们的某些主观用意。这些微妙的主观用意之间既有许多共通之处，又各自有其具体的针对性。

"讼费高昂"这种话语，首先应当被理解为官员、士大夫们共同宣扬的那套关于衙门吏役腐败形象的整体刻画与说辞的内在组成部分。白德瑞提醒说，在地方精英和官员们认为构成吏役腐败的那些行为当中，恐怕没有其他哪一种会比向当事人收取司法陋规的做法所受到的谴责更加严厉，但在地方精英和官员们这些众口一词的抨击背后，则潜藏着他们各自声讨衙门吏役此举时的不同用意。其中，官员们之所以将吏役收取司法陋规的做法斥为腐败之举，主要是因为此种收取司法陋规的行为被认为公然将作为公共事务领域的司法行政活动与吏役们个人的私利联系在了一起，从而违反了那套被清帝国政府尊奉为国家意识形态的儒家道德哲学；地方精英们之所以反复声称吏役在承办讼案时皆会利欲熏心地向当事人肆意需索高昂的规费，主要是因为他们希望以这种对衙门吏役的绝对负面形象刻画，来反衬塑造自身作为当地民众利益之无私保护者的高尚形象，从而

---

① 例如巴县民众刘元坦及其妻刘王氏在从咸丰十一年（1861）到同治七年（1868）的 8 年时间里面便涉足 12 件诉讼，且其中有许多起都是他们作为原告主动到衙门起诉。参见〔日〕夫马进：《中国诉讼社会史概论》，范愉译，载〔日〕夫马进编：《中国诉讼社会史研究》，范愉、赵晶等译，浙江大学出版社 2019 年版，第 97—105 页。

捍卫自己在当地的社会地位。① 易言之,只要那种关于衙门吏役皆是贪得无厌之辈的刻板形象建构与整体道德丑化尚存一日,那么衙门吏役从当事人那里收取的司法陋规必然非常高昂的模式化说法便不会消失。就此而言,如果说那种针对衙门吏役腐败形象的千篇一律的刻画,从某个角度来看可被视为用来保护特定的利益格局和权力结构的话语武器,那么"讼费高昂"的笼统说法则是这种话语武器最主要的构件之一。

"讼费高昂"这种话语不仅被官员和士大夫们当作建构衙门吏役腐败不堪之总体形象的重要素材,而且更重要的,还被他们用作向社会大众强调为何不可轻易到衙门打官司的主要理由。到了清代,正如本书第二章中所指出的,由于社会经济结构内部发生了重大变化,儒家意识形态中那种推崇"无讼"理想的宣教,已经越来越无法像朝廷所希望的那样强有力地统摄百姓们对于诉讼的态度。而当时用来处理讼案的那套行政/司法体制,正如本书第六章和第七章的分析将指出的,总体上来看却又在故步自封(其典型表现为完全没有在地方上明显增加肩负司法之责的州县官的职位数量),甚至某些方面的制度性实践还朝着不利于讼案有效处理的方向发生变动(例如州县官的实际任期总体上越来越短,导致其在理讼过程中更容易采取各种短期行为)。其结果是越来越多的讼案涌入许多地方衙门当中,而这些地方衙门的理讼能力有限,致使所受理的案件中有相当多都长期积压未结。在这种情况下,除了痛斥当地所谓的"健讼之风",许多官员还希望通过向其治下的百姓们强调涉讼之后将会面临高昂的讼费开销(尤其是衙门吏役各种所谓完全肆意的陋规需索),以这种经济算计意义上的恐吓,来直接打消一些民众为了所谓的细事就到衙门打

---

① 〔美〕白德瑞:《爪牙:清代县衙的书吏与差役》,尤陈俊、赖骏楠译,广西师范大学出版社 2021 年版,第 325—400 页。

官司的念头。从这个意义上讲，就像本书第八章中将详细讨论的那种关于"讼师贪利"的整体形象建构一样，关于衙门吏役皆是惯于肆意需索高昂讼费的负面人物形象刻画，既是"讼费高昂"这一整体叙事的重要组成部分，也是有着某种直接现实目的的话语策略。地方精英们力图通过向百姓们反复申说"讼费高昂"，来突出到衙门打官司的举动将会给涉讼之人带来巨大的经济损失，以此为主要理由劝说乃至恐吓当地民众，在发生纠纷而自己无法解决时，应当首选找地方精英们进行民间调处，来维持乃至强化地方精英对当地事务的实际控制。而官员们之所以宣扬"讼费高昂"，则主要是希望借此唤起百姓们的经济算计之心，来影响后者到衙门打官司的念头和抉择，从而遏制当时总体上正在不断趋于扩大的词讼规模。

　　唯有认识到"讼费高昂"话语主要是面向百姓们而讲，我们才能理解，明明按照清代法律的规定，州县官们负有对其手下吏役严加管束的法定职责，有人还因为对手下吏役管束不力而影响到自己的仕途，为什么却有官员居然公开声称"衙门之中，暗无天日，大抵以词讼为利途，以富户为奇货。百姓一入公门，如同自投罗网，自供鱼肉"。①那是因为，他讲这番话的场合，乃是其所发布的一份专门"劝民息讼以保身家"的告示，看似在自曝犹如活地狱般的衙门内幕，但实际上通过将自身作为有良知的官员的形象与那些贪腐吏役的整体形象切割开来，反而更容易在民众那里获得是在切实为其着想的观感。

第五节　"讼费高昂"话语所反映的表达性现实

　　本章的研究，绝不是要反其道而行之地主张清代人们打官司的

---

① 《凤凰厅续志》，清光绪十八年（1892）刻本，卷16，"告示"，第1页a。

第四章 "讼费高昂"话语及其表达性现实

花销很低(当时的讼费对于普通百姓而言是一项相当大的开销),而是想提醒人们注意,在清代史料中看到的那些关于"讼费高昂"的说法,并不能被直接当作对彼时实际情况的全部如实反映。易言之,"讼费高昂"话语既非完全的写实,也不是彻底的虚构,而应当被理解为一种兼具主、客观不同面向的书写。它既在一定程度上具有某种客观现实性,又有着作为一种言说者所用特殊话语的主观特征。借用黄宗智所使用的一对概念来说,"讼费高昂"话语所反映出来的,乃是一种与"客观性现实"既有密切关联但又不完全吻合的"表达性现实"。①

从清代的许多实际案例来看,当时打官司的费用并不低。对于清代的许多普通百姓而言,此类开销所带来的那种经济压力,无疑将在相当大的程度上考验其家庭的经济承受能力。但是,当事人实际开销的诉讼费用,也并不都会像许多清代官员和士大夫们所宣称的那般高不可攀。易言之,我们既要看到"讼费高昂"话语所反映出来的一部分客观性现实,亦即由于司法陋规在地方衙门中不可避免地广泛存在,打官司的费用明显给涉讼的许多普通民众造成了相当大的经济压力;又要洞悉作为此类话语的书写者的官员与士大夫们的某种主观用意,亦即"讼费高昂"的话语不仅被他们用于建构吏役皆是腐败之辈的整体负面形象,以维护特定的意识形态、利益格局和权力结构,而且主要被用来劝阻乃至恐吓民众不可轻易到衙门来打官司,进而期望能有助于减轻其所认为的"健讼之风"给衙门理讼带来的挑战和压力。

---

① "表达性现实"与"客观性现实"的区分,参见〔美〕黄宗智:《中国革命中的农村阶级斗争——从土改到文革时期的表达性现实与客观性现实》,载《中国乡村研究》(第2辑),商务印书馆2003年版,第68—71页。

第五章 讼费压力下的诉讼策略与经济理性

清代流传着许多讲述到官府衙门打官司之悲惨下场的劝诫文章，其给人们留下的深刻印象是，在当时打上一场官司所需的费用，即使未必皆如一些重在讲述衙门吏役如何借机肆意勒索诉讼当事人的传闻所形容得那般无比高昂，也必将是一笔为数甚巨的钱财花销，往往会累及涉诉人等因讼罄家。本书前一章中业已指出，此类模式化的"讼费高昂"话语主要呈现的，乃是一种其书写者与主要言说者们有着某种微妙用意的表达性现实，并不能被看作对当时普遍的客观性现实的完全如实反映。但是，对于清代的普通百姓而言，诉讼费用的确构成了相当大的经济压力。正是在这里，我们似乎遭遇了一个违反经济理性的"悖论"：在当时许多官员与士大夫都反复宣扬"讼费高昂"的那种社会氛围之下，为何在清代文献中还会看到有许多关于当地存在"健讼之风"的描述？那些"健讼"的百姓，难道就完全不在意他们应当会有所耳闻的上述经济后果？

本章力图从诉讼策略的角度对上述这种"悖论"专门加以剖析。先前已有一些学者对明清时期民众的诉讼策略或具体手段（例如运用道德话语为自己塑造"冤"的形象、诬告、缠讼、越诉乃至采取自杀

第五章　讼费压力下的诉讼策略与经济理性

自残、纠众控告等过激行为)进行过讨论,①但遗憾的是,此类研究当中绝大多数都像某些并不考虑"交易成本"的经济学分析所做的那样,未能充分兼顾诉讼费用对诉讼策略的制约性影响。本章将借助"结构/能动性"(structure/agency)的分析框架,②在将诉讼当事人视为至少具有一定程度的经济理性和能动性的行动主体这一前提下,重新审视诉讼费用的"高昂"程度对其可能采取的诉讼行为的影响,着重讨论清代的社会大众在面对讼费压力时,是如何发展出并运用了一些具体的诉讼策略来加以应对,进而不仅造成一些地方衙门的讼案数量常常不减反增,并且还在不少地方官员心中加深了当地存在所谓"健讼之风"的刻板印象。

第一节　对学界以往观点的检讨

长期以来,学界受到清代文献中常见的那些强调"讼费高昂"的笼统说法之影响,习惯于声称中国古代人们打官司的费用非常之高。

---

① 徐忠明:《小事闹大与大事化小:解读一份清代民事调解的法庭记录》,载《法制与社会发展》2004 年第 6 期,第 3—25 页;胡震:《清代京控中当事人的诉讼策略和官方的结案技术——以光绪朝为例的一个分析》,载《法学》2008 年第 1 期,第 122—131 页;李艳君:《清代民事诉讼中当事人的诉讼策略》,载《大理学院学报》2009 年第 3 期,第 65—68、89 页;杨彦增:《清代黔东南苗侗族民众的联合起诉策略探析》,载《兰台世界》2015 年第 21 期,第 71—72 页;李守良:《清末甘肃循化厅少数民族诉讼策略探析》,载《中国边疆史地研究》2017 年第 2 期,第 19—27 页;刘振洋、李相森:《弱者的武器:明清时期女性诉讼策略的展开》,载《中国社会历史评论》(第 26 卷),天津古籍出版社 2021 年版,第 64—73 页。

② 对社会学中的"结构/能动性"(structure/agency)分析框架的理论解说,参见叶启政:《从因果到机制:经验实证研究的概念再造》,群学出版有限公司 2020 年版,第 240—246 页。

即便一些对清代讼费问题有过不同程度的专门关注的研究者,基本上也是如此认为,并将其作为介绍当时衙门腐败情况的直接论据。①例如赵晓华强调,"大体来看,清代的诉讼费用是高昂的",并认为衙门吏役在承办讼案过程中向当事人所收取的各种没有明文规定的司法规费,往往令普通的中产之家难以承荷,以至于"因讼事而倾家荡产者在当时社会中的确是不足为奇的"。②

有一些学者意识到"讼费高昂"的刻板印象与"健讼之风"的不少记载之间可能存在某种矛盾,但总体上依然一如既往地倾向于突出清代的诉讼费用非常高昂。例如李艳君尝试通过区分所谓正常的诉讼费用与非正常的诉讼费用,主张"正常的诉讼费用当事人还是能够支付得起的",但她仍然强调,"对于清代的普通民众来说,一场诉讼所支出的诸如书状费、告状费、食宿费,尤其难以计数的书吏、差役等勒索的费用,实在是难以承受的一笔不小的支出"。③ 吴佩林对清代"为什么仍有相当多的纠纷诉讼到衙门"这一问题进行了讨论,认为"乡民的诉讼目的各异、地方调处不当及其权威力量的削弱、部分官民的唆讼、借讼图搪等多种因素,使得本可在民间得到解决的一些民事纠纷仍然闹上了衙门",但他也特别强调当时打官司的"各项费用累计起来通常会超过普通百姓的承受力"。④ 相较于上述这些侧重突出讼费高昂的说法,黄宗智则直面在诉讼费用看起来不菲的情况下

---

① 郑小春:《清代陋规及其对基层司法和地方民情的影响——从徽州讼费帐单谈起》,载《安徽史学》2009 年第 2 期,第 98—106 页;郑小春:《从徽州讼费账单看清代基层司法的陋规与潜规则》,载《法商研究》2010 年第 2 期,第 152—160 页;邓建鹏:《清末民初法律移植的困境:以讼费法规为视角》,法律出版社 2017 年版,第 12—39 页。

② 赵晓华:《晚清讼狱制度的社会考察》,黑龙江教育出版社 2019 年版,第 20—21 页。

③ 李艳君:《从冕宁县档案看清代民事诉讼制度》,云南大学出版社 2009 年版,第 279—285 页。

④ 吴佩林:《清代县域民事纠纷与法律秩序考察》,中华书局 2013 年版,第 148—163 页。

为何清代还有许多老百姓到衙门打官司这一问题进行解释。他明确主张,"清代民事诉讼的费用,尽管从小农的观点看来很高,但并不完全让人望而却步","尽管有费用吓人的种种传说,尽管衙门胥役贪赃枉法的威胁一直存在,那些习惯性诉讼费用并没有超出绝大多数老百姓的承受能力",并认为当我们今天讨论清代的诉讼费用时,应当将那些普通的民事官司与牵涉大笔财产的官司区分开来,以及把那些当事人只是将告上一状作为向对方施压的一种手段的官司与一路坚持到底的官司区分开来。① 黄宗智的上述观点富有学术启发性,不过他主要利用的是来自清代巴县、宝坻县和淡水—新竹三地官府档案中的一些记载,囿于所用史料范围的限制,其得出的结论是否可以用来推广解释清代更多区域的情况,以及是否还存在其他一些同样重要的诉讼应对策略,仍然有待进一步的研究。

在我看来,学界先前关于清代诉讼费用问题的绝大多数观点,尤其是那些深受清代史料中有关"讼费高昂"的说法之影响而得出的论断,在不同程度上忽略或混淆了一些重要的问题。

首先,清代的不同人们在不同场合谈论诉讼费用时,其所使用的"讼费"一词的内涵与外延常常会有一些微妙的差异。具体而言,所谓的"讼费",在许多时候被认为就是指诉讼当事人向衙门吏役所交的各种司法陋规,但也有的时候实际上被加以扩大化理解,还包括了诉讼当事人事先请人拟好状词内容以带给官代书誊写的费用,② 在

---

① 〔美〕黄宗智:《清代的法律、社会与文化:民法的表达与实践》,上海书店出版社2001年版,第175—176、181页。

② 现代学者们常常将那些为别人代拟状词者称作讼师,但实际上,这些为别人代拟状词的人士,大部分都非以包揽词讼为常业的诉讼专家,许多只是未能考取生员资格的童生(包括村塾教师),甚至是风水先生、算命先生之类靠读写能力糊口的下层识字阶层。参见〔日〕唐泽靖彦:《清代的诉状及其制作者》,牛杰译,载《北大法律评论》(第10卷第1辑),北京大学出版社2009年版,第39—40页。

"官批民调"的过程中酬谢那些从中调处之人(例如乡保、地方士绅)的费用,以及当事人自己离开日常住所到衙门打官司时所花的路费和食宿支出。例如清末《山东调查局民刑诉讼习惯报告书》在介绍民事诉讼的"诉讼费用"时,除了详细记明诉讼当事人需要交给衙门吏役的众多司法规费(称之为"关于诉讼之公费"),还列出了诉讼当事人自己需要花销的其他费用(称之为"关于诉讼自身所需之费")。据该报告书中的记载,后者大致包括如下三类:第一,川资之费(今天通常所称的路费),平均每天需 1000 文左右;第二,僦屋之费(投宿客栈、歇家的费用),平均每天需 200 文;第三,饮馔之费(伙食费),此项费用因各人生活水平程度不等而有差别,但大致可以按照平均每日 400 文左右来估算。仅此三项,平均每日就需要京钱 1600 文(相当于 800 文制钱)左右,更不用说还有"因诉讼旷时费业"所生的其他各种成本(类似现在所说的误工费)。① 显然,《山东调查局民刑诉讼习惯报告书》中所说的"诉讼费用",包括了涉讼当事人在打官司过程中的方方面面开销,并不限于交给衙门吏役的那些司法陋规。又如在本书前一章中介绍过的康熙三十四年(1695)发生在徽州歙县的那起盗葬官司里面,发动诉讼的吴姓族人将置办酒席召集族众商定共同赴讼费用如何分摊、官司打赢后举办得胜酒的那些费用,乃至以祝贺知县生辰的名义向其贿赂送礼的花销,都一律算作打这场官司的诉讼费用,记在了那份"起舆讼事支账"当中。② 因此,在那些笼统声称许多当事人为了打官司而向人借钱以至于因讼罄家的教谕性故事当中,围绕诉讼而发生的开支,是否主要乃至全部都花在了交给衙门吏役

---

① 《山东调查局民刑诉讼习惯报告书》,"民事诉讼习惯"部分第一章"诉讼费用"第二节"关于诉讼自身所需之费"。

② 《清康熙三十四年歙县吴济美等控方祖儿、方明甫等斩龙盗葬案》,载李琳琦主编:《安徽师范大学馆藏千年徽州契约文书集萃》(第 2 册),安徽师范大学出版社 2015 年版,第 395—411 页。

第五章　讼费压力下的诉讼策略与经济理性

的司法陋规上面,其实需要更细致的讨论。① 但不幸的是,那些抽象讲述"讼费高昂"的说法当中,绝大多数都没有再进一步提供此方面的任何细节。

其次,在光绪三十二年(1906)沈家本等人起草进呈《大清刑事民事诉讼法草案》之前,清代从未有过在全国性立法(哪怕仅仅是立法草案)中确立讼费制度之正当性的举措,故而从朝廷的角度来看,各地衙门当中以司法陋规形式半公开存在的收取讼费之举本身即为非法。只有看到这一点,我们才能理解嘉庆年间陕西道监察御史程伯銮在就川省积弊上奏皇帝时,为何强烈主张包括"呈子钱"在内的一切司法陋规皆应统统革去;②才能明白被誉为晚清中兴名臣之一的胡林翼早年在贵州任官时,为何在发布告示时明确说的是要"严禁讼费"而不是"削减讼费",即把"一切铺堂送案取结之费概行禁止";③才能懂得清末《山东调查局民刑诉讼习惯报告书》中为何会写"讼费一项,在名义上系属干例禁之事……"。④ 退一步来说,即便是本书前一章中所介绍的那些试图在司法实践中对具体司法规费名目及其收取数额标准加以某种程度的规范化的做法,其最高层级的推动者也只是某些省份的督抚,更何况并非清代每个省份的最高官员皆是如此行事。在这种背景下,自然也就谈不上一些现代学者所说的"正常的"

---

① 民国时期刘锡蕃基于对两广少数民族地区的田野调查而写成的《岭表纪蛮》一书中称,在苗族、瑶族、侗族、壮族等少数民族当时居住的"蛮区",若当事人在败诉之后还要上诉,则往往需要"屠宰猪羊若干,酬谢状师、保董、甲目若干,支销火食、旅费、差费、规费若干,其支出皆甚巨大。其所花之讼费、状费,在百分比内不过占其二三"。参见刘锡蕃:《岭表纪蛮》,上海书店出版社1990年影印版,第108页。此例虽然描述的是民国时期西南少数民族地区的情况,但也可以作为清代可能情形的某种参考。
② 《陕西道监察御史程伯銮奏折》,载四川省档案馆、四川大学历史系编:《清代乾嘉道巴县档案选编》(下册),四川大学出版社1996年版,第221页。
③ (清)胡林翼:《胡文忠公遗集》,清同治六年(1867)刻本,卷58,"宦黔书牍六附札谕",第20页a—21页a。
④ 《山东调查局民刑诉讼习惯报告书》,"民事诉讼习惯"部分第一章"诉讼费用"第一节"关于诉讼之公费"。

诉讼费用与"非正常的"诉讼费用之严格区分，因为站在当时朝廷的角度来说，地方上那些被称为陋规的司法收费，即使不被完全视为非法的贪腐，也都是非正常之举。

最后，一些学者利用清代史料中记载的相关信息所估算出来的讼费总额，忽视了将官司打到底与"官司打半截"的区别。前一种情况意味着当事人在诉讼过程的每个环节都要向衙门吏役交各种司法陋规，而在后一种情况下，当事人通常只是交了其中一部分的司法规费。例如赵娓娓根据清末《调查川省诉讼习惯报告书》对"案费"名目及其大致收取数额的记载，将其中所列出的购买状式费、代书费、传呈费、差费、房费、堂礼、具结费等各项费用的最低数额和最高数额分别加总后，认为当事人提交的告状一旦被州县官准理，则接下来要交给衙门吏役们的最低基本费用总共约为 16600 文，最高基本费用则可能合计达到 138200 文之巨，[①]并以此套用到光绪年间发生在四川南部县的一起"藉嫁图索案"案子上面，估算认为该案中原被告双方花在这场官司上面的费用可能均将近 1.9 万文钱。[②] 她并未意识到的是，上述费用乃是从最初的一方起诉到后来衙门堂审判后双方具结的全部诉讼阶段可能的合计费用。这种以当事人走完诉讼过程全部环节的总开销作为打官司费用的估算做法，在很大程度上忽略了诉讼当事人具有的某种经济理性，以及在实践中可能会相应采取的一些针对性诉讼策略。本章第三节中将会对此类诉讼策略进行详细的讨论。

[①] "从咸丰七年到宣统三年(1857—1911)55 年间，是银钱比价回落时期。在此时期，比价由一千五六百文跌到一千一百文。仅仅在光绪三十一年以后，才又涨到一千四百文，甚至到二千一百文。"参见杨端六：《清代货币金融史稿》，武汉大学出版社 2007 年版，第 179 页。故而若按 1∶1400 的银钱比价来换算，则上述开销具体数额约在 11 两至 98 两银子之间。

[②] 赵娓娓：《审断与矜恤：以晚清南部县婚姻类案件为中心》，法律出版社 2013 年版，第 157—162 页。

第二节　词讼繁滋皆因讼棍胥吏百端煽惑？

面对不少官员、士绅们关于打官司将致当事人倾家荡产的反复劝诫，清代的一些地方缘何仍然有为数颇为可观的词讼涌入到衙门当中，甚至在一些地方官员看来当地盛行"健讼之风"？且让我们先来看当时的人们是如何就此现象加以解释。

清代的官员们通常首先将这归罪于讼师们的挑唆，认为正是此辈诱导那些起初本无兴讼之念的无知愚民贸贸然地来到衙门打官司。此种归咎于讼师的话语模式由来已久，至少早在宋代便已出现。南宋时期的循吏黄榦在任新淦知县时声称，该县"词讼最多，及至根究，太半虚妄，使乡村善良枉被追扰"，而究其原因，"皆缘坊郭乡村破落无赖，粗晓文墨，自称士人，辄行教唆，意欲搔扰乡民因而乞取钱物"。① 这一话语模式后来更是在许多官员笔下源源不断地被加以复制。明代万历年间，巡按福建监察御史杨四知在其任上发布的一则劝民息讼告示中写道："闽俗好讼，漳泉为甚，每遇新院下马，无论曲直，群然澒扰，皆因省城聚居讼师，游手好闲，专一兴灭词讼，教唆善良，以此为生。"② 到了清代，此种认为讼师乃是导致词讼繁兴之祸首的论调，更是在官场中流传甚广。康熙年间出任福建汀州知府的王廷抡认为，当地民众屡屡到衙门兴讼，"此皆讼师之愚弄，或藉蠹棍之引援"。③

---

① （宋）黄榦：《勉斋先生黄文肃公文集》，元刻延祐二年（1315）重修本，卷39，"徐铠教唆徐辛哥妄论刘少六"，第17页a。
② （明）黄仕祯修：《将乐县志》，明万历十三年（1585）刻本，卷1，"巡按监察御史杨四知谕民息讼告示二道"，第29页a。
③ （清）王廷抡：《临汀考言》，清康熙三十九年（1700）刻本，卷16，"劝谕息讼"，第10页a。

聚讼纷纭：清代的"健讼之风"话语及其表达性现实

雍正十一年(1733)八月,湖南巡抚在一则劝民息讼告示中宣称,"南民刁悍,每以小事辄成大题,砌词越控,一告不准,又敢改名捏词复告……此皆讼棍图利唆拨,以致愚民轻听,自罹罪戾,殊堪痛恨"。① 乾隆时期,福建巡抚甚至在同一份文札中反复讲道,"闽省民情刁悍,讼狱繁多,皆由讼棍教唆,以致捏情混控","总缘无赖讼师,倚恃刀笔,逞其刁唆之能,遂其诈骗之计","闽省民多好讼,皆出一班讼棍遇事教唆"。② 嘉道年间的循吏刘衡断言,"民间些小事故,两造本无讦讼之心,彼讼棍者暗地刁唆,诱令告状"。③ 道光朝的地方官何耿绳强调:"民间雀角细故,原可平情理释。百姓初无涉讼之心,多因讼师唆弄煽惑,遂尔架捏虚词,牵连无辜,混行呈告。"④光绪年间,山东登州府莱阳知县庄纶裔在目睹所谓"莱邑词讼繁多,民情刁健"之社会景象后写道,"本县推求其故,皆由讼棍包揽主唆"。⑤ 一些地方官员还宣称,不乏"两造均不愿终讼,而讼师欲壑未盈,不肯罢手",⑥"当事人既隳[讼棍吏胥]术中,每有欲罢不能之叹",⑦"甚至有[原告]痛哭叩求其息事而不可得者"。⑧

上述这种将不少地方衙门词讼繁多的现状归咎于讼师挑唆民人

---

① (清)吴达善纂修:《湖南省例》,清刻本,"刑律"卷10,"诉讼·越诉·晓谕刁民架词越控"。
② 《福建省例》(下册),台北大通书局1987年影印版,第963—969页。
③ (清)刘衡:《庸吏庸言》,清同治七年(1868)楚北崇文书局刊本,上卷,"理讼十条",载《官箴书集成》(第6册),黄山书社1997年版,第197页。
④ (清)何耿绳:《学治一得编》,清道光二十一年(1841)眉寿堂刊本,"拟案五则",载《官箴书集成》(第6册),黄山书社1997年版,第678页。
⑤ (清)庄纶裔:《卢乡公牍》,清末排印本,卷2,"示谕严禁饭店包揽讼事条告文",第32页a。
⑥ (清)方大湜:《平平言》,清光绪十八年(1892年)资州官廨刊本,卷3,"讼师未获须恐以虚声",载《官箴书集成》(第7册),黄山书社1997年版,第677页。
⑦ (清)刘汝骥:《陶甓公牍》,卷12,"法制科·绩溪民情之习惯",梁仁志校注,安徽师范大学出版社2018年版,第270页。
⑧ (清)何耿绳:《学治一得编》,清道光二十一年(1841)眉寿堂刊本,"拟案五则",载《官箴书集成》(第6册),黄山书社1997年版,第678页。

第五章 讼费压力下的诉讼策略与经济理性

去打官司的套路化解说模式,并不仅仅只是在地方官员当中流传,有时甚至还上达天听。清代雍正年间,河南道监察御史毛之玉向皇帝上奏建议严厉查禁讼师时,其所给出的理由,便与上述那些官员们所说的同出一辙:"今查直省各处地方,刁健之风所在而有,告讦之案不一而足,此非小民之乐于成讼,实由讼师之有以导之也。夫讼师本系赋性狡猾之徒,刀笔营生,衙门情熟,遇有户婚田土之事,捏造捕风捉影之词,诱惑愚民,教唆控告,指称线索,包准包赢,一手把持,希图射利,以致薄物细故结讼连年,皆讼师之所为也。"①

在清代官场中流行的此类话语模式里面,被认为导致词讼繁兴这一让许多地方官员为之头疼不已的现状的,除了"讼师""讼棍"这些所谓挑唆民人兴讼的首恶之外,还有另一伙常常被称为"衙蠹"的人物。"衙蠹"是对官府衙门中那些私下甚至公然贪污腐败、肆意勒索民众的无良胥吏的贬称。清代各地衙门中的吏役们,被认为有很强的私人动机借由承办更多的讼案来为自身谋取经济利益。而这种私人动机显然与深受儒家"无讼"理念之影响的大传统诉讼文化和官方意识形态的追求背道而驰。白德瑞认为,"与清代官员和精英们所言的不同,地方衙门的吏役们没有必要诱骗当地民众到县衙打官司,以期从那些不幸的受害者那里勒索钱财"。② 这一说法有些矫枉过正。在清代的实际案例当中,可以看到有一些地方衙门里面的无良吏役希望能让讼案数量保持一定的规模,甚至不惜主动"挑起"词讼,或将民人"诱入"诉讼之中,"尤其欢迎可以任其敲诈的'好案'"。③

---

① "协理山西道事河南道监察御史加一级臣毛之玉谨奏为请严陎纵讼师之处分以戢刁民以敦风俗事",载《宫中档雍正朝奏折》(第 25 辑),台北故宫博物院 1979 年版,第 438—439 页。着重号系我所加。

② 〔美〕白德瑞:《爪牙:清代县衙的书吏与差役》,尤陈俊、赖骏楠译,广西师范大学出版社 2021 年版,第 414—412 页。

③ 伍跃:《必也使有讼乎——巴县档案所见清末四川州县司法环境的一个侧面》,载《中国古代法律文献研究》(第 7 辑),社会科学文献出版社 2013 年版,第 380—410 页。

聚讼纷纭:清代的"健讼之风"话语及其表达性现实

清代的一些官员、士绅们常常怀疑衙蠹和讼师暗地勾结,沆瀣一气,借词讼而渔利分肥。乾隆二十九年(1763)八月,江苏按察使钱琦上奏皇帝,主张各地官员应当严厉打击在其治境内活动的积惯讼棍。而他的此番举动,促成了一条专门针对讼师的重要例文随后正式出台。钱琦在其奏折中强调"讼狱繁多,江苏称最",并声称他自己在彻查后发现,此"皆缘有一等狡黠之徒,专以刀笔为生涯,竟藉词讼为行业,如劣监、武生、革书、退役以及训蒙算命等人,类能为之。偶遇乡愚户婚田土以及鼠牙雀角,或本无讼心,从中唆耸,或别施机巧,尽撼真情,百计千方,包告包准,因而勾通书役,设法捱延,且复牵累无辜,故为朦混,总期案使经时不结,俾得渔利,不休乃止"。① 在钱琦看来,衙门外面的讼师与衙门内部的吏役狼狈为奸,暗中把持讼案,使许多案件经久而不得结。清末朝廷下令调查各地民情、士绅办事习惯时,来自安徽绩溪县的报告书中声称,当地民情刁健,百姓好讼,"其实由讼棍吏胥百端煽惑"。② 这种套路化的解释模式,甚至还影响到当代的一些研究者对其基本加以照搬。例如有学者以清代徽州地区为例认为,"官吏与讼师人等彼此串通肆索陋规贿赂,促使民间尚气好讼、'健讼'成习",徽州地区"民情'健讼',实与泛滥成灾的陋规以及极度贪婪的书吏和衙役们有着实质的关联"。③

我并不认为上述那种将清代一些地方的词讼繁滋归咎于讼师、衙蠹之挑唆的说法全无道理,但相当怀疑这种话语模式是否足以解释普遍的真实情形。一些巧舌如簧的讼师挑唆民人去打官司,确实会在某种程度上造成衙门所收讼案的数量增多,并且从清代的实际案例来看,

---

① 《宫中档乾隆朝奏折》(第22辑),台北故宫博物院1984年影印本,第448—450页。
② (清)刘汝骥:《陶甓公牍》,卷12,"法制科·绩溪民情之习惯",梁仁志校注,安徽师范大学出版社2018年版,第270页。
③ 郑小春:《清代陋规及其对基层司法和地方民情的影响:从徽州讼费帐单谈起》,载《安徽史学》2009年第2期,第103、105页。

一些官员所说的那种"两造均不愿终讼,而讼师欲壑未盈,不肯罢手"的情况,也并非全属子虚乌有。但是,我并不认为当时到官府兴讼的民众皆是完全听凭讼师、胥吏挑唆摆布而毫无经济理性之辈(而在上述那些地方官员、士绅们所做的描述中,讼民们实际上被当作任凭讼师胥吏拿捏、完全被动的无知愚民)。事实上也绝不可能会如此。试想一下,即便其中会存在信息不对称的问题,但倘若每位民众打上一场官司的费用铁定将会致其倾家荡产,则这种只会让讼师、胥吏从中获利而讼民本人注定将是火中取栗的博弈,将很难长期在整个社会中普遍存续下去。因为在那种情况下,长此以往,通过口耳相传而知晓其预期后果的民众会"屈死不告状",转而完全求诸于民间调处乃至私下复仇之类极端化的自力救济方式,亦即会抛弃打官司这种被他们认为需要付出巨大经济成本但却有百害而无一利的纠纷解决方式。

因此,在讨论面临讼费压力的清代民众当中为何还会出现"健讼之风"时,我们必须回到那些在前述话语模式中几乎被视作完全被动的诉讼当事人身上,将他们还原为在讼费压力的既定结构当中实际上也具有一定的经济理性和能动性的行动主体。从长期的历史趋势来看,作为一个整体,讼民们会在这种既定的结构当中,通过不断地与吏役、讼师进行博弈,形成一些能够降低自身经济风险的针对性诉讼策略,并借助世代口耳相传,积淀为可被全体社会成员所共享的民间智慧。就此而言,那些为讼民们出谋划策的讼师,在某种程度上也只不过是此类长期以来形成的民间智慧的"更在行"的记忆者和利用者。更何况,清代所谓的"讼师",有许多实际上乃是一些其助讼行为在当地官员看来超出了所能容忍的范围,从而被后者贴上该标签加以治罪的普普通通的下层识字者,[①]并无绝对强大的控制力能让诉讼

---

① 〔日〕唐泽靖彦:《清代的诉状及其制作者》,牛杰译,载《北大法律评论》(第10卷第1辑),北京大学出版社2009年版,第39—42页。

当事人完全对其言听计从。毕竟,不是每起讼案的背后都会站着一位乃至多位真正的诉讼专家,尤其是在那些细事词讼当中。

清代地方衙门中的经制吏役只能从朝廷下拨的有限经费中领到一份数额极少的工食银,而那些人数更多的不在朝廷定额之内的非经制吏役,则连这份极微薄的薪酬都没法享有,全靠向与衙门打交道的百姓们收取各种陋规来养活自己,甚至还要以这种方式来解决维持其所在的房或班日常办公经费的问题。① 在这种背景下,清代官方不得不默许诸多司法陋规的事实性存在。而要养活人数众多的衙门吏役,必然会使得当事人在打官司过程中被要求交纳的司法陋规在数额上绝不会很低。这种讼费开销的经济压力,的确会让许多升斗小民产生出惧讼的心理。但是,我们同时也要看到,在那些基于不同的目的来到衙门提起诉讼的民众当中,有不少人采用了一些可以在不同程度上实际降低司法陋规所带来的经济压力的诉讼策略。以下将详细讨论几种具有代表性的此类诉讼策略。

第三节　当事人一方在其内部由众人分摊讼费

从现存的明清史料来看,由众人商定分担讼费的集体兴讼行为并非鲜见。此种做法在明代的一些地方便可见到。例如明代徽州地区张氏族人祖坟边上的树木遭人强行砍伐,众族人在张弘福等人的牵头之下,于嘉靖二十六年(1547)正月初六共同订立了一份筹集讼费合同,其中明确写道:"未兑[免]使用盘缠,诚恐子孙推调,独累靠

---

① 瞿同祖:《清代地方政府》,范忠信、何鹏、晏锋译,新星出版社2022年版,第63—67、89—91页;〔美〕白德瑞:《爪牙:清代县衙的书吏与差役》,尤陈俊、赖骏楠译,广西师范大学出版社2021年版,第325—371页;吴佩林、白莎莎:《清代州县书吏薪金变化及其原因》,载《江汉论坛》2017年第7期,第95—101页。

第五章 讼费压力下的诉讼策略与经济理性

损人难,众议写立合同,各人照依己下丁粮出办,毋许靠损□□□□照丁粮出办,听从已出之人赍此合同告理,甘罚白艮[银]壹拾两公用,以不孝罪论,仍依照丁粮补出,仍依合同为照。"①诸如此类表明众人同心赴讼的分摊讼费合同,在遗存至今的明代徽州文书中就有许多件。现存徽州文书中专门以分摊讼费为内容的明代合同文约,除了上述《嘉靖二十六年一月徽州张弘福等筹集讼费合同议约》外,至少还有《明嘉靖二十二年三月祁门县三四都康维魁等立与余家侵山诉讼同心合文合同》《明万历三十九年二月祁门县十西都谢村谢知中等为祖坟山脑被占立诉讼合同》《万历四十六年七月祁门谢承宪等分担诉讼盘费合同》《崇祯十四年四月徽州黄富祥等合夥出办讼费议约》等其他数件。②

除了分摊讼费合同这种独特的民间文献类型外,尚有不少来自明代徽州地区的其他文献同样也反映出,当地涉讼民人采取了由众人分摊讼费的诉讼策略。明代居住在徽州府歙县呈坎的罗姓家族,围绕杨干院所在地块的产权归属而与该寺庙的寺僧打官司。这场官司从嘉靖七年(1528)开始,一直打到嘉靖十四年(1535)方才尘埃落定。罗姓族人声称杨干院现今所在之地乃是歙县罗氏始祖罗秋隐的墓地,不仅为此多次上控至徽州知府衙门,并且还让其族人抱赍奏告到位于京师的都察院,最终由都察院转行巡按衙门亲自审理后结案,拿回了这块罗氏始祖墓地。罗氏族人打这场长达八年的官司的各项开销,总计高达4000余两银子之巨。罗氏族人采取了在其族中分摊上述讼费的方式,以应对这笔庞大的诉讼开支。具体而言,罗氏族人各

---

① 《嘉靖二十六年一月徽州张弘福等筹集讼费合同议约》,载《徽州千年契约文书(宋·元·明编)》(第2卷),花山文艺出版社1993年版,第155页。
② 王钰欣、周绍泉主编:《徽州千年契约文书(宋·元·明编)》(第5卷),花山文艺出版社1993年版,第251页;卞利著:《徽州民间规约文献精编》(村规民约卷),安徽教育出版社2020年版,第314—315页;阿风:《明清徽州诉讼文书研究》,上海古籍出版社2016年版,第168—172页。

家的出资从六百余两到数十两不等,且"其次多寡不同,莫不各随其力之所及、家之所有,乐输以为助,亦难尽悉"。①

此类集体兴讼并分摊讼费的做法,在清代的文献中有更多的呈现与记载。在清代那些常被认为存在"健讼之风"的地区,有不少官司的讼争双方并非单个小家庭,而是以诸如几家亲友、全体族众、数村村民之类的大群体面貌出现在打官司过程中,甚至有些还呈现出诉讼活动高度组织化的鲜明特点(例如某一家族经内部专门开会商议,推举出几名代表到衙门出名控告对方)。这些诉讼往往是由围绕某家族共有的墓地、山场而与人发生的纠纷所引起,且败诉的一方常常会不断翻控,结果导致官司旷日持久。而由此产生的那些诉讼费用,通常是由众人在打官司时商定如何分摊未来的开销,有些民众甚至在平日里就以某种方式立下规矩,约定日后倘若涉讼,则大家将共同承担讼费开销。

一、打官司时订立合同分摊诉讼费用

在提起诉讼时以订立合同的方式约定讼费如何分担的具体做法,主要又可分为两种,即众人按照某个商定的具体比例对讼费加以分担,以及在全族中按门、支、户或丁口数量均摊讼费。这两种情况,在清代留存至今的一些分摊讼费合同中都有直观的展示。

众人约定按照某个比例(例如按股)分担讼费的做法,在清代徽州地区的讼费合同中颇为常见。例如,康熙十六年(1677)十二月,叶良之、叶国之、叶月之、叶因之、叶林之兄弟五人打算一起控告叶荣之父子,于是共同订立了一份齐心诉讼文约,约定"官中等事盘费,照股

---

① (明)罗显辑,周绍泉、阿风整理:《杨干院归结始末》,载《明史研究》(第15辑),黄山书社2017年版,第282—293页。

出备",不得让出名赴衙提起诉讼之人独自承担诉讼费用;康熙五十三年(1714)九月,汪志贵、汪元秀、汪志忠、汪元福等人位于西溪横龙坦的祖坟,遭"藉势之徒"吴文茂"架空挟骗",于是汪志贵等四人在商议对策后立下一份合同,约定若"事急经官",则"所费钱谷"分为四股由大家一起承担,其中"志贵承认四股之一,汪元秀请认一半,志忠、元福合认四股之一";方明烈与其弟方明俭、方明隆、方明纲,以及其侄子方统槐、方统枚,因大家共同居住的房屋前面的大路遭洪水冲毁,在进行修葺时遭到邻居汪、张二姓阻挠,双方多次协商不成,方明烈兄弟及其侄子们于道光七年(1827)三月订立了一份合同,约定日后共同赴讼时所费银钱"俱要五人均派"。①

此类由众人按照商定的某个具体比例分担讼费的合同,不仅在清代徽州地区常有所见,而且在全国其他不少地方亦可看到。例如在清代贵州的清水江流域,当地百姓姜映辉、姜世模、姜绍祖、姜绍望、姜绍宗等五人因祖业山场遭人霸占,于是在到官府提起控告之前,于嘉庆四年(1799)三月订立了一份同心赴讼合约,约定"盘缠费用所照有名人等股数均分,有名之人不得推委闪卸";②道光十年(1830),范文通、姜维新等人因自家的山木遭人砍伐,于是向当地官府呈控,并于当年十一月订立一份同心合字,约定"所有天柱县、黎平府二处之费用,俱照八股均分,范文通占七股,维新、述圣二家认一股,日后不俱[拘]费用多寡,各照股数分"。③

---

① 俞江主编:《徽州合同文书汇编(点校本)》(第4册),广西师范大学出版社2021年版,第1196、1208、1347页。
② 张应强、王宗勋主编:《清水江文书》(第1辑·第12册),广西师范大学出版社2007年版,第331页。
③ 陈金全、杜万华主编:《贵州文斗寨苗族契约法律文书汇编——姜元泽家藏契约文书》,人民出版社2008年版,第557页。此份讼费分摊文约,也被收入潘志成、吴大华编著:《土地关系及其他事务文书》,贵州民族出版社2011年版,第236—237页(该书另还收录了其他三份清代乾隆、嘉庆和道光年间有关诉讼费用摊派或帮补诉讼费用的合同文约)。

聚讼纷纭：清代的"健讼之风"话语及其表达性现实

除了众人商定按照某个具体比例来分担讼费的上述做法，还有一种方式是大家约定按门、支、户或丁口人数科派均摊讼费。例如在清代徽州地区，吴肇臣一支的祖坟被吴天禄等人抬棺霸占，托人从中说和不成后，吴肇臣召集其侄子吴启福等十余名族人，于乾隆二十七年（1762）三月订立一份合同，约定"一字经公，厕用之费，未存善容，照丁科派，不得推委"；曹沐一支的族众因自家祖坟遭人毁碑冒占，于是决定合族与对方打官司，因平日并无此方面的专用积蓄，故而在乾隆三十八年（1773）三月"集议本支子孙□，各照丁头敷数费用，以妥祖墓"；胡氏家族中"千四公"这一房支的祖坟一再遭人毁坏，该房支的族人们于是在嘉庆十六年（1811）五月订立一份共同诉讼合同，约定接下来与对方打官司过程中所产生的那些"讼费照灶均出无异，不得拗悔"；潘光启堂支下祖遗山场遭人强葬，于是在其族长潘有根的牵头下，合族众人于光绪二十二年（1896）十二月订立一份齐心诉讼合同，约定"倘成讼事，或私排解，各用项费，议定各房照定该派"。① 与前述那种众人商定某个具体比例（例如分为几股）分担讼费的做法相比，此做法的一个典型特点是，所产生的讼费是由众人按门、支、户或丁口人数进行均摊，其常见的表述，如"所有各门当丁者每丁出银一两与众公用""如费用若干，俱照七门派出""按门敷合费用""所有官中费用照丁均出""各村或照丁派，或支众匣以为使用"，② 看上去与国课摊派与征收的方式非常相似。事实上，一些按这种方式分摊讼费的家族，甚至对此直言不讳，例如同治年间徽州新安康氏族人在定约分摊讼费时便明确称："本朝康熙初年，诏引天下摊丁于地。今我族此举（引者

---

① 俞江主编：《徽州合同文书汇编（点校本）》（第4册），广西师范大学出版社2021年版，第1247、1256、1304、1507页。

② 刘道胜：《明清徽州宗族文书研究》，安徽人民出版社2008年版，第280—284页。

注:指讼费分派),不妨摊粮于丁"。①

除了这些在将要打官司时事先约定其后产生的所有诉讼费用均由众人分摊的文约,还有一些合同则记载了在讼事结束后大家具体如何分摊那些已经开销的讼费。例如自康熙二十五年(1686)至三十四年(1695),徽州百姓张为锦与其弟张为鋐、张为釪,以及其侄张观瀚,因为迁葬之事而与人构讼多年。在打这场官司的差不多前后十年时间当中,历年的讼费开销都是由张为锦垫付。张为锦后来因遭债主讨债,故而于康熙四十一年(1702)闰六月邀请中人作见证,与张为鋐、张为釪、张观瀚共同订立了一份合同,大家逐项清算张为锦先前所垫付的那些讼费,约定"自清之后,所有讼费,各项人头债负未清,概系为锦承当"。②

上述这些临事订立合同分摊讼费的做法,通常是发生在同一宗族内部范围不等的众人当中。具体而言,既可能是发生在同一大宗族的不同门房支派之间的阋墙之争,也可能是整个宗族共同针对外姓侵扰行为的合众防御之举。正如有学者所指出的,此类"同心赴讼合同的文本意义不仅体现了特定宗族诉讼关系,更为重要的是,这种诉讼关系对于特定宗族在敬宗、保祖、收族意义上实现统合亦发挥重要作用",③尤其是那种订立合同分摊讼费与外姓纷争的做法,成了该宗族借此契机来加强其内部联合的重要手段。④ 此外,也有数个宗族联合在一起与人打官司、约定大家分摊讼费的例子。例如在光绪三十二年(1906)十二月,徽州地区汪、张、程三姓之祖共同购置的山场上的枫树遭程姓砍伐,三姓族人各自在汪启炎、张剑如、程拱兰的带头下立

---

① 郑小春:《清代徽州的民间合约与乡村治理》,载《安徽大学学报》(哲学社会科学版)2009年第1期,第117页。
② 王钰欣、周绍泉主编:《徽州千年契约文书(清·民国编)》(第1卷),花山文艺出版社1993年版,第150页。
③ 刘道胜:《明清徽州宗族文书研究》,安徽人民出版社2008年版,第284页。
④ 郑小春:《汪氏祠墓纠纷所见明清徽州宗族统治的强化》,载《安徽大学学报》(哲学社会科学版)2007年第4期,第108—113页。

下合约,约定"所有该山讼事费用,三姓均派均出,毋得推却"。①

二、平日里未雨绸缪预先做出机制性安排

正是由于诉讼费用往往颇高,一些有此方面经验或教训的家族、组织、行当考虑到此种可能遭遇的日常经济风险,于是在平时便就将来万一打官司时的诉讼费用来源,预先做出各种未雨绸缪的机制性安排。例如,大家平素事先约定日后若为了共同利益而与他人打官司,届时所需的讼费将从某项共同资产中支出,又或者在平日里便预留出一笔钱备用,以供将来哪天共同涉讼时的花销。

在清代南方一些宗族势力强大的地方,此种情况常可见到。安徽南陵县张氏族人于乾隆年间在宗谱中定立家规,明确规定对于祖宗坟墓,"倘有外姓侵占盗伐者,通众宜捐赀协力,以鸣公究治"。② 此处所说的"鸣公究治",应当主要指的是举族赴衙门告官。不过更为直接的方式,则是以某项宗族共同财产的收入作为将来如果打官司时的讼费开销来源。

清代的一些族规中对此有委婉的表述。例如乾隆年间安徽桐城的璩氏家族在其家规中写道,其家族共有的祭田所收的租稻,"除每年办祭祀外,颇有余积,公事大赖之矣。今仍当遵照前例,择立公正五人,收放聚积,以为族中一切公事之费"。③ 上引文字中所说的"族中

---

① 封越健编:《中国社会科学院经济研究所藏徽州文书类编·散件文书》(第3册),社会科学文献出版社2017年版,第554页。
② (清)张孝轼等纂修:《(安徽南陵)张氏宗谱》,清乾隆三十九年(1774)木活字本,载上海图书馆编,周秋芳、王宏整理:《中国家谱资料选编·家族规约卷》(上册),上海古籍出版社2013年版,第161页。
③ (清)璩凌云等修:《(安徽桐城)璩氏族谱》,清乾隆五十年(1785)桐城璩世德堂木活字本,载上海图书馆编,周秋芳、王宏整理:《中国家谱资料选编·家族规约卷》(上册),上海古籍出版社2013年版,第178页。

一切公事之费",实际上也包括了倘若日后遇到自家坟山被他族盗葬时而不得不告官的诉讼费用。

这一判断并非纯属猜测,而是有许多清代的史料可以佐证。例如乾隆年间任福建漳州知府的金城在描述当地风土人情时称,漳州百姓们"人皆重利轻生,桀骜凶悍,好斗善讼。又俱聚族而居,丁多者万计,少亦数千……每姓必有祖祠,按丁敛积资财,为争斗评讼之费"。[1]张之洞在光绪年间任两广总督时,称广东许多地方"巨族豪宗祠堂最盛,往往祖祠产业动逾巨万,每年所入辄累千金",一些强宗大族以此来供应"斗讼犯法之资","凡遇有械斗,雇募凶徒寻仇报复,则提祠产以供斗费;遇有讼案,雇募讼师缠控互讦,则提祠产以供讼费"。[2]

江西地区的许多地方,自宋代以来便被认为盛行"健讼之风",当地不少大家族皆各自立有宗祠,并以其公田、祭田的收入作为全族打官司时的讼费来源。这种情况在当地的一些方志中有明确记载。例如道光年间的《宁都直隶州志》中称当地民众"两姓口角,彼此负气,不肯相下,辄以祭产供讼费,往往累世构争,祭产不尽,则讼终不止"。[3]光是在乾隆年间,便有多位在江西任官的地方大员先后专门关注过这一问题。例如,陈宏谋任江西巡抚时,在乾隆七年(1742)给该省司道官员们下发《选举族正族约檄》进行讨论,其中专门提到"江西之民聚族而居,立有公祠,一族之内,自不乏有余乐善之家,自必有捐赀赡族之举……若夫以祠中公租作通族之讼费,逞忿肆横,垂涎染指,既多耗费,又酿祸端,何不以此作为社本,为通族缓急资生之计耶!"[4]在陈宏谋

---

[1] (清)金城:《浣霞摸心记》,载中国社会科学院历史研究所明史研究室编:《清代台湾农民起义史料选编》,福建人民出版社1983年,第146页。
[2] (清)张之洞:《劝酌提祠产周济贫族示》,载(清)盛康:《皇朝经世文续编》,武进盛氏思补楼刊版,卷67,"礼政七·宗法",第49页a—50页b。
[3] 《宁都直隶州志》,清道光四年(1824)刻本,卷11"风俗志",第4页a。
[4] (清)陈宏谋:《选举族正族约檄》,载(清)甘韩编、杨凤藻校正:《皇朝经世文编》,清光绪壬寅(1902)年商绎雪参书局石印本,卷58,"礼政上·宗法",第35a—36页b。

死后,此事还被写入其墓志铭当中作为治绩,称"江西居人,族大者多立宗祠、置公田,以通有无。然好讼,费皆出于公田。公仿吕氏乡约,令各举贤者为族正,平其斗争,导以礼法"。① 乾隆二十九年(1764),江西巡抚辅德上奏皇帝说,该省民间同姓之人在联合建立祠堂时,"余赀或置田产,或贮钱谷,多有借与同姓愚民,倚祠加利盘剥,祖息积于无用,于是因其有费可动,宗祠可居,动辄兴讼,既肆其强梁,复恣其饕餮,狱讼繁兴,奸匪藏聚,实由于此",并称自己业已查明当地有自家祠产的同姓联祠共6739处,并已经让其中760处将祠产收入用于祭享祖宗后还有剩余的祠堂皆取具遵依,保证其祠堂的收入仅用于教养族中子弟,以及资助同族贫苦之人的婚丧开销,而不得用来作为打官司的讼费,责令地方官若发现仍有"于族中藉祠敛费者,即加惩治,以杜讼风"。② 王昶在乾隆四十五年(1780)任江西按察使时也指出,"江西民故善讼,族有祠堂,蓄赀财为争讼费",并下令声称,若再有哪个宗族敢如此行事,则自己将会焚毁其祠堂。③

明清时期的许多宗谱族规当中通常皆写有"戒刁讼""禁健讼"之类的劝诫文字,但也并不是都主张绝对不可以到衙门打官司。正如乾隆年间安徽怀宁县梅冲吴氏族人在其所修宗谱中论及"禁健讼"时所写的那样,"今后吾族有抱屈于人者,外姓则鸣地方公治,族党则鸣宗长处分,纵有偏袒,吃亏有限,决不可轻质公廷。……或大有关系、万不得已者,又当别论"。④ 此处所说的"大有关系、万不得已者",应该

---

① (清)彭启丰:《芝庭诗文稿》,清乾隆刻增修本,卷3,"志铭",第12页a。
② 中国第一历史档案馆编:《乾隆朝上谕档》(第4册),广西师范大学出版社2008年版,第414页。
③ (清)管同:《因寄轩文集》,清道光十三年(1833)管氏刻本,"因寄轩文初集",卷8,"资政大夫刑部右侍郎致仕王公行状",第3页b。
④ (清)吴凤等纂修:《(安徽怀宁)皖怀梅冲吴氏编修宗谱》,清乾隆五十八年(1793)萃英堂木活字本,载上海图书馆编,周秋芳、王宏整理:《中国家谱资料选编·家族规约卷》(上册),上海古籍出版社2013年版,第206页。

包括另一个宗族在其族谱中明确所说的那种"或祖墓被侵,父兄蒙难,不得不向公庭"的情况。① 一些宗谱里面甚至还明确规定,当遇到同族之人遭欺诬而被卷入官司时,其他族人应当共同出资为其筹措讼费。例如嘉庆年间上海崇明吴氏族人就称此种做法乃是"仗义"之举,并将其作为祖训写在自家宗谱之中:"讼狱之事,人所时有,顾吾宗族甚多。其或喜作非为,自取罪戾,无可辨别则已。如或蹇遭冤抑,被人欺诬而无力伸理者,凡吾同宗,务宜仗义出力,相与辨明。先前高祖浩公,曾集通族议立公碑,观讼大小,自三两以至三钱,仗义公助,代泄飞冤。此真笃厚一本之盛事。今此纸虽已灰烬,而义气岂尽沦澌?吾等嗣后务恪遵先人之议,非独济族,亦自田籓篱也。"② 又如,光绪年间江苏无锡五牧的薛氏宗族在其宗约中明确规定,当其族人中有人遭遇无妄之灾而与外人发生仇隙时,"如彼处先告官,势必不可已,然后通族协力与之理直。贫者宗祠酌助讼费"。③ 在清代湖北黄州黄冈县的孔埠镇,当有族人受到别族欺凌而涉讼时,也会动用宗族公田的收入资助其各项诉讼开销。④

那些分担或资助诉讼费用之人,甚至并不限于当时其人正居住在纠纷发生地的民众。16 世纪以来,随着全国市场的日趋活跃,不仅商业化程度不断提高,而且行商坐贾的总人数规模也明显见增,甚至

---

① (清)徐万山等纂修:《(湖南长沙)徐氏宗谱》,清乾隆年间东海堂刻本,载上海图书馆编,周秋芳、王宏整理:《中国家谱资料选编·家族规约卷》(上册),上海古籍出版社 2013 年版,第 204 页。

② (清)吴会臣纂修:《(上海崇明)吴氏宗谱》,清嘉庆二年(1797)刻本,载上海图书馆编,周秋芳、王宏整理:《中国家谱资料选编·家族规约卷》(上册),上海古籍出版社 2013 年版,第 219 页。

③ (清)薛文海等修、薛含章等纂:《(江苏无锡)五牧薛氏宗谱》,清光绪三十一年(1905)木活字本,载上海图书馆编,周秋芳、王宏整理:《中国家谱资料选编·家族规约卷》(下册),上海古籍出版社 2013 年版,第 626 页。

④ 张小也:《健讼之人与地方公共事务——以清代漕讼为中心》,载《清史研究》2004 年第 2 期,第 88 页。

形成了大大小小的"商帮"。① 徽商即为其中最负盛名的商帮之一。那些离家在外、活跃于全国商贸活动之中的徽商,不仅自己常常免不了因为商业纠纷或主动或被动地涉讼,而且当其家乡有族人打官司之时,一些在外营生的徽商可能还会从外地寄资相助。早在明代中叶,王士性就描述说,徽州地区休宁、歙县两县在外经商之人常常出资为其乡人助讼,并指出江西其他地方的商人对此做法也多有仿效:"商贾在外,遇乡里之讼,不啻身尝之,醵金出死力,则又以众帮众,无非亦为己身地也。近江右人出外亦多效之。"②明清时期的徽商之中不乏财力不凡之辈,他们在其乡党涉讼时给予后者的钱财资助,无疑将在一定程度上减轻那些涉讼乡民的经济压力。

除了宗族内部事先约定日后涉讼时以某项共同财产作为讼费,其他一些团体或组织也在其成员当中事先做出此类约定,或者在平日里就安排备留一笔共同资金,以供其成员日后万一涉讼之需。雍正五年(1727),浙江巡抚李卫上奏称:"浙帮水手多信奉罗祖邪教。浙省北关一带有零星庵堂,住居僧道,老民在内看守,其所供神佛各像不一,皆系平常庙宇。先有七十二处,今止三十余所。各水手每年攒出银钱,供给养赡。冬日回空时即在此内安歇,不算房钱。饭食供给余剩,即留为沿途有事讼费之需,而淮安、天津、通州、京师俱有坐省之人为之料理。各帮水手多系山东、河南无业之辈,数以万计,歇店饭铺不敢容留。"③道光年间,广东地区"各乡多有香火庙,其中或有经费充足,每年出息,少至数百金,多至数千金,向来皆为父老乡人宴飨之用,

---

① 傅衣凌:《明清时代商人及商业资本》,中华书局 2007 年版;张海鹏、张海瀛主编:《中国十大商帮》,黄山书社 1993 年版。
② (明)王士性:《广志绎》,卷 2,"两都"部,载周振鹤编校:《王士性地理书三种》,上海古籍出版社 1993 年版,第 276 页。
③ 瞿宣颖纂辑:《中国社会史料丛钞》,戴维校点,湖南教育出版社 2009 年版,第 382 页。

余则留作争讼之需"。① 四川南川县于同治年间设立三费局,并定立三费局章程,在其中明确约定三费局的局绅"倘因局事牵连,被人上控,所需讼费,准由局中开支"。② 光绪三十年(1904)年底,上海典业公所经众人公议后立下章程,并刻于一通石碑之上,在其中约定,加入该公所的各家当铺"若所收系应当物件,遇有意外谬辕涉讼等事,有关大局,同业应公商合力,协助讼费"。③

三、当事人一方内部分摊讼费做法的影响

还有一些纠纷中虽然未见有正式订立的讼费合约留存至今,但根据其他相关的记载,也可以推定实际采用了由众人分摊讼费的做法。

这样的例子,在清代被认为盛行"健讼之风"的江西相当常见。例如据清代徽州府婺源县浙源乡嘉福里十二都庆源村秀才詹元相在其撰写的《畏斋日记》中所记,康熙四十一年(1702)十一月初五,邻村多名村民来到庆源村尚在封禁之期的山林中砍伐柴木,被詹氏族众当场抓住,两村民众因此发生纠纷,僵持不下,结果詹氏族众决定打官司,于同月初十阖族商议好如何分担讼费,并在七天后到当地衙门递交了词状。同年十二月初七,詹元相与被他唤作"瑶叔""福兄"的两名族人结算打这场官司的实际花销,共计白银3两2钱7分,"因祠中无银,借出生一公众银暂用"。④ 坂上和墩上这两个"相隔里许"的江

---

① (清)余治:《得一录》,清同治三年(1864)养浩斋刊本,卷10,"粤东议设启蒙义学规则",载《官箴书集成》(第8册),黄山书社1997年版,第623页。
② (清)张涛修、徐大昌、刘蔾光纂:《南川公业图说》,清光绪十五年(1889)刻本,卷10,"三费",第2页a—2页b。
③ 彭泽益选编:《清代工商行业碑文集粹》,中州古籍出版社1997年版,第89—90页。
④ (清)詹元相:《畏斋日记》,载《清史资料》(第4辑),中华书局1983年版,第239—240页。

西村庄,早在雍正、乾隆年间便因汲水灌溉之事而"迭次兴讼"。① 同样是在江西,邻村族居的袁、王、胡三姓,道光年间因王姓众人一再加高堰身,遏截蓄水,影响到其他两姓取水灌溉,以致三姓之间发生讼争。② 这两个纠纷例子中的诉讼费用,应该也都是在全村、全族之中进行分摊。道光二十六年(1846),江西新喻县乡民周详彩企图借漕讼牟利,于是指挥其族人当中的一些不安分之辈分赴其乡里各地,以"为通县振纪纲"的名义,按照"每粮一石敛钱五百文为讼费"的标准,向乡民们筹集打漕讼官司的费用,且由于当时"旧章本不妥善,故从之者众"。③ 在本书第四章中介绍过的光绪年间徽州黟县一都百姓余棠控告四都的朱庆春、汪佛金等人抬棺盗占坟地一案中,从汪佛金所记的讼费支用账单中,我们也可看到两位共同被告分摊了己方相关的诉讼费用。④ 清末徽州婺源县出身于木商世家的秀才詹鸣铎,在其所撰的自传体小说《我之小史》中提及,他与族人们为了阻止其家族之九姓世仆中叛变的张姓"混考武童",于是到县衙打官司。为了凑集讼费,"村内各清明会祀停胙"。⑤

而且,这样的例子在江西之外的全国其他不少地方也能看到。例如,在道光十二年(1832)九月十三日的一份堂判中,我们从河南知府李钧笔下获知四十多年前发生在当地洛阳县的一桩往事:乾隆五十

---

① (清)沈衍庆:《槐卿政绩》,卷5,"挖毁强车事",载杨一凡、徐立志主编:《历代判例判牍》(第10册),中国社会科学出版社2005年版,第247页。

② 同上书,第249—250页。

③ (清)吴文镕:《吴文节公遗集》,清咸丰七年(1857)吴养原刻本,卷64,"复李石梧制军",第12页a—13页b。

④ 郑小春:《清代陋规及其对基层司法和地方民情的影响:从徽州讼费帐单谈起》,载《安徽史学》2009年第2期,第99—100页。

⑤ 詹鸣铎著,王振忠、朱红整理校注:《我之小史》,安徽教育出版社2008年版,第140页。对《我之小史》一书中所记载的纠纷及诉讼情况的整理,参见汤govern昭:《纷争与应对:从〈我之小史〉窥觇近代徽州乡村社会》,载《四川职业技术学院学报》2020年第4期,第79—87页。

六年(1791),该县百姓周庠与萧某、王某等人共同筹措费用打官司,结果争到了 32 亩滩地。① 据一通题为《南堆刊录判词碑》的碑文内容记载,在清代贵州的黎平府,当地平略寨与南堆寨互争山场,自咸丰朝便开始打官司,如今"构讼三朝,花费何止千余金",其中平略寨一方的讼费花销"悉款派于寨中散户"。② 在光绪年间,山东惠民县杜继檀、杜青田等人在当地百姓中敛钱上控,"议定每亩地派讼费钱壹千"。③ 浙江会稽县光绪年间的一份判词透露,当地百姓梁明贵为了争得"未经陞科之沙涨地亩,为首纠众敛钱控争",而受典该沙涨地亩的周屠氏则"出巨款帮助讼费"。④ 在光绪末年发生在江苏的一桩官司中,黄埨和黄在汦约定共同分摊讼费,不过黄在汦原先预存的那部分经费后来远不敷使用。⑤ 在 19 世纪清廷统治下的台湾北部,更是常常可以见到集体涉讼的当事人形态。在淡新档案中那些现存的诉讼文书里面,我们看到了"金六和""郑吉利""吴顺记"之类的合股伙名或堂名。而当它们涉讼之时,通常就是以团体的形态进行应对。⑥ 这将意味着,打官司过程中支出的各项诉讼费用,是由这些团体或合伙在其内部加以分摊。集体涉讼人在清代的台湾更为常见,也在相当程度上造成了淡水厅、新竹县衙门的官员们要比那些远在巴县、宝坻等地的同侪们面临着更为沉重的理讼压力。

---

① (清)李钧:《判语录存》,卷 4,"侵吞册费事",载杨一凡、徐立志主编:《历代判例判牍》(第 10 册),中国社会科学出版社 2005 年版,第 119 页。
② 陈金全、郭亮主编:《贵州文斗寨苗族契约法律文书汇编——易遵发、姜启成等家藏诉讼文书》,人民出版社 2017 年版,第 281—286 页。
③ (清)柳堂:《宰惠纪略》,清光绪二十七年(1901)笔谏堂刻本,卷 3,第 6 页 b。
④ (清)孙鼎烈:《四西斋决事》,卷 2,"周屠氏等判",载杨一凡、徐立志主编:《历代判例判牍》(第 10 册),中国社会科学出版社 2005 年版,第 559 页。
⑤ (清)赵幼班辑:《历任判牍汇记》,卷 1,"判黄增等覆讯堂词",载杨一凡、徐立志主编:《历代判例判牍》(第 12 册),中国社会科学出版社 2005 年版,第 161 页。
⑥ 〔美〕艾马克:《十九世纪的北部台湾:晚清中国的法律与地方社会》,王兴安译,台北播种者文化有限公司 2003 年版,第 179—180 页。

尽管人们在公堂涉讼时将会被胥吏们需索的陋规种类繁多且数额不菲,但由于众人分摊讼费或得到公产相助,甚至还有可能会受到一些在外经商的同乡同族之人的钱财资助,其经济负担当可大为减轻。而这无疑会直接影响到人们在发生一时难以解决的纠纷后是否决定到衙门打官司。上述所说的多人分摊讼费的方式,将在某种程度上缩短官府衙门与普通百姓之间原先迫于"高昂"讼费而被拉大的距离,从而使得告官兴讼从经济角度来说并不总是那么令人谈之色变。并且,由于此类官司往往与族众等群体的利益密切相关,且又有众人一起筹措讼费作为财力后盾,暂时输了官司的那一方很可能还会反复缠讼,以图翻案,从而衍生出更多次的告官行为,益发加深了当地官员眼中的"健讼"印象。

第四节 "官司打半截"诉讼策略具有的某种经济理性

不过,上述所说的涉讼一方或双方为团体性诉讼当事人的情况,在清代的司法实践中并不是最常见的情况。① 因此,由多人分摊讼费的诉讼策略,尽管的确会使得一些民众敢于告官兴讼的可能性有所提升,但并不足以普遍解释不少百姓面临"高昂"讼费之威胁时为何还会屡兴讼事。分析这一问题的关键点或许在于,许多清代史料中所说的那些诉讼费用,常常是打完一场官司所需费用的总和。易言之,

---

① 在黄宗智统计过的 628 个清代案例中,出现"团伙性"原告的只有 13 例(其中巴县 3 例,淡新 10 例,宝坻则付之阙如;黄宗智所称的"团伙性"原告,是指原告方为团体、村庄、宗族、行会、商业和生意团伙),在可以辨认出其社会身份的 500 名原告中所占的比例,只有 2.6%。参见〔美〕黄宗智:《清代的法律、社会与文化:民法的表达与实践》,上海书店出版社 2001 年版,第 138 页。

那些令我们印象深刻的讼费的"高昂"数额,往往是由走完诉讼过程全部阶段所支付的各种费用叠加而成。但在清代的司法实践当中,有不少原告可能仅仅只是将到衙门告上一状作为向对方施压的手段,未必皆会一路坚持到堂审、执行等后续阶段。例如,戴炎辉、包恒、滋贺秀三在研究清代台湾的淡新档案时都注意到,从案卷记录来看,当事人将民事官司一路打到堂审阶段的案子,实际上并不多见。① 黄宗智、吴佩林则还简要讨论过上述情况与当事人诉讼费用之间的关系。② 接下来我将结合更多的史料,对此进一步展开专门的深入分析。

一、"图准不图审"之做法的可能效果

在清代,一些"精明"的当事人在与他人发生较大的纠纷后,如果觉得即便经过民间调处,也将会在很长时间内僵持不下而无法解决时,那么为了给对方施加更大的压力,有可能会到衙门先告上一状。对于这种诉讼策略,与其从道德评价意义上一股脑地将之斥为"恶人先告状",还不如将之视为某些具有冒险精神的民众希望借此在后续的纠纷解决过程中争取自身利益最大化的一种可能手段。

---

① David C. Buxbaum, "Some Aspects of Civil Procedure and Practice at the Trial Level in Tanshui and Hsinchu from 1789 to 1895", *Journal of Asian Studies*, Vol. 30, No. 2 (1971), p. 274;戴炎輝:《清代台灣における訴訟手続について—淡新档案を資料として—》,載日本《國家學會雜誌》第81卷第3—4号(1968),第128—129页;〔日〕滋贺秀三:《清代州县衙门诉讼的若干研究心得——以淡新档案为史料》,姚荣涛译,载刘俊文主编:《日本学者研究中国史论著选译》(第8卷·法律制度),姚荣涛、徐世虹译,中华书局1993年版,第534页。

② 〔美〕黄宗智:《清代的法律、社会与文化:民法的表达与实践》,上海书店出版社2001年版,第176、182—186页;吴佩林:《清代县域民事纠纷与法律秩序考察》,中华书局2013年版,第149—150页。

清代的州县官们在接到原告递交的词状("理")之后,接下来必须决定是否采取进一步的行动,亦即"准"或"不准"。从清代许多官箴书的记载来看,"状不轻准"似乎是当时常见的做法。① 19 世纪的循吏刘衡便主张"状不轻准",②而且他的这一主张在清代官场上看来也获得了一定程度的响应,例如方大湜便在《平平言》一书中将此言作为经验之谈予以引述。③ 不过,当代学者的不少研究表明,刘衡上述所言未必皆与清代各地司法实践中的此方面一般情况相吻合,二者之间还很可能实际相差颇大。梁临霞在研究清代宝坻县的土地债务案件档案时指出,呈词在知县那里未被"准"的比例相当之小。④里赞利用清代四川南部县档案所做的研究也认为,"总体而言,不准的案件在整个州县所受理的案件中是少部分,而且许多案件经过当事人的一再告诉,知县的态度最终也会从不准到准。"⑤州县官接到呈词后"准"或"不准"的比例,因时因地因人而异,很难一概而论,且州县官们未必都会在每一起讼案的批词中明确写上"准"或"不准"的字眼,也可能使用了其他一些倾向性难以明确判断的模糊表述,故而即便是借助诉讼档案所做的实证研究,其实也很难说就一定能够获得对清代地方官府之通常处理方式的精确判断。但无论是"准"或"不准",州县官们通常都会写下批词。而这些批词并不只是针对诉讼当

---

① 有学者认为,"'状不轻准'是清代州县衙门的基本立场"。参见汪雄涛:《清代州县讼事中的国家与个人——以巴县档案为中心》,载《法学研究》2018 年第 5 期,第 179 页。
② (清)刘衡:《庸吏庸言》,清同治七年(1868)楚北崇文书局刊本,上卷,"理讼十条",载《官箴书集成》(第 6 册),黄山书社 1997 年版,第 195 页。
③ (清)方大湜:《平平言》,清光绪十八年(1892)资州官廨刊本,卷 2,"和息",载《官箴书集成》(第 7 册),黄山书社 1997 年版,第 641 页。
④ 梁临霞:《论批呈词——从宝坻档案看清朝土地债务案件的审理》,载中国法律史学会编:《法史学刊》(第 1 卷),社会科学文献出版社 2007 年版,第 163、169 页。
⑤ 里赞:《晚清州县诉讼中的审断问题——侧重四川南部县的实践》,法律出版社 2010 年版,第 74 页。

第五章 讼费压力下的诉讼策略与经济理性

事人双方,它们还可能针对衙门内部那些具体承办该案的吏役,以及为双方诉讼当事人进行调处的族人、中证、约邻、保甲等其他人士。① 除了那些明显违反状式条例之要求而"不准"的情况外,②若词状在衙门获"准",则通常意味着原告暂时取得了某种程度的优势地位,尤其是当州县官所写的批词表露出对其有利的倾向时更加如此。这种暂时的优势,按照黄宗智的说法,很可能会在由州县官写在状纸之上的批词所启动的"第三领域"中,促使那些进行调处的亲友邻里更加卖力,从而斡旋出一个相比而言更偏向于启动诉讼的原告方的调处方案。③

值得注意的是,在清代的司法实践当中,有不少原告只是将先下手为强告上一状作为向对方施压的一种手段,即在向衙门呈交第一份告状后,便不再积极推动官司往下进行,甚至干脆就销声匿迹,如此一来,该案件后续自然也就没有进入堂审乃至执行等阶段。这种情况,在清代的许多官员笔下被称作"图告不图审""图准不图审"或者"图批不图审"。例如乾隆五十五年(1790)湖广总督毕沅奏称:"楚北民气浇漓,讼风最甚,一经控准,即窜迹远扬,以遂其迁延拖累之计,致民间有'图准不图审'之谚。"④并且,"图准不图审者所在多有",⑤不

---

① 里赞:《晚清州县诉讼中的审断问题——侧重四川南部县的实践》,法律出版社2010年版,第157—161页。
② 关于一些状式条例中所规定的案不准理情形,参见邓建鹏:《清代健讼社会与民事证据规则》,载《中外法学》2006年第5期,第619—621页;李艳君:《从"状式条例"看清代对书状的要求》,载《保定学院学报》2008年第3期,第23—27页;邓建鹏:《清朝〈状式条例〉研究》,载《清史研究》2010年第3期,第1—12页;吴佩林、吴东:《清代州县司法中的"遵用状式"研究》,载《苏州大学学报》(法学版)2017年第3期,第46—55页。
③ 〔美〕黄宗智:《清代的法律、社会与文化:民法的表达与实践》,上海书店出版社2001年版,第107—130页。
④ 《清高宗实录》,卷1368,"乾隆五十五年十一月下"条,载《清实录》(第26册),中华书局1985年版,第345页。另参见(清)史善长:《弇山毕公年谱》,清同治十一年(1872)刻本,第42页b。
⑤ (清)张之洞:《张文襄公奏议》,民国刻张文襄公全集本,卷69,奏议69,第16页a。

只是在湖北,至少在浙江①、山西②、山东③、江苏④、广东⑤、福建⑥、台湾⑦等清代其他许多地方也都可见到。

对于此类"图准不图审"的做法,一些官员、士大夫将其归咎于讼师在阻挠所把持的案件被州县官审理清结,以便能从当事人那里长期取利,⑧但也有官员意识到,这也可能是某些百姓自己采取的一种诉讼策略,而并非全然由于受讼师摆布所致。咸丰年间曾在广东新会、南海、冈州、濂江等地任知县的聂亦峰,便对粤地讼民"图准不图审"的做法深有感触。他一方面认为"非民之不图审也",而是那些欲借唆讼谋利的讼棍"阻之使不得审者也",因为"若一令赴审,便当结案,彼即无从而鱼肉之矣";⑨另一方面也意识到"图准不图审"被当地

---

① (清)王凤生:"编审",载(清)戴肇辰辑:《学仕录》,清同治六年(1867)刻本,卷16,第29页a。
② (清)陶澍:《陶云汀先生奏疏》,清道光八年(1828)刻本,卷3,"晋臬稿·审明京控采买折子",第13页a。
③ (清)童槐:《今白华堂文集》,清刻本,卷5,"山东臬司六事议申程鹤樵申丞",卷20,"答陈笠帆中丞书";(清)庄纶裔:《卢乡公牍》,清末排印本,卷1,"上登州府宪吴论上控情弊虚实禀",第27页a,卷2,"示谕严拿讼棍告文",第28页a。
④ (清)王有光:《吴下谚联》,石继昌点校,中华书局1982年版,第113—114页;《嘉定县续志》,清康熙二十三年(1684)刻本,卷5,"劝民十则约言",第3页a。
⑤ (清)谢启昆:《树经堂文集》,清嘉庆刻本,卷4,"清理积案檄庚申",第15页b。
⑥ 《厦门志》,清道光十九年(1839)刊本,卷15,第15页b。
⑦ (清)徐宗干:"致僚属手札",载(清)丁曰健辑:《治台必告录》,清乾隆刻知足园刻本,卷5,第54页a。
⑧ 例如,同治年间的湖南《清泉县志》中在描述当地的争讼习气时,称"讼棍唆之,幸准而畏审,有田土钱债细故延口至数年者"。参见《清泉县志》,清同治八年(1869)刊本,卷5,"风俗",第12页b—13页a。晚清时期山东莱阳知县庄纶裔认为,讼棍们将那些请其出谋划策的当事人当作可以尽可能地收好点费的来源,"惟恐一日无讼,则一日无生财之所",此辈代当事人拟写状词时之所以"架词妄控,多半空中楼阁,变幻离奇,批不胜批,驳不胜驳",便是想"图准不图审""包准不包赢"。参见(清)庄纶裔:《卢乡公牍》,清末排印本,卷2,第82页a—82页b。在宣统元年(1909)江西徽州府按朝廷要求上报的该府下述六县《民情风俗、绅士办事习惯报告册》当中,也称黔县民众"尚气争胜,往往两造互控上诉不休,而到案者十无一二,盖图批而不图审,诬多而实少,或由于此亦讼师因以为利耳"。参见(清)刘汝骥:《陶甓公牍》,梁仁志校注,安徽师范大学出版社2018年版,第263页。
⑨ (清)聂亦峰:《聂亦峰先生为宰公牍》,梁文生、李雅旺校注,江西人民出版社2012年版,第7页。

一些民众作为一种当发生较大纠纷时可用来向对方施压的策略进行利用。聂亦峰还进一步区分了"小案之不图审"和"大案之不图审"两种不同情况,认为"大案之不图审"的算计主要来自那些希望从中大捞一笔油水的衙门吏役及讼师,但"小案之不图审"则可能是由于某些打官司的民众自己的盘算。聂亦峰解释说,广东当地的一些百姓到衙门告状后,并非一定要争取州县官早日开堂审理其所告之事,而是将告状能够在州县官那里获"准"作为最主要的行动目标,因为当其告状获"准"之后,衙门通常会在不久后派出差役下乡传唤被告,而往往此时方才得知自己被人诉至衙门的被告,就得向这些下乡的差役们交各种规费。如此一来,原告抢先告状并在知县那里获"准"的这一行动结果,便成了其用来打击被告、害被告花钱的"快心称意"之策略,但原告本身其实并不愿到衙门见官堂审,故而当自己被官府传唤时,一些原告反而"自行畏匿"。① 在清代,有一些官员为了防止讼棍利用告状后可以息销而胆敢放心诬告,主张"状不轻准,准则必审",②但这种做法,有时反而使得一些"图准不图审"者利用上述相对而言经济成本较低的诉讼策略来打击被告的目的更容易达成。例如嘉庆年间出任山东按察使的童槐便注意到,"某所属地方民风固称健讼,其图准不图审者,一控之后,原告即避匿不到,该州县不为照例查销,

---

① 咸丰年间在广东多地任过知县的聂亦峰,在一份向上司报告自己办案情形的禀文中写道:"奉文回任,时存警惕之心,唯恐片念苟安,即属重孤民厚。因于下车之顷,先将积案清厘,一面严饬各差,限以日期带案。无奈此间积习,久已疲玩成性,且其控告之人图告多不图审。盖以乡愚意见,亦非必欲到堂,但将一纸告官,差役到彼一扰,即觉快心称意,以为害彼花钱。及若真欲到官,伊反自行畏匿。故有被告到案,而原告反为宕延者。亦有两造争称投到,而临审并无一到者。又有两造虽到,而中证坚不肯到者。此小案之不图审也。若乃重大之案,两造亦亟欲见官,一为剖断。而书差讼棍,舞弄把持,恐吓阻挠,不令到案,缘恐一审即结,若辈便无可营生,故为离间勿前,以便随时择噬。是即尔康前陈旧案情形,而大案之不图审者也。"(清)聂亦峰:《聂亦峰先生为宰公牍》,梁文生、李雅旺校注,江西人民出版社2012年版,第204页。

② (清)刘衡:《庸吏庸言》,清同治七年(1868)楚北崇文书局刊本,上卷,"理讼十条",载《官箴书集成》(第6册),黄山书社1997年版,第195页。

致被证人等受其拖累"。①

二、"官司打半截"与经济算计

在清代的司法实践中,倘若词讼的原告在最初提交告状后久不呈状催审,或者经衙门多次派差传唤不到,经过一段时间(以两个月为限者为常见,亦有三个月者),该起讼案很可能就会被衙门注销。例如,其宦海生涯历经乾隆、嘉庆、道光三朝的王凤生曾就此描述说:"近时编审案件,每以原告两月不到,辄为照例详销。"②于咸丰、同治、光绪三朝出仕的方大湜也讲道:"原告无故两月不到,例应注销。"③咸丰年间聂亦峰在广东冈州任官时向当地民众出示晓谕,"限以原告三月不到,即行分别详销"。④ 在同治年间台湾的淡水厅,有一起案件的卷宗批词中明确写有"原被三月不到,照例应在注销之列"的字样。⑤

此处所说的"注销",究竟是地方衙门自动将该案注销,还是州县官一定得见到至少当事人一方提交的某种文书并认可后才会注销,管见所及,目前在学界很少有人专门讨论过。滋贺秀三在研究淡新档案时,曾关注过"注销"这一问题。他认为,这种若两造受到官府传唤后连续多少时间不到所在衙门露面则该案即予注销的做法,虽然在法律依据方面并不明确(在《大清律例》等法典当中都找不到关于此的明文规定),但从一些案卷的批词来看,"至少[清代台湾府]淡水

---

① (清)童槐:《今白华堂文集》,清刻本,卷20,"答陈笠帆中丞书"。
② (清)王凤生:"编审",载(清)戴肇辰辑:《学仕录》,清同治六年(1867)刻本,卷16,第29页a。
③ (清)方大湜:《平平言》,清光绪十八年(1892)资州官廨刊本,卷2,"原告久不呈催",载《官箴书集成》(第7册),黄山书社1997年版,第641页。
④ (清)聂亦峰:《聂亦峰先生为宰公牍》,梁文生、李雅旺校注,江西人民出版社2012年版,第204页。
⑤ 《淡新档案》(第24册),"第二编 民事(田房类:公业、用水、抄押;钱债类:买卖、典当)",台湾大学图书馆2007年版,第234页。

厅、新竹县的历任长官是确实意识到并运用了上述规定"。① 从滋贺秀三的讨论来看,他似乎认为"注销"案件是由官府单方面做出。但在清代的司法实践中,除了原被两造受传唤后皆长时间不到衙门露面的情况下官府主动注销该案,实际上还存在原告故意匿避不到时被告向衙门申请销案的情形。下文将从滋贺秀三在讨论"诉讼的终结"时未曾注意到的一个角度,即该现象背后可能潜藏着的当事人的经济理性,将和息、销案与否等做法与诉讼策略、诉讼费用关联在一起进行讨论。

(一)诉讼当事人双方和息销案时的费用

中国古代的行政被一些学者称作"文书行政",亦即官僚系统中自上而下的命令和自下而上的报告都需要借助各种文书来完成。② 在中国古代,司法作为政务之一环,也同样明显体现出文牍主义的特征,"各级官府在司法过程中均执行严格的文牍主义"。③ 因此,法律史研究者们在研究清代司法时,司法文书使用的规范性常常也是其关注的重点内容之一。④

俞江在研究清代州县衙门细故词讼的通常审理程序后,认为细故词讼的结案形式并非只有判词一种,可以作为结案文书的还有批词、息讼呈词、销案呈词等其他数种,主张"批词、'官批民调'后的息呈、甘结、销案呈禀、保状等,和判词共同构成清代多元的结案系统"。俞江指出,除了以堂断正式做出审语进行结案这种形式外,还有其他

---

① 〔日〕滋贺秀三:《清代州县衙门诉讼的若干研究心得——以淡新档案为史料》,姚荣涛译,载刘俊文主编:《日本学者研究中国史论著选译》(第8卷·法律制度),姚荣涛、徐世虹译,中华书局1993年版,第535页。
② 〔日〕富谷至:《文书行政的汉帝国》,刘恒武、孔李波译,江苏人民出版社2013年版,第341—342页。
③ 王志强:《中华法的政治机理——基于秦汉与古罗马时期的比较视角》,载《中国社会科学》2021年第10期,第186页。
④ 汪雄涛:《文牍理性:清代州县讼事的文书与程序》,载《法学评论》2022年第1期,第156—171页。

五种同样有正式结案文书的情形,亦即以"呈词不准"的批词结案、以息呈加"准结"批语的形式结案、以销案呈词加"准销案"批语的形式结案、以"甘结"加州县批"准结"的形式结案、以"保状"加批词形式结案。按照他的说法,那种以销案呈词加"准销案"批语的形式结案的做法,具体指的是衙门在受理案件后,允许两造在堂审之前自行邀请第三方进行调处,若调处成功,则由第三方向州县官递交销案呈词,州县官过目后若觉得妥当,便批准"销案"。①

不过从遗存至今的巴县档案来看,俞江上述所说的息呈和销案呈词,在清代司法实践中的具体使用实际上常常并没有被那么明显地加以区分。巴县知县在写批词时所用的此方面具体表述,往往是由"和息"与"销案"这两个词组合而成,亦即"息销",而且所收到的息呈或销案呈词后面,会同时附上当事人出具的"甘结"。② 例如在咸丰二年(1852),家住巴县慈里二甲的田荣春和王朝喜,先是分别以"踞逼凶毁"和"套逼尸悬"为由到当地县衙互控在案,后又邀请汪大顺、王朝盛、田宗明等双方亲邻从中理说调处,在双方经过调处达成彼此都接受的解决方案后,汪大顺等人以调处人的身份,向巴县衙门呈上一纸息状(同时附上了王朝喜等当事人所写的结状),并在息状中写道,争讼双方"彼此不愿讼累,仍敦旧好,甘结备案,协恳息销",巴县知县在过目后写下批词称,"既经理明,准予息销,各结附卷"。③ 而在另一起同样发生在巴县的讼案中,彭良先和徐天行两人因隙到巴

---

① 俞江:《明清州县细故案件审理的法律史重构》,载《历史研究》2014年第2期,第45—46页。
② 滋贺秀三在研究清代淡新档案时也指出,那些居间调停纠纷的第三方(泛称"公亲")向县衙提交和息呈禀时,同时还会附上当事人双方交给衙门的"和息甘结"(也有写为"遵依结状"的)。参见〔日〕滋贺秀三:《清代州县衙门诉讼的若干研究心得——以淡新档案为史料》,姚荣涛译,载刘俊文主编:《日本学者研究中国史论著选译》(第8卷·法律制度),姚荣涛、徐世虹译,中华书局1993年版,第535页。
③ 四川省档案局(馆)编:《清代四川巴县衙门咸丰朝档案选编》(第10册),上海古籍出版社2011年版,第666—668页。

衙门互控,何文明、翁元兴等邻居从中调处后,于咸丰元年(1851)十二月以调处人的名义向衙门呈上一纸息状,并附上当事人双方出具的两张甘结,恳请知县"赏准息结销案杜讼",知县过目后写下批词称,"从宽姑准息销,仍取各结备案"。① 这种从中调处之人在递交和息呈禀时需要同时粘附当事人写立的"甘结"的做法,并非巴县所独有,而是当时的一种普遍现象,例如淡新档案中的许多清代案例皆是如此。②

清末《调查川省诉讼习惯报告书》中写道,若原告故意拖延,在被传唤多次后仍不去衙门赴案,且满足如下三个条件,即衙门已派差传唤原告超过三次、多次差传原告的时间持续超过两个月、原告属于无故不到,则被告可向衙门申请销案。③ 由此来看,在上述情况下,销案似乎得由被告向衙门提出某种文书进行申请。但在清代的司法实践当中,有不少案件也可能会在无人提交息呈之类特定文书的情况下被衙门自己注销。清代官员方大湜对此有过介绍:"一切词讼案件,如被告人传未到,原告又久不呈催,多系两造不愿终讼,或已在乡间私和,其所以未递息呈,特为省衙门费用计耳。此等

---

① 四川省档案局(馆)编:《清代四川巴县衙门咸丰朝档案选编》(第10册),上海古籍出版社2011年版,第542—544页。
② 《淡新档案》(第24册),"第二编 民事(田房类):公业、用水、抄押;钱债类:买卖、典当)",台湾大学图书馆2007年版,第145—147、259—260页;《淡新档案》(第24册),"第二编 民事(钱债类:胎借、借贷)",台湾大学图书馆2007年版,第165—166、393—395页。
③ 《调查川省诉讼习惯报告书》,第六项"传提"之"(七)被告赴案而原告拖延不审,被告人得请求传讯之否? 若传至多次,原告人仍不出头,得因之而销案否?"该报告书同时还指出,此种做法亦有例外,即倘若被告呈催不已,则地方官也可以传讯被告录取口供,等原告到案后再行质讯。我认为后一种情况在清代的司法实践中应当属于少数。这是因为,倘若将官司一路打到底,则在诉讼过程的各环节中,被动卷入官司之中的被告与原告一样,也需要向吏役们交各种司法规费,虽然在数额上与原告需要交的会有一些差别,但同样颇为可观。在通常的情况下,被告也会尽可能少给吏役交各种司法规费,以减轻自己打官司时的经济压力,故而当被告获知原告的消极行为后,通常不会采取不断向官府呈催的方式来极力推动讼案进入堂审阶段。

事应即注销。"①在上述这种情况当中,原被告双方之所以都没有请那些从中调处之人向衙门递交息呈,或者自己未向衙门递交"息约",正如方大湜所明确指出的,"特为省衙门费用计耳",因为按照惯例,当事人申请和息销案时,得要向衙门吏役交一笔通常被称作和息费或和息钱的陋规,且其数额往往颇高。

从清末各地上报的诉讼习惯调查报告书来看,当事人向衙门出具甘结、请求和息销案时,通常需要交一笔专门的费用。《调查川省诉讼习惯报告书》中就此明确写道:"官愿民和,自是息讼主义,然仅递悔呈即可销案,则自由起灭,诉讼必因之繁兴,故须呈明事由,请官批销,且必具左之要件:(1)两造自愿和息,均须投具切结;(2)调处人禀明和息情形;(3)遵照新章缴钱五钏(案微、家贫,例准邀免)"②;"已成讼案而和息者,当然应缴和息费,以杜起灭自由之弊。至于书差费、堂礼、具结等费付给与否,有不同之点三:(1)有各费全数付给者;(2)有各费俱给半数者;(3)有双方俱不催案、任其拖延者(俗名流案),然非给房费、差费不能。"③按照《调查川省诉讼习惯报告书》中的上述记载,已成讼案应缴的和息费,有可能还包括数额不等的房费、差费,故而实际上其数额颇为不菲。光绪三十二年(1906)巴县衙门内部奉行的案费章程中也记载说,"如有和息销案,原、被两告各出钱一千五百文"。④ 不过,衙门吏役实际收取的和息费数额,有可能比上述案费章程中规定的要高。有当代研究者便指出,诉讼双方情愿和

---

① (清)方大湜:《平平言》,清光绪十八年(1892)资州官廨刊本,卷2,"原告久不呈催",载《官箴书集成》(第7册),黄山书社1997年版,第641页。
② 《调查川省诉讼习惯报告书》,第一项"调处及和息"之"(六)已控未结之案,两造自愿和息,是否仅递悔呈,即可销案?抑或非呈明和息事由经官批准,不得销案?"
③ 《调查川省诉讼习惯报告书》,第十项"案费"之"(十八)已成讼案两造和息,尚须给书差费、堂礼、具结等费否?"
④ 〔美〕白德瑞:《爪牙:清代县衙的书吏与差役》,尤陈俊、赖骏楠译,广西师范大学出版社2021年版,第442页。

息,到巴县衙门申请销案时,需要各交 2400 文钱。① 《山东调查局民刑诉讼习惯报告书》同样明确列出了原被两造申请和息销案时须交给衙门吏役的费用。其中,和息费为"京钱五六千文不等,多者或至数倍"(此项费用"大半归于署内门役,少半归房书隶役"),恳息呈费则"与寻常状纸、代书费同"(状纸费为每纸京钱二三百文不等,代书费为每呈一纸则交京钱七八百文不等)。② 当时山东惯称的"京钱",每两文合制钱一文。在地处东北的清代奉天地区,光绪三十一年(1905)进行改革后,该省复州的地方衙门收取的和息费为市钱 60 吊(折合成银子为约 4 两),在数额上与改革前的结案费不相上下。③

鉴于清代司法的前述文牍主义特点,从理论上讲,经过了"官批民调"而最终两造和息并销案的案子,应该会在其保存在衙门内的档案卷宗中,留下从原告最初递交的那份告状到最终销案时所用的息状、甘结的一整套文书。但一些研究者已经注意到,在不少并非以堂判收场的清代案件卷宗当中,并没有看到有息状、甘结之类的结案文书。④ 这种情况,不能被主要归咎于某位学者所研究的那一清代司法档案在历史长河中的文书散失,因为从遗存至今的清代各地司法档案来看,此种档案记录"不完整"的案子在数量上都有不少。例如,滋贺秀三在研究淡新档案后指出,现被归类到"民事门"的案子实际上有 206 件,其中有半数案子在卷宗记录里面没有任何最终的结论,"以

---

① 李荣忠:《清代巴县衙门书吏与差役》,载《历史档案》1989 年第 1 期,第 99 页。
② 《山东调查局民刑诉讼习惯报告书》,"民事诉讼习惯"部分第一章"诉讼费用"第一节"关于诉讼之公费"。
③ 张勤:《从诉讼习惯调查报告看晚清州县司法——以奉天省为中心》,载《南京大学法律评论》2012 年秋季卷,法律出版社 2012 年版,第 94 页。
④ 俞江:《明清州县细故案件审理的法律史重构》,载《历史研究》2014 年第 2 期,第 46 页。但他并未对此种情况的可能原因做出具体解释。

不了了之的形式结案"。① 黄宗智在对来自清代四川巴县、顺天府宝坻县和台湾淡水厅—新竹县的628起案件的卷宗进行研究后,也发现其中有264起案件的记录都并不完整。他认为,这反映了有不少诉讼当事人在和息后实际上并没有向衙门递状呈请销案,在154件其档案记录以衙门发出传票作为结尾的案子中,此种情况应当占了相当大的比例。②

这种原被两造有可能实际和息但却没有向衙门递状呈请销案的情形,用滋贺秀三的话来说,体现了清代"听讼"的基本结构,亦即"以沉默停讼的方式来了结案件"。③ 此做法之所以在清代司法实践中颇为常见,除了当事人和息后主动申请销案的手续颇为费事,最主要的原因恐怕在于,通过如此操作,当事人双方都有可能避开支付前述介绍过的那笔为数颇高的和息费。当然,正如黄宗智也意识到的,在这种情况下,当事人双方"并不能正式拒绝接受衙役送来的传票,也不能要衙役回禀官府这场争执已获解决"。④ 而这意味着,当事人可能仍然无法完全幸免于给那些持票下乡传唤的差役交各种差费陋规。但是,与当事人主动跑到衙门申请销案时必然会被要求如数交出和息费相比,由于当事人此时身处自己常住的村庄或城中某处,而不是离家来到吏役们的主场即衙门当中,于是就有了成功躲避后者需索的更多机会。尤其当诉讼当事人在城外的住所与城里的衙门相距甚

---

① 〔日〕滋贺秀三:《清代州县衙门诉讼的若干研究心得——以淡新档案为史料》,姚荣涛译,载刘俊文主编:《日本学者研究中国史论著选译》(第8卷·法律制度),姚荣涛、徐世虹译,中华书局1993年版,第534—535页。
② 〔美〕黄宗智:《清代的法律、社会与文化:民法的表达与实践》,上海书店出版社2001年版,第116页。
③ 〔日〕滋贺秀三:《清代州县衙门诉讼的若干研究心得——以淡新档案为史料》,姚荣涛译,载刘俊文主编:《日本学者研究中国史论著选译》(第8卷·法律制度),姚荣涛、徐世虹译,中华书局1993年版,第537—538页。
④ 〔美〕黄宗智:《清代的法律、社会与文化:民法的表达与实践》,上海书店出版社2001年版,第116页。

为遥远时,更是容易出现"强龙难压地头蛇"的情形,故而衙门吏役和州县官也常常不得不默认该起案子以这种方式不了了之。

(二) 堂费的通常收取数额

从另一个角度来看,这种诉讼当事人双方在和息后却不去衙门呈状销案的做法,与前述所说的"图准不图审"非常相似。正如一条民间谚语所言,"会打官司打半截,不会打的打到头"。① 二者可能存在的主要区别在于,前一种情形通常发生在案子被衙门准理和州县官即将堂审之间,在此过程中,当事人有可能多次呈催,但最终在州县官批票"差唤候讯"之前双方和息,而在后一种情形当中,当事人看重的是在到衙门告状时是否能在州县官那里获"准",告准后通常便不再呈催。二者的共同之处则在于,相较于那种将官司一路打到堂审阶段的做法,上述两种方式都至少省掉了案件开堂审理时当事人要交给吏役的那笔堂费(或称堂礼、堂习钱)。

在诉讼过程不同阶段的各种司法陋规当中,堂费通常是最大的一笔开销,且往往在数额上远超其他名目的规费。

据清末《调查川省诉讼习惯报告书》中所说,四川省内各地衙门在开堂审理案件时收取的堂礼数额不一,最少者2200文,最多者4000文。此外,当事人在受堂审时还要再交许多附加的陋规,例如站堂钱、看门钱、唱名钱、录供钱、茶房钱、带案钱、提刑钱、少数钱、换毛钱、灯油钱等。②

《山东调查局民刑诉讼习惯报告书》中写道,在衙门堂审时,当事人需要交的陋规名目及其数额具体包括:点单费(亦名送审费),所收之数额为京钱百余文不等,归承办该案的那一房的书吏作为润笔之

---

① 温端政等编著:《中国谚语大全》(上册),上海辞书出版社2004年版,第387页。
② 《调查川省诉讼习惯报告书》,第十项"案费"之"(十四)堂礼之定额若干,有无一切漏规及各种名目?"

资;铺堂费,其数额为京钱一二千至四五千不等,此项费用"大约归门役、夜役、皂隶、值堂听事吏等公用";招纸费,此项规费的收取标准没有定数,大约是交给承办该案的那一房书吏收取的房费数额的一半,堂审时若是由招房书吏负责录供,则此项费用即归该房;传卷费,其收取数额为京钱四五百文上下,归衙署内的门丁所有;茶房费,该项费用的所收数额"为数甚微",归伺候堂事者所用,且通常只当后者系通过顶缺获得此差事时方才收取;掌刑费,此项费用只有"用刑讯时始有之",并无定数,寻常讼案收数百文,但若是刑事案件,则有收至数十千文者,系用来贿赂负责司刑者,归值堂的那班差役所有。在这六项与堂审有关的陋规当中,若当事人已经交过铺堂费,则可免交招纸费、传卷费、茶房费和掌刑费。①

《广西调查诉讼习惯报告书》也就案件堂审时当事人需交的费用记载说,"凡审讯案件,无论已结未结,原被告双方均须缴纳费用。其费用由房书、差役、家丁之在堂者摊分,俗谓之铺堂费。此外,又有于牌示审期时缴费者曰挂牌费,于开单呈审时缴费者曰呈单费。挂牌费由原告一方缴纳,呈单费则原被告双方均须缴纳,铺堂费为各属所通行。挂牌费及呈单费则各属中间有行之,此广西从前相沿之习例也",并指出在光绪三十一年(1905)两广总督岑春煊下令更定新章后,规定"每结一案,两造共缴费三千二百文,以六成给房书,四成给差役作津贴,其审而未结者不缴,尽除去铺堂、挂号、呈单等名法",但并不是该省每个州县衙门都实际遵照新章施行,有不少衙门当时仍沿袭旧习。《广西调查诉讼习惯报告书》在接着详细列举了该省那些未遵照新章而仍沿用旧习的州县衙门所上报的挂牌费、呈单费、铺堂费之所谓定额后,还特地强调说,这些数额"多阙略不详,因惯例无

---

① 《山东调查局民刑诉讼习惯报告书》,"民事诉讼习惯"部分第一章"诉讼费用"第一节"关于诉讼之公费"。

定,难于悉查之故",例如其中柳州府罗城县、庆远府宜山县、浔州府武宣县、镇安府天保县的衙门收取的上述规费名目之数额,看上去加起来还不到上述两广总督岑春煊所定新章中规定的那一数额(两造共交3200文),但这些地方衙门所宣称的上述定额,其实不过只是稍示制限而已,"实则所收超过定额远甚,且超过新章所定之额亦远甚"。《广西调查诉讼习惯报告书》的执笔撰写者反问说,"书差惟利是图,岂有宁取其寡而遗其多者?由此推之,其他各属所列之数虽多于新章所定之额,亦不得即视为实收之数,也明矣"。①

除此之外,宣统年间印制的《福建财政沿革利弊说明书》以列表的方式,展示了该省各府州县衙门收取的诉讼费用具体数目情况。从那些列出的堂礼数额来看,除了有个别衙门所收堂礼的数额低于1000文(例如水口县丞衙门收取的堂礼数额为每次400文,罗源县衙门所收堂礼数额为每案450文,营前县丞衙门收取的堂礼数额为每堂800文),该省大部分州县衙门所收取的堂礼数额为二三千文,但也有高达四五千文乃至更多者,例如顺昌县衙门收取的堂礼为每堂二三元至十余元不等,安溪县衙门收取的堂礼为每次4240文,南安县衙门收取的堂礼为每次5500文,福鼎县衙收取的堂礼更是高达每次8元5角。②

(三)"官司打半截"的大致诉讼开销数额

黄宗智曾推测认为,那些只是将抢先呈状投告作为向对方施压的一种手段的原告,其诉讼开支很可能还不到那些将官司一路打到堂审阶段的原告所花费用的1/4。③ 而从清末四川、山东、广西、福建

---

① 石孟涵辑:《广西诉讼事习惯报告书》,清宣统二年(1910)铅印本,"第四章 诉讼费用"。
② 《福建财政沿革利弊说明书》,清宣统间铅印本,"杂款类",载北京图书馆出版社影印室辑:《清末民国财政史料辑刊》(第12册),北京图书馆出版社2007年版,第429—434页。本书第四章第三节中转录了该列表。
③ 〔美〕黄宗智:《清代的法律、社会与文化:民法的表达与实践》,上海书店出版社2001年版,第183页。

等地的上述司法陋规名目及其通常收取数额来看，一些"官司打半截""图准不图审"的原告的诉讼费用花销，确实很有可能还不到若将该官司一路打到底时所需支付的诉讼费用总额的1/4。

一般情况下，清代的百姓到当地州县衙门告上一状，首先需要开销的费用，主要是由如下三部分构成：其一，购买状纸的费用，即通常所称的状纸费；其二，请官代书拟写状词（或者请官代书照当事人自己带来的已写好的稿子誊写）并盖上戳记的费用，即所谓的代书费与印戳费；①其三，将由官代书写好的词状交到衙门承发房时须向该房书吏缴纳的费用，即所谓的传呈费或上号费。根据清末《山东调查局民刑诉讼习惯报告书》中的记载，到衙门提起诉讼之人所需交出的规费，主要包括状纸费、代书费、印戳费、上号费等四项。其中，状纸费又名呈纸费、印纸费，其收取标准为每张京钱二三百文不等；代书费为每呈一纸则收取京钱七八百文不等；印戳费为每张状纸收取京钱二百文，此项费用与代书费一样，皆归官代书所有；上号费又名投呈挂号费，其收费标准为每号收取京钱一二百文不等，此项费用通常归负责将当事人所递交的状纸进行挂号登记的承发房书吏所有。② 按照该报告书中所列的数额，在清末的山东，当事人起诉时需要向衙门交的状纸费、代书费、印戳费、上号费，其数额加起来大致在京钱1200文至1500文之间，换算成制钱则在600文至750文之间。《广西调查诉讼习惯报告书》具体列举了广西省内大部分府州县衙门的各自收费情况。该报告书将民人递呈起诉时所需交纳的各种费用，包括状纸费、代书费、盖戳费、挂号费以及其他杂费，统称为呈状费，并注明"此种

---

① 关于清代一些地方官府规定的官代书收费标准与其实际所收费用情况之对比，详见本书第八章第四节。

② 《山东调查局民刑诉讼习惯报告书》，"民事诉讼习惯"部分第一章"诉讼费用"第一节"关于诉讼之公费"。该报告书还在此大项下列了钞批费，不过明言"此种似不在起诉范围，因无类可归，故附入之"。

第五章　讼费压力下的诉讼策略与经济理性

费用在起诉时则取之原告,辨诉时则取之被告,续诉时则各依其续诉之人征取"。据该报告书记载,呈状费的收取标准,在广西各府州县衙门差别颇大,例如在同归桂林府所辖的义宁县、灌阳县两县,一为448文,一为1180文,二者收取的数额相差近750文,但从总体来看,广西各府州县衙门对此项费用的收取数额以800文至1500文的情况居多。①《福建财政沿革利弊说明书》中只列出了状纸费和每张呈禀收取的费用,前者的费用大多数未超过每张100文,后者的费用有许多是在500文至1000文之间(收费最低的是岚下县丞衙门每张期呈收80文,以及长乐县衙门每张期呈收100文,收费最高的是南安县衙门每张新案期呈收1445文)。②

且以四川省为例对此详予说明。清末《调查川省诉讼习惯报告书》中写道,四川省内各州县衙门收取的状纸费、代书费、传呈费向来没有划一的规定,其数额参差不齐,通常情况下,状纸费至少60文而至多800文,代书费至少100文而至多1000文,传呈费至少720文而至多2100文。③ 由此来看,状纸费、代书费和传呈费三项费用加起来,在四川约在880文至3900文之间。如果诉讼当事人双方经人调处后决定和息,然后主动向衙门申请销案,那么此时还要交一笔和息费。前面业已介绍过,根据光绪三十二年(1906)巴县衙门内部奉行的案费章程中的记载,原被告双方和息销案需各出1500文。易言之,如果原告"官司打半截",并未推动案件进入堂审阶段,而是在告准之后与被告和息,其向衙门申请销案时所花的诉讼费用,有可能会在

---

① 石孟涵辑:《广西诉讼事习惯报告书》,清宣统二年(1910)铅印本,"第四章 诉讼费用"。
② 《福建财政沿革利弊说明书》,清宣统间铅印本,"杂款类",载北京图书馆出版社影印室辑:《清末民国财政史料辑刊》(第12册),北京图书馆出版社2007年版,第429—434页。
③ 《调查川省诉讼习惯报告书》,第十项"案费"之"(一) 纸状、代书、传呈各若干费? 各种中有无多寡之分(如禀费少、状式费多之类)?"

2380文至5400文之间。如果采取"图准不图审"的策略，那么有可能连1500文的和息费也可省掉。若将一些四川民众采取上述策略时的诉讼费用，与前述赵娓妮根据《调查川省诉讼习惯报告书》中所记全部诉讼环节的陋规数额加总而成的诉讼费用区间相比，可以发现前者中的最低数额相当于后者中最低数额（16600文）的约5.3%—14.3%，而后者中的最高数额（138200文）差不多是前者中最高数额的25倍至35倍。

上述这种围绕当事人采取不同诉讼策略时可能花销的诉讼费用情况所做的对比意味着，如果原告只是将告上一状当作向对方施压的手段，而并不真正打算使该案件进入堂审等后续程序（"图准不图审"），又或者原被告双方在该案件正式堂审之前和息销案，抑或在原告提起诉讼后由于某种原因该案在官府那里被长期搁置（本书第四章中介绍过的那起道光二十九年[1849]徽州歙县童生许世炳状告周运昌、周仲坚父子欠钱赖债的讼案便是如此，根据许世超自记的讼费账单上面的那些数目，其诉讼费用开销总计为1075文），那么其需要交给衙门吏役的司法规费之具体数额，通常并不会高不可攀到那种令人感到恐怖的地步。倘若原告起诉后双方经调处和息，但并不正式向衙门具呈申请销案，则又可以节省下和息费那一大笔费用（例如在晚清时期的山东，和息费的数额甚至是原告最初起诉时要交的各种费用之总和的四五倍），故而从经济角度来推断，此种"官司打半截"的做法，很有可能会被一些有着经济算计之心的民众在冒风险打官司时所实际采用。易言之，采取上述诉讼策略后当事人的经济负担，与将从起诉到堂审后出结的全部诉讼程序都走完时所花销的费用相比，无疑将大为减轻。而这与衙门吏役所需索的那些费用颇高的司法陋规名目绝大部分都集中在差传、堂审等阶段的特点有关。

（四）寻常讼案的大致费用数额下限

退一步来说，即便一些民众并没有"官司打半截""图准不图审"

第五章 讼费压力下的诉讼策略与经济理性

的盘算,而是一路推动官司在衙门中走到堂审阶段,其所交出的司法陋规总数,也未必一定会像许多故事中所描述的那么无比高昂。晚清名臣张之洞在光绪二十七年(1901)上奏皇帝的一份折子中称,"大率民间词讼,必有讼费,少者钱四千,多者数十百千"。① 他所描述的这个讼费开销数额的宽泛区间,与本书第四章中所介绍的清代史料中关于诉讼费用实际开销的大多数记载基本契合。如果我们将清代的词讼进行大致的类型区分,亦即将它们分为相对简单的细事官司和比较复杂的讼案,所涉财物折价不高的官司和讼争标的价值甚高的讼案,只在本地衙门打的官司和到异地乃至京城上控的讼案,以及那些双方当事人皆是以个体形式参与的官司和至少有一方当事人为团体性质的讼案,那么可以发现其中存在一些大致的规律。在通常情况下,前四类官司的诉讼费用虽然不会很低,但也不至于必定非常高昂,很可能通常是以数千文计,而后四类讼案的花销则往往要高得多,有时其数目甚至相当惊人。由于清代不同时期、不同地方、不同案件的情况彼此之间可能差异颇大,我们无法简单断定一起讼案的诉讼成本通常是多少,自然也无法精确给出当时讼费开销数额的上限。正如我们业已在本书第四章中看到的,在一些涉及巨大经济利益的清代讼案中,当事人可能会在诉讼费用上不惜投入成百上千两银子的重金。

但是,综合本书第四章中所引述的那些散见于各种清代史料中的最低讼费数字,并以其他一些史料中所透露的信息进行印证,我们或可对当时打官司的花销通常至少需要多少钱有一个大致的认识。同治年间的《增修酉阳直隶州总志》记载了嘉庆十五年(1810)任酉阳

---

① (清)张之洞:《遵旨筹议变法谨拟整顿中法十二条折》(光绪二十七年六月初四日),载《张文襄公奏议》,民国十七年(1928)刻张文襄公全集本,卷53,第12页b—第13页a。

243

州知州的章凯的事迹,称赞章凯到任后便对衙门差役向当事人收取词讼陋规的做法进行大力整顿,结果后来变得"民间一讼费,仅千钱或数百文而已"。① 从其中所用"而已"两字所透露的语气来看,"千钱或数百文"程度的打官司费用,在当时的士大夫们看来已经算是很低的讼费开销,故而才会被作为这位"洞悉民隐"的地方官之重要治绩予以记录。

不过,即便是《增修酉阳直隶州总志》中所说的"仅千钱或数百文"的讼费,又或者像第四章中引述的汪辉祖所说那样打官司的费用至少需要3000文,抑或如张之洞所言讼费少则4000文,对于当时的许多普通百姓而言,这些数额都将是一笔在相当大程度上与其生活乃至生存息息相关的支出。尽管清代不同时期的银钱比价变动不居,实际上无法一直维持1两银子易1000文钱的平价,②但我们不妨通过大致了解清朝时粮食等基本生活必需品的价格和工价,来直观感受对于当时的底层百姓而言,上述起码的讼费数额将意味着何种程度的经济负担。根据黄冕堂的研究,以皮粮(包括稻谷、粟谷、高粱等)的价格为例,清代顺治、康熙两朝时通常为每石300—800文钱,康熙、乾隆两朝之交到乾隆末年时,一般为每石1000—1600文,嘉庆、道光两朝以来再升至多为每石2000文左右;从长工的工价来看,顺治、康熙年间通常每年最多3两银子,清末时则升至一般每年8两银子左右,月工的收入则以800文到1000文为最常见。③ 而根据当代学者以清代江南地区(当时全国最富庶的地区之一)为例对农民生存消费情况的研究,以五口之家(由夫妇及其子女组成的核心家庭)的农民家

---

① 《增修酉阳直隶州总志》,清同治三年(1864)刻本,卷16,第6页a。
② 关于清代不同时期银钱比价的研究,参见陈锋、范卫红、乂小明、范金民、张景瑞:《清代银钱比价波动及其对社会生活的影响》,载《中国钱币》2020年第4期,第14—26页。
③ 黄冕堂:《中国历代物价问题考述》,齐鲁书社2008年版,第69、149、191页。

庭来估算,清代前期每年维持全家温饱生活(口粮、衣物、住房和燃料)的消费支出约需 32.6 两,到了清末时则提高到约需 93296 文钱(折合成银子为 58.31 两)。① 在这种经济背景下,正是因为讼费花销对于许多并不富裕的下层百姓而言都是一笔不菲的支出,我们有时会在史料中看到,一些非常在乎这笔经济损失的百姓在结案后屡次去找对方,要求赔付自己先前打官司时花掉的那些讼费,结果双方再次发生冲突,甚至还因为追讨讼费又打起了官司。②

三、打官司过程中民众的能动性与被动性

需要承认的是,即使民人采取上述诉讼策略,也并不能保证其必定能避开吏役们后续的各种陋规需索。一方面,一些州县官们可能会像 19 世纪的名臣刘衡所主张的那样,坚守"准则必审,审则断,不准和息"的做法,③结果导致很多讼案告到衙门后会被一直拉到堂审的阶段。如此一来,挑起讼端的原告照样躲不过各种来自衙门吏役的陋规需索,此前那种"图准不图审"的如意算盘也将落空。另一方面,当一些原告采取"图准不图审"的策略时,也无法保证能够绝对避开持票下乡传唤的差役的陋规需索,而是很可能也要花钱打点该差役让其为自己打掩护。例如根据赵东山、赵芳佑、赵明山、赵芳融等四人在咸

---

① 方行:《清代江南农民的消费》,载《中国经济史研究》1996 年第 3 期,第 91—98 页;张研:《18 世纪前后清代农家生活消费的研究》,载《古今农业》2005 年第 4 期,第 80—90 页。

② 清代道光元年(1821)巴县百姓张德明与张殿彦在对簿公堂后不久再次发生的冲突,便属于此种情况。张德明状告张殿彦唆讼,当地官府经过审理后不予支持,但张德明却在路上将张殿彦拦住,向其凶索讼费,结果张殿彦到衙门以"痞磕凶伤"为由控告张德明。参见四川省档案馆编:《清代巴县档案整理初编(司法卷·道光朝)》,西南交通大学出版社 2018 年版,第 16—17 页。

③ (清)刘衡:《庸吏庸言》,清同治七年(1868)楚北崇文书局刊本,上卷,"理讼十条",载《官箴书集成》(第 6 册),黄山书社 1997 年版,第 195 页。

丰元年(1851)十二月十九日递交给巴县衙门的一份禀状中所说,当地"恶痞"张金才以已故多年的赵金山生前所立的借据,向赵明山之子赵芳佑凶索,遭拒后捏造情由将后者告到巴县衙门,诬指赵明山就是赵金山而赵芳融就是赵金山之子赵芳浚,并串通差役讹搕赵芳融。赵芳融于是以"揩诬指索"为由向知县递禀催审此案,知县批令原来办理该案的差役在三日内集证送审。而张金才自知理亏,害怕堂审时谎话被知县揭穿,于是一面贿赂该差役放他回家而不到堂赴审,另一方面则串通该差役向赵芳融勒索。巴县知县在这份禀状后面写下"候提原差严比"的批词。① 在这起案例中,张金才的诉讼策略显然就是"图准不图审",其在到巴县衙门起诉时,应当已经交过状纸费、代书费、传呈费,而在告准后贿赂差役以躲避到堂听审,故而应该没有专门交过堂费。但是,张金才贿赂那位差役,让后者不仅放其归家,而且配合自己对赵芳融进行讹搕,应该也花了不少费用。

此外,在那些斡旋于原被两造之间进行调处的亲友邻佑、乡保士绅当中,尽管不乏热心之辈,甚至也可能有个别乡保为求息事宁人而情愿自己出钱来平息他人纷争的事例,②但这些人未必全部都会无偿帮忙调处,而可能要就这种"帮助"收取一定的好处。③ 清代的一些司

---

① 四川省档案局(馆)编:《清代四川巴县衙门咸丰朝档案选编》(第10册),上海古籍出版社2011年版,第541页。

② 在乾隆年间发生的一起纠纷中,李氏之女潘完妹被其邻居殴毙,双方私和人命,由曾武臣给苦主李氏3000文钱,此外为双方调解的保正郭天锡还自掏腰包,再给了李氏3400文钱,让她别去报官。参见赖惠敏:《但问旗民:清代的法律与社会》,五南图书出版有限公司2007年版,第221页。

③ 清代道光年间的一则记载,暗示了借他人打官司而索要钱财的乡保可能大有人在:"黄土坎儿的保正管地宽,谓包揽官事者也。大约忠实者少,狡黠者多。"参见(清)李光庭:《乡言解颐》,卷3,"保正",石继昌点校,中华书局1982年版,第53页。一些乡保有可能会在为他人私和命案时索取好处,这在赖惠敏对清代刑科题本、内阁满汉黄册中所收案件的研究中得到了证实,参见赖惠敏:《但问旗民:清代的法律与社会》,五南图书出版有限公司2007年版,第221—223页。

第五章　讼费压力下的诉讼策略与经济理性

法档案记载透露,在某些情况下,这项费用并非小数目。① 例如在光绪年间发生于冕宁县的一起讼案中,当事人在状词中罗列自己业已开销的各项费用时,便明确写道此前因央请保长帮忙说话而给了其三千文钱。② 我们完全可以设想,在某些通过"第三领域"解决的讼案中,当事人支付给那些加劲帮其调处的亲友邻佑的酬劳,也有可能要比一般性调处中所需支付的为高,因为随着官府批词的出现,将可能有人数更多的亲友邻佑介入调处,而这些人当中心思各异,不排除有个别试图借机牟利之人。19 世纪末的一本官箴书透露,一旦某些居心不良的贪狡之徒介入调处后,即便两造不欲继续诉讼,也必须厚给酬劳,方能请其代递和息呈状。③

但是,与那种诉讼当事人主动将其讼案一路推进到堂审阶段的做法相比,采取前述这种并非不可能的"官司打半截"的诉讼策略,毕竟可以省却不少费用。还需注意的是,即便是衙门吏役需索的那些司法陋规,在一般情况下,其实际数额也可能并没有那些关于吏役们之腐败掠夺行径的漫画式描绘中所形容的那般高昂出奇,亦不似一些民间流传的衙门故事中所描述的那样任由吏役肆意勒索而当事人对此毫无预期,以至于仅讼费一项的巨大经济压力就足以将所有民众阻挡在衙门公堂之外。讼民们完全有可能并非全因衙蠹、讼师教唆或诱骗才冒冒失失地来到衙门打官司,在明清时期经济发展、人口增多的时代大背景下,至少在一些相对富庶的地区,在一些所涉经济利益

---

① 例如,在乾隆七年(1724)发生的一起两族因争田产互殴而致伤人命的案件中,假借说和之名而行诈财之实的高宗周共得和事钱 2000 文,另一位同样"帮忙"调处的高守玺则得钱 500 文,而正遭受丧夫之痛的苦主吴氏却实际只得到对方私下赔付的 12000 文中的 9500 文。参见赖惠敏:《但问旗民:清代的法律与社会》,五南图书出版有限公司 2007 年版,第 227—228 页。

② 李艳君:《从冕宁县档案看清代民事诉讼制度》,云南大学出版社 2009 年版,第 283—284 页。

③ (清)柳堂:《宰惠纪略》,清光绪二十七年(1901)笔谏堂刻本,卷 1,载《官箴书集成》(第 9 册),黄山书社 1997 年版,第 492 页。

不菲的纠纷当中,那些司法陋规的需索,未必皆能打消每位百姓的打官司念头,衙门公堂实际上亦由此变得并非绝对不可接近,从而造成摆到当地州县官面前的讼案数量不断增长。例如到了清代同治年间,早在乾嘉时期便已被时人认为有着"健讼之风"的四川巴县,根据日本学者夫马进的研究,其时的"诉讼实践,已经不仅仅是'诉讼社会'一语所能让人联想到的一般形象,甚至已经达到'诉讼战'的激烈程度"。①

此外,各地州县衙门内部关于司法陋规之收取方式的不同惯例,也可能会对民众提起诉讼的动力造成不同方向的刺激,进而影响到当地衙门所收诉讼案件的总数。清代乾隆年间王有光所写的一则记载称,松江府青浦县衙门每年收案百余起,而就在与前者治境相邻的嘉定县,当地衙门每年所收案件总数竟以千数计。这两县衙门的讼案数量之所以相差如此悬殊,据王有光所言,很大程度上是由于两县衙门当中差费应归哪一方诉讼当事人承担的惯例不同所致。具体而言,在青浦县衙门,差费系由原被两造共同承担,而在嘉定县衙门,此项费用则须由被告一方承担。因此,青浦县的百姓们可能鉴于当地衙门所收的差费颇高而尽量不去打官司,但嘉定县的一些民众与人发生纠纷后,可能就会担心自己成为将来需要承担全部差费的被告,于是抢先到衙门告状,从而造成该邑词讼数量远较邻近的青浦县为多。②

嘉定县衙门的这种差费承担惯例,在当时的全国范围内可能相

---

① 〔日〕夫马进:《中国诉讼社会史概论》,范愉译,载〔日〕夫马进编:《中国诉讼社会史研究》,范愉、赵晶等译,浙江大学出版社 2019 年版,第 7 页。对同治时期巴县的一个"健讼"案例的专门分析,参见〔日〕夫马进:《清末巴县"健讼棍徒"何辉山与裁判式调解"凭团剖理"》,瞿艳丹译,载《中国古代法律文献研究》(第 10 辑),社会科学文献出版社 2016 年版,第 395—420 页。

② (清)王有光:《吴下谚联》,卷 4,"图准不图审",石继昌点校,中华书局 1982 年版,第 113—114 页。关于现代社会中不同的诉讼费用承担模式可能对人们的兴讼倾向造成何种影响,参见傅郁林:《诉讼费用的性质与诉讼成本的承担》,载《北大法律评论》(第 4 卷第 1 辑),法律出版社 2001 年版,第 237—274 页。

第五章　讼费压力下的诉讼策略与经济理性

当少见,但在清代的司法实践之中,州县官在审断某起案件时判令其中一方承担另一方的讼费的例子,则并非罕见。邓建鹏利用清代巴县档案、南部县档案和其他地方一些判牍中的相关资料,介绍过数起道光、咸丰、光绪、宣统年间发生的一方当事人请求判令另一方当事人赔偿其讼费并最终得到官府支持的争讼案例。[①] 而在光绪朝中后期的四川南部县档案中,管见所及,此类案件至少另外还有数起。例如光绪十二年(1886)岳含星冒充武弁一案的判决显示,南部县知县判令"仗恃结盟,唆讼不休"的向开阳"速将岳登文讼费钱文算明给楚"。[②] 而在20多年后同样发生于该县的另一起讼案中,据祝明兴于光绪三十四年(1908)九月廿四日提交的一份禀状透露,知县先前曾判令邓清泉向其"赔讼费钱十串"。[③]

第五节　诉讼策略对讼费"高昂"程度的某种消减

本章利用"国家—社会—个体"的视角,再配合以"结构/能动性"的分析框架,立体地阐释了在清代州县衙门中吏役收取司法陋规之普遍做法的结构性约束下,涉讼个体或群体面对"高昂"讼费时可能采用的具体应对策略。

清代的百姓们在提起诉讼时,的确面临着由种种灰色的司法陋

---

① 邓建鹏:《清末民初法律移植的困境:以讼费法规为视角》,法律出版社2017年版,第55—57页。
② 南部县正堂清全宗档案,目录号:9,案卷号:505,四川省南充市档案馆藏。该判词全文,详见里赞:《晚清州县诉讼中的审断问题——侧重四川南部县的实践》,法律出版社2010年版,第264页。
③ "祝明兴禀状",南部县正堂清全宗档案,目录号:18,案卷号:1384,四川省南充市档案馆藏。该禀状全文,详见赵娓娓、王有粮整理:《南部县正堂清全宗档案选录》,载里赞主编:《近代法评论》(第1卷),法律出版社2008年版,第222页。

规乃至完全非法的勒索盘剥所堆积起来的讼费之威胁。即便如前所述将当时打官司有可能的最低费用估算为至少需三四千文,对于清代的一名普通百姓及其小家庭而言,这仍然是一笔绝对不算小的开支。因此,诉讼费用所带来的此种程度的经济压力,无疑会对个人及其小家庭在与人发生纠纷时提起诉讼的念头构成直接制约。但是我们也需要看到,有不少官司的讼争双方,实际上是诸如几家亲友、全体族众、数村村众之类的大群体。有学者将这种情况描述为,"在清代诉状上写着的原被告人名,背后往往站着一个家族"。① 此类诉讼往往与某项对于该群体而言既有着重大经济利益关系又有着重大象征意义的标的物有关,例如共同拥有的山场或者祖宗留下的墓地。由此产生的那些诉讼费用,通常是由构成当事人一方的众人事先约定以某种共同承担的方式加以筹集,又或者在事后依据开销实数,按照某种方式进行清算分摊。其中通过订立合同约定大家共同承担讼费的具体方式,又主要可分为按某个具体的比例(例如按股)分担,以及按门、支、户或丁口人数科派均摊。

此外,在那些由于各种原因主动兴讼的民众当中,作为并不缺乏经济理性的行动者,有许多人采用了一些能将诉讼费用的经济压力降低至自己勉可承受的水平的诉讼策略,例如"图准不图审",又或者"官司打半截",亦即把官司只打到一半便双方和息,并未进入需要花费的诉讼费用数额最大的堂审阶段。此类"官司打半截"的现象,不只是存在于那些常常被官员们认为盛行"健讼之风"的地区,而很可能是全国范围内的普遍现象。例如晚清时期地处偏远的甘肃西宁府循化厅,其同知之位虽被朝廷确定为"疲、繁、难"三字俱兼的要缺,但其审理的"细故"词讼其实相当稀少,光绪二十九年(1903)全年循化厅同知审理的"细故"词讼才 16 起(此外"重情"也才 3 起)。相较于

---

① 俞江:《清代的合同》,广西师范大学出版社 2022 年版,第 457 页。

第五章　讼费压力下的诉讼策略与经济理性

东南沿海以及江西、两湖等常常被认为盛行"健讼之风"的地区,可以说循化厅同知完全没有那种衙门所收词讼数量远超其正常理讼能力的压力,但在该地那些数量非常有限的"细故"词讼当中,大量的都是在正式堂审之前的那个诉讼"中间阶段"便已销案。① 当事人"官司打半截"的现象在清代各地词讼中的普遍存在,固然与州县官们受儒家所推崇的"不可终讼""无讼"理念之影响而通常乐见两造主动和息有关,但同时也反映了不少主动兴讼的当事人的某种经济理性。

质言之,与那种将全部司法陋规累加在一起由单户家庭承担的诉讼费用估算方式相比,采取上述这些并非不可能的诉讼策略所需负担的经济压力,应当能够减轻不少。而这将会使得官府衙门与社会大众之间为一些被形容成天文数字的讼费数额所拉大的距离,在现实中又有所拉近。更何况,清代民间商业趋盛、生齿日繁但生存资源又相对紧张的时代背景,也将增大时人利用诉讼作为达到某种目的之手段的可能性。于是,我们今天在许多史料中都可以看到,清代的人们并不都是将告官兴讼视为绝对不敢踏足的畏途,结果造成一些地方衙门所收到的讼案数量实际上颇为可观。这正是我们洞悉在清代讼费"高昂"之背景下为何有不少地区因其词讼纷繁而被官员们视为盛行"健讼之风"这一"悖论"现象的关键所在。说到底,到了清代,随着社会人口结构、经济发展水平和意识形态教化之实际控制力等因素发生重要的变化,宋代一些官员当年尚在心中憧憬的那种"讼庭无人鸟声乐"的景象,②此时基本上已只能是后辈儒吏们的梦中遥想。

---

① 杨红伟、张蓉:《晚清循化厅民间"细故"的审理与调解》,载《中国边疆史地研究》2020年第4期,第68—79页。
② (宋)黄公度:《三瑞堂》,载北京大学古文献研究所编:《全宋诗》(第36册),北京大学出版社1998年版,第22494页。

第六章 财政制约与简约型司法体制下的"健讼之风"问题

在清代全国许多地方的方志当中,时常可以看到"健讼""好讼"之类的文字记载。例如道光年间山东钜野县的县志如此描述当地的"健讼之风":"乡愚无知之民,一有不平,辄尔兴讼,不量事之大小轻重,竟罹法网。有竞毫末财利者,有逞一时小忿者,有自处浑昧受人主摆弄者,更有无良奸徒乐观他人败坏、唆民致讼、于中取利者,虽屡加惩治,种类终难断绝。"①而这只不过是当时许多方志里面关于"健讼之风""好讼恶习"的记载当中的一则而已。当代学者根据来自浙江、江苏、安徽、江西、湖南、湖北、山东等7省的150余部地方志(涉及200余个州县)所做的研究显示,在清代江南地区谈到诉讼风气的70多部方志中,明确记载当地民风"健讼"的有57处之多。② 另一份对江苏、上海、山东、广东四省(市)的284部清代府县方志所做的统计

---

① (清)黄维翰纂修:《钜野县志》,清道光二十六年(1846)续修刻本,卷23"风俗",载《中国地方志集成·山东府县志辑》(第83册),凤凰出版社2004年版,第513页。
② 侯欣一:《清代江南地区民间的健讼问题——以地方志为中心的考察》,载《法学研究》2006年第4期,第151页。

第六章　财政制约与简约型司法体制下的"健讼之风"问题

也发现,其中有95种谈及当地当时存在"健讼"风气,其数量约占所统计方志总部数的1/3。①

如果考虑到地方官绅主导之下编纂而成的方志常常有粉饰太平的倾向,故而可能对其地的讼风轻描淡写乃至避而不论,那么,即便一些方志中声称当地"寡讼",也未必皆属真情,实际上有可能是就当地"健讼之风"所做的一种文字掩饰。这样的猜测并非空穴来风。例如清代光绪年间纂修的福建《长汀县志》中声称,当地尽管自明代"天崇以来,凌夷殆甚,科名星落,城社烟墟,讼狱繁兴,奸宄迭见",不过"幸我朝道德齐礼,俾斯民革薄从忠,男女严峻其防,廛无行货之妇,穷乏犹知所耻,衢少伏地之乞,室无怨旷,子女不鬻他乡,人各治生,丁男绝鲜游浪,奢汰不竞,凶讼少闻"。② 但根据17世纪末担任长汀县所在的汀州府知府的王廷抡所言,汀州地区早在康熙年间便"越控之刁风实繁":

> 闽省风俗浇漓,小民好争健讼。而汀属之劣衿势恶,皆藉刁笔以谋生,恃此护符,专以唆讼而网利,更有宁化、清流两邑之流棍,半皆驾舟于南台,上杭、永定两县之奸徒,又多贸易于省会。此辈熟识衙门,惯能顶名包告,与讼师串通一线,指臂相连,辄敢遇事生风,便得于中诈骗。每有山僻乡愚,偶以一日之微嫌,希图捏词以嫁祸,或因情词妄诞府县未经准理者,或因审出真情已经薄惩反坐者,或因自知理屈难以取胜未经控府告县者,一遇若辈扛帮,无不堕其奸术。内用讼师之簸弄,外有包棍之引援,遂饰小忿为大冤,或翻旧案为新题,口角争端动云捆锁吊拷,地界接壤指

---

① 徐忠明、杜金:《清代诉讼风气的实证分析与文化解释——以地方志为中心的考察》,载《清华法学》2007年第1期,第98页。
② 《长汀县志》,清光绪五年(1879)刊本,卷30,"风俗",第3页a。

253

称挖冢抛骸,田土之交易未清便言霸占,钱债之利息不楚捏告诈赃……①

从王廷抡在《临汀考言》其他各卷中所记载的那些案例来看,诬告缠讼的长汀县民所在多有,当地很难说是一番"凶讼少闻"的社会景象。因此,"健讼之风"的区域分布,实际上很可能要比依据方志中相关文字记载所做的统计更为广泛。清代的许多官员及其倚为臂助的幕友,更是对所谓的"健讼之风"耿耿于怀,纷纷在官箴书、官府布告与公呈禀文中予以强烈谴责。而江西、湖南与湖北等省引人注目的"健讼之风",更是被地方官员们视为众人皆知的恶风陋习,甚至被拿来相互比较。②

第一节 清代州县衙门的理讼能力

尽管"健讼""嚣讼"之类的词语早在宋代就已出现在当时的一些司法文书之中,③但它们在清代显然更为常见,以至于当时很少有官员从未使用过此类话语来表达某种感慨之情。对二十五史中出现的

---

① （清）王廷抡:《临汀考言》,清康熙刻本,卷6,"咨访利弊八条议",第4页a—5页a。
② "兹蒙恩命,移节楚南,访得各属中刁诳虚诬之习,有较甚于湖北、江西者……"（清）吴达善纂修:《湖南省例》,清刻本,"刑律"卷11,"诉讼·诬告·严禁诬告讼棍"。
③ 依据刘馨珺的统计,在南宋司法文书集《名公书判清明集》之中,尽管"健讼"并非特定的法律名词,但出现该词的判决文书共有24则,参见刘馨珺:《明镜高悬:南宋县衙的狱讼》,北京大学出版社2007年版,第216—217页。日本学者大泽正昭更是认为,《名公书判清明集》呈现的是一个"健讼的世界",参见大泽正昭编:《主张する〈愚民〉たち——传统中国の纷争と解决法》,角川书店1996年版,序言。另参见陈景良:《讼学、讼师与士大夫——宋代司法传统的转型及其意义》,载《河南省政法管理干部学院学报》2002年第1期,第58—73页。

第六章　财政制约与简约型司法体制下的"健讼之风"问题

"健讼""好讼"等词语出现次数所作的统计,可以从某种程度上展示前述趋势。检索的结果显示,在二十五史之中,"好""讼"两字连用的记载最早出现于《宋史》当中,其后呈现出总体增多的大趋势,即在《宋史》之中出现3处,在《明史》之中出现1处,在《清史稿》之中出现9处(具体是以"民好讼""俗好讼""民俗好讼"等字眼出现);而"健讼"一词在二十五史中总共出现14处,除了《金史》和《元史》之中各出现1处,其余的12处皆出现在《清史稿》里面,其中最为常见的同样是"俗健讼"之类的具体表述。① 由此可见,"健讼"与"好讼"两词在《清史稿》中出现的次数,远远高于其在先前从宋至明几个王朝的正史中所出现的次数。尽管这些词语的出现频率与史书编纂者各自可能不同的语词使用偏好有关,但上述粗略的统计结果,在某种程度上也反映出清代社会被认为受"健讼之风"的困扰尤为严重。

在很大程度上,"健讼之风"在清代官方话语中被日益凸显为严峻的社会现实问题之一,是与当时州县衙门处理讼案的能力直接相关的。清代一些省份的省例与清讼章程当中关于清讼功过的规定,透露了清代州县衙门理讼能力之概况。在光绪三十四年(1908)拟定的《皖省清讼功过新章》中,对"旧案期限功过"作出了如下规定:"自本年三月十五日起,凡在十起以上者予限一个月,二十起以上者予限两个月,三十起以上者予限三个月,一律审结详报,果能按限清结,各予记大(过)[功]一次。倘逾限一月者记过一次,逾限两月者记大过一次,逾限三月者详请撤任。"②以此观之,当时安徽省内各州县衙门每

---

① 上述统计结果,系根据南开大学组合数学研究中心、天津永川软件技术有限公司联合开发的"二十五史全文阅读检索系统"(网络版)检索所得。
② (清)冯煦主修、陈师礼总纂:《皖政辑要》,卷93,"审断二·清讼",黄山书社2005年版,第756页。该书的当代点校本指出,原书此处所写"各予记大过一次"中的"过",应为"功"字之误。

月通常能够审结的讼案数额标准,可能约在 10 起左右。差不多同时期在江苏担任知县的许文濬,在抵任尚未满一月的时间内审结了 5 起"上控案"和 29 起"自理案",便被其上司江宁知府评价为"勤能可嘉"而计大功二次。① 由此可知,当时江苏省内各地方衙门当中,每月能审结 30 起左右案件的县令应该非常少见。王志强曾根据清代乾隆朝至光绪朝年间浙江、江西、江苏、福建和山西等省份的省例与章程,对其中审理词讼之功过的相关规定进行了统计。② 从这些省例与章程中的规定来看,尽管最为常见的做法是以结案成数作为衡量州县官理讼之功过的概括性标准,但我们依然可以从中发现一些线索。例如《江苏省例》中规定,"一季二十案以上全结,三十以上结九成,五十以上结六成,一百以上结五成,计大功一次",据此可推测,同治年间江苏各地州县衙门中每季能审结 20 起左右案件的,便已属难能可贵。而在同治年间的山西,当地州县衙门每月能够审结的讼案,估计大部分也没有超过每月审结 20 件自理词讼的平均水平("一月内自理词讼二十案以上全结"者计功)。19 世纪的名臣刘衡曾自豪地声称自己任巴县知县时,在处理细事词讼方面做到了"并无逾期不到之案,有具呈之日即结者,有一两日即结者,至迟亦不过二十日之限"。③ 不过,从上至皇帝、下至省级长官的颇多抱怨声中,我们可以知道,像刘衡这样善理词讼而能做到案无留牍、审不逾限的州县官,终清之世亦属寥寥。

在当时民众们向官府呈交的词状数量日益增多的趋势之映衬

---

① (清)许文濬:《塔景亭案牍》,卷1,"呈文·禀江宁府许太守星璧",俞江点校,北京大学出版社 2007 年版,第 3 页。
② 王志强:《法律多元视角下的清代国家法》,北京大学出版社 2003 年版,第 149 页,表一"清代各省例对基层官员审理词讼功过的时限规定"。
③ (清)刘衡:《庸吏庸言》,清同治七年(1868)楚北崇文书局刊本,上卷,"禀严束书役革除蠹弊由",载《官箴书集成》(第 6 册),黄山书社 1997 年版,第 181 页。

第六章　财政制约与简约型司法体制下的"健讼之风"问题

下,清代州县衙门处理讼案的能力局限愈发凸显。有清一代,未决积案的大量存在,一直在不同程度上构成了地方各级衙门所面临的困扰。① 根据福建巡抚吴士功在乾隆二十四年(1759)的奏报,在该省,小县有积案200起至300起,大县有积案500起至600起,如果加上从1758年遗留下来的10979起未结案件和1759年前十个月新收的案件,那么福建全省当年估计有22800起积压未结的案件。② 面对层层上报的大量积案,在上位者自然免不了责备其下级官员懈怠其职。当嘉庆皇帝在1807年从福建巡抚张师诚的奏报中获知,福建巡抚衙门先前所积压的未结词讼多达2977起,便禁不住龙颜震怒,大发"该省吏治废弛已成积习"的愤慨,表示要惩治前任福建巡抚温承惠。③ 这种对下属官员懈怠其责的怀疑,并非全属空穴来风,但就当时各地方衙门的词讼规模与州县官的众多职责而言,事实上,即便是最为勤勉的州县官,要想及时讯结所有的新案旧案,在许多地方也几乎是一件不可能完成的任务。

作为清帝国之内最小行政单元的正印官,州县官们被赋予了各种琐碎但广泛的职责。以知县为例,《清史稿》简要地描述了其"靡所不包"的职责:"知县掌一县治理,决讼断辟,劝农赈贫,讨猾除奸,兴养立教。"④而用瞿同祖的话来说,州县官集"法官、税官和无所不管的行政官"于一身,在地方上可谓是"一人政府"。⑤ 此种情形通常被当

---

① 邓建鹏:《清代州县词讼积案与上级的监督》,载《法学研究》2019年第5期,第173—190页。
② Melissa A. Macauley, "Civil and Uncivil Disputes in Southeast Coastal China, 1723-1820", in Kathryn Bernhardt and Philip C. C. Huang, eds., *Civil Law in Qing and Republican China*, Stanford, California: Stanford University Press, 1994, p. 87.
③ 中国第一历史档案馆编:《嘉庆道光两朝上谕档》(第12册),广西师范大学出版社2000年影印版,第321页,第670条。
④ 《清史稿》,卷116,志91,"职官志三·外官·县条"。
⑤ 瞿同祖:《清代地方政府》,范忠信、何鹏、晏锋译,新星出版社2022年版,第27、285页。

257

代的法律史研究者概括为"行政与司法合一"或"行政兼理司法"。因此,尽管司法是州县官最为重要的职责之一,但并非专业性司法官的他们,实际上却无法将自己的全部精力专注于此,而是还要履行其他同样重要甚至在官场上更被看重的众多职责(例如税赋征收)。而且,即使以日本学者滋贺秀三所谓"作为行政之一环的司法"或"行政式的审判"而言,①州县官们所扮演也绝非只有一种审判官的角色,而是实际上包揽了类似于当代的法官、检察官、警长、验尸官等最广义上与司法有关的一切职责。②

就司法而言,《大清会典》明确规定"官非正印者,不得受民词",要求州县官务必亲力亲为,不得将词讼批于佐杂审理,否则将对身为正印官的他们予以惩处。③但在如此繁多的职责之下,许多地方的州县官常常不堪重负,即便有心者亲力亲为,用心理讼,也往往疲于奔命,积案因此也就变得在所难免。汪辉祖在乾隆年间任湖南宁远知县时与当地绅民相约,每月每旬的十天当中,除了用两日来办理税赋征缴事宜、用一日来处理官府往来公文外,余下的七日均用于坐堂理讼,

---

① 滋贺秀三将"作为行政之一环的司法"或"行政式的审判"视为中国的诉讼、审判所具有的基本性质,参见〔日〕滋贺秀三:《清代诉讼制度之民事法源的考察——作为法源的习惯》,范愉译,王亚新校,载〔日〕滋贺秀三等著,王亚新、梁治平编:《明清时期的民事审判与民间契约》,法律出版社1998年版,第85、87页。

② 瞿同祖:《清代地方政府》,范忠信、何鹏、晏锋译,新星出版社2022年版,第163页。在上述四种角色之外,那思陆认为州县官同时还是典狱长,并以"行政与司法合一,审判与检察合一"来概括州县官的此方面职责,参见那思陆:《清代州县衙门审判制度》,中国政法大学出版社2006年版,第13—14页。

③ (清)方大湜:《平平言》,清光绪十八年(1892)资州官廨刊本,卷2,"词讼勿批佐杂审理",载《官箴书集成》(第7册),黄山书社1997年版,第626页。不过,尽管《大清会典》中有此明文规定,但大致从康雍年间开始,一直到清末,佐杂官员实际参与审理词讼的做法在不少地方都有存在。参见胡恒:《皇权不下县?——清代县辖政区与基层社会治理》,北京师范大学出版社2015年版,第139—141、166—194页;丁天立:《"非正印者,不得受民词乎?"——清代州县佐杂官"滥受民词"现象刍议》,载《中西法律传统》(第13卷),中国政法大学出版社2017年版,第179—192页;傅维祥:《清代州县佐杂官司法审理权探析》,载《史学月刊》2019年第9期,第59—68页。

第六章　财政制约与简约型司法体制下的"健讼之风"问题

甚至连原本用来校赋的那两日也常常兼听讼事。① 并且,他在坐堂理讼时,常常从早晨忙到黄昏,有时甚至迟至深夜,疲不可支。即便将要退堂用膳之际,若遇到民众此时前来衙门求讯,汪辉祖为免其等候,亦予应允。汪辉祖称自己乾隆五十五年(1790)春夏每次处理讼事常常弄到傍晚,即便在询问两造时甚至已经疲惫到"气往往不续"的程度,也"不敢倦怠草率"。② 不过,即便汪辉祖如此废寝忘食地勤理讼事,他从宁远知县任上离任时,虽然做到了将本任所收的新案全部审结,但对于其前任积压留下的400余件旧案,仍有10余件未能清结。③ 而宁远知县当时尚是一个简缺而已。④ 并且,像汪辉祖这般用心理讼的官员,在清代属于凤毛麟角。

为了敦促州县官勤勉理讼,上级官员想出了各种办法来往下施压。要求下级官员及时呈报未结和已结的讼案数量,并针对清讼不力的官员视不同情形定立相应罚则,这种做法在清代各省颇为常

---

① "与绅民约,月三旬,旬十日,以七日听讼,以二日校赋,以一日手办详稿,校赋之日亦兼听讼。"(清)汪辉祖:《病榻梦痕录》,清道光三十年(1850)龚裕刻本,卷下,载《续修四库全书》(第555册),上海古籍出版社1995年版,第648页。

② "自巳(引者注:09:00am—11:00am)至酉(引者注:17:00pm—19:00pm),或至亥戌(引者注:19:00pm—23:00pm),疲不可支。将退食,有两造到案求讯,亦勉应之,俾免守候。……至庚戌春夏,向晦理事,对两造言,气往往不续,又不敢倦怠草率。"(清)汪辉祖:《病榻梦痕录》,清道光三十年(1850)龚裕刻本,卷下,载《续修四库全书》(第555册),上海古籍出版社1995年版,第666—667页。

③ 张伟仁:《良幕循吏汪辉祖——一个法制工作者的典范》,载《中西法律传统》(第6卷),北京大学出版社2008年版,第288页。

④ 清代自雍正九年(1731)之后,以"冲"(地处交通要津)、"繁"(政务繁多)、"疲"(税赋多有拖欠)、"难"(民风暴戾,命盗案件时有发生)等四字来确定全国地方官缺的等级,根据具备上述四类情况的不同程度,将地方官缺分为"最要缺""要缺""中缺""简缺"四等(四项俱全者为"最要缺",兼有三项为"要缺",兼有二项为"中缺",仅有一项或四项俱无者为"简缺"。参见瞿同祖:《清代地方政府》,范忠信、何鹏、晏锋译,新星出版社2022年版,第26页;刘铮云:《"冲、繁、疲、难":清代道、府、厅、州、县等级初探》,载刘铮云:《档案中的历史:清代政治与社会》,北京师范大学出版社2017年版,第3—34页;张振国:《清代"冲繁疲难"制度再审视——以乾隆七年制度调整为中心》,载《清史研究》2019年第3期,第47—65页。

见。例如,陈宏谋在乾隆五年(1740)出任江苏按察使时,责令该省所有州县官都必须向各自的顶头上司即知府上报自己未能在审限内清结的讼案数量,并要求知府们将这作为重要依据来给知县们写年终考绩时的评语,以此来敦促州县官们及时处理讼案。① 又如,光绪三十二年(1906)安徽省在《改良月报并原定功过章程》中规定:"各项记过至六次,记大过至三次者,立即详请撤任,有功准其抵销。其记功至六次,记大功至三次者,现任实缺人员,详请存记汇案奏保署事交卸人员,立即酌给超酌委一次。"②此类清讼章程,正是当时官方面对积案众多的现实而在制度设计上所做出的最主要努力之一。

不过,一份对 437 部清代地方志所做的统计性研究显示,上述措施的实际成效似乎并不理想,因为从顺治朝至宣统朝,尽管州县官中因为"案无留牍"的理讼成绩而得到升调者占了一定的比例,但完全因为积案过多而被降革的却几乎未得一见。③ 地方志中的此方面信息记载并不全面,故而上述统计结果并不意味着清理积案事实上不会构成清代官员所面对的重大压力。更何况,那种要求地方官及时清理积案的压力,有时还可能直接来自皇帝在紫禁城内的凝

---

① 〔美〕罗威廉:《救世——陈宏谋与十八世纪中国的精英意识》,陈乃宣等译,赵刚等审校,中国人民大学出版社 2013 年版,第 501 页。
② (清)冯煦主修、陈师礼总纂:《皖政辑要》,卷 83,"审断二·清讼",黄山书社 2005 年版,第 758 页。
③ 从这份统计性研究来看,有清一代,地方官因刑名治绩而得以升调的,在 9 种类别(刑名、财税、吏治、文教、军务、民生、工程、洋务与其他)中排名第三,"刑名"之下又被再细分为"听断明允""案无留牍""慎刑息讼"和"锄奸除暴",其中州县官因做到"案无留牍"而得以升调的,在此四项中所占的比例最低。而在地方官因处理刑名遭降革的 4 个分类之中,占比例最高的是"坐盗案去",其次是"以误断去",但此两类所占的比例皆微乎其微,几乎可以忽略不计,而"以积案去"则阙如。参见李国祁、周天生、许弘义:《中国地方志研究:清代基层地方官人事嬗递现象之量化分析》(第 3 册),中国台湾地区科学委员会 1975 年版,第 1290—1291、1436—1437 页。

第六章　财政制约与简约型司法体制下的"健讼之风"问题

视。从其他史料的记载来看,地方官因积案过多而遭处分的例子,在清代并非绝对罕见。① 但即便是清代诸帝中可谓对清查积案最为重视的嘉庆皇帝在位时,虽然为此屡下谕旨,但由于此现象在许多地方皆非常普遍,结果仍然无法使局面得到实质性改观,以至于后来连嘉庆皇帝自己,也只能在谕旨中用"唇焦舌敝"这种语词来表示其无奈之情。② 到了光绪朝时,或许是因为对州县衙门及时处理纷涌而至的大量讼案彻底失去了信心,一些省级长官甚至往往不再向上奏报未结民事讼案的数量,而是奏报那些已然讯结的讼案数量。③

因此,究其实质而言,清代许多官员们所称的"健讼之风",可被视为当时官方司法体制与民间词讼需要之间张力不断拉大的话语呈现。从某种意义上说,"健讼"之类的谴责性语辞在清代官方话语中的频繁出现,可被认为是对当时的司法体制日益无力满足总体上不断扩增的民间词讼规模需要而显得故步自封的现实之折射。

---

① 阿风对《嘉庆道光两朝上谕档》的研究表明,嘉庆朝时有多名官员因其任上积案过多而受到"革职留任""降调入京"等处罚,例如张师诚在嘉庆十二年(1807)六月清查福建的积案,结果引起官场上的连锁反应,致使汪志伊(时任湖广总督)、李殿图、温承惠(时任直隶总督)等先前担任过福建巡抚的官员均因此受处分。参见阿风:《清代的京控——以嘉庆朝为中心》,载〔日〕夫马进编:《中国诉讼社会史研究》,范愉、赵晶等译,浙江大学出版社 2019 年版,第 338—339 页。又如嘉庆二十三年(1819)皇帝专门下旨,严令将那些积压未决讼案超过若干起的地方官员革职,次年湖南巡抚便以该省浏阳县和湘阴县有 20 多起讼案未清结而将这两县的知县革职。参见〔美〕梅利莎·麦柯丽:《社会权力与法律文化:中华帝国晚期的讼师》,明辉译,北京大学出版社 2012 年版,第 90 页。

② 阿风:《清代的京控——以嘉庆朝为中心》,载〔日〕夫马进编:《中国诉讼社会史研究》,范愉、赵晶等译,浙江大学出版社 2019 年版,第 339—341 页;〔美〕梅利莎·麦柯丽:《社会权力与法律文化:中华帝国晚期的讼师》,明辉译,北京大学出版社 2012 年版,第 90 页。

③ Melissa A. Macauley, "Civil and Uncivil Disputes in Southeast Coastal China,1723-1820", in Kathryn Bernhardt and Philip C. C. Huang, eds., *Civil Law in Qing and Republican China*, Stanford, California: Stanford University Press, 1994, p. 89.

第二节　因循运作的清代简约型司法体制

既然既有的州县官人数无法卓有成效地及时处理地方衙门中的讼案,为何不增加有权审理讼案的人手以助其事？或者对州县原有辖区面积再加细分(这将意味着各自辖区内的百姓人数相对有所减少,治理压力亦将得到减轻),再相应地增设地方官？麦柯丽声称,在清代"从未发现有任何一位省级长官向皇帝建议其治下需要更多的官员与行政机构来处理这些积压案件"。① 此言说得未免过于绝对,因为至少雍正、乾隆两朝时的循吏陈宏谋就曾多次向朝廷上奏过此方面的建议,其中的一些建议后来还被朝廷采纳施行。在乾隆二十年(1755),时任湖南巡抚的陈宏谋成功说服了朝廷在湖南衡阳县内再分设新县,其所给出的主要理由——"幅员辽阔,路当冲要,事繁难治"——当中,便实际包括了认为衡阳县衙门积案太多而知县不堪重负。在此前一年即乾隆十九年(1754),陈宏谋任福建巡抚时,他更是专门上奏朝廷,建议在福建省级衙门内新设一个相当于巡抚的直接代理人的新职,以加强对该省各州县衙门中讼案处理进展的监督,不过该奏章在被交由军机处审议后不了了之。② 但是,像陈宏谋这样明确建议在地方上添设新的官职来减轻讼案处理压力并获朝廷恩准的例子,终清一代确实非常少见。

---

① Melissa A. Macauley, "Civil and Uncivil Disputes in Southeast Coastal China, 1723-1820", in Kathryn Bernhardt and Philip C. C. Huang, eds., *Civil Law in Qing and Republican China*, Stanford, California: Stanford University Press, 1994, p.120.
② 〔美〕罗威廉:《救世——陈宏谋与十八世纪中国的精英意识》,陈乃宣等译,赵刚等审校,中国人民大学出版社2013年版,第484—485、493页。

第六章 财政制约与简约型司法体制下的"健讼之风"问题

一、行政区划扩大、人口繁衍和县级正式官员人数的相对稳定

施坚雅（William Skinner）对帝制中国时期县级行政区划的历史考察发现，从理论上说，当原先定居地区的聚落扩大、人口增加之时，县级行政区划的总数应当也会不断增加，而县的平均面积将逐步缩小，但与这一推测不同的是，中国的史籍记载却显示，在帝制中国时期，县的平均面积反而是在逐渐扩大。究其主要原因，在于县级行政区划数目相当稳定。就中国古代各王朝极盛时期县的近似总数而言，汉朝时为 1180 个，隋朝时为 1255 个，唐朝时为 1235 个，宋朝时为 1230 个，元朝时为 1115 个，明朝时为 1385 个，清朝时为 1360 个。而中华帝国的整个疆域面积则在总体扩大，比如 1730 年时 1360 个县级行政区划加起来的总面积，要远超 1000 多年前 1235 个县级区划的总面积。① 这意味着，清代县官的管辖区域，通常要远大于汉代同侪的治境范围。在辖区面积扩大的同时，清代各县的人口数，较之以往，总体上也在不断增长。萧公权依据《清朝文献通考》与《清朝续文献通考》所做的估算（官方所记人口总数除以地方官人数）表明，清代县的

---

① 〔美〕施坚雅主编：《中华帝国晚期的城市》，叶光庭等译，中华书局 2000 年版，第 18—19 页。关于清代县级行政单元的数目，虽然时有变动，但大致在 1200—1300 个之间保持稳定。康熙朝时的县级建制为 1261 个，雍正朝时为 1211 个，乾隆朝时为 1282 个，嘉庆朝时为 1293 个，光绪朝时为 1303 个，转引自瞿同祖：《清代地方政府》，范忠信、何鹏、晏锋译，新星出版社 2022 年版，第 6 页。瞿同祖的这个统计数字与其他学者的统计结果稍有出入。另一份研究指出，按照《清通典》卷三十四"职官十二"记载，乾隆朝时全国共设县 1345 个；根据《光绪会典》卷四记载，并加上《光绪会典》未记的台湾省 11 县，至光绪朝时全国共县 1314 个；迨清朝末期，根据《清史稿·职官志三》记载，全国共设县 1369 个（包括《清史稿》未计的台湾省 11 县），参见刘子扬编著：《清代地方官制》，紫禁城出版社 1988 年版，第 110 页。

平均人口数在1749年时为10万人,到了1819年,则已经达到25万。① 人口压力以及伴随而生的社会经济生活复杂化,必将导致包括讼案增多在内的各种事项治理难度相应增大。

但是,清代的正式官员数目,却并未随着县级行政区划的面积扩大和治下人口的繁衍所导致的政务增多之趋势而相应增加。韩格理(Gary G. Hamilton)的研究指出,1899年编纂的《钦定大清会典》中罗列了两万名清帝国的公职官员,根据当时全国4.5亿的人口总数来计算,每20000多人中才有一名正式官员。即便是再加上实际执行公务的150万名官僚体制附属底层人员(包括差役、书吏、幕友、长随等),每1000人中仍然不过只有3名与政府有关的工作人员。而这与欧洲历史上官员人数随着行政功能的扩充而相应增加的情形大不相同。在1665年时的法国,人口总数为2000万,而国家官员就有46000人,其人口总数与国家官员的比例约为500∶1。在1789年法国大革命前夕,法国人口总数翻了一倍,增长到4000万,但科层官员(包括小城书记及城门守卫在内)的人数增长得更快,达到30万人。因此,在当时的法国,每1000人之中就有7.5人是受薪的政府雇员。这个比例19世纪之后还在急剧上升,延至20世纪之交,在欧洲国家中,每1000人之中的政府雇员达到20名至30名。一言以蔽之,"中国的官员数目不像西方般(随着行政功能的扩充而)增加。"②

县级行政区划的面积扩大和治下人口的繁衍,意味着治理难度

---

① Hsiao Kung-chuan, *Rural China: Imperial Control in the Nineteenth Century*, Seattle: University of Washington Press, 1960, p.5。关于清代人口增长情形的深入研究,参见何炳棣:《明初以降人口及其相关问题:1368—1953》,葛剑雄译,生活·读书·新知三联书店2000年版,第42—93页。

② 〔美〕韩格理:《天高皇帝远:中国的国家结构及其合法性》,载〔美〕韩格理:《中国社会与经济》,张维安、陈介玄、翟本端译,联经出版事业公司1990年版,第120页。需要指出的是,韩格理的原文中存在一处计算错误,即误将清代的人口数相对于那些与政府有关的工作人员的比率算成每10000人中有3名,正确的应该是每1000人中有3名,现引用时予以改正。

第六章　财政制约与简约型司法体制下的"健讼之风"问题

的相应增大,而县级正式官员的人数却在较低水平上维持着相对的稳定。在施坚雅看来,此一可称得上"悖论"的现象,反映了"中国历史从中唐以后直到帝国结束,出现了政府效率长期下降、基层行政中心职能一代比一代缩减的情况"。① 但这种论断遭到魏丕信的质疑。他指出,当我们讨论整个国家机构的规模之时,如果将未入流的官员和非正式的政府机构也考虑在内,那么可以发现明清时期的国家机器其实是在扩展,至少其规模是与人口增长及经济增长保持同步,不仅从绝对意义上来讲这样,而且从相对意义上而言亦是如此。② 这便是魏丕信一贯坚持的"明清国家机器的扩展"论点。不过,魏丕信所谓的"国家机器的扩展",其实也只是在承认正印官数目大致不变的前提下,着重强调吏役和官员私人雇佣的人员(包括幕友、长随等)这

---

① 〔美〕施坚雅主编:《中华帝国晚期的城市》,叶光庭等译,中华书局2000年版,第19页。
② 〔法〕魏丕信:《明清时期的官箴书与中国行政文化》,李伯重译,载《清史研究》1999年第1期,第6页。魏丕信还指出,明清时期国家机器的扩展,同时还伴随着国家存在和干预的性质变化,以及行政机器的不同部分之间的权力分配变化,而后一点在地方行政上表现得尤其明显。他所谓的"行政机器的不同部分",具体指的是:(1) 由朝廷委派的官员组成的常规官僚队伍;(2) 在本地招募的胥吏;(3) 由官员个人雇用的幕僚与家人。在魏丕信看来,与清代正印官的总人数大致不变形成鲜明对比的是,吏役和官员私人雇佣的人员(包括幕友、长随等)的总人数,无论是从绝对意义上还是相对意义上讲都扩大了,而这必然会导致此三部分之间的权力分配发生变化。这种看法也是魏丕信与王国斌合作的一本学术论著的基本观点之一,参见 Pierre-Etienne Will & R. Bin Wong, *Nourish the People: The State Civilian Granary System in China, 1650-1850*, Ann Arbor: University of Michigan, 1991。在魏丕信的另一篇论文中,他又从另一个角度重申了上述看法:"人们经常说,公职人员的数量在帝国末期并没有随之增长,因此中国由国家直接出面的管理越来越少,而(如果可以这么说的话)由诸如行会或宗族等私人机构分揽合同越来越多。我深信并没有真正的减少。在国家机器职位数目的'正印官'仍或多或少保持恒定固然属实,但可支配的行政工作力量在省级政府以候补官员(见习人员)的形式急剧增长,特别是在十九世纪尤然,而更多的数量的有真才实学的专业人士在地方行政官员幕府中充当幕友,并由这些官员付费,也就是说,由平民百姓付费。正是由于他们,国家一直能够保持活力,并在事实上增加其在社会性规制领域的抱负,尤其是在法律领域。"〔法〕魏丕信:《在表格形式中的行政法规和刑法典》,张世明译,载《清史研究》2008年第4期,第48页。

两部分人员的人数在明清时期明显增长。

值得注意的是,在书吏、差役、幕友、长随这些明清以来其总人数明显增长的人员当中,系从国家受薪之人很少。地方衙门中的经制书吏,在清初尚可以"工食银"的名义从国家获得一些薪金,但大约从顺治九年(1652)开始,尤其是在康熙元年(1662)之后,这份微薄的薪金便在全国范围内被陆续取消,从而变成了没有薪酬的职位。① 官方定额之内的经制差役虽然有平均为 6 两银子的年薪,但仅靠这笔收入则将几乎食不果腹,而那些其总人数通常数十倍乃至数百倍于经制差役的非经制差役(包括所谓的"白役"),则更是因为不在官方定额之内而无法从国家领取任何薪水。故而书吏和衙役几乎完全依靠收取各种"陋规"维生,至于幕友、长随,则由于他们完全属于地方官的私人雇员而并非政府雇员,其薪水自然是全由地方官本人支付。② 因此,即便是所谓的"国家机器的扩展",增加的也只是不从国家受薪的各种辅助人员的人数,而并非从国家领取俸禄的正式官吏。从国家财政的角度来看,上述特点意味着清廷不必因为吏役以及幕友之类官员私人雇员的总人数剧增而随之承受相应的财政负担。附带说一句,尽管明清时期这些总人数明显增长的人员大量进入行政体制内部不会直接构成国家财政上的重负,但由于其造成"公务性"与"私人性"被异常复杂地交织在一起,很可能会因为纠缠与内耗而导致衙门处

---

① 吴佩林、白莎莎:《清代州县书吏薪金变化及其原因》,载《江汉论坛》2017 年第 7 期,第 95—101 页。

② 关于书吏、衙役、幕友、长随的经济待遇和收入来源,参见瞿同祖:《清代地方政府》,范忠信、何鹏、晏锋译,新星出版社 2022 年版,第 63—67、89—91、117—118、149—150 页;〔美〕白德瑞:《爪牙:清代县衙的书吏与差役》,尤陈俊、赖骏楠译,广西师范大学出版社 2021 年版;史玉华:《清代州县财政与基层社会:以巴县为个案的考察》,经济日报出版社 2008 年版,第 166—172、181—185 页。

理政务的实际效率越来越低。①

二、作为"简约治理"总体模式之重要组成部分的清代司法体制

除了将集司法与行政等职能于一身的正式地方官员之总人数维持在相当少的水平而不与时俱增外,清代简约型司法体制的另一个重要特点是,在收到民众关于纠纷的呈控后,衙门往往也尽可能地将其交给民间来处理解决。通常只有当恶化到堂外解决绝无可能之时,衙门才将讼案的处理全部揽回自己手中。

黄宗智将由此而形成的机制称为纠纷处理中的"第三领域",强调这是一个半官半民的地带。② 如下这件清代徽州歙县的官府将所受理的讼案批回地保与族长、敦促其加以调处的空白格式县谕,强有力地直接证实了黄宗智所称的这种半官方机制的存在和运作。这张光绪年间以雕版印制的县谕上面写有如下内容:

>……为此谕仰该_____知悉此事,尔如能出为排解,俾两造息讼,最为上策。此谕仍交地保缴销。若不能息讼,即由该族长告知被告,令其于__月__日午前到城,本[衙]每日于未初坐堂,洞开大门,该原被告上堂面禀,即为讯结。……此因该族长素

---

① 关于书吏、衙役、幕友、长随给清代官僚体制效率所造成的影响的一个综合性述评,参见尤陈俊:《清代地方司法的行政背景》,载《原法》(第3卷),人民法院出版社2008年版,第7—16页。瞿同祖提醒我们注意,私人性、非正式性关系在政府中的存在,未必就一定是对效率的阻碍,但他也不否认,组织不善和缺乏协调(这在书吏、幕友、长随之间的职责重叠上体现得尤其明显)等原因导致了清代地方政府的效率低下,参见瞿同祖:《清代地方政府》,范忠信、何鹏、晏锋译,新星出版社2022年版,第285—286页。

② 〔美〕黄宗智:《清代的法律、社会与文化:民法的表达与实践》,上海书店出版社2001年版,第107—130页。

来公正,言足服人,帮饬传知,并非以官役相待,亦不烦亲带来城,不过一举足、一启口之劳。想该族长必能本□□爱民如子之意,共助其成,实有厚望……①

黄宗智还强调,这种官方审判制度与民间调解制度之间的紧密联系,具体是由"社会提名、国家批准确认的不带薪的准官员'乡保'担当",并且,这样的进路并非只是清代司法才具备的特征,而是体现了帝制中国"简约治理"的总体模式,亦即"帝国政府……坚持使用准官员而不是带薪的正式官员,除非发生纠纷和控诉,尽可能不介入'第三领域'"。② 如果放置在当时的社会结构之中加以审视,那么可以发现,清代简约型司法体制的这一特点,与下列趋势密切相关,即宋代以来,尤其是到了清代,随着宗族、行会、商会、宗教团体和其他一些组织逐渐成为基层社会的主要结构,基层社会的"自治"程度总体上在不断提高,而国家权力相对而言则向上收缩。

清水盛光的研究早已揭示,乡村领袖在中国村落共同体当中实施内部统治时,其职权甚至超越民事范围而扩展至刑事领域,因此可以说具有民事上的管制权和刑事上的惩治权,至少也是实际分享了国家此方面的一部分权力。③ 明清以来,这种村落、宗族内部的"自

---

① 该件文书由田涛采集自徽州歙县并收藏,原件为木版雕印单张,参见田涛:《徽州地区民间纠纷调解契约初步研究》,载《法治论丛》2009年第1期,第10页。

② 〔美〕黄宗智:《集权的简约治理——中国以准官员和纠纷解决为主的半正式基层行政》,载〔美〕黄宗智、尤陈俊主编:《从诉讼档案出发:中国的法律、社会与文化》,法律出版社2009年版,第399—427页。

③ 清水盛光:《中国の郷村統治と村落》,日本评论社1949年版,第108—113页,转引自赖惠敏:《但问旗民:清代的法律与社会》,五南图书出版有限公司2007年版,第221页。

第六章 财政制约与简约型司法体制下的"健讼之风"问题

治",更是借助家法族规的日趋完备而在总体上不断加强。① 罗威廉(William T. Rowe)的研究展示,在清代一些处于现代前期的商业城市(例如位处五省通衢之地的汉口)里面,城市中的行帮和其他民间团体实际行使着对于各种公共设施的管理职能,表现出令人注目的某种程度的"行政自治",而这些原本应当是由城市管理当局负责的市政事务,政府极少甚至根本不进行干预。② 关于清代士绅对政府诸多正式权力的实际分享,更是早已被众多研究所指出。③ 诸如典当业会馆之类的行会组织,明清时期就已在相当程度上形成内部的"自治"传统,④而到了晚清时期,在国家政策的倡导之下(1903 年清廷颁布了《商会简明章程》,要求全国成立商会),新型的商会更是被赋予了"依法自治"的属性,其在内部调停商业讼案的权力,也得到政府的

---

① Timothy James Brook, *Gentry Dominance in Chinese Society: Monasteries and Lineages in the Structuring of Local Society, 1500-1700*, Ann Arbor, Mich.: UMI, 1984;朱勇:《清代宗族法研究》,湖南教育出版社 1987 年版;Joseph W. Esherick & Mary Backus Rankin, eds., *Chinese Local Elites and Patterns of Dominance*, Berkeley, California: University of California Press, 1990;费成康主编:《中国的家法族规》,上海社会科学院出版社 1998 年版;郑振满:《明清福建家族组织与社会变迁》,中国人民大学出版社 2009 年版。

② 〔美〕罗威廉:《汉口:一个中国城市的商业和社会(1796—1889)》,江溶、鲁西奇译,中国人民大学出版社 2005 年版;〔美〕罗威廉:《汉口:一个中国城市的冲突和社区(1796—1895)》,鲁西奇、罗杜芳译,中国人民大学出版社 2008 年版。

③ 瞿同祖和张仲礼各自的精湛研究都指出,清代政府视为其职权范围之内的诸多事项,根本无法离开士绅的参与和配合,甚至"绅士常常自行其事,官府常常也只能默认或者勉强认可",参见瞿同祖:《清代地方政府》,范忠信、何鹏、晏锋译,新星出版社 2022 年版,第 252—263 页;张仲礼:《中国绅士——关于其在 19 世纪中国社会中作用的研究》,李荣昌译,上海社会科学院出版社 1991 年版,第 51—68 页。冉枚烁(Mary Backus Rankin)则以晚清时期的浙江士绅为例,强调他们在 19 世纪后期以来的变革年代中对诸多地方事务的积极参与甚至主导,参见 Mary Backus Rankin, *Elite Activism and Political Transformation in China: Zhejiang Province, 1865-1911*, Stanford: Stanford University Press, 1986。对士绅之作用的概括性论述,参见费孝通:《中国士绅》,赵旭东、秦志杰译,生活·读书·新知三联书店 2009 年版。

④ 全汉升:《中国行会制度史》,新生命书局 1934 年版;曲彦斌:《行会史》,上海文艺出版社 1999 年版;彭南生:《行会制度的近代命运》,人民出版社 2003 年版;朱英:《中国传统行会在近代的发展演变》,载《江苏社会科学》2004 年第 2 期,第 94—102 页。

明确支持,甚至还愈来愈具备法人的基本特征。① 此外,明清基层社会的某些"自治"功能,甚至还可能由一些近乎非法或根本就属非法组织的江湖团体来实际行使。② 用郑振满的话来概括:"明清时期的国家统治体制,经历了从直接统治向间接统治的演变过程,基层社会的自治化程度不断提高。"③ 李怀印的研究更是指出,高度集权的上层机构和相对自主的底层结构在清朝时之所以能够同时并存(特别是县以下的地方治理呈现出明显的非官方的自主性质),除了受到宋明儒学理念的某种影响(理学家们推崇尽可能地减少官方对地方村落进行干预的治理方式,认为这样于公于私皆有益处),最主要的原因,并非国家没有能力将其权力触角通过正式的职能结构直接延伸到乡村当中,而是在于清朝独特的地缘政治优势和财政制度,使其能够维系一种国家机器得以低财政成本运作的独特的地方治理方式(至少在19世纪中叶之前如此),具体而言,"是因为相对于庞大的纳税人口和经济体量,国家的岁收需求很低;地缘环境的安全,使得国家的军事开支有限且稳定;同时,内地人口的高度同质,也带来治安成本较低

---

① 朱英:《清末苏州商会调解商事纠纷述论》,载《华中师范大学学报》(哲学社会科学版)1993年第1期,第94—102页;〔英〕斯普伦克尔:《城市的社会管理》,载〔美〕施坚雅主编:《中华帝国晚期的城市》,叶光庭等译,中华书局2000年版,第731—761页;付海晏:《清末民初商事裁判组织的演变》,载《华中师范大学学报》(人文社会科学版)2002年第2期,第88—95页;范金民:《明清商业纠纷与商业诉讼》,南京大学出版社2007年版;邱澎生:《当经济遇上法律:明清中国的市场演化》,浙江大学出版社2021年版。
② 此点可证之于王笛发表的一份颇为有趣的研究。他以作为非法组织的成都袍哥"吃讲茶"活动为例,探讨了茶馆作为"民事法庭"所展示的社会自我调解功能和对官方"司法权"的分化。尽管该文主要考察的是民国时期的情形,但王笛也指出,"从晚清到民国,'吃讲茶'活动一直都在进行,在人们的日常生活中扮演着重要角色"。参见王笛:《"吃讲茶":成都茶馆、袍哥与地方政治空间》,载《史学月刊》2010年第2期,第105—114页。另可参见易江波:《近代中国城市江湖社会纠纷解决模式——聚焦于汉口码头的考察》,中国政法大学出版社2010年版。
③ 郑振满:《明清福建家族组织与社会变迁》,中国人民大学出版社2009年版,第183页。

和政府规模较小的优势"。①

第三节 清代司法体制背后的财政制约因素

总体来看,清代中央政府始终都没有通过明显增设包括州县官在内的常规官僚位置的方式,主动增强其理讼能力,来积极应对当时主要由于社会经济生活日益复杂化和民间生齿渐繁而总体不断扩大的词讼规模。② 易言之,终清一代,作为最基层行政单位的县的总数并没有被特意增加,仍然是以其数量相当稳定的县官职位来应对不断激增的词讼规模。如果从西方的"司法能动主义"理论来看,③这样的简约型司法体制,恐怕会被视为缺乏与时调节之能力的僵硬模式。但是,在将"集权的简约治理"奉为治理传统的帝制中国,④清代坚持这一简约型司法体制乃是不得不然,其中最关键的因素之一是当时

---

① 李怀印:《现代中国的形成:1600—1949》,广西师范大学出版社 2022 年版,第 73—76 页。

② 金观涛和刘青峰的研究认为,在帝制中国时期,官员总数的增长速度远大于全社会人口的增长速度。此结论的得出,或许是由于其对官僚的界定比较宽泛,但更可能是因为其选作为例子的宋代过于特殊(金观涛和刘青峰着重分析了宋代景德年间[1004—1007]至哲宗元祐三年[1088]近八十年里面官僚人数膨胀及社会人口增长的情况)。对宋代与其他王朝相比官员数量尤多的特点之批评,历来不乏其声,参见苗书梅:《宋代官员的选任和管理制度》,河南大学出版社 1996 年版。但金观涛和刘青峰也强调,官僚人数膨胀的主要原因不是由于行政管理事务的增加,而是由于官僚机构自身的腐化,腐化造成行政效率越来越低,而行政效率越低,又要达到强控制的目的,就不得不增加机构和人员,从而造成恶性循环。参见金观涛、刘青峰:《兴盛与危机——论中国封建社会的超稳定结构》,湖南人民出版社 1984 年版,第 63—65 页。

③ 关于"司法能动主义"(Judicial Activism),参见〔美〕克里斯托弗·沃尔夫:《司法能动主义:自由的保障还是安全的威胁?》,黄金荣译,中国政法大学出版社 2004 年版。

④ 〔美〕黄宗智:《集权的简约治理——中国以准官员和纠纷解决为主的半正式基层行政》,载〔美〕黄宗智、尤陈俊主编:《从诉讼档案出发:中国的法律、社会与文化》,法律出版社 2009 年版,第 399—427 页。

财政上的制约。①

施坚雅结合帝制中国时期人口增长的数据指出,如果以公元180年时平均每县50000人(当时全国有1180个县级行政区划)的人口密度为基准进行推算,那么,公元875年时需要设置1600个县,1190年时需要设置2200个县,1585年时需要设置4000个县,1850年时需要设置的县数,则更是要达到8500个。如果再按每6个县级行政区划之上设置1个府级行政区划以维持相当的监督水平的平均比例来推算,那么,1180个县级行政区划需要相应设置略少于200个府级衙门,而在1850年时照此比例所需设置的8500个县之上,至少要求相应设置1400个府级衙门。这意味着,以晚清时期的情况而言,仅省级以下的衙门就至少需要设置近1万个,而这还没有将巡按计算在内。② 但是,这种预想中的行政规模,势必将压垮整个清帝国,因为县数的增加同时也意味着从国家受薪的常规官僚(以及其僚属人员)的人数膨胀,从而造成朝廷根本无法承受的财政负担。

曾小萍(Madeleine Zelin)的下述分析,已经清楚地道出了其中的经济学道理:

---

① 夫马进曾指出:"当时既已达到一个县年间收受一两万份呈词的程度,如果在此基础上继续增加,又该如何是好呢? 在这种情况下,不仅为处理这些诉讼的官僚人数要增加,而且胥吏、差役必然随之膨胀,他们的生活费又如何解决呢? 如果说,他们当时从民众那里攫取贿赂、手续费是国家的理念所不容许的,那么,如果由国家筹备如此巨大的俸禄,又从何处才能获得呢。剩下的办法只能是减轻由受益者负担的部分,而改为通过收税来筹集,即走重税化道路。或相反,只能大幅度增加手续费,使其正规化,一方面使收费光明正大,另一方面也使受益者负担的原则更为彻底。然而,这里所考虑的问题,对他们来说却是无法解决的。"〔日〕夫马进:《明清时代的讼师与诉讼制度》,范愉、王亚新译,载〔日〕滋贺秀三等著,王亚新、梁治平编:《明清时期的民事审判与民间契约》,法律出版社1998年版,第419页。遗憾的是,夫马进并未进一步阐述为何这一问题对清廷来说是无法解决的。

② 〔美〕施坚雅主编:《中华帝国晚期的城市》,叶光庭等译,中华书局2000年版,第19—20页。

第六章 财政制约与简约型司法体制下的"健讼之风"问题

在雍正朝,中国有1360县,依照清初通行的比例,若使行政单位与人口相适应,县的数量应增加到8500左右。如果我们假设为州县官提供养廉并完成基本行政任务,那么每县至少3000两。就18世纪20年代县级人口水平而言,这意味着大约4080000两要用于地方管理,这是考虑到当时的经济所得到的数字。向足够多的县提供财政支持以确保对当地人口有效的控制,清朝的拨款将必然超过25500000两,这还不包括对州县官和他们属下的活动进行监督的较高层的行政单位的拨款。就此开支而言,18世纪初整个王朝的几乎所有的地丁钱粮收入都要用于自身的征收之上。①

上引这段话意味着,如果要强行维持8500左右个县的预想规模,那么就必须要大大提高清帝国的既有税率,以获得足够多的税赋收入作为财政支持。但在清代若想落实这种设想,则实际上将远远超过帝国稳定所能承受的极限,从而严重威胁到帝国的治理乃至王朝的维系。

王业键的研究表明,在整个清代,虽然田赋在整个税收中所占的比例呈下降的总体趋势,但即使在清王朝崩溃前夕,也依然占到所有税收中的约1/3,而在清朝鼎盛时期,这个比例则高达3/4左右。他对田赋这一可谓在清代的相当长时期里面占据着支配地位的税收种类所做的深入分析发现,清代最后的25年中,在大多数地区与省份里面,田赋占到土地产值的2%—4%,只有在苏州、上海地区占到8%—

---

① 〔美〕曾小萍:《州县官的银两——18世纪中国的合理化财政改革》,董建中译,中国人民大学出版社2005年版,第285—286页。

10%,而在明治时期的日本,这一比例要达到 10% 左右。① 王业键在展开比较后认为,"清末的田赋负担实际上并不沉重",甚至可以说呈现出长期减轻的趋势。② 以此来看,或许有人会以为清廷尚掌握汲取更多田赋的可能空间。

但是,如果将清代与民国的情况稍作对比,便可发现上述设想不切实际。由日本"南满州铁道株氏会社"研究人员对民国时期数个华北自然村所做的调查显示,在 20 世纪 30 年代被日军占领和通货膨胀之前的河北丰润县米厂村,该村中农、富农和经营式农场主所交的税率大致相等,即约相当于总收入的 3%—5%,不过在 1938 年该村被日军占领后,这被提高到 5%—5.5%,而在 1941 年的河北顺义县沙井村,这个比例徘徊在 6%—8% 之间。③ 不妨粗略计算一下,如果要将清代实际上的 1360 个县扩张到上述那种设想中的 8500 个县,按照这个扩张比例计算,要想获得足够的税赋支持,上述 2%—4% 的实际平均田赋征收标准,至少也要相应扩张 6.25 倍左右,即达到 12.5%—25%。而这将是一个高得根本无法想象的赋税比例。要知道,民国时期地方政府的军事化和现代化造成其支出猛增,在国民党统治的区

---

① 有些遗憾的是,关于明治时期日本的田赋征收比例何以高出清末中国甚多而达到 10% 左右的问题,王业键并未做进一步解释,而仅是引以对照而已。我们不能凭此便草率推断说当时日本农民受剥削的程度要高于清代农民,因为这似乎与不同的租税制度传统有关。清代中国并非真正意义上的"封建制",中国的地主也并非西欧那种封建意义上的领主(在封建制下,领主既是农民的政府,也是其地主,可以说是税、租不分),政府与地主实际上的分开,可能造成税相对低但地租高的现象。而明治时期日本的情况可能有所不同。此外,或许更直接的原因在于,清代中国税基的庞大规模,使其能够追求"轻徭薄赋"的政策。关于清代中国税基与"轻徭薄赋"政策之关系的一个简要分析,参见李怀印:《传统中国的"实体治理"——以获鹿县的田赋征收为例》,载〔美〕黄宗智、尤陈俊主编:《从诉讼档案出发:中国的法律、社会与文化》,法律出版社 2009 年版,第 227—229 页。
② 〔美〕王业键:《清代田赋刍论(1750—1911)》,高风等译,高王凌等审校,人民出版社 2008 年版,第 105、164—167 页。
③ 〔美〕黄宗智:《华北的小农经济与社会变迁》,中华书局 2000 年版,第 289—290 页。

第六章 财政制约与简约型司法体制下的"健讼之风"问题

域,从乡村汲取各种税源的程度要远高于清代时的总体水平,而日本侵华时对华北村落的占据更是以变本加厉的苛刻税额而著称,但即便从地方上如此全力汲取财源,如同上面介绍的资料所显示的,这也不过只能达到5%—8%而已。

一份研究指出,"到1848年末,累积起来的田赋拖欠约相当于是整个国库的储备数量。"①这看上去与前述王业键的看法有些相互"矛盾":当时的很多农民居然无法承受据称"实际上并不沉重"的田赋负担,而拖欠至如斯地步? 不过,倘若细想一下清代的社会经济现实,则可发现这其实并不难理解。清代康乾盛世以来出现了人口总数激增的大趋势,而土地相对有限(即使算上新开荒的土地),二者所导致的人地紧张关系,使得土地及其上产出的任何收入对于农民而言愈发显得珍贵,从而造成围绕土地的大大小小的冲突愈显常见。② 由于农民对于税率变得更加敏感(遇到收成欠佳的受灾年份更是如此),农民抗租抗税运动时有发生,尤其是19世纪以来,随着通货紧缩(具体表现为银价增值而米价下跌)导致百姓生活的日益恶化,除了各种小规模的日常性抗争大量出现之外,一些大规模的抗税运动也以京控甚至暴动的形式,在浙江、福建、两广、两湖、江西等沿海和长江中下游地区不断上演,呈现此起彼伏之势。③ 而"为首的分子通常是地方的

---

① 〔美〕费正清、刘广京编:《剑桥中国晚清史,1800—1911年》(上卷),中国社会科学院历史研究所编译室译,中国社会科学出版社1985年版,第139页。
② 〔美〕步德茂:《过失杀人、市场与道德经济——十八世纪中国财产权的暴力纠纷》,张世明、刘亚丛、陈兆肆译,社会科学文献出版社2008年版。
③ 罗丽达:《道光年间的崇阳抗粮暴动》,载《清史研究》1992年第2期,第78—82、50页;三木聰:《明清福建農村社会の研究》,北海道大学図書刊行会2002年版,尤其是第一章到第六章;〔美〕白凯:《长江下游地区的地租、赋税与农民的反抗斗争,1840—1950》,林枫译,上海书店出版社2005年版;龚汝富:《清代江西财经讼案研究》,江西人民出版社2005年版;吴琦、肖丽红:《清代漕粮征派中的官府、绅衿、民众及其利益纠葛——以清代抗粮事件为中心的考察》,载《中国社会经济史研究》2008年第2期,第48—59页。

小名流——'生员'和'监生'等有功名的人"。① 由于税吏们常常借勒折浮收来中饱私囊,这些地方士绅中的一些人于是便挑动他人或自己带头控告,从而使得"漕讼"频频发生,甚至演变为京控和暴动,②例如道光年间发生在湖北崇阳的"钟九闹漕"便属此类。③ 因此,在清代,假如强行提高农民的土地税率,则不仅可能使得农民的生活雪上加霜,而且也会招致地方士绅们的强烈不满。如果两者的敌意被以某种形式叠加放大,那么很可能造成一场场冲击政治秩序乃至动摇帝国统治之根基的反抗与暴动。也正是主要因为如此,从 19 世纪 60 年代开始,内外交困的清政府为了增加国家财政收入,宁可选择将关税和厘金这两种商业税作为其所倚重的主要来源,而不是靠提高向农民征收的土地税率。④

---

① 〔美〕费正清、刘广京编:《剑桥中国晚清史,1800—1911 年》(上卷),中国社会科学院历史研究所编译室译,中国社会科学出版社 1985 年版,第 139 页。龚汝富曾以清代江西的多起讼案为例,具体讨论了地方乡绅在赋税讼案中的重要领导作用,参见龚汝富:《清代江西财经讼案研究》,江西人民出版社 2005 年版,第 1—40、141—157 页。
② 萧公权曾指出,"引发风潮的最多见和最重要的源头,乃是附随于官方征税过程之中的勒索"。参见 Hsiao Kung-chuan, *Rural China*: *Imperial Control in the Nineteenth Century*, Seattle: University of Washington Press, 1960, p. 441.
③ 张小也:《社会冲突中的官、民与法——以"钟九闹漕"事件为中心》,载《江汉论坛》2006 年第 4 期,第 103—106 页。
④ 和文凯:《迈向现代财政国家的路径:英国、日本和中国》,汪精玲译,香港中文大学出版社 2020 年版,第 205—243 页。张泰苏富有启发性地专门讨论了清政府在面临财政危机时为何宁愿选择增加非农业税而不是靠提高农业税,认为学界先前对其原因所做的那些理性主义解释(包括需求侧解释、供给侧解释和"政治意愿"解释),都无法令人足够满意地解释农业税在清代的异常停滞,主张"真正解决这些问题的办法是超越理性主义视角,走向政治文化、意识形态和思想史。解题的关键在于政治精英的主观信念,而不是他们身处的'客观'物质环境。"参见张泰苏:《对清代财政的理性主义解释:论其适用与局限》,载《中国经济史研究》2021 年第 1 期,第 40—53 页。

第六章　财政制约与简约型司法体制下的"健讼之风"问题

第四节　从民国看清代

按照学者的概括,"清代财政政策的目标,并不在于竭尽全力增加政府收入,或是无休止地扩大国库储量,而是在财富的再分配方面,在国家和民众之间达到某种平衡"。① 清代财政政策的这一特点及其带来的制约,在很大程度上决定了当时只能维持简约型司法体制,而不可能大大扩张司法活动的规模而走上"能动性司法"的道路。如果以民国时期的情形作为对照,那么这一问题的关键将更容易得到理解。

到了晚清时期,人们开始意识到,唯有司法从行政当中独立出来,方能革除旧弊。这种看法在当时逐渐成为强大的社会思潮,其影响力最终从民间扩展至庙堂。② 一些审时度势的官员也开始在呈给君上的奏折中指陈行政与司法混合为一之弊,力主将司法官置于行政官之外,使其各有专司。光绪年间奉命到欧美考察政治的五大臣之一戴鸿慈的下述言论,或可视为典型：

　　司法与行政两权分峙对立,不容相混合,此世界百余年来之公理而各国奉为准则者也。盖行政官与地方交接较多,迁就瞻徇,势所难免,且为政教愈修明,法律愈繁密,条文隐晦,非专门学者不能深知其意。行政官既已瘁心民事,岂能专精律文,故两职

---

① 李怀印:《现代中国的形成:1600—1949》,广西师范大学出版社2022年版,第70页。

② 韩秀桃:《司法独立与近代中国》,清华大学出版社2003年版,第88—108页。

之不能相兼,非惟理所宜然,抑亦势所当尔。①

随着清末司法改革的进程从中央向地方延伸,在帝制中国基层实行了数千年之久的行政兼理司法模式开始被打破,各级审判厅(包括高等审判厅、地方审判厅和初级审判厅)在一些省城、商埠逐渐设立。② 民元鼎革之后,虽然政权更替频仍,但设立新式法院体系的日程总体上未遭中辍。③ 普设法院并由专人专职处理司法事务的司法形式化工程,与帝制中国时期的情形相比,不仅意味着国家功能的扩张,而且意味着在原有行政人员的那种人员规模之外再单独筹建一套司法官人马。这意味着将是一笔庞大的新增财政支出,而如何在行政机关运作经费之外再行落实一笔被称作"司法费"的单独财政经费来维持新式司法机关的运作,可以说一直是困扰着民国时期司法建设的最突出难题之一。④

在 20 世纪 20 年代之初,曾有论者估算道,以民初全国县级行政区域 1700 余处来计算,倘若在这些地方普设新式法院,则大概需要法官 15000 人,其岁费则在 5000 万元以上,并感慨说,"揆诸国情,云何能致"。⑤ 在民国时期,即便是那些已经设立的审检厅,其所需经费也常常无法得到保障。以光复之后的江苏省为例。尽管该省省议会决议的某年司法经费达到百八十万之多,但实际上"问其经费,则议案

---

① 《出使各国考察政治大臣戴鸿慈等奏请改定官制以为预备立宪折》,载故宫博物院明清档案部编:《清末筹备立宪档案史料》(上册),中华书局1979年版,第379页。
② 李启成:《晚清各级审判厅研究》,北京大学出版社2004年版。
③ 韩秀桃:《司法独立与近代中国》,清华大学出版社2003年版;欧阳湘:《近代中国法院普设研究——以广东为个案的历史考察》,知识产权出版社2008年版。
④ 有学者指出,"'缺钱少人'是学界对于清末民初近代司法改革的'共识',但在近代司法改革中作为司法资源的司法费不足才是困境所在"。娜鹤雅:《旧谱新曲:近代中国审判制度中的司法资源研究》,北京大学出版社2022年版,第270页。
⑤ 季手文:《司法制度刍议》,载《法学会杂志》1921年第3期,第51页。

有其名而实际无着"。① 甚至于到了1933年,时任司法行政部政务次长的郑天锡,在视察福建、浙江两省的司法后,还如此感叹:

> 图司法之改良与整顿,非有充分之经费难期收效,固不待言。查近年各省司法经费,往往不能按时发给。欠发数月者有之,给付一纸空头支付通知书者有之。此次视察所经各省区,无不感经费困难。各法院维持现状,尚须动用应行解部之法收,甚至挪用诉讼存款。为长官者几乎无时不在设法筹款之中。对外难免有损司法之威严,对内不无未尽监督及设计等责之憾。②

从这个意义上讲,兼理司法制度(由行政长官兼理司法审判事务)之所以在整个民国时期仍然长期存在,③与实施这种制度的地方并不设置新式法院、从而可以极大地节省财政支出有密切的关系。在行政体系之外创建独立的司法体系,民国时期尚且如此步履艰辛,由此或可理解,清代之所以在地方上维持与行政合一的简约型司法体制,也并非全因统治者的理念胶柱鼓瑟使然。

第五节 "制度资源"的因循固封

以往的研究,通常主要围绕儒家意识形态,来对照讨论清代官方话语中的"健讼之风"问题。而本章的研究则展示了,倘若结合财政

---

① 《江苏司法独立之现象》,载《法政协志》第3卷第1号(1913),第5页。
② 郑天锡:《视察闽浙两省司法后对于司法改良之意见》,载《中华法学杂志》第4卷第1号(1933),第79页。
③ 关于民国时期的兼理司法制度,参见韩秀桃:《司法独立与近代中国》,清华大学出版社2003年版,第230—287页。

制约下的清代简约型司法体制之特征详加分析，则可以更为深刻地洞悉"健讼之风"话语之所以在清代日渐兴盛的另一种历史必然性。

正是在上述财政因素及其模式的制约之下，面对词讼规模总体上日益激增的社会变迁，清代简约型司法体制之中那些因循运作的"制度资源"，最终遭遇到可被利用的瓶颈和极限，官方因而不得不愈发借重"健讼之风"话语，试图以此弥补正被其时现实所冲击的司法制度本身的正当性。易言之，清代所谓的"健讼之风"，究其实质而言，既是官府理讼能力与民间诉讼需要之间的张力不断拉大这一现实的话语呈现，也是当时的司法体制在"制度资源"方面逐渐无法有效地应对社会变迁之时，用来弥补其正当性的一种"话语资源"。

对于任何一种司法体制的有效维护而言，"制度资源"和"话语资源"各有其不同的功用并应当互动配合，但如果在面对社会变迁之时，司法体制由于财政等因素的制约，本身变得缺乏与时调整的弹性，那么，由于"制度资源"的功能日渐低下而引发的正当性危机，绝非仅靠"话语资源"便可挽回，尽管后者可以起到一定程度上的弥补之效。从某种意义上讲，在其所依托的这两类资源之中，倘若"制度资源"日益因循固封而"话语资源"却膨胀兴盛，则意味着司法体制本身很可能已经深陷正当性危机。清代州县衙门当中那种司法和行政合一的基层官僚体制（本书称之为"司法/行政体制"①），在面对当时民间词讼规模总体来看不断增大的现实时所遭遇到的，正是这样的一种困境。

---

① 有学者敏锐地指出，帝制中国晚期的民间诉讼，并不能被单纯看作是一个基层"司法"问题，而是要被当作州县行政运作的一个组成部分加以分析，亦即主张"只有在同时讨论整个清帝国地方行政运作与基层治理与控制的背景下，将州县诉讼与地方行政运作勾联起来才能更好地清晰窥探清帝国统治中后期民间诉讼问题的全貌"。参见郑金刚：《文书转述：清代州县行政运作与文字·技术》，人民出版社2016年版，第199页。

第七章 州县官实际任期变化趋势对"健讼之风"的影响

依据学界已有的研究(尤其是一些社会史进路的研究),被认为导致清代不少地区民众"健讼"的重要影响因素,除了民风之外,大致还有如下几类:社会经济结构的日趋复杂化,人口日益增长与资源有限之间被不断拉大的张力,以及讼棍、蠹吏之辈播弄是非和挑唆词讼。上述所列诸种因素只是当代学者们所做的总结归纳和大致分类,其在现实之中往往相互交织,共同发挥作用,很难明确区分出何者明显最为关键,但观诸时下的许多研究成果,通常更倾向于强调社会经济结构复杂化与人口急剧增长这两大因素给其时民间诉讼数量变化带来的深层影响。① 秉持此种视角的学者们,往往喜欢援引社会经济史

---

① 小川快之对此进行过梳理和总结,参见〔日〕小川快之:《传统中国的法与秩序:从地域社会的视角出发》,赵晶编译,元华文创股份有限公司2018年版,第12—15页。青木敦在讨论宋明时期江西的"健讼"问题时,虽然意识到"若把江西的健讼原因,归结为具有排他性的唯一的社会经济现象是不恰当的",但他仅仅是对此观点点及而已,并未具体展开申说。参见〔日〕青木敦:《开发·地价·民事法规——以〈清明集〉所见土地典卖关系法为中心》,吴海航译,载中国政法大学法律史学研究院编:《日本学者中国法论著选译》(下册),中国政法大学出版社2012年版,第409页。

论著中所描述的如下时代变迁趋势来配合阐述其看法:唐宋之际社会结构的深刻变革,使得土地私有制日益得到深化,明清以来土地流转更是加速,形成了诸如"一田多主"之类各种复杂的地权交易模式,进而催生出更多的纠纷乃至诉讼;在以农为本的经济体系之外,16世纪以来长距离贸易在全国范围内获得重要的发展,形成了功能更为清晰的全国性市场,而商业贸易在不断发展的同时,也会导致商业讼案相应增多;民间生齿日繁,人口流动速度趋快(尤其是移民潮),江南、湖广、东南等地区的人口密度更是急剧加大,进而使得人口与资源(尤其是土地)之间的关系日趋紧张,导致百姓日常生活中各种冲突和摩擦更加频发,其中有不少激化为诉讼。

上述视角的解释进路,向我们展示了思考"健讼之风"问题时所无法绕过的宏观社会经济背景,但并不等于洞见了此问题的全部面向。这是因为,社会经济结构日益复杂化、人口压力增大、资源愈发紧缺等明清中国的长时期变化趋势,从理论上讲固然会共同导致帝国境内的诉讼总规模趋于增大,①但如果当时的中央朝廷能够与时俱进地进行大刀阔斧的制度性改革,相应扩充各级官府的理讼能力,那么诉讼数量在不少地区的增多未必会令当时的官员们那般头疼不已。因此,在讨论明清时期"健讼之风"的成因时,我们不能只看到宏观社会经济结构变迁所带来的影响这一面,而是还要同时了解司法/行政体制及其实践运作当中那些变与不变所直接或间接造成的影响。就此而言,本书上一章中已经指出,"清代中央政府始终都没有通过明显增设包括州县官在内的常规官僚位置的方式,主动增强其理讼能

---

① 晚近的一份研究提醒说,若将人口或移民等因素单独作为"健讼之风"的形成原因,则其解释力必然不够(例如"诉讼数量会伴随着人口的增长而增长,但两者的增长幅度却不一定与彼此相当"),故而我们需要探寻这些影响因素之间的"合力规则",观察它们具体是如何互相博弈和制衡的。参见黄艺卉:《诉讼人口比与清代诉讼实态——以巴县为例》,载《法律和社会科学》(第17卷第1辑),法律出版社2019年版,第80—82页。

第七章　州县官实际任期变化趋势对"健讼之风"的影响

力,来积极应对当时主要由于社会经济生活日益复杂化和民间生齿渐繁而总体不断扩大的词讼规模",并从财政制约因素的视角对这一现象进行了重点阐述。如果说上一章揭示了清代司法/行政体制本身在面对总体不断扩大的民间词讼规模时故步自封的一面,那么司法/行政体制及其实践运作在此时期发生的一些重要变化,同样值得关注,特别是要看清有哪些重要的变化缓解抑或加剧了司法/行政体制与民间诉讼需求之间正被不断拉大的张力。本章将主要围绕学界以往在讨论明清"健讼之风"时甚少被关注到的一个制度性影响因素展开分析,亦即明清时期"健讼之风"的加剧与彼时基层官员实际任期的长期变化趋势之间可能存在的内在关联。①

第一节　"判决确定力观念的不存在"的学术解释力再审视

中国法律史学界先前的一些研究成果,曾不同程度地论及"健讼之风"现象与帝制中国后期政治制度/诉讼制度之间的内在关联。有学者从中央与地方的不同层面,分析了专制集权的政治体制对"健讼之风"的影响。据其研究,从中央层面来看,一方面,大权独揽却又身处深宫之内的皇帝常常对手下的官僚们并不信任,为了及时发现问题和对官僚们加以监督,皇帝不时地对百姓揭发举报官员不法行径的举动予以鼓励甚至纵容,另一方面,"审转"制度的实行,在对监督各层级官员司法活动起到一定作用的同时,也无时无刻不在助长"健

---

① 我在十多年前曾指出,"在明清官员的实际任期与其时所谓'健讼'的社会问题之间存在着微妙的关联。而这一点,以往研究明清诉讼文化的学者几乎从未注意。"参见尤陈俊:《历史语境中的"海瑞定理Ⅰ":延伸性讨论》,载《法律和社会科学》(第5卷),法律出版社2009年版,第238—244页。这一判断时至今日可以说依然成立。

讼之风",因为"唯有皇帝判决的案子从理论上讲才是终审"的这种观念,极易导致当事人的无限上诉。上述两方面共同促使明清时期出现了许多民告官案件。而从地方层面来看,基层官吏的道德说教越来越成效甚微,即便国家倚仗作为办理地方公共事务之臂助的基层士绅们,其能力、知识和公信度此时皆已无法有效地应付化解民间纠纷的需要。① 另一位学者则指出传统中国诉讼制度本身的缺陷与"健讼之风"现象间的密切关联,强调"缺乏严格终审概念、审级制及判决缺乏既定力的法律传统"所造成的影响,即当时的诉讼制度"可能为部分当事人维护实质正义提供了无穷的机会,但总体而言,这种实质正义的实现大大增加了各级权力机构的负担,同时又给当事人创造了健讼的诸多机会"。②

究其要点而言,上述这些分析所指向的,都可归结到滋贺秀三在分析清代司法体制时所强调的一大特点,即判决确定力观念的不存在。滋贺秀三指出:"当事者虽然一时呈交了遵依结状,却又制造口实将争议重新提出以期变更裁定的情况也屡屡出现。……上诉可说是被允许无限制地提到官府的等级构造内任何级别上去。并没有知州知县进行的程序根据什么而终结的制度规定,当事者只要想争执就一直可以争下去。与此相对应,也没有在什么阶段可以提出上诉的制度规定。如果感到州县的审理不能令自己满意,当事者任何时候都可以上诉。"③

滋贺秀三主要从上控角度概括出来的"判决确定力观念的不存

---

① 侯欣一:《清代江南地区民间的健讼问题——以地方志为中心的考察》,载《法学研究》2006年第4期,第156—157页。
② 邓建鹏:《财产权利的贫困:中国传统民事法研究》,法律出版社2006年版,第178—180页。
③ 〔日〕滋贺秀三:《中国法文化的考察——以诉讼的形态为素材》,王亚新译,载〔日〕滋贺秀三等著,王亚新、梁治平编:《明清时期的民事审判与民间契约》,法律出版社1998年版,第15页。更为详细的论述,参见滋贺秀三:《清代中国の法と裁判》,创文社1984年版,第145—162页。

在"这一视角,有助于我们了解明清"健讼之风"的一大重要影响因素。不过,倘若深入思考的话,则将会意识到这一视角固然能够颇为有力地解释,当事人不断上控的做法从纵向上给各级衙门都增加了更多的案件数量(尤其是可作为解释清代京控繁兴的重要原因之一①),但却无法用来完全解释另一大类同样被归入广义上所说的"健讼之风"的情况为何也很是常见,亦即许多民众主要是向同一州县衙门反复递状缠讼,并没有去上级衙门提起上控。毕竟,在那些被官员们视为"健讼之风"的具体体现的民众诉讼行为当中,有相当数量的实际情况是同一位或同一批民众在不同时期通过各种手段试图旧案重翻,反复到同一个州县衙门递状打官司,而并非在每次官司输后便直接上控到上级衙门那里。此外,诉讼当事人在向州县衙门具结后仍然上控试图翻案的情形,也并非在所有类型的民事讼案中都很常见。在明清时期一些商业兴盛的地区(例如四川巴县),商业讼案构成了当地州县衙门所收民事讼案中的重要类型,②其中一些商业讼案的当事人反复在当地衙门递状兴讼。范金民在研究明清时期众多商业诉讼案例后总结说,"商业诉讼多有初审衙门久拖不决迟迟不判的,其时长者达数年。两造多次禀控,不断争执,往来反复是常见的,但一旦

---

① 关于清代(尤其是嘉庆朝)京控繁兴现象及其原因的研究,参见〔美〕欧中坦:《千方百计上京城:清朝的京控》,谢鹏程译,载〔美〕高道蕴等编:《美国学者论中国法律传统》(增订版),清华大学出版社2004年版,第512—551页;胡震:《最后的"青天"? 清朝京控制度研究》,载《中国农业大学学报》(社会科学版)2009年第2期,第43—52页;李典蓉:《清朝京控制度研究》,上海古籍出版社2011年版;阿风:《清代的京控——以嘉庆朝为中心》,载〔日〕夫马进编:《中国诉讼社会史研究》,范愉、赵晶等译,浙江大学出版社2019年版,第310—352页。

② 张渝:《清代重庆的商业诉讼及其审理》,载《重庆师范大学学报》(哲学社会科学版)2009年第3期,第12—16页;范金民:《把持与应差:从巴县诉讼档案看清代重庆的商贸行为》,载《历史研究》2009年第3期,第59—81页;邱澎生:《当法律遇上经济:明清时期的商业法律》,浙江大学出版社2017年版;邱澎生:《当经济遇上法律:明清中国的市场演化》,浙江大学出版社2021年版;邱澎生:《"是官当敬"? ——检视十八世纪重庆商业诉讼的政治风险问题》,载《清史研究》2020年第6期,第73—84页。

判决后,很少见有不服而上诉者;或者只有初审衙门不判,当事者越控到更高级衙门,上级衙门谕令原受理衙门公正判决,偶尔也有上级衙门直接判决的事例,但为数甚少"。① 清代道光年间巴县衙门审理的黄有成贩运蓝靛定银案,便是他所举出的"两造多次禀控,不断争执,往来反复"的商业讼案例子之一。在该案中,两造各执一词,不愿遵断,其中原告更是三次在巴县衙门禀控。② 事实上,在清代巴县衙门受理的商业讼案当中,从官府的角度来看,有相当大的比例都可谓在当地衙门"缠讼不休"。周琳对清代重庆行帮公产纠纷的研究发现,其所考察的大部分此类案件都在巴县衙门经过了两次及以上的诉讼,并且越到光绪、宣统时期,这种在同一衙门纠缠难断的案件越多,例如光绪年间的重庆毡房帮认差案,在四年时间当中就于巴县衙门发生了九轮诉讼。③

因此,就清代司法/行政体制本身存在的缺陷而言,仅用滋贺秀三所概括的"判决确定力观念的不存在"作为分析视角,并不能充分解释那些只在同一衙门反复缠讼但未演化为上控的诉讼行为缘何会在帝国境内的不少地方时有发生。我们还需要同时关注到其他可能的影响因素。

第二节　新官上任与州县衙门所收词状数量高峰的到来

仔细审视明清史料中关于"健讼之风"的一些记载,将会发现其

---

① 范金民:《明清商业纠纷与商业诉讼》,南京大学出版社2007年版,第7—8页。
② 同上书,第188页。
③ 周琳:《商旅安否:清代重庆的商业制度》,社会科学文献出版社2021年版,第293、296—297页。

第七章　州县官实际任期变化趋势对"健讼之风"的影响

中潜藏着先前未曾被充分注意到的某种线索。请看如下的两则史料：

> 邑虽健讼，初到时词多，然应准新词每日总不过十纸，余皆愬词、催词而已。①

> 湖南民风健讼，而湘邑尤甚。卑职莅任之始，初期放告，接收呈词一千五百余张，迨后三、八告期，不下三、四百纸。②

清人王又槐在谈论衙门办案时称"万事胚胎，皆由州县"，③今人则认为州县衙门乃是清代官府司法审判的第一审级。④ 尽管近年来的一些研究指出，清代从康雍年间开始，一些佐杂官员或经长官授权，或非法为之，实际上时有受理命盗重案外的一些词讼之举，⑤ 但从清代康雍两朝以降的会典、《钦定吏部处分则例》等当中既就"凡佐贰官擅准词状""佐贰官不许准词状"进行了专门规定，又明确强调"凡官非正印者，不得受民词"来看，州县官乃是基层官府中处理词讼的绝对主力。本书第三章已经指出，在明清时期，所在衙

---

① （清）汪辉祖：《学治说赘》，清同治十年（1871）慎间堂刻汪龙庄先生遗书本，"理讼簿"，载《官箴书集成》（第5册），黄山书社1997年版，第308页。
② （清）吴达善纂修：《湖南省例》，清刻本，"刑律"卷十，"诉讼·告状不受理·代书每词钱十文"。
③ （清）王又槐：《办案要略》，华东政法学院语文教研室注译，群众出版社1987年版，第83页。
④ 那思陆：《中国审判制度史》，上海三联书店2013年版，第232—241页。
⑤ 胡恒：《皇权不下县？——清代县辖政区与基层社会治理》，北京师范大学出版社2015年版，第139—141、166—194页；丁天立：《"非正印者，不得受民词乎？"——清代州县佐杂官"滥受民词"现象刍议》，载《中西法律传统》（第13卷），中国政法大学出版社2017年版，第179—192页；傅林祥：《清代州县佐杂官司法审理权探析》，载《史学月刊》2019年第9期，第59—68页；〔美〕白德瑞：《爪牙：清代县衙的书吏与差役》，尤陈俊、赖骏楠译，广西师范大学出版社2021年版，第387—392页；邱捷：《晚清官场镜像：杜凤治日记研究》，社会科学文献出版社2021年版，第183—185页。

门收到的状纸数量之多,常被官员们作为据以证明当地存在"健讼之风"的最直观证据。因此,一位州县官在到某地新上任之初所收到的词状数量之多寡,便很容易影响到他是否认为当地盛行"健讼之风"并就此形成长期的刻板印象。而上引两则史料记载所透露的,便是在新任州县官初莅其治地之时,很可能会收到较之平常为数明显更多的状纸。

明代万历年间纂修的《将乐县志》中写道:"访得闽俗好讼,漳泉为甚。每遇新院下马,无论曲直,群然溷扰……"①清代的许多州县官也常常遇到此种情况。斯普林克尔(Sybille van der Sprenkel)在研究清代司法时曾说道:"有一些地方官因擅长断案而赢得美名,而且,每当到达新的任所,无疑会接到一大批诉状,投诉旷日持久的争议。"②此种现象在其他学者们对清代诉讼档案的具体研究当中得到了确证。艾马克不仅指出"新任官员接篆时,常见催呈递来,企图再翻已结之旧案",而且重点分析了淡新档案中现编号为22609的一起前后缠讼长达11年之久的讼案,特别注意到在方祖荫担任新竹县知县时,身为该案当事人一方的"周许氏母子不曾企图翻案。不过嗣后连续四任新县莅任,这对母子总在接篆后一、二月内即递出呈状"。③寺田浩明在讨论淡新档案中现编号为22615的一起亲属间遗产纠纷案件

---

① 《将乐县志》,明万历十三年(1585)刻本,卷1,第29页a。
② 〔英〕S. 斯普林克尔:《清代法制导论——从社会学角度加以分析》,张守东译,中国政法大学出版社2000年版,第152页。不仅如此,有的地方官由于善于决讼断狱而名闻遐迩,甚至还吸引了一些非本县的民众到其县衙来打官司。例如嘉庆二十三年(1818)任四川射洪县知县的陈廷,据称"严明廉惠,终日大堂听事,摘奸发伏,一言而决,无不服其神明。远县疑狱来控者,皆□决之"。参见《射洪县志》,清光绪十一年(1885)刻本,卷9,第18页a。
③ 〔美〕艾马克:《十九世纪的北部台湾:晚清中国的法律与地方社会》,王兴安译,台北播种者文化有限公司2003年版,第174、155页。关于该案的现存文书,载《淡新档案》(第23册),"第二编 民事(田产类:争财、公业)",台湾大学图书馆2007年版,第115—188页。

第七章 州县官实际任期变化趋势对"健讼之风"的影响

时,同样注意到在该案持续近一年半的多次诉讼过程当中,先后有三任知县经手,而当事人郑邦试一方趁县官换任之机递交词状,试图重翻旧案。①

由上可知,在明清时期的州县衙门当中,新官上任之初不仅常常是一些讼民向衙门呈状试图旧案重翻的高峰期,而且一些在前任州县官任上便已向该衙门递交过告状的百姓,很可能也会在此时递交催呈,催促新任州县官及早审理其案件。无论是上述哪一种情况,都将使得新任州县官在接篆之初更容易收到比往常为数多得多的各类词状。② 而这也就意味着,州县官的实际任期长短,与衙门所收词状数量高峰到来的频度之间会有某种微妙的关系。地方衙门所收词状的总数,很可能会随着州县官的换任而呈现波浪式的变化。州县官转任越是频繁,当地百姓出于各种考虑而趁机递交词状的高峰,便越可能会频频出现在新任州县官上任之初,从而不断地在接踵而至的历任地方官员眼中加深当地存在"健讼之风"的印象。要想验证这一猜测是否成立,我们不妨先来细致审视明清时期州县官的实际任期呈现出怎样的总体变化趋势。

---

① 〔日〕寺田浩明:《中国清代的民事诉讼与"法之构筑"——以〈淡新档案〉的一个事例作为素材》,李力译,载易继明主编:《私法》(第3辑第2卷),北京大学出版社2004年版,第307—311页。关于该案的现存文书,载《淡新档案》(第23册),"民事编(田房类:争财、公业)",台湾大学图书馆2007年版,第270—300页。
② 需要说明的是,此处所指出的是一种高概率的可能性,并非是说新任县官到任之初就一定会是他在接下来的这一任内收受词状数量的最高峰。在现实中,也有新官到任后所收词状数量越来越多的例子,例如明代崇祯七年至十三年(1634—1640)之间在浙江嘉善县任知县的李陈玉,便透露其最初到嘉善时每日收到近百份词状,这个数量在后来增加到三百多份,参见朱声敏:《中国传统司法文化的现代启示——以李陈玉的息讼实践为中心的考察》,载《理论月刊》2018年第4期,第112页。

第三节　州县官实际任期逐渐缩短的总体趋势

县制在中国据称起源于西周时期。① 自秦灭六国在全国范围内推行郡县制后,县便成为帝制中国时期最基层的政权单位。② 历代的统治者无不重视知县作为总掌一县之政的正印官的重要功能。清代亦复如是,并与明代一样将那些隶于府的州,与县合称为"州县",作为一省之内的最小行政单元。《清史稿》中称,"知县掌一县治理,决讼断辟,劝农赈贫,讨猾除奸,兴养立教。凡贡士、读法、养老、祀神,靡所不综"。③ 由于州县官的职责范围极广,其在地方治理中扮演的角色非常关键。正如雍正皇帝在一道谕旨中说的那样,"尔州牧、县令乃亲民之官,吏治之始基也。贡赋狱讼,尔实司之。品秩虽卑,职任綦重"。④

自汉代开始,朝廷便针对地方行政长官的任职实行回避本籍的做法,唐代以后这更是成为相沿不改的制度性规定。⑤ 清代大体上延续了明代的此方面做法,朝廷在地方官员选任上同样实行本籍回避制度,不仅不允许其在本省任官,而且还在康熙年间新增了隔省五百

---

① 陈剑:《论县制起源的时间》,载《古籍整理研究学刊》2009 年第 4 期,第 83—85 页。
② 鹿谙慧:《中国县制沿革述略》,载《江苏社会科学》1993 年第 2 期,第 77—81 页。
③ 《清史稿》,卷 116,"职官志三·外官·县条",中华书局 1976 年版,第 3357 页。另参见瞿同祖:《清代地方政府》,范忠信、何鹏、晏锋译,新星出版社 2022 年版,第 26—27 页。
④ 《清世宗实录》,卷 3,"雍正元年癸卯春正月"条,《清实录》(第 7 册),中华书局 1985 年版,第 78 页。
⑤ 王士伟:《中国任官回避制度的历史经验与现实构想》,载《中国社会科学》1993 年第 6 期,第 2—11 页。

第七章 州县官实际任期变化趋势对"健讼之风"的影响

里以内之地也要回避的规定。① 因此,那些异地为官的州县官要想履行好上述职责,首先就必须了解当地的风土人情等各方面情况。而要大体熟悉这些"地方性知识",则并非在短期内就能做到的事情。

但是,从帝制中国时期的长时段历史来看,官员(尤其是地方官)的实际任期总体上却是在趋于缩短。秦代守令当中多有能久于其任者。② 两汉时期虽无关于官员任期的明确规定,但西汉前期实行久任,到了汉宣帝年间,地方长吏的三年任期渐趋成形,至东汉前期,地方长官久任的风习复归,但到了东汉后期时再次废乱。③ 自魏晋南北朝时期开始,在法律上正式规定了官员的任期,不过多有调整。西晋武帝泰始年间,朝廷明文规定官员任期为六年;南朝刘宋前期沿用东晋之制,规定地方郡县长官的任期为六年,但至孝武帝时,又将其改为三年,南齐、萧梁和陈朝则对此任期规定稍加变革后,予以承继;北魏时期地方官的任期为六年,但东魏北齐、西魏北周时的地方官任期则缩短至三、四年;隋初承袭北周之制,规定地方官任期为四年,开皇三年(583)将州县长官任期改为三年,后来几经改革,将文武长官的任期定为四年,而将州县佐吏的任期定为三年。④ 到了唐代,对县令任期的规定在三年、四年或五年之间徘徊不定,并且县令在迁转过程中的实际任期往往短于制度上的明文规定。⑤ 北宋时神宗朝之前的地方官普遍以三年为一任,真宗朝以后,地方官的任期呈现出缩短的趋势;南宋时,京朝官出任知州、通判、签判、知县及监当者,皆改成以二

---

① 《清圣祖实录》,卷214,"康熙四十二年十二月辛卯"条,载《清实录》(第6册),中华书局1985年版,第175页。
② 马非百:《秦集史》,中华书局1982年版,第903页。
③ 周长山:《汉代地方长吏任期考辨——以郡国守相为中心》,载《广西师范大学学报》(哲学社会科学版)2006年第1期,第122—127页。
④ 王东洋:《魏晋迄隋官员任期探讨》,载《兰州学刊》2007年第2期,第161—164页。
⑤ 张玉兴:《唐代县令任期变动问题研究》,载《史学月刊》2007年第9期,第41—45页。

年为期。①

到了明清时期,虽然朝廷同样不忘防范在地方上形成尾大不掉的实际割据势力,但也意识到所选得宜的官员"久任"对地方治理的必要性和益处,故而试图在二者之间求取平衡,但由于各种因素的综合影响,地方官实际任期逐渐缩短仍是大趋势。将这两个王朝各自前后期的情况进行对比,皆可发现情况更是如此。

根据当代学者所做的梳理,明初尚能做到官多久任,但至弘治、正德朝时,便出现了官员易速迁而难久任的局面,后来尽管在嘉靖五年(1526)三月正式"定有司久任法",但在实践中则呈现出有"法"可依而执"法"不严的怪象;万历朝张居正秉政时致力复行久任之法,但在其身故后便很快随之而衰,近乎废弛。② 关于明代县官实际任期不断缩短的趋势,已有多位学者做过概括和总结。例如,何朝晖指出,"关于县官的任期,明代规定官员九年考满,但实际上在知县的位置上很难任满九年,尤其越到后来任期越短。……明中期以后,由于州县官任务繁重而又地位卑微,不耐久任,加上候缺举、监、贡等滞选严重,往往达不到规定的任期。嘉靖《江阴县志》卷一三'官师表'详列了从明初至嘉靖二十七年历任知县的情况,42位知县平均任期为3.48年"。③ 贺凯(Charles O. Hucker)在执笔撰写《剑桥中国明代史》中的"明代政府"一章时写道:"各级官员的任期在整个明代多少呈缩短的趋势。所有中央政府职位的平均任期为2.7年,省级职位平均为2.6

---

① 苗书梅:《宋代地方官任期制初论》,载《中州学刊》1991年第5期,第119—124页。另有学者根据对宋代广州知州群体的研究指出,"总体来看,北宋历156(自971算起)年,实任广州知州80人,平均知职1.95年;南宋历153年,实任广州知州80人,平均任职1.91年。"卢萍:《宋代广州知州群体研究》,暨南大学2010届博士学位论文,第107—108页。

② 展龙:《明代官员久任法研究》,载《清华大学学报》(哲学社会科学版)2013年第4期,第39—53页。

③ 何朝晖:《明代县政研究》,北京大学出版社2006年版,第35页。

年,下至知县一级的地方职位的平均任期接近五年。"①贺凯在此处的主要立论依据,乃是美国学者潘瞻睦(James B. Parsons)在20世纪60年代末所做的一份研究。而在潘瞻睦的那份统计性研究当中,包括州县官在内的明代各级官员实际任期缩短的大趋势及其前后变化情况对比,被展现得更为直观。

表3 明代官员实际任期统计表(单位:年)②

年代	级别				
	中央官员	省级官员	府级官员	知州、知县	其他州县官员
洪武	1.0	5.5	6.0	6.4	10.8
永乐	4.5	4.2	7.4	8.8	13.6
宣德	3.5	3.6	8.5	8.4	11.9
正统	4.3	3.7	7.5	7.5	10.5
景泰	2.1	2.3	5.3	6.6	8.0
天顺	4.8	3.7	5.3	6.0	7.3
成化	3.5	2.2	5.1	5.5	7.6
弘治	4.1	1.9	4.8	4.3	5.9
正德	1.9	1.5	3.3	3.5	5.9
嘉靖	2.0	1.3	3.2	3.1	4.4
隆庆	1.6	1.2	3.0	3.2	3.8
万历	2.8	2.0	3.3	3.5	3.5
天启	.8*	1.4	2.9	3.1	2.9
崇祯	1.2	2.0	3.3	2.9	3.6

注:标记"*"的一项,系原书此处小数点前的数字有缺。

从潘瞻睦的上述统计来看,明代地方官的实际任期,在明初与明末相差甚大。例如从洪武朝至弘治朝年间,州县官的实际任期尚能达到4

① 〔英〕崔瑞德、〔美〕牟复礼编:《剑桥中国明代史,1368—1644》(下卷),杨品泉等译,中国社会科学出版社2006年版,第43页。
② James B. Parsons, "The Ming Dynasty Bureaucracy: Aspects of Background Forces", in Charles O. Huncker, ed., *Chinese Government in Ming Times: Seven Studies*, New York: Columbia University Press, 1969, p.178.

年以上,但到了正德朝至崇祯朝年间,便无一朝能做到超过四年,变成了在 3 年上下徘徊。时人将这种情况形容为"彼此更代,视如传舍"。①

此种州县官实际任期总体上逐渐缩短的大趋势,在清代展现得更加明显,尤其是清代中期之后。尽管清代的政书当中未有关于实授知县任期的直接规定,但学者们根据清廷对于外官每三年进行一次被称作"大计"的考绩,以及须在本任内历俸三年以上方准拣选题升的历俸制度规定,认为清代实授知县的任期在习惯上以三年为期。许多学者同时也指出,清代州县官的实际任期往往都难达到三年,晚清时期更是如此。

张仲礼对清代河南鹿邑、湖南常宁两县情况所做的统计显示,此两县历任知县的实际任期均少有达到 3 年者,进而指出"这些记载表明整个清代知县的任期都相当短暂,到 19 世纪任期更是大为缩短,表中平均任期从 1.7 年到短至 0.9 年"。②

表 4　清代河南鹿邑、湖南常宁两县知县实际任期统计表③

	河南鹿邑		湖南常宁	
	知县任数	平均任期	知县任数	平均任期
顺治朝(1644—1661)	7	2.6	4	4.5
康熙朝(1662—1722)	11	5.5	14	4.3
雍正朝(1723—1735)	5	2.6	5	2.6

---

①　(明)张居正等:《明世宗实录》,卷 344,"嘉靖二十八年正月辛卯"条,中国台湾地区"中研院"历史语言研究所 1962 年影印版,第 6234 页。需要指出的是,上述概括并不意味着明代所有地方州县官的实际任期都在变短,也有一些地方州县官的实际任期并没有受到上述大趋势的影响。例如明代自洪武元年(1368)至崇祯十四年(1641)在山东曲阜设置孔氏世职知县,前后历 273 年,共有 27 任知县,平均任期为 10.1 年,其中实际任期最长者更是达到 24 年。参见李风清:《明清曲阜知县考论》,曲阜师范大学 2011 届硕士学位论文,第 22 页。

②　张仲礼:《中国绅士研究》,上海人民出版社 2008 年版,第 42 页。

③　同上。

第七章 州县官实际任期变化趋势对"健讼之风"的影响

(续表)

	河南鹿邑		湖南常宁	
	知县任数	平均任期	知县任数	平均任期
乾隆朝(1736—1795)	17	3.5	15	4.0
嘉庆朝(1796—1820)	18	1.4	15	1.7
道光朝(1821—1850)	19	1.6	32	1.0
咸丰朝(1851—1861)	9	1.2	13	0.9*
同治朝(1862—1874)	10	1.3	12	1.1
光绪朝**	23	0.9	18	1.5

* 包括一位知县三次返任原职,因此如按实际任期修正该平均数的话,该平均数还要再高一些。

** 鹿邑县的数字只包括光绪元年(1875)至光绪二十三年(1897);常宁县的数字只包括光绪元年(1875)至光绪二十七年(1901)。

张仲礼的这一推断,由于统计样本过少而曾遭到华璋(John R. Watt)的质疑。① 但华璋的质疑并没有颠覆清代州县官实际任期不断缩短这一看法,因为其他学者对清代各地州县官任职情况的研究,都支持了张仲礼的上述总体判断。

例如,吴吉远指出,自清初至道光二十三年(1843)的近200年间,四川荣县共有知县79任,亦即平均下来每两年半便会换任。② 王笛对四川的研究表明,清代前期当地知县的实际任期较长,平均为5年左右,但到了清代中期,知县的实际任期通常变成2年左右,到了清

---

① 华璋在统计了7个县的相关数据后指出:"在对两个县所做的分析的基础上,张仲礼发现,在整个清代,知县的任期'非常短暂',到了19世纪,更是大为缩短。但表4中对7个县的分析,所呈现出来的并不是一幅如此一贯的图景。……很明显,在有限的几个县的基础上做出归纳并不可靠。"参见 John R. Watt, *The District Magistrate in Late Imperial China*, New York and London: Columbia University Press, 1972, p.60.

② 吴吉远:《清代地方政府的司法职能研究》,中国社会科学出版社1998年版,第76页。

代后期时更是一般缩短至一年半左右。① 谢国兴对安徽的研究显示，清代当地知县的实际任期平均为2.78年，虽然在康熙年间曾达到平均4.73年，但在随后的雍正朝便骤降至平均2.47年，其他各朝也皆不到平均3年，咸丰、同治两朝时更是低至分别仅平均为1.58年和1.46年，因此他认为，"大体而言，清代后期平均任期比前期短"。② 张研利用民国《东莞县志》卷四二《职官表》中记载的信息，对清代嘉庆朝以后历任东莞知县的86人次的具体情况进行了统计分析，结果发现，实际任期不到1年的有34人次，在1年至2年之间的有32人次，在2年至3年之间的有11人次，并据此认为清代"知县均异地为官，且任期普遍过短"。③ 魏光奇援引胡思敬在民国初期撰写的方志《盐乘》一书中的相关记载介绍说，江西新昌县"自咸丰以迄光绪凡五十七年，得令五十三员"，"无一年不易任"。④ 刘鹏九根据民国《内乡县志》中的相关记载进行统计，发现当地在明代共有60任县官，平均实际任期为4.5年，到了清代，在内乡县衙担任县官者多至113任，平均实际任期只有2.5年。⑤ 张勤统计了清代奉天府海城县自顺治十一年（1654）到宣统三年（1911）的近260年时间里在当地任知县者的信息，发现平均每任知县的实际任期为2.7年。⑥ 王昌宜对《清史稿·循吏传》所收录的116名清代循吏（没有收录清初和宣统朝的人

---

① 王笛：《跨出封闭的世界——长江上游区域社会研究(1644—1911)》，中华书局1993年版，第374—375页。
② 谢国兴：《中国现代化的区域研究——安徽省(1860—1937)》，中国台湾地区"中研院"近代史研究所1991年版，第25、632页。
③ 张研：《清代县级政权控制乡村的具体考察——以同治年间广宁知县杜凤治日记为中心》，大象出版社2011年版，第76—79页。
④ 魏光奇：《清代州县官任职制度探析——附论中国传统政治中的地方行政首脑权力制约》，载《江海学刊》2008年第1期，第165页。
⑤ 刘鹏九：《中国古代县官制度初探》，载《史学月刊》1992年第6期，第8页。
⑥ 张勤：《中国近代民事司法变革研究——以奉天省为例》，商务印书馆2012年版，第47页。

物)中的州县官实际任期信息进行统计分析,指出"各朝牧令官每届平均任期从长到短的排名顺序为:康熙、嘉庆、光绪、同治、乾隆、咸丰、雍正、道光。其中,康熙朝平均任职时间最长,达 4.97 年,远远高于其他各时段;道光朝最短,为 1.81 年。8 朝平均任期为 2.71 年。……总体看来,清代牧令官的迁转频率大体上为 2 年多迁转一次"。① 李国祁等人利用 437 部地方志所做的统计性研究,更是强而有力地指出这一趋势。其统计结果显示:"清代基层地方官任期的常态是一年以下者所占百分比最大:知府 44.4%,直隶州知州 46.1%,散州知州 46.4%,知县 49.0%。其次是一年至二年,四项基层地方官的百分比均在 17% 以上。再其次是二年至三年,四项基层地方官的百分比均在 10% 以上。三年以上的情形是:其百分比均逐渐缓慢下降,直至九年为止";"如果进一步探讨,将○至三年,亦即三年以内的任期合并计算,则将是:知府 74.5%,直隶州知州 75.2%,散州知州 74.6%,知县 78.8%";"时间愈晚,则任期二年以下者所占百分比愈大"。② 易言之,据李国祁等人的上述统计,有清一代,实际任期在一年之内的基层地方官便几近半数。

吴佩林等人提醒说,以往关于知县实际任期的一些统计,常常对实授、署任或代理等清代知县任用方式的三种类型不加区分,结果导致所得出的统计结论过于笼统,无法反映实际状况。但吴佩林等人根据多种类型的史料所整理出来的数据,同样可用来作为例子印证大

---

① 王昌宜:《清代循吏研究——以〈清史稿·循吏传〉为中心》,安徽大学出版社 2017 年版,第 232—234 页。
② 李国祁、周天生、许弘义:《中国地方志研究:清代基层地方官人事嬗递现象之量化分析》(第 1 册),中国台湾地区"行政院国科会"1975 年版,第 1、32、35、36—37 页。李国祁等人所利用的这 437 部地方志,来自中国大陆 18 个省份,包括 4 部通志、48 部府志、36 部州志(包括直隶州)和 349 部县志。就府州县数而言,该项统计涉及 17 府、34 直隶州、55 散州和 512 县,其中所统计的县数占这 18 个省份的县总数的 40.1%。就人数而言,该项研究涉及 4935 名知府、2249 名直隶州知州、4439 名散州知州和 42602 名知县,总计 54225 人。参见同书,第 17 页。

多数清代知县的实际任期皆不到三年的总体判断。其统计结果显示,有清一代,在四川南部县,实授知县中在任时间不及3年者占了大部分(平均任期为2.4年),署任知县的平均任期为0.9年(符合署任知县的任期为一年的制度规定),代理知县的平均任期更是仅为1.5个月。①

第四节 州县官实际任期缩短背景下强调本地"健讼之风"的多层用意

就频繁迁转给地方官施政带来的困扰而言,张仲礼曾概括说,极其短暂的实际任期,"使任何一个地方官都难以熟悉本县,也减少了他对任何计划的兴趣,因为他在任期内看不到结果"。② 州县官理讼职责的具体落实程度之高低,自然也会因此直接受到负面的影响。而这种处境,又与清代中期以来越来越多的州县官纷纷强调自家治地内盛行"健讼之风"的不约而同之举动间存在着某种微妙的关联。在州县官们那些看上去痛心疾首的共同姿态背后,实际上很可能还潜藏着另一层在很大程度上只可意会不可言传的用意。

一、"迁转太频,政多苟且"

两宋之时便有不少人提出,如果官员迁转过快,那么将会导致其即便焚膏继晷勤于政务,也很可能等不及收获所预期的结果便不得

---

① 吴佩林、万海荞:《清代州县官任期"三年一任"说质疑——基于四川南部县知县的实证分析》,载《清华大学学报》(哲学社会科学版)2018年第3期,第63—72页。
② 张仲礼:《中国绅士研究》,上海人民出版社2008年版,第42页。

第七章　州县官实际任期变化趋势对"健讼之风"的影响

不离任,如此一来,便会造成官员用心施政的激励不足。例如王安石在给宋仁宗上书言事时说,"设官大抵皆当久于其任,而至于所部者远,所任者重,则尤宜久于其官,而后可以责其有为。而方今尤不得久于其官,往往数日辄迁之矣",王安石主张应当让官员久任并用考绩之法加以监督,如此一来,"智能才力之士则得尽其智以赴功,而不患其事之不终其功之不就也;偷惰苟且之人虽欲取容于一时,而顾僇辱在其后,安敢不勉乎?"①两宋时期朝堂上有此种识见者不乏其人。例如北宋名臣文彦博多次上奏皇帝指出,"中外任官,移替频速,在任不久,有如驿舍,无由集事,何以致治。"②南宋淳祐年间官至右丞相的杜范认为,若官员任期太短,则将造成"有志事功者方欲整革弊,而已迁他司,无志职业者往往视官府如传舍"。③

州县官实际任期趋于缩短的总体趋势,给地方衙门政务处理所带来的负面影响,在明清时期同样有不少讨论。时人除了以"守令迁转太频,政多苟且"④"迁转颇速,人无固志"⑤之类的话来进行简要概括外,还有一些更为详细的专门阐述。

明代正德年间,户科给事中黄重奏称:"迩来法制屡变,天下司府州县官员到任未久,往往迁擢,其间又因别项事故,去住不常。夫久于其职,贤者可以责其成功,不肖者难以掩其罪状。今屡更易,虽有高世

---

①　(宋)王安石:《临川先生文集》,上海涵芬楼藏明嘉靖三十九年(1560)刊本,卷39,"书疏·上仁宗皇帝言事书",第6页a、14页a。
②　(宋)文彦博:《文潞公文集》,明嘉靖五年(1526)刻本,卷29,"奏中外官久任事",第5页b。
③　(宋)杜范:《杜清献公集》,卷13,"相位条具十二事",载《宋集珍本丛刊》(第78册),线装书局2004年版,第447页。
④　(清)龙文彬:《明会要》(下册),卷44,"职官十六·久任",中华书局1998年版,第808页。
⑤　《明世宗实录》,卷71,中国台湾地区"中研院"历史语言研究所1965年版,第1607页。

之才,年月未久,何由积事程功。"①嘉靖年间担任南京翰林院孔目的何良俊,在与一位即将转任吏部主事的来访友人谈论政事时,强调"当今之第一急务,莫过于重守令之选,亦莫过于守令久任",认为"若迁转太速,则自中才以下,一切怀苟且之念。且初至地方,必一二年后,庶乎民风土俗可以周知。今守令迁转不及三年,则方知得地方之事,已作去任之计矣。故虽极有志意之人,不复有政成之望,亦往往自沮。及至新任一人,复是不知地方之人,如此则安望天下有善治哉?"②嘉靖年间曾同时出任吏部、兵部两部尚书的汪铉,也曾在上疏条陈时认为,"官不久任,则无固志;无固志,则无实心;无实心,则施之政事皆因仍苟且之,为簿书期会之间而已耳"。③

在清代,汪辉祖在其后来流传甚广的《学治臆说》一书中,专门谈及"欲尽吏职非久任不可",认为州县官到任后要想大致了解其治境内的"人情好尚"之概况,至少要花数月时间,然后才能采取相应的措施加以因势利导,而这又得需要数月时间付诸实施后方能看到成效,若上任未久便被调署,则州县官必然会对当地那些与百姓休戚相关之事漠不关心。他以富户家中雇用乳母作为比喻,称倘若幼儿好不容易才适应了乳母,而乳母没多久便卷走主家值钱的东西离去,那么不仅雇用乳母的人家在经济上蒙受损失,而且幼儿也无法受乳哺之益。汪辉祖认为作为当地百姓之父母官的州县官也与乳母类似,并质问说,"可不为百姓计乎!"④

乾隆十二年(1747)四月时,皇帝更是在一道上谕中明确强调,

---

① (明)黄光升:《昭代典则》,上海古籍出版社2008年版,第717页。
② (明)何良俊:《四友斋丛说》,李剑雄校点,上海古籍出版社2012年版,第78—79页。该书中句读有误,今引用时做改正。
③ (明)黄训编:《名臣经济录》,清文渊阁四库全书本,卷11,"保治",第57页a—57页b。
④ (清)汪辉祖:《学治臆说》,清同治十年(1871)慎间堂刻汪龙庄先生遗书本,卷上,第10页b—11页a。

第七章 州县官实际任期变化趋势对"健讼之风"的影响

"从来亲民,莫切如县令,而知府表率一郡,职任尤重。欲望其政平讼理,易俗移风,非久于其任不可",并下令定立守令久任之例。① 尽管这道上谕促成了"三年准调、五年准升"之例随后的出台,但该规定在实际执行过程中却几成一纸空文。尤其是同光两朝"军兴以来,捐职之滥极矣,而捐职之苦亦极矣。各省候补州县佐杂,动数千百,安得有如许署缺,如许差委?"②在员多阙少的现状面前,上述规定势必难以得到有效落实。这种情况在当时的许多地方志中时可见到。例如光绪年间江苏常熟、昭文两县重新合修的方志中便记载说,"常邑夙号繁难,令大率岁一易,坐席未暖,即捧檄欲行,不暇为经久计。昭邑虽或久任,以同城故,遂亦因循,而丞、尉无论矣"。③ 正如有学者所概括的,"更调频繁、官不久任是清代官场非常突出的特点,并伴随清王朝始终"。④

关于州县官频繁更调而给地方行政造成的负面影响,晚清时期一位佚名人士所论甚详。其在一篇题为《论州县为亲民之官宜久任供职》的长文中认为,州县官为亲民之官,不仅钱谷、刑名等事项,而且但凡与风化相关之事,皆有赖于州县官审度谋虑而兴废之,故而州县官的人选是否得当,便与当地百姓的福祉密切相关,但即便是所选为循良之吏,其要想做到嘉泽地方,亦"必久于其任而后能行之"。若是州县官就任某地后尚不到一年便被更调,则如何期望他们能够做到"风土之得相谙习、民情之得以浃洽"? 如今许多知县官在履新后,只关心通过向当地百姓催科钱粮以中饱私囊,其余的事务皆漠不关

---

① 《清高宗实录》,卷289,"乾隆十二年四月丁丑"条,载《清实录》(第12册),中华书局1985年版,第775—776页。
② (清)欧阳昱:《见闻琐录》,恒庵标点,岳麓书社1986年版,第46—47页。
③ 《重修常昭合志稿》,清光绪三十年(1904)刊本,卷14,"公廨志",第1页a。
④ 张振国:《"三年准调、五年准升"之例:清代外官久任制度考论》,载《清史研究》2018年第2期,第69—70页。

心。即便有一些州县官心怀励治之念,对各乡野地方之事力加整顿,好不容易稍有成效,却马上要被调离。而其继任者又可能会与前任意见不一,于是在莅任之初便宣布将前任所实施的那些举措尽行废止,致使前任所行之事功败垂成。在这种情况下,即便是有着数十年地方行政的丰富经验的"干练有为之员",虽明知地方上各项事务当中"何者宜兴举、何者宜禁革",但由于意识到"此中徒劳无益之情",于是变得心灰意冷,慵懒度日,长此以往,其在治理县政时自然会"首鼠两端,模棱两可"。这位佚名作者强调说,"此皆实缺州县任意更调之所致也"。①

二、州县官理讼过程中的短期行为与词讼积压问题

州县官最重要的职责,当属维护治安、征收税赋和决讼断狱。②清代时有人强调说,"地方之要,首在狱讼;狱讼之烦,首在案牍"。③因此,地方官实际任期短暂所造成的"政多苟且""无固志、无实心"之弊,不仅会大大影响到整体的吏治风气,而且势必也会在司法领域有所具体体现。

在明清时期,官员们据以断定一些地方存在"健讼之风"的主要证据,除了衙门所收词状数量众多之外,还包括当地一些民众在颇长的时间内反复到同一衙门当中打官司,亦即所谓的健讼之徒缠讼

---

① 阙名:《论州县为亲民之官宜久任供职》,载何良栋辑:《皇朝经世文四编》,文海出版社1972年版,第268—269页。
② 瞿同祖:《清代地方政府》,范忠信、何鹏、晏锋译,新星出版社2022年版,第27页。
③ (清)陈述文:《颐道堂集》,清嘉庆十二年(1807)刻道光增修本,"文钞"卷6,"答人问作令第二书",第43页b。

第七章 州县官实际任期变化趋势对"健讼之风"的影响

不已。① 而关于这些人如何缠讼不已的具体描述,便常常是以一起讼案在同一个衙门当中先后经过了许多位州县官之手而当事人仍不肯罢休的文字描述方式加以呈现。19世纪中期的一则知县判牍透露,江西安仁县民黄发魁和范航渭之间的税粮讼案,"牍厚盈尺,讼缠六年,官经七任"。② 在光绪年间,江苏句容县的一起争产案件"讼越两年,官经三任",③另一起发生于徽州歙县的与租佃有关的讼案,则据称"控县三载,官经两任"。④ 在贵州黎平府,平略、南堆两个寨子自咸丰朝时便开始互争山场,"构讼三朝","讼结二十余年,官经十余任,屡断屡翻,纠缠讫无了期";苗白寨的寨民滚万钟屡次状告姚朝海等人买得其祖业却让他交钱粮税赋,"讼至多年,官经多任,案悬莫结"。⑤

从一些清代司法档案中的更详细记载来看,类似的情形颇为常见。先以淡新档案中的案件为例。现编号为22406的民事案件现存46件司法文书,其时间落款起于清代同治九年(1870)九月廿九日,迄至光绪十年(1884)二月十六日,历经14年时间,先后经过李郁楷、施锡卫、周志侃、朱承烈等四任新竹县知县之手。⑥ 现编号为22609的

---

① 夫马进曾以巴县档案为例,分析了清代巴县当地两位"健讼之徒"的缠讼行为,其中一位名叫何辉山的男子,在咸丰九年(1859)正月至同治十年(1872)九月的约十三年间,"每年大概有六件新的控告他人或被他人控告之事",另一对夫妻刘心坦和刘王氏,则在从咸丰十一年(1861)到同治七年(1868)的大约八年时间里面,至少提起或参与了12件诉讼。参见〔日〕夫马进:《清末巴县"健讼棍徒"何辉山与裁判式调解"凭团理剖"》,载《中国古代法律文献研究》(第10辑),社会科学文献出版社2016年版,第396页;〔日〕夫马进:《中国诉讼社会史概论》,范愉译,载〔日〕夫马进主编:《中国诉讼社会史研究》,范愉、赵晶等译,浙江大学出版社2019年版,第100页。
② (清)沈衍庆:《槐卿政绩》,清同治元年(1862)刻本,卷6,"蔑法匿税事",载杨一凡、徐立志主编:《历代判例判牍》(第10册),高旭晨、俞鹿年、徐立志整理,中国社会科学出版社2005年版,第289页。
③ (清)许文濬:《塔景亭案牍》,俞江点校,北京大学出版社2007年版,第140页。
④ (清)刘汝骥:《陶甓公牍》,梁仁志校注,安徽师范大学出版社2018年版,第115页。
⑤ 陈金全、郭亮主编:《贵州文斗寨苗族契约法律文书汇编——易遵发、姜启成等家藏诉讼文书》,人民出版社2017年版,第281、289页。
⑥ 《淡新档案》(第19册),"民事(田产类):霸占",台湾大学图书馆2007年版,第127—158页。黄宗智曾讨论过该起案件,参见〔美〕黄宗智:《清代的法律、社会与文化:民法的表达与实践》,上海书店出版社2001年版,第148—150页。

303

民事案件,自光绪八年(1882)十月廿三日被告至新竹县衙,到光绪十九年(1893)二月初三结束时,至少留下了101件司法文书,双方当事人互讼的这12年时间,见证了徐锡祉、周志侃、朱承烈、方祖荫、张廷榦、沈茂荫、叶意深等7名知县走马灯式的转任,可谓你方唱罢我登场。① 从现编号为22615的讼案现存的41件司法文书来看,时间最早的文书为光绪十九年(1893)七月初四的"郑林氏为恃强霸占较被殴伤乞恩提验伤痕拘究分断事(郑林氏为郑邦超强霸伊子郑邦试应分田业并党众殴伤呈请新竹县知县叶意深饬拘究办)",时间最晚的则为光绪二十年(1894)十二月的"永不翻异合约字(郑邦超与郑邦试仝立合约永不翻异)",双方涉讼的时间虽然不长,持续约一年半左右,但此案先后也历经了叶意深、刘威、范克承等三任知县或代理知县之手。②

再来看四川巴县档案中的案件情况。在当地一起因茅山峡炭矿租佃纠纷而引起的争租讼案中,巴县百姓刘系廷于道光二十年(1840)十月的堂审后不久便再次提起诉讼,双方屡控屡翻,直到道光二十二年(1842)七月,该案方才勉强了结。在这两年多的诉讼过程中,先后堂审过此案的巴县知县便有三位。③ 即便是那些为巴县衙门效力的书吏,在自己涉讼时,也常常会趁知县换任之时不断提交告状。例如在光绪年间,巴县衙门工房的资深书吏卢礼卿在与该房典吏伍秉忠的斗争中失败后被革退,于是不断地到巴县衙门递状,请求知县重审其案。在前后16个月的时间里面,卢礼卿不仅在被黜革后的次年那一年当中便至少先后七次向巴县知县递交状纸,而且是在三任巴县知县接续上任之初每次都递交几乎一字不差的状纸,并最终得

---

① 《淡新档案》(第23册),"民事编(田房类:争财、公业)",台湾大学图书馆2007年版,第115—188页。
② 同上书,第270—300页。
③ 郑金刚:《文书转述:清代州县行政运作与文字·技术》,人民出版社2016年版,第164—165、189—190页。

偿所愿。①

由上述众多史料记载来看,一起讼案自从向州县衙门初次提起,先后经过同一衙门的数任州县官之手却未能清结,此类情形在清代相当多见。而这种将会导致许多案件被长期积压在州县衙门当中从而被官员们作为断定当地存在"健讼之风"之证据的情况,与清代中后期州县官的实际任期过短之间有着某种微妙的关联。对此至少可以分成如下三种情况展开讨论。

第一种情况是每逢新官上任,一些老谋深算的诉讼当事人便会趁机到衙门反复控告,试图重翻旧案。南宋时人杨简便注意到,地方官的任期过短,不仅会导致"民知其不久于位,不服从其教令",而且很可能还会让一些奸顽好讼之人觉得有机可乘,于是欺负新官初来乍到尚不熟悉民情案情,向其递状兴讼,试图重翻旧案,"扰害善良,无有已时"。他认为,倘若地方官员能做到久任,则此辈便断不敢如此缠讼不已。② 在前述那起清代贵州黎平府苗白寨寨民滚万钟屡次控告姚朝海等人的讼案中,原告滚万钟据称便是"抗钱钱断,蛮讼不休。每当府官更代以及上宪升调,扯前蒙后,捏造批断,妄控尤甚"。③ 前述那起发生在四川巴县的炭矿纠纷同样如此,败诉方每次一旦不满意县衙的裁决结果,便会拖延等到下任知县莅任时再前来翻控。④

---

① 〔美〕白德瑞:《爪牙:清代县衙的书吏与差役》,尤陈俊、赖骏楠译,广西师范大学出版社2021年版,第183—192页。

② "居官不为长久之计,贪墨以为待阙之资。虽间有贤者,方谙物情利病,又已将代而治归装。守御无素备,寇至辄溃。民知其不久于位,不服从其教令。奸顽好讼,俟新更诉,幸新至未谙情伪,姑肆其欺,扰害善良,无有已时,使久任则不敢矣。"(宋)杨简:《杨简全集》(第9册),"慈湖先生遗书",卷16,董平校点,浙江大学出版社2016年版,第2203—2204页。

③ 陈金全、郭亮主编:《贵州文斗寨苗族契约法律文书汇编——易遵发、姜启成等家藏诉讼文书》,人民出版社2017年版,第288页。

④ 郑金刚:《文书转述:清代州县行政运作与文字·技术》,人民出版社2016年版,第165页。

正如前文所述,这些情况将会使得更调频繁的州县官们在其上任之初,便常常遭遇当地衙门收受词状数量的高峰期。

第二种情况是一些持身不正的州县官在行将卸任之际收受贿赂,赶忙作出偏袒其中一方诉讼当事人的裁决,导致输掉官司的另一方诉讼当事人后来在新官莅任时到衙门递状重启讼端。清代康熙年间曾先后在多地出任知县的黄六鸿,在《福惠全书》中奉劝那些即将升迁的同侪们应当实施一种乍听起来似乎不大容易理解的"简词讼"之法。他认为州县官在报陞后,离其卸任之日越近,越不宜轻易受理那些告到当地衙门的户婚田土细事。黄六鸿之所以如此主张的主要理由之一是,此时很可能会有奸猾胥役乘机代当事人一方贿赂那位即将卸任的州县官,而该州县官若贪图钱财,以为反正自己行将离任,即便就该案作裁决时在一二事上稍有出入,对自己亦无大害。黄六鸿提醒说,如此一来,那输掉官司的一方又岂肯甘服,必会等到新官上任时再到县衙提起诉讼,"是官未及束装,而讼牍已形矣,不亦大玷乎!"①

黄六鸿上述这番告诫所针对的是那些有幸获得升迁的州县官,而在明清时期,大部分的地方官实际上在仕途上均无望升擢。

根据潘瞻睦对 23300 多名明代官员情况的统计研究,这些人总共担任过 31100 个官职,也就是说,这一样本的统计结果显示,明代的每名官员一生中历任的职位平均约为 1.3 个。② 贺凯据此认为,"显然绝大部分(官员)只有一次任命"。③

清代的情形更是如此,多位学者所做的统计研究皆指明了此点。

---

① (清)黄六鸿:《福惠全书》,周保明点校,广陵书社 2018 年版,第 587—588 页。
② James B. Parsons, "The Ming Dynasty Bureaucracy: Aspects of Background Forces", in Charles O. Huncker, ed., *Chinese Government in Ming Times: Seven Studies*, New York: Columbia University Press, 1969, p. 176.
③ 〔英〕崔瑞德、〔美〕牟复礼编:《剑桥中国明代史,1368—1644》(下卷),杨品泉等译,中国社会科学出版社 2006 年版,第 43 页。

第七章　州县官实际任期变化趋势对"健讼之风"的影响

李国祁等人对清代四百多部地方志所记载情况的研究表明,从清初到清末,基层地方官升擢的比例呈递减的总趋势,就知县的仕途升擢比例而言,顺治朝至乾隆朝尚有 37.8%,此后从嘉庆朝到同治朝便一路递减,到了光绪朝至宣统朝时,变得只有 15.1%。① 张振国主要利用光绪三十三年(1907)北京福润堂刻本《大清最新百官录》等资料,对清代外官待缺官员的留授机会(待缺官员能够补授实缺的机会)进行了专门研究,其所做的不完全统计显示,截至光绪三十一年(1905)八月,清朝境内二十二个省中知县的留授机会仅为 14.6%,亦即每一个知县官缺约有 9 人在排队等候。② 伍跃对光绪三十三年(1907)年时全国在外候补者补缺概率的专门研究更是指出,大约每 12 个候补知县在争夺一个补缺的机会。③ 胡恒在《缙绅录》量化数据库自咸丰元年(1851)至光绪三十四年(1908)间的 161 万余条官员总数据里面进行追踪,力图估算出此时期知县的升迁几率,结果发现知县晋升为府级官员的概率也微乎其微。具体来说,"终其一生最终仍任职知县并消失于《缙绅录》量化数据库之中的有 10654 条记录,比例高达 88.7%,这就意味着绝大部分知县终其一生无法晋升。……可以说出任知县,基本意味着一个人的仕途有将近 90%的概率止步于此,能够晋升为知府的概率已是百里挑一"。④ 从知县晋升为府级官员的比例便如此微不足道,更加不用说从知县升至京官的概率。王志明便专门研究了雍正朝地方官迁转朝官的情况,结果发现知县升至京官的比例仅为 4%。⑤

---

① 李国祁、周天生、许弘义:《中国地方志研究:清代基层地方官人事嬗递现象之量化分析》(第 1 册),中国台湾地区"行政院国科会"1975 年版,第 1、44—45 页。
② 张振国:《清代文官选任制度研究》,南开大学 2010 届博士学位论文,第 360 页。
③ 伍跃:《中国的捐纳制度与社会》,江苏人民出版社 2013 年版,第 213—214 页。
④ 胡恒:《清代政区分等与官僚资源调配的量化分析》,载《近代史研究》2019 年第 3 期,第 26—27 页。
⑤ 王志明:《清代职官人事研究:基于引见官员履历档案的考证分析》,上海书店出版社 2016 年版,第 187 页。

尤其是清代咸丰、同治两朝以降，捐例大开，①候补官员人数激增，至光绪、宣统年间更是达到了顶峰。② 一些州县甚至出现了"轮署候补几三百人，非二十年不能轮一次"的景象。③ 于是，除了实授这一传统的选任办法外，署理、代理等方式此时也被频繁地运用于州县官选任之上，④以至于"辗转委署"在清代后期俨然成为州县官任用的常见方式。当时不仅许多候补官员终其一生都未能获得正式补授，⑤甚至连轮到一份委署的短暂差使也只能靠上下奔走以求。这些人当中有不少本就家境不富裕，先前便是靠多方借贷方才捐官加衔，后来在部或省候选之时，由于长时间得不到补缺，生活困苦者不乏其人，甚至需要靠向人借钱方能度日过活，即便好不容易轮到赴任为官，常常连路费都需要向人借钱。⑥ 故而哪怕只是轮到一份署理知县的短暂差使，也是抓紧时间在制度规定的一年最长任期内，借各种机会中饱私囊或敛钱偿债。用时人的话来说，"于是前十数载需次之费，皆在此

---

① 伍跃：《中国的捐纳制度与社会》，江苏人民出版社2021年版，第214—218页。
② 肖宗志：《候补文官群体与晚清政治》，巴蜀书社2007年版，第28—33页。
③ （清）欧阳昱：《见闻琐录》，恒庵标点，岳麓书社1986年版，第67页。
④ 关于"署理"制度，参见张振国：《清代文官选任制度研究》，南开大学2010届博士学位论文，第361—371页；吴佩林、万海荞：《清代任官中的"署理"运用》，载《历史档案》2017年第1期，第81—89页。
⑤ 例如，晚清时期粤西人张振镳在21岁时便考中举人，27岁时获大挑以知县用，33岁起先后在七地担任署理知县，一直到50岁时，都未获得实授知县的机会（"一官未补"），参见（清）阮本焱：《求牧刍言（附：谁园诗稿）》，文海出版社1968年版，第165—166页。
⑥ 晚清时期曾在广东省内多地出任州县官的杜凤治，便是此方面的一个典型例子。杜凤治于咸丰五年（1855）以举人身份大挑二等而获"拣选知县"的资格，但此后长时间拣发补缺无望，于是先后加捐"不论双单月知县，兼不积班选用"以及同知衔，才好不容易抽到广东广宁县知县缺，而为了筹措从北京到广东赴任的各种费用，他不得不先向人借了近5000两银子，到了广东后因带来的银两不够开支，又在当地再向人借了3500多两银子，前后所借银两共8000余两之多。参见邱捷：《晚清官场镜像：杜凤治日记研究》，社会科学文献出版社2021年版，第11—15、373页。杜凤治的上述境遇，证明了清人所称"由省赴任时资斧不继，向人借贷，事所恒有"，并非虚言。参见（清）方大湜：《平平言》，光绪十八年（1892）资州官廨刊本，卷1，"到任时借贷"，载《官箴书集成》（第7册），黄山书社1997年版，第602页。

一年中补偿,后十数载需次之费,皆在此一年中储积。此时如委群羊于饿虎之口,虽有强弓毒矢在其后,亦必吞噬而在所不顾"。① 在这种情况下,黄六鸿前述那番关于州县官不可在行将卸任之际轻易受理词讼并受贿作出偏袒其中一方的裁决的谆谆告诫,自然不会有多少同侪会真正听取。如此一来,州县官更换愈速,则在其中那些为数不少的贪财之辈卸任时,便很可能会埋下一方当事人待后任新官上任时再到衙门重启讼事的越多隐患。

第三种情况更具普遍性,那就是即便一些持身以正的州县官在自己行将卸任时能做到像黄六鸿所告诫的那样,既不轻易受理词讼(但这也意味着那些未被其受理的词讼,很可能会在继任州县官新到来时涌到衙门),也不趁最后的机会收受贿赂在临走前作出偏袒一方的裁断,在他们当初刚来治地之时,纵有励精图治之心,要想弄清那些新入眼帘的讼案之事实,以及体察本地那些与讼案处理紧密相关的风土人情,也得需要相当长的时间。而当州县官实际任期总体日益缩短成为官场上众所周知的现实时,一些起初有心图治的地方官也会心灰意冷,于是变得只求敷衍塞责,不为久远之谋,在处理词讼方面自然不愿多多用心。北宋时就有官员指出,地方上包括"簿书狱讼之繁伙"在内的各种具体情况,绝非新任之官一朝一夕所能省察,即便新任官员材术过人,也须经过许多时间后方能逐渐熟悉,然后才谈得上有针对性地施策行政。② 北宋徽宗崇宁元年(1102)七月的一道诏书中说道,彼时地方官员改任频繁,甚至有短短一年之内便再三改移者,致使这些官长"决辞讼则鲜肯究心,视公局则犹同传舍,簿书案牍,首尾罕详,吏缘为奸,民受其弊"。③ 南宋绍兴二十七年(1157)时,江南

---

① (清)欧阳星:《见闻琐录》,恒庵标点,岳麓书社1986年版,第67页。
② (宋)张纲:《华阳集》,卷14,"乞久任札子",上海书店出版社1936年版,第2页a—2页b。
③ 《宋大诏令集》,司义祖整理,中华书局1962年版,第617页。

西路转运判官黄仁荣改任衢州,而荆湖北路转运判官杨沂则迁转江西路。宋高宗在阅看相关札子后说道:"监司守臣席未及暖,已辄更易。不惟迎送劳费,而官吏军民于刑教狱讼,亦莫知所适从。"①李启成曾以清代19世纪中期发生在广东新会县的一起缠讼达30多年的田坦案为例,谈到任期过短对于州县官们培养妥善处理讼案所需的"常识"有着相当不利的影响。他认为,在传统中国州县司法的实际运作当中,"能否体认并妥善运用'常识'直接决定了州县官在审理和判决案件方面的成败,较之以法条为核心的专业律学知识具有更重要地位",而州县官实际任期过短所导致的各种机会主义行为,会严重妨碍州县官培育和传承作为"常识"之重要组成部分的"伦理常识"和"地方性常识"。②

就州县官实际任期日益缩短的大趋势对衙门讼案处理的负面影响而言,尽管清代有关"审限"的规定对州县官们构成了一定的压力,③但当州县官们普遍意识到自己的实际任期将会相当之短时,由于缺乏足够的正面激励,他们便很容易觉得自己不过是眼前这座衙门的匆匆过客,于是在理讼时责任心不足,采取各种短期行为。

---

① (宋)李心传:《建炎以来系年要录》,卷177,中华书局1988年版,第2926页。
② 李启成:《"常识"与传统中国州县司法——从一个疑难案件(新会田坦案)展开的思考》,载《政法论坛》2007年第1期,第121页。
③ 清代官箴书《平平言》中专门谈到"审限","审理大小案件,均有限期。若不熟悉审限,便不知轻重缓急,至任意搁延、人证久候,既无以恤民情、凶暴稽株,又无以伸国法,正不仅关系考成也",并罗列了州县自理案件、命盗抢劫等案、情重命案的各自审限,以及逾限离任、委审限期、审案展限等详细内容,例如"州县自理户婚田土等项案件,限二十日完结。违限不及一月者,罚俸三个月;一月以上者,罚俸一年;半年以上者,罚俸二年;一年以上者,降一级留任"。参见(清)方大湜:《平平言》,清光绪十八年(1892)资州官廨刊本,卷2,"审案违限",载《官箴书集成》(第7册),黄山书社1997年版,第636页。瞿同祖认为,由于清廷对拖延审判之举并没有规定刑责,以至于许多州县实际上都无视关于词讼审理的期限,而邱澎生则主张,州县官在细事审结方面的实际压力,"主要系于各省司法长官执行每月初查察结案登销册籍的严格程度,难以一概而论"。参见瞿同祖:《清代地方政府》,范忠信、何鹏、晏锋译,新星出版社2022年版,第165页;邱澎生:《当法律遇上经济:明清时期的商业法律》,浙江大学出版社2017年版,第136—138页。

第七章　州县官实际任期变化趋势对"健讼之风"的影响

苏力曾对明代官员海瑞主张的司法策略中所蕴含的智慧进行过概括总结,将其中的一点命名为"海瑞定理Ⅰ"——"始终如一的依法裁判将减少机会型诉讼",并讨论了为何当时的许多州县官在处理诉讼时并没有像海瑞所主张的那般行事。在他看来,其中的重要影响因素便是官员的任期,亦即司法官"如果长期稳定任职,他可以期望收获始终如一依法裁判所带来的大部分制度收益;但如果任期不长,定期转任或调任,那么他的努力带来的制度收益就将由下任官员收获。由于投入与产出在时间上分离,就可能使至少部分官员不必采取始终如一依法裁判的长期策略,而会寻求在该制度制约条件下对他最有利的对策"。① 在苏力所讨论的明代历史语境中,对于州县官们而言,此处所说的"在该制度制约条件下对他最有利的对策",最常见的便是在审理词讼时像海瑞所批评的那样采取乡愿式的"四六之分"策略("与原告以六分理,亦必与被告以四分。与原告以六分罪,亦必与被告以四分"),但从长远的系统性结果来看,这种以"和稀泥"与"和事佬"的方式来处理词讼的短期行为,"虽止讼于一时,实动争讼于后",反而会在后来引发更多的"寻租型诉讼"。②

苏力上述这番对明代海瑞时期官府司法的分析,同样适用于清代的情况。事实上,清代总体来看更加日益缩短的州县官实际任期,负面激励他们在处理词讼过程中所做出的那些短期行为,远远不只是以"和稀泥"的方式求得在自己任上"止讼于一时",而是还包括许多州县官觉得户婚、田土、钱债、斗殴等所谓细故"词讼为无关考成",③因此对于那些其前任遗留下来和自己任上新受理的词讼常常都怠于及时审理,一味宕延,以及一些地方衙门为了减少涌入衙门的

---

① 苏力:《关于海瑞定理Ⅰ》,载《法律和社会科学》(第 4 卷),法律出版社 2009 年版,第 251 页。
② 同上注,第 239—251 页。
③ (清)包世臣:《齐民四术》,潘竟翰点校,中华书局 2001 年版,第 252 页。

讼案数量,对放告日期间每天收受词状数量的定额进行限定,个别者甚至竟然"概不收呈"。① 这些短期行为合在一起,将会使得清代中期之后州县衙门自理词讼大量尘积的问题雪上加霜。② 具体来讲,一方面,那些已在州县衙门受理的词讼大量积压,无法及时得到清结,另一方面,新的词讼又在源源不断地进入衙门当中,并且其中的不少很有可能会在后来成为新的积案。因此,许多新任知县在上任之初,便会遭遇其前任遗留下来的众多积案。③ 在这种处境下,即便是乾嘉时期汪辉祖那样善于理讼的能吏,在湖南宁远县知县任上的四年时间里,几乎每日都坐堂理讼,虽然在离任时非常难得地做到了自己任内所收受之词无一件未及办理而被移交其后任,但对于前面数任知县积压遗留下来的 400 多件未结讼案,仍有 10 余件未能清结。④ 而在清代,像汪辉祖这样几乎做到案无留牍的州县官可谓凤毛麟角。

在许多州县衙门旧积新收的词讼数量不断增多的这种大背景下,当上司斥责讼案尘积皆因州县官怠玩成性时,州县官们发现自己强调当地长期以来盛行"健讼之风",尽管可能会被当作治绩不彰的证据,但借助这种自曝家丑式的说法,不仅可以表达对当地一些百姓不安守本分的恨铁不成钢之意,而且还可以替自己短暂任上无法清结讼案进行某种微妙的辩护。从这个意义上讲,清代以来越来越多的

---

① (清)王韬:《论息讼之难》,载(清)宜今室主人编:《皇朝经济文新编》,"西律·卷二",文海出版社 1987 年影印版,据清光绪二十七年(1901)上海宜今室石印本影印,第 196 页。

② 关于清代各地州县衙门自理词讼大量积压的现象,参见魏淑民:《清代乾隆朝省级司法实践研究》,中国人民大学出版社 2013 年版,第 50—81 页;邓建鹏:《清代州县词讼积案与上级的监督》,载《法学研究》2019 年第 5 期,第 173—190 页。

③ 例如晚清时期张振镛以署理知县的身份来到江苏安东县任上时,前任知县给他留下了两百余起未结的命盗案件,以及数以千计的未结词讼杂案。参见(清)阮本焱:《求牧刍言(附:谁园诗稿)》,文海出版社 1968 年版,第 166 页。

④ 张伟仁:《良幕循吏汪辉祖——一个法制工作者的典范》,载《中西法律传统》(第 6 卷),北京大学出版社 2008 年版,第 288 页。

第七章　州县官实际任期变化趋势对"健讼之风"的影响

州县官们之所以不断强调自己的治地内盛行"健讼之风",最主要的不是因为他们在短暂任期内具体目睹了多少起诉讼案件进入当地衙门之中,抑或囿于官场上某种长期以来流行的刻板印象而人云亦云。① 当面对自上而下层层督促清理积压词讼的压力时,州县官们可以通过强调当地盛行"健讼之风",委婉展现自己的焦虑感和无奈之情,暗示并非自己不曾尽心竭力,而实在是由于当地根深蒂固的"健讼之风"所催生出来的讼案数量已经远超衙门的正常理讼能力,如此程度的讼风之更易,非短期内便可告功成,因此哪怕只是稍有改观,也是相当不易,期望通过这种方式来争取皇帝、上峰官员们的某种体谅,从而降低自己因此受到实际行政追责的风险。

第五节　"制度资源"对社会经济结构变迁大趋势的总体回应能力

需要声明的是,本章并非主张正是州县官实际任期日益变短的大趋势决定了明清时期不少地方诉讼多发,进而使得"健讼之风"的描述在当时变得越来越常见。毋宁说,本章想提醒人们注意的是,当我们讨论明清时期的"健讼之风"时,应当认识到在许多学者业已讨论过的当时那些促使不少地方诉讼数量明显增加的社会经济因素之外,州县官实际任期日益变短的大趋势,同样也是一个值得我们关注的制度性影响因素。

---

① 山本英史以江西吉安府为例的研究认为,"诉讼繁盛"的情况并不限于清初,也不只是仅发生在江西等特定区域,清代的官僚们却异口同声地强调江西的"健讼之风","相对而言,这只是延续了传统的说法,是一种成见"。参见〔日〕山本英史:《健讼的认识和实态——以清初江西吉安府为例》,阿风译,载中国政法大学法律史学研究院编:《日本学者中国法论著选译》(下册),中国政法大学出版社2012年版,第594—597页。

或许有读者会质疑说,州县官实际任期日益变短的大趋势固然是一个影响因素,但恐怕不是最重要的影响因素,既然如此,本章为何选择了这么个似乎并非最重要的影响因素,并花费如此多的笔墨专门讨论?我对此的回答是,除了提醒人们同样应当注意到州县官实际任期日益变短这一以往甚少有学者专门论及的影响因素外,本章还有另一层借此展示某种研究方法的用意。具体而言,本章希望以州县官实际任期日益变短的大趋势这一发生在清代司法/行政体制当中的具体变迁作为例子,力图在学界以往讨论清代"健讼之风"时常用的社会史进路之外,再增加一个制度史的视角进行配合讨论。如果说明清时期许多文献中对"健讼之风"的描述表面上所呈现的是一个社会史意义上的问题,那么当时许多官员们对"健讼之风"的不断提及,所反映的则还有一个制度史意义上的问题。易言之,今天当我们探讨关于"健讼之风"的描述在明清时期为何越来越常见的原因时,既要看到长时段的社会经济结构变迁所带来的影响,也要关注对于伴随着长时段社会经济结构变迁而出现的诉讼多发问题来说,那些发生于司法/行政体制运作本身的变化趋势所呈现出来的,究竟更多是正向的应对抑或反向的干扰。在这个意义上讲,本章看似已然耗费了相当大篇幅所做的上述分析,也仅仅是揭开了"健讼之风"的众多制度性影响因素的冰山一角。

从明清历史的长时段变迁来看,除了州县官的实际任期总体上日益变短这一大趋势外,导致此时期上至京控、下至州县"健讼之风"皆趋于加剧的制度性因素,至少还有如下几点。其一,明初朱元璋通过颁布《教民榜文》在基层确立起来的老人理讼制,在明代中期崩解后,按照原先的审理层级规定应当先由老人、里长在乡里进行消化处理的大批细故词讼,直接被民人告到州县衙门,从而造成

第七章　州县官实际任期变化趋势对"健讼之风"的影响

州县衙门的细故呈控数量激增。① 而清代以来,州县始终是国家制度规定意义上审理细故案件的第一审级,在其之下并没有像明代前期里老理讼制那样的正式机制作为纠纷解决的前置必经阶段。② 也就是说,到了清代,尽管一些地方(例如四川巴县)的官员默认"凭团理剖"之类有些类似于明代前期里老理讼制的做法,③一些碑刻显示某地官员甚至直接向治下百姓宣布在将细事告官前须先投乡约、乡保理质,④但从国家制度的统一规定来看,朝廷并没有明文承认在乡里层

---

① 〔日〕中岛乐章:《明代乡村纠纷与秩序:以徽州文书为中心》,郭万华、高飞译,江苏人民出版社 2010 年版。

② 俞江:《明清州县细故案件审理的法律史重构》,载《历史研究》2014 年第 2 期,第 44—47 页。

③ 夫马进的研究指出,清代巴县当地团练监正何辉山在同治五年(1866)二月八日开辟太平场之际,自己草拟了八条"团规"(团练规则),其中一条的内容为"挟忿构讼,民所时有。嗣后无论户婚田土债项等事,必先凭团族理剖,有不息者,任其据实控告。倘有不肖地棍,贪婪差役,互相纠串,遇事入使事不息,团约查出,指名禀究",亦即何辉山试图想让知县明确认可当地民众在到衙门提起词讼之前必须先"凭团族理剖"(由团练或宗族判断是非曲直)。何辉山将这八条"团规"草案呈给时任巴县知县黄朴,希望其批准公布。黄朴不久后离任,临走前在该草案上批写此稿移交继任知县核办。从现存巴县档案来看,知县对何辉山呈交的八条"团规"草案做了一些文字删改,其中特别值得注意的一处改动,便是删去了上述那一条中"必先凭团族理剖,有不息者"的原先字样。夫马进认为,这一文字删除体现了在巴县知县看来,即便当地官府实际上普遍认可"凭团理剖"这一地方行政惯行,但"凭团理剖"只能是调解的一种,而绝不能被公开等同于衙门让出裁判权,亦即巴县衙门"可以承认作为惯行的凭团理剖,但要避免将之公示(示谕)",巴县知县"承认进行'凭团理剖',但无论如何绝不让出裁判权,绝不公认。"参见〔日〕夫马进:《清末巴县"健讼棍徒"何辉山与裁判式调解"凭团理剖"》,瞿艳丹译,载《中国古代法律文献研究》(第 10 辑),社会科学文献出版社 2016 年版,第 409—419 页。

④ 有学者以清代陕西南部一些碑刻的内容为论据,例如"遇有争竞不明、鼠牙雀角等事,务先鸣乡保理论,不许逞凶殴打。如有不公,方可控告"(道光五年[1825]陕西《石泉知县整饬风化告示碑》)、"户婚田土等项即有争竞,先宜投鸣公人理质。如果不能了局,方可呈控"(同治八年[1869]陕西紫阳县《芭蕉靖地方告示碑》)、"绅粮、当佃人等,无论鼠牙雀角之争,须投鸣约保理论,不得私讼。倘不守规,众等呈禀"(同治十一年[1872]陕西安康《公选约保禁娼禁赌碑》)、"该铺凡有是非,许先投鸣正、约理质,如果事难处息,再控"(光绪二十四年[1898]陕西安康知县批准颁刻的《流水铺后牌公议禁令告示碑》),认为"明代确立的乡里断讼制度于清中后期在某些地方又重获生机"。参见李雪梅:《法制"镂之金石"传统与明清碑禁体系》,中华书局 2015 年版,第 182—183 页。

面可存在分流词讼的正式审理层级。① 其二,巡按御史在明代中后期的地方诉讼体系中起着相当重要的作用,清初效仿明制设立此职,但很快就在顺治年间旋停旋复,最终在顺治皇帝去世后不久被正式废除。而这使得一部分原本可以由巡按在地方上解决的诉讼案件直接到了中央政府,结果使得京控的数量因此增多。② 其三,明代时在府一级各设立一员推官,推官是以刑名为主要责任的地方官员("理刑名,赞计典"),当州县不能解决的案件(尤其是户婚田土细事)上诉到府衙时,常常是由该府的推官或同知来审理。③ 但到了清代,与前述巡按御史一职被废止的情况密切关联的是,康熙六年(1667)时,朝廷下令将府一级设立的推官全部裁撤。④ 有学者指出,"巴县档案显示,讼事的上控,府衙占绝大多数……在实践中,少量讼事会上控到道,藩臬衙门仅为个案"。⑤ 故而当推官这一专职司法官员不复再设,自然会影响到在府一层级消化上诉案件的能力。一言以蔽之,从应对主要

---

① 或许有人会举所谓"家族司法"为例,来声称在清代社会当中许多地方的家族、宗族承担着某种司法权,指出一些家法族规甚至仿效官府审理案件的方式,在其中规定了族内处理纠纷时所使用的纠告、传唤、裁断、执行等一整套程序,并据此认为"家族内部司法实质上成了州县地方司法的必要的一部分了"。参见原美林:《明清家族司法探析》,载《法学研究》2012年第3期,第181—194页。这种主张"家族内部司法实质上成了州县地方司法的必要的一部分了"的说法,显然没有意识到,即便一些家法族规中所规定并实际奉行的纠纷处理程序的制度化程度颇高,但它们毕竟不是像州县衙门那样国家正式规定的审级建制,也就是说,清代从来没有在司法审级的意义上承认家族、宗族享有司法权,而只是对家族、宗族、乡约之类的社会组织在基层社会秩序维系方面的作用进行选择性利用。
② 阿风:《清代的京控——以嘉庆朝为中心》,载〔日〕夫马进编:《中国诉讼社会史研究》,范愉、赵晶等译,浙江大学出版社2019年版,第332—335页。
③ 吴艳红:《制度与明代推官的法律知识》,载《浙江大学学报》(人文社会科学版)2015年第1期,第33—47页;阿风:《明代府的司法地位初探——以徽州诉讼文书为中心》,载《中国古代法律文献研究》(第8辑),社会科学文献出版社2014年版,第359—374页。
④ 项巧锋:《清初的推官及其裁废——兼论地方行政格局的变革》,载《法律史评论》(2019年第2卷),社会科学文献出版社2019年版,第86—104页。
⑤ 汪雄涛:《文牍理性:清代州县讼事的文书与程序》,载《法学评论》2022年第1期,第169页。

第七章　州县官实际任期变化趋势对"健讼之风"的影响

是由社会经济结构变迁所催生的讼案多发趋势这一角度来看,明清时期司法/行政体制及其实际运作的长时段变化趋势,不仅没有明显表现为在"制度资源"方面相应进行扩充性调整,反而展露出总体上不断趋于收缩的特点。

就此而言,明清时期许多文献中描述的"健讼之风"所折射的一个重要历史背景便是,在帝制中国时期基层司法与行政不分的官僚体制当中,那些包含官员任期在内的"制度资源"对社会经济结构变迁之大趋势的总体回应能力越来越弱。具体来说,尽管明清两代的某些时期曾实行过一些让司法官员久任的做法,或者在某种程度上实际做到了使其得以久任,但那只是针对中央刑部的司官而言。① 在基层,由于州县官乃是集行政、司法、财税、治安等各种政务于一身的"一人政府",②司法职能必须通过这些只是兼理司法的地方行政长官之手才能发挥作用,故而必然会相应受到官僚体制及其运作中所存在的那些弊病的制约。如前文所分析的,当时总体趋于缩短的州县官实际任期,便严重影响到州县官在行使其司法职能时的积极性与责任心。

一直要等到清末变法时期司法权开始在基层与行政权相分离后,逐渐在一些地方上设立专门的审判厅,③尤其是民国以后推动在

---

① 例如在明代隆庆五年(1571)十二月,首辅高拱称赞刑科给事中胡价在上书中关于应对刑部司官加以甄别后再择其人久任的建议颇有见地,认为所谓刑部司官宜久任乃是专门针对那些"公于听断而律法未熟者"而言,故而奏请皇帝对于刑部里面那些"律例用心讲究中间有练达老成、用刑明慎者"悉令久任,强调如此则可"使贤者得以修职,而可收久任之功",后获准施行。参见(明)高拱:《高文襄公集》,明万历刻本,卷12,"掌铨题稿·议处刑部司官究律久任疏",第23页a—24页a。而在清代,自雍正皇帝特许刑部汉郎中、员外郎出缺时由本部汉主事、员外郎升用后,"大部分刑部司官在部任职时间达到十年以上"。参见郑小悠:《清代刑部司官的选任、补缺与差委》,载《清史研究》2015年第4期,第42页。

② 瞿同祖:《清代地方政府》,范忠信、何鹏、晏锋译,新星出版社2022年版,第285页。

③ 李启成:《晚清各级审判厅研究》,北京大学出版社2004年版;俞江:《清末奉天各级审判厅考论》,载《华东政法学院学报》2006年第1期,第25—39页;蔡永明:《论清末的地方审判机构改革——以天津审判厅为中心的考察》,载《河南大学学报》(社会科学版)2018年第3期,第79—84页。

地方上普设新式法院,①上述瓶颈方才由于基层司法职能不再系于一人身上而有所改观。

值得注意的是,民国时期同样不乏司法界有识之士意识到司法官不宜转任频繁。例如,曾在北洋政府初期担任过司法总长的梁启超在1923年指出,"十年来国家机关之举措,无一不令人气尽,稍足以系中外之望者,司法界而已",在他看来,司法界当时之所以能难能可贵地做到此点的重要原因之一,便是司法官尚能"登庸循格,保障有规,久任谙事"。② 南京国民政府司法行政部部长王用宾在1935年1月30日发布的一份训令则明确指出,"查司法职司平亭,必须环境安定,乃能尽心职务。若更调频繁,位置屡易,不惟办事精神适滋纷扰,地方情形难免生疏,且如未结案件骤易生手,程序即需更新,进行因之濡滞。至于程期之枉费时间,旅赀之多受损失,其影响于个人者亦非浅少",并向各省高等法院长官重申前一年发布过的关于对其所属法官不得无故呈请更调的训令中的要求,强调"法官责任关系何等重大,循良者自不宜轻于调动,贪惰者亦岂他调所能卸责"。③ 虽然民国时期人们讨论司法官任期时的历史背景已经与明清时期大有不同,但负有司法职责之人尤宜久任的许多道理,则是古今相通。

---

① 欧阳湘:《近代中国法院普设研究:以广东为个案的历史考察》,知识产权出版社2007年版;唐仕春:《北洋时期的基层司法》,社会科学文献出版社2013年版,第31—184页。
② 梁启超:《题辞》,载《法律评论》创刊号(1923),第2页。
③ 南京国民政府司法院参事处编:《新订国民政府司法例规》(第1册),1940年10月印行,第364页。

第八章 "健讼之风"与"讼师贪利"形象的多重建构

所谓"健讼"(或称"好讼""嚣讼")之风，自从宋代以来被认为出现在帝国境内的一些区域后，①到了清代，更是常常被形容为正在从东南沿海和南方诸省向其他地区蔓延。② 一些地区(例如江西)甚至长期以来都被视为"健讼"之渊薮。③ 这种社会变化所导致的后果，直

---

① 翁育瑄的研究显示，在出自北宋时期江南东路、荆湖南路、福建路、两浙路、淮南西路、京东东路、京畿路等地的不少墓志铭上面，皆可见到关于当地"健讼之风"的描述，江南西路(其管辖范围包括今天江西省的大多数地方)尤甚，参见翁育瑄：《北宋の"健訟"——墓誌を利用して》，载《高知大学学术研究报告》(人文科学编)第56卷(2007)，第33—49页。陈景良的研究则强调，"宋朝，至迟在宋仁宗之后，随着私有制的深入发展及商品经济的繁荣，经济利益多元纷呈，民间善讼之风已初露端倪"，到了南宋时期，"好讼之风"在所辖疆域中几乎全部均有所见，参见陈景良：《讼学与讼师：宋代司法传统的诠释》，载《中西法律传统》(第1卷)，中国政法大学出版社2001年版，第202—206页。不过也有学者认为诉讼多发的情况比宋代更早之前就已出现，例如夫马进认为，根据王符《潜夫论·爱日篇》中的相关记载，在从宋代上溯约1000年之前的东汉时期，就已经呈现出"诉讼社会"的景象，参见[日]夫马进：《中国诉讼社会史概论》，范愉译，载[日]夫马进主编：《中国诉讼社会史研究》，范愉、赵晶等译，浙江大学出版社2019年版，第30—42页。

② 参见本书第三章中的介绍。

③ [日]山本英史：《健讼的实态与认识——以清初江西吉安府为例》，阿风译，载中国政法大学法律史学研究院编：《日本学者中国法论著选译》(下册)，中国政法大学出版社2012年版，第576—601页；[日]青木敦：《江西有珥笔之民——宋朝法文化与健讼之风》，载柳立言主编：《近世中国之变与不变》，中国台湾地区"中研院"2013年版，第337—365页。

接表现为清代许多州县衙门所收到的讼案在数量上激增,从而在一些地方据说呈现出"诉讼社会"的景象。① 本书第六章和第七章业已分别指出,主要由于受财政状况等因素的制约,清廷并没有采取在地方上大规模增加州县官之类常规官僚职位的方式,来积极应对总体上不断扩大的民间词讼规模,而清代州县官们的实际任期从整体来看日益缩短的明显趋势,又使得许多地方衙门原本就已捉襟见肘的理讼能力雪上加霜。

在上述背景下,不同程度地受困于"健讼之风"所导致的衙门积案的各地官员,在哀叹世风日下的同时,常常不约而同地将这主要归咎于有一群不安分之辈在民间架词挑讼和推波助澜。在宋代,此类人物被唤作"珥笔之民""佣笔之人""讼师官鬼""哗魁讼师"或"健讼之人"等。② 到了明清时期,这群为士大夫们所痛恨的人物,则通常被统称为"讼师"或"讼棍",各地官府还经常通过张贴告示等方式,对此辈口诛笔伐和严行查禁。尽管在16世纪以降的戏剧、小说和民间故事中,还存在着一种在道德上存在瑕疵但却并未必邪恶的狡黠讼师形象,③明清时期流传的一些讼师秘本甚至还力图展示一种讲求"伦理"

---

① 有学者从社会经济因素、司法体制的特点、治理理念、诉讼参与者及其所体现的司法环境与社会风气、社会自治能力等方面,分析了明清时期不少地区出现"诉讼社会"(litigious society)的成因。参见范愉:《诉讼社会与无讼社会的辨析和启示——纠纷解决机制中的国家与社会》,载《法学家》2013年第1期,第7—11页。

② 陈景良:《讼学、讼师与士大夫——宋代司法传统的转型及其意义》,载《河南省政法管理干部学院学报》2002年第1期,第61—63页;刘馨珺:《明镜高悬:南宋县衙的狱讼》,五南图书出版公司2005年版,第295—303页;戴建国:《南宋基层社会的法律人——以私名贴书、讼师为中心的考察》,载《史学月刊》2014年第2期,第12页。惟需指出的是,"健讼之人"既可指那些教唆他人打官司之人,也可指好讼的当事人。

③ Melissa Macauley, *Social Power and Legal Culture: Litigation Masters in Late Imperial China*, Stanford, California: Stanford University Press, 1998, pp.279-324.

第八章 "健讼之风"与"讼师贪利"形象的多重建构

的善讼师形象,①但那种为官府所极力塑造和宣扬的恶讼师形象,无疑是帝制中国晚期关于讼师这一人物类型的传播范围最广且给人印象最深的模式化刻画。

清代的官员们在历数讼师之恶时,"常常习惯用教唆词讼、包揽词讼、颠倒是非、惯弄刀笔、架词越告、打点衙门、串通衙蠹、诱陷乡愚、欺压良民、从中取利、恐吓诈财等用语来描述他们的行为"②。倘若总结官方所称的上述讼师恶行之本质特征,则大致可以将其归纳概括为"狡诈"和"贪婪"两大点。如果说官方话语中对讼师之"狡诈"特性的强调,是为了从道德层面上警示民众要与这些危险人物保持距离,那么刻意强调讼师们皆是贪婪成性之辈,则是从更为现实的经济利益角度,提醒人们要时时提防这些逐利之徒,以免掉入其所设的索财陷阱。不过事实上,"狡诈"这一评价于讼师而言常常是一把双刃剑,社会大众也并非完全对其避之唯恐不及。一位具有狡黠才智的讼师(例如京剧《四进士》中的宋世杰),有时也能够充当某些弱势群体(例如寡妇)难得的倚靠,将后者从所遭受的那些不公平对待中解救出来,从而受到当事人的感激和旁人的赞许。③ 因此,相比而言,对于大部分的民众来说,上述官方话语中最能直接刺激他们要远离讼师之辈的内容,还在于其所宣称的讼师皆是贪婪成性之辈这一点。

有鉴于此,本章将首先展示清代的官方话语是如何塑造那种人憎鬼厌的贪利讼师形象,其次探讨此种贪利讼师的形象塑造可能来

---

① 〔日〕夫马进:《讼师秘本的世界》,李力译,载《北大法律评论》(第11卷第1辑),北京大学出版社2010年版,第210—238页;〔日〕夫马进:《讼师秘本〈珥笔肯綮〉所见的讼师实象》,载陈熙远、邱澎生编:《明清法律运作中的权力与文化》,联经出版事业股份有限责任公司2009年版,第9—33页。

② 〔日〕夫马进:《明清时代的讼师与诉讼制度》,范愉、王亚新译,载〔日〕滋贺秀三等著,王亚新、梁治平编:《明清时期的民事审判与民间契约》,法律出版社1998年版,第390页。

③ Melissa Macauley, *Social Power and Legal Culture: Litigation Masters in Late Imperial China*, Stanford, California: Stanford University Press, 1998, pp. 281-290.

源于哪些类型的真实素材,继而从讼师最具特征的业务内容——代写状词——入手,利用具体的数据讨论,清代讼师代人写状词时收取的费用,是否真的皆如官方所说的那样高昂得足以使人倾家荡产,最后则结合明清时期诉讼规模的总体变迁情况,从法社会学的角度剖析这种"贪利讼师"的形象塑造在此时期长盛不衰的重要原因,并附带简要论及这种模式化的人物形象刻画对近代中国律师职业之发展造成的不利影响。

第一节　清代官方对贪利讼师形象的整体刻画与渲染

　　清代的官员们往往强调,正是那些讼师、讼棍们暗中在民间兴风作浪,才使得许多州县衙门所收到的词讼数量如此纷繁,乃至沦入积案难结的困境。用当时一位地方官员的原话来说,"因思积案所以不结者,讼棍之把持,串唆为之也"。① 清代官员们屡屡向百姓宣称,讼师为人助讼,绝非无偿效劳,而是为牟利而来,甚至专门以从中渔利作为其谋生之赀。

　　乾隆四年(1739),湖南省级官员颁发了一则饬谕代书出首讼师的告示,在痛斥讼棍"遇事生风,蔑法唆讼,架词越告,或以细故而装点大题,或凭空而捏称活现,逞刁笔做稿,令代书照誊"的同时,还特别强调"此等讼师,只图骗酒食,赚银钱,以养家肥己"。② 乾嘉两朝之时为官的张经田,在谴责讼师"害莫大焉"时声称,"乡愚无知之徒,豪猾喜事之辈,一纸一字,一供一结,莫不听命于讼师",而那些"以讼为

---

① (清)李方赤:《视己成事斋官书》,清道光二十八年(1848)刻本,卷11,"访拿讼棍衙蠹示"。更多的讨论,参见本书第五章第二节。
② (清)吴达善纂修:《湖南省例》,清刻本,"刑律"卷12,"诉讼·教唆词讼·饬谕代书出首讼师"。

业"的讼师则"坐地分肥,从中主唆"。① 张五纬在嘉庆朝前期到湖南岳州任知府时,曾在一则批词中指出,那些为当事人主谋的"奸巧之徒","藉讼事以温饱,赖讼费以养家"。② 在另一则告示中,他还描述了那些讼棍们是如何借挑词架讼来从中渔利:"平日守分之人听其煽惑,竟若长城可恃,银钱任其诓骗,酒肉供其醉饱。及至经官审理,全属子虚。愚民身受刑罚,家资耗散,讼棍则囊橐充盈,置身事外。"③晚清时期为官的庄纶裔更是明确说道,高昂的讼费开销使原被两造皆深受其累,"而讼棍独于此衣食是赖,惟恐一日无讼,则一日无生财之所"。④

　　清代的一些官员还强调说,讼师、讼棍不仅挑唆民人兴讼,以便从中渔利,甚至在当事人双方不愿将官司再打下去而希望和息时,欲壑难填的此辈往往还百般阻挠而不肯罢手。嘉庆八年(1803),浙江按察使在一则要求其治下官员严肃整顿吏治的文札中描述说:"讼师获利,讼者受罪,甚至被唆之人不愿终讼而讼师迫之不使休歇,贻害两造,以供胥役之鱼肉,可恨已极。"⑤清代名臣刘衡曾如此写道:"民间些小事故,两造本无讦讼之心,彼讼棍者暗地刁唆,诱令告状。迨呈词既递,鱼肉万端,甚至家已全倾,案犹未结。且有两造俱不愿终讼,彼

---

① (清)张经田:《励治撮要》,清钞本,"严拿讼棍",载《官箴书集成》(第6册),黄山书社1997年版,第57页。
② (清)张五纬辑:《风行录续集》,清嘉庆十八年(1813)重印本,卷1,"岳州府续集·王兴山呈批",载杨一凡、徐立志主编:《历代判例判牍》(第8册),中国社会科学出版社2005年版,第352页。
③ (清)张五纬辑:《风行录》,清嘉庆十八年(1813)重印本,卷2,"谆戒词状架捏",载杨一凡、徐立志主编:《历代判例判牍》(第8册),中国社会科学出版社2005年版,第239页。
④ (清)庄纶裔:《卢乡公牍》,清末排印本,卷2,"示谕严拿讼棍告文",第28页a。
⑤ (清)不著撰者:《治浙成规》,清道光十七年(1837)刊本,卷8,"严肃吏治各条",载《官箴书集成》(第6册),黄山书社1997年版,第646页。

此求罢,而讼师以欲壑未盈不肯罢手者。为害于民,莫此为甚。"① 同样的看法,也见诸另一位清代地方官方大湜的笔下。他在19世纪后期强调:"不论大案小案,均有讼师唆耸。甚至两造均不愿终讼,而讼师欲壑未盈,不肯罢手。为害于民,莫甚于此。"② 19世纪末的另一位地方官柳堂,也曾论及那些不得钱财便不肯息讼的讼师之贪婪本性:"更有一般架讼之人从中拨唆,应结不结,使逐年累月缠讼不息,其实两造之凤愤已平,欲求不讼而不得,书役讼棍遂有借此旁生诡计,代递息呈必需厚给讼费,大众分肥,方能无事。"③他还专门撰写了三则劝民息讼的俚歌,并印制数千张分发给塾师、庄长,命其向当地百姓详加告诫,并且还对能背诵此俚歌的百姓予以奖励(童蒙之人赏以笔墨纸张,农民则赏以折扇、手巾等物)。在这三则劝民息讼俚歌中,第一则即是指陈贪利讼师之刁诈:"一劝吾民要息讼,讼师与尔写呈词、教口供,不过贪尔酒肉,将尔银钱弄,赢了官司,百般索谢,一有不遂,架人将尔控,输了官司,说你不会说话。丢财惹气,落个不中用。讼师之言,千万不可听。一劝吾民要息讼。"④道光年间为官的何耿绳说得更为直白。他直斥那些乡民向其"痛哭叩求其息事而不可得"的讼师为"耗财之源":"民间雀角细故,原可平情理释。百姓初无涉讼之心,多因讼师唆弄煽惑,遂尔架捏虚词,牵连无辜,混行呈告。在讼师之意,只图耸准拖累,得以从中取利,并不乐于对簿。是以串嘱书差,多方捺搁,迨原告不愿终讼,情甘具息请销,而讼师之欲壑未充,又复从中钳

---

① (清)刘衡:《庸吏庸言》,清同治七年(1868)楚北崇文书局刊本,上卷,"理讼十条",载《官箴书集成》(第6册),黄山书社1997年版,第197页。
② (清)方大湜:《平平言》,清光绪十八年(1892)资州官廨刊本,卷3,"讼师未获须恐以虚声",载《官箴书集成》(第7册),黄山书社1997年版,第677页。
③ (清)柳堂:《宰惠纪略》,清光绪二十七年(1901)笔谏堂刻本,卷1,载《官箴书集成》(第9册),黄山书社1997年版,第492页。
④ 同上书,第492—493页。

制,使之欲罢不能,甚至有痛哭叩求其息事而不可得者。故讼师之一事,实为乡民耗财之源。讼师尤为民间之害。"①

第二节 实虚之间:贪利讼师形象的案例原型与文学创造

此类关于讼师贪得无厌、欲壑难填的描述,并非纯属空穴来风。现今可以看到的一些清代司法案例记载显示,因唆讼敛财而被官府抓拿在案的无良奸徒时有所见,而那些具体的案件,又使得讼师贪利的总体印象在帝国官场和社会大众当中更加传播开来。以下便是清代两则关于此类逐利之徒的实际案例。

康熙年间,家住福建汀州府的丘娄上(丘联奎)、丘品上(丘世恭)连同王章等人,仗恃自己的武庠身份,狼狈为奸,起灭词讼。康熙三十五年(1696),丘娄上和丘品上制造事端,教唆曾荣兰出名诬告监生林瀚,将本无与讼之心的后者逼至不得不到衙门反控的境地。在这起由此二人挑唆而起的讼案中,丘娄上和丘品上"两助干戈",亦即"原被两造皆主于娄上之家,彼此告词皆出于娄上之主裁而成于品上之刀笔",其中他们从林瀚那里敲诈得到50两银子。后来由于林瀚无法忍受丘娄上等人"欲壑难填,诈骗无休",而向当地官府告发,丘娄上和丘品上于是被官府饬令捉拿。两人被拿获后,另据民人林元云、丘岳永分别告称,丘娄上先前曾于康熙三十四年(1695)二月间主使卢攀光先以"强奸孀女"为事由诬告林足满,后又以"受贿灭伦"为事由,将林足满的同房族亲林元云等叔侄五人罗织在内,借为他们浼情关说之名,勒诈林元云等五人每人各出银35两1钱,结果共骗到手银175

---

① (清)何耿绳:《学治一得编》,清道光二十一年(1841)眉寿堂刊本,"拟案五则",载《官箴书集成》(第6册),黄山书社1997年版,第678页。

两4钱。① 丘娄上又在同年六月间与王章一起捏造匿名揭帖,首告生员丘洪基,并将丘洪基的父亲丘生初、弟弟丘岳永也牵连在内,并向丘氏父子声称若给钱的话,则可以帮他们料理完结。丘娄上借此从丘岳永处勒诈到62两银子,除分给王章10两外,其余的52两均被他自己收入囊中。康熙三十六年(1697)三月二十二日,当地官府以拿究讼师事檄饬密拿丘娄上和丘品上,但两人闻风远逃,直至该年十一月间才被缉获并押解到府。当地官府在审理后,除了将这二人分别重责枷号外,还将其敲诈所得的银两追没入官或给还原主收领。②

丘娄上与丘品上之恶主要在于,为了从中渔利,他们对初无涉讼之心的民人百般唆弄与煽惑,甚至不惜制造事端而将民人拖入讼案。而下面这起案件中的陈载恒,则不但起初教唆他人捏造事由进行诬告,并且在当事人后来惧怕诬告受罚而意图求息之时,陈载恒因未能诈得钱财,竟然不肯罢手。他的恶迹,便属于前述提及的"被唆之人不愿终讼而讼师迫之不使休歇"的那类情形。

乾隆五十六年(1791)八月间,江苏宝山县百姓孙岳廷向其姑夫姚乑借钱未果,回家途中遇到自己相熟的陈载恒,于是忍不住向后者抱怨。陈载恒得知姚乑家道殷实,便怂恿孙岳廷到衙门告状,以从中渔利。但孙岳廷百般思索后,仍觉得无事可告。陈载恒此时想起姚乑有一位名唤玩姐的义女与孙岳廷的胞弟孙好金正好年纪相仿,于是便教唆孙岳廷捏告姚乑曾将玩姐许配给孙好金但后来却赖婚,并声称若能诈到钱财则两人分用。孙岳廷禁不住陈载恒的百般挑唆,于是答应让其弟孙好金到衙门控告姚乑。陈载恒当即伪造了一份庚帖,并以孙岳廷胞弟孙好金的名义写好呈词,让其去县衙递状,而他自己则

---

① 此处的数字,系据清人王廷抡所写《临汀考言》一书中的原文——"勒诈元云等五人每人出银三十五两一钱,共骗银一百七十五两四钱"。但原文中所写的175两4钱的总数似有误。
② (清)王廷抡:《临汀考言》,清康熙刻本,卷11,"上杭县讼师丘娄上等赃罪",第22页a—26页a。

第八章 "健讼之风"与"讼师贪利"形象的多重建构

冒称是原媒证人。当地县衙收到那份呈词后,准理此案。孙好金后来害怕万一被官方审出系属诬告便会受到惩罚,于是萌生了递呈和息的念头。他在十月初一邀同另一位同胞兄长孙朝二,前往陈载恒家中商议。不料陈载恒一定要讹诈到钱财方肯罢休,扬言姚悆若不肯出1万文钱,则自己就将后者家中的耕牛拉走变卖。孙好金等人急欲息讼,勉允随行,与陈载恒一起来到姚悆家中。陈载恒表示姚悆须出钱1万文方才与其息讼。但姚悆对这一勒索不予理会。陈载恒气急败坏,于是让孙好金、孙朝二等人将姚悆家中的耕牛、衣物强行抢走,变卖之后分赃。无辜受殃的姚悆到县衙告发。县官接到告状后,将陈载恒等人拘拿到案。涉案众人经堂讯后供认不讳。江苏巡抚认为"陈载恒唆使孙岳廷诬告赖婚,冒媒勒诈,抢取牛物,变钱分用,实为播弄乡愚,吓诈扰害",决定"除抢夺轻罪不议外,合依棍徒生事扰害发遣例,改发极边烟瘴足四千里充军,面刺'烟瘴改发'四字,到配杖一百,折责安置"。刑部在乾隆五十九年(1794)二月覆审该案时,赞同江苏巡抚的上述处理方案,做出批示称"均如该抚所咨完结"。①

诸如此类讼师贪利榨财的描述,不仅见诸明清时期的一些实际案例,而且至少从明代开始,便已成为当时许多文学作品中的常见内容。在明末编著成书的拟话本白话小说集《二刻拍案惊奇》的卷十之中,其作者在南宋时人周密《齐东野语》一书中所记述的"莫氏别室子"的故事梗概之基础上,②对故事情节进行文学加工,为我们刻画了

---

① (清)沈沾霖辑:《江苏成案》,清乾隆五十九年(1794)刻本,卷15,"刑律·诉讼·教唆词讼·唆使诬告照棍徒生事扰害例问拟(陈载恒)",载杨一凡、徐立志主编:《历代判例判牍》(第8册),中国社会科学出版社2005年版,第180—181页。

② "莫氏别室子"的故事原型记载,参见(宋)周密:《齐东野语》,黄益元校点,上海古籍出版社2012年版,第209—230页。关于该则故事从宋代至明代之流变的专门研究,参见赵旭:《宋明时代的"诉讼生态"与社会、家族秩序——以"莫氏别室子"案的文本演绎为核心的考察》,载包伟民、曹家齐主编:《宋史研究论文集(2016)》,中山大学出版社2018年版,第215—226页。

一群教唆词讼、勒索巨金的无赖棍徒形象。铁里虫宋礼、钻仓鼠张朝、吊睛虎牛三、洒墨判官周丙和白日鬼王瘪子,平日里专门挑弄是非,扛帮生事。这伙人不知从何处得知,以卖粉营生的朱三家中的儿子,实系城中莫姓巨富流落在外的私生子。宋礼等人某日获悉莫姓巨富身故,于是便来到朱三的家中,怂恿其通过打官司来争分莫姓巨富留下的家产。朱三夫妇禁不住宋礼等人的百般唆使,应允到官府告状。宋礼等人声称"打官司全靠使费与那人力两项",要朱三先写下1000两银子的借据,才肯帮其打理官司。① 讼师勒索巨金的类似故事,更是频频见诸清人所写的笔记小说和逸闻汇编之中。这些记载中所描绘的讼师,给人留下的深刻印象便是其收入不菲甚至相当丰厚。有学者根据《清代笔记小说类编·案狱卷》②和《清稗类钞》③中记载的15则讼师事迹,对其中所刻画的讼师得财情形加以统计,结果发现除了两例是当事人自己主动许诺给予谢金外,其余的多被描述成是贪利讼师主动索要为数颇高的报酬。④ 从其中那些动辄以百金、千金计酬的描述来看,讼师给人的印象似乎向来都是贪婪成性且榨财甚巨。

第三节　清代讼师案例中所见的代写状词收费情况

明清时期的官员们在指陈讼师之害时,往往将其主要恶行概括

---

① （明）凌濛初等:《别本二刻拍案惊奇》,卷10"赵五虎合计挑家衅,莫大郎立地散神奸",萧相恺校点,浙江古籍出版社1993年版,第176—177页。
② 陆林主编,陈敏杰、丁晓昌校注:《清代笔记小说类编·案狱卷》,黄山书社1994年版。
③ （清）徐柯编纂:《清稗类钞》(第3册),中华书局1984年版。
④ 霍存福:《唆讼、吓财、挠法:清代官府眼中的讼师》,载《吉林大学社会科学学报》2005年第6期,第132页。

第八章 "健讼之风"与"讼师贪利"形象的多重建构

为"教唆词讼"和"包揽词讼"。"包"与"揽"同义,而"揽"在旧时多具贬义。① 所谓"包揽词讼",是指讼师在诉讼的全过程中承包其事,特别是承包与衙门吏役的交涉。②《湖南省例》将讼师所为之事分为"唆讼"与"包讼",并进一步将讼师细分为"唆讼而兼包讼者"和"唆讼而未能包讼者":"乃有讼师,遇小民一时之气愤,辄挑唆告状,诱人犯法,而见有健讼之辈,尤喜其奸得售,海市蜃楼,任其驾捏,只图告准,不顾审虚。因又有包讼之棍,向与上下衙门熟识,而出兜揽,招寓于家,一应房差费用,代其料理,捏称门路,说合打点,指撞钱财,肆无忌惮。有唆讼而兼包讼者,拔长刀笔而家又安歇,诸人大抵蠹吏劣衿之流。有唆讼而未能包讼者,地方游民粗知文墨,与人代作词状,引至包讼之家,彼此结证,欺骗瓜分。"③ 不过在实际情况中,"唆讼"与"包讼"的界限常常仅有一步之遥。许多讼师不仅教唆民人架词构讼,而且其所作所为也往往涵盖某些包讼之事。明代小说《禅真逸史》中写有一篇《唆讼赋》,形容讼师不仅"写呈讲价,做状索钱",而且"乘打点,市恩皂快;趁请托,结好吏书"。④ 清代的一些官员在描绘"教唆讼棍"所为之事时,也指出此辈除了"专哄平人告状","讼端既兴,则运用笔锋,播弄诡计,代为打点。愚者落局倾财,彼则暗中分肥"。⑤ 由于"包揽词讼"意味着免不了要代为打点贿赂吏役,故而当事人需要

---

① 杨联陞:《中国文化中"报"、"保"、"包"之意义》,贵州人民出版社2009年版,第41页。
② 夫马进分析过"包揽词讼"的两层含义,参见〔日〕夫马进:《明清时代的讼师与诉讼制度》,范愉、王亚新译,载〔日〕滋贺秀三等著,王亚新、梁治平编:《明清时期的民事审判与民间契约》,法律出版社1998年版,第403页。
③ (清)吴达善纂修:《湖南省例》,清刻本,"刑律"卷12,"诉讼·教唆词讼·严禁棍徒唆讼包讼"。
④ (明)清溪道人:《禅真逸史》,第25回"遭曲陷叔侄下狱,反图圄俊杰报仇",兑玉校点,齐鲁书社1986年版,第374—375页。
⑤ (清)黄六鸿:《福惠全书》,清康熙三十八年(1699)金陵濂溪书屋刊本,卷11,"刑名部·章获鹿饬禁刁讼并访拿讼棍示",载《官箴书集成》(第3册),黄山书社1997年版,第333页。

支付给讼师的费用为数更巨,"包揽词讼"的讼师通常索财尤厉。① 例如道光年间开店包讼的南汇县监生叶墉便是如此。② 从这个意义上讲,所谓"包揽词讼"的讼师,往往并非仅依赖写状能力谋生,而更像是在衙门吏役与当事人之间来回兜串的"诉讼掮客"(litigation broker)。③ 此类人物代为打点贿赂所需的费用,常常被描述成无底深渊。④ 而这种费用据说的高昂程度,往往又让人们对讼师榨财的印象更为固化,从而使得讼师贪利的话语流传得更为广泛。

包揽词讼的费用通常因人因案而差异甚大,再加上在当事人付给讼师的那些费用之中,除了给其本身的报酬之外,还包括请其代为打点衙门中人的那部分钱财。因此,我们很难直接据此来评断讼师本身的贪婪程度。要想验证讼师皆是惯于贪索高昂费用的那种印象究竟是否完全不虚或者基本属实,或许还得主要视讼师业务内容之中

---

① 包揽词讼的讼师向胥吏、差役打点行贿,由此造成案件更加难以清结。或许也正是由于这个缘故,包讼讼师比唆讼讼师更加为官方所痛恨。例如,清代雍正十年(1733)湖南省发布的一则告示,便将矛头直指包讼讼师:"照得南民刁悍,每以小事辄成大题,砌词越控,一告不准,又敢改名捏词复告,苟图一时掣准,不顾将来反坐。此皆讼棍图利唆拨,以致愚民轻听,自罹罪戾,殊堪痛恨。兹值开口,除饬严行查拿包讼光棍、尽法究治外,先出示晓谕。为此仰书役及告状人等知悉……"(清)吴达善纂修:《湖南省例》,清刻本,"刑律"卷10,"诉讼·越诉·晓谕刁民架词越控"。文中着重号系我所加。

② 林乾:《从叶墉包讼案看讼师的活动方式及特点》,载《北大法律评论》(第10卷第1辑),北京大学出版社2009年版,第14—15页。

③ 赫伯特·克瑞泽(Herbert M. Kritzer)在分析现代美国律师时指出,以往的研究往往只强调律师作为专业人士的一面,而没怎么注意到他们其实在更大程度上是嵌入在复杂的社会关系网当中的"司法掮客"(Justice Broker)。他因而主张以"专业人士/掮客"(Professional/Broker)的二元框架来重新认识律师在诉讼中发挥的作用,参见 Herbert M. Kritzer, *The Justice Broker: Lawyers and Ordinary Litigation*, New York: Oxford University Press, 1990。虽然赫伯特·克瑞泽笔下所称的"司法掮客"并无明显的贬义(在他看来,律师在当事人和法官之间充当"中间人",既可能是在正面意义上,也可能是在负面的意义上),但这个分类对于我们研究明清讼师不乏借鉴意义。若以此来观察明清时期活跃于很多区域的讼师,可以发现,在他们身上,这种"掮客"的特征尤为突出。

④ 关于衙门吏役收受陋规的讨论,参见〔美〕白德瑞:《爪牙:清代县衙的书吏与差役》,尤陈俊、赖骏楠译,广西师范大学出版社2021年版,第325—400页;瞿同祖:《清代地方政府》,范忠信、何鹏、晏锋译,新星出版社2022年版,第65—67、90—91页。

第八章 "健讼之风"与"讼师贪利"形象的多重建构

最基本的那一部分而定。而在讼师的所有业务之中,代写状词是最具特征的一项内容。这也正是为什么人们有时又将讼师称为"状师"的原因所在。①

讼师为人代写状词时索要的报酬,尽管同样可能在不同的案件之中差异颇大,但同一位讼师通常应当会有一个大致的收费标准,尤其是当一些讼师将代写状词作为主要谋生手段加以经营时更是如此。考察讼师代人写状词具体收取费用的数额多寡,或许能够使我们对讼师需索钱财的一般情况和实际程度有重新的认识。刚毅在光绪朝初期出任广东惠潮嘉分巡道时,曾派亲兵乔装打扮后,去接触当地揭阳县的一位讼师,"诈称欲控某人,托伊编写呈底,送洋银二元以作润资"。② 不过,详细记载了讼师代人写状词费用之具体数额的史料颇为罕见,通常只有在专门的讼师案件材料中,才能看到比刚毅前述所说的更为丰富的具体信息。

一、乾隆年间广西修仁县的覃必俊案

在乾隆四十六年(1781)十月十四日上呈给皇帝的一份奏折当中,广西巡抚姚成烈透露了当地讼师覃必俊多年来为人代写状词所得报酬的详细情况。

广西修仁县县民覃必俊,"与次子覃老贵素习刀笔,唆讼作词,得

---

① 从某种意义上说,"状师"的称呼在后来比"讼师"一词被使用得更为持久。在19世纪后期与20世纪初,不少人们倾向于用"状师"而不是用有着负面意涵的"讼师"来指称今日所称的"律师"。参见邱志红:《从"讼师"到"律师"——从翻译看近代中国社会对律师的认知》,载《近代史研究》2011年第3期,第47—59页;尤陈俊:《阴影下的正当性——清末民初的律师职业与律师制度》,载《法学》2012年第12期,第42—46页;孙慧敏:《制度移植:民初上海的中国律师(1912—1937)》,中国台湾地区"中研院"近代史研究所2012年版,第29—65页。

② (清)刚毅:《牧令须知》,清光绪十五年(1889)刊本,卷1,"听讼",第75页。

钱包告"。据广西巡抚姚成烈在奏折中所言,覃必俊父子除了为自家之事而勒索他人或作词诬告外,还曾多次代他人拟写状词,并索要数额不等的钱财报酬。

乾隆四十三年(1778),覃必俊为寥老富代作状词两张,覃老贵也代其作状词一张,控告文光汉"遗粮不收"。覃必俊父子两人向寥老富索要写状词报酬2000文钱。后因寥老富无力办钱,于是覃必俊父子让其帮工抵债。

乾隆四十五年(1780),莫金年因年老乏嗣,招罗老晚为上门女婿。后因罗老晚不务正业,莫金年将其女另嫁于何老晚为妻。覃必俊代罗老晚作状词控告莫金年,得到3000文钱的写状词报酬。覃必俊又代莫金年作状词控告罗老晚,得到9000文钱的写状词报酬。

乾隆四十六年(1781)七月初三,覃必俊与廖元芳一起去赶墟,遇到相熟的苏扶法。苏扶法向他们抱怨说,自己因借欠莫胜法1万文钱未还,屡被莫胜法逼讨辱骂,气忿难释。覃必俊、廖元芳于是趁机教唆苏扶法"包告抄抢",声称苏扶法若听从他们之言告状,则不但所欠下的那笔债务可以不用还,而且还能获利,但需要苏扶法先交给他3万文钱,才肯帮他代写呈词。苏扶法在七月初七向亲友借到1.5万文钱,就近带到廖元芳家中交给覃必俊,并表示尚欠着的另外1.5万文等到案子在衙门告准后再行补齐。覃必俊这时方才将事先写好的状词交给苏扶法。覃必俊分给廖元芳3000文钱,其余的1.2万文则留为己用。①

向皇帝呈报此案的广西巡抚姚成烈在奏折中声称,"不特唆讼各案众证供明,及伊兄覃昌贤(覃必俊长子、覃老贵之兄)亦据实供吐"。

按照此份奏折中的描述,覃必俊在乾隆四十三年到四十六年

---

① 《宫中档乾隆朝奏折》(第49辑),台北故宫博物院1984年影印本,第231—235页。

(1778—1781)的四年时间当中,曾为他人代作状词多次,历次实际得钱数额,一次接近1万文,还有一次高达1.2万文,最少的一次也有3000文。对照当时的物价来看,可以发现这些费用颇高。从康熙后期到乾隆末年,全国粮价每石约为1000—1600文。① 而根据乾隆二十九年(1764)纂修的广西《马平县志》记载,当地府学所拥有的35亩6分学田,一年的租银总共也不过4两4钱。②

二、道光年间四川巴县的岳德高案

巴县当地人岳德高因租欠银两纠纷,先后在嘉庆二十三年(1818)和道光二年(1822)与人打官司,屡次翻控,且两次捏造情由进京到都察院上控,后由都察院派人押解回川。其京控的案子由四川省级官员派人审理后,真相败露,结果岳德高被判枷号,以示惩戒。枷责完结后,岳德高便在巴县城里以包揽词讼度日为生。现今可在巴县档案中看到的一份卷宗,不仅显示了岳德高在后来被巴县衙门派人抓拿之前曾多次挑唆词讼,而且还详细记录下他每次替人写状词时所收报酬的具体数额。

道光七年(1827)七月间,赖世榜向其妻叔吴克佶追讨欠债,结果双方发生争吵。岳德高闻知后,唆使赖世榜到巴县衙门状告吴克佶,并代其撰写呈词,收了400文钱作为写状词的报酬。

道光七年八月间,岳德高先后两次为人写状词并收取费用。赵石

---

① 黄冕堂:《中国历代物价问题考述》,齐鲁书社2008年版,第67页。
② (清)舒启修、吴光昇纂:《马平县志》,清乾隆二十九年(1764)原修,清光绪二十一年(1895)重刊本,卷5,"学田",第14页a—14页b。有清一代,银钱比价波动甚大,其中从顺治元年到嘉庆十二年(1644—1807)的164年间,银钱比价虽然不能完全稳定在一千文以上,但始终摇摆于一千文上下,幅度不大。参见杨端六:《清代货币金融史稿》,武汉大学出版社2007年版,第178页。

氏之子赵成章将出家为僧、现法号心寿的弟弟寄存在他那里的40两银子自己花掉,心寿向赵成章追讨,赵成章拒不归还。岳德高得知此事后,怂恿赵石氏以赵成章不供其养膳为事由到巴县衙门控告,以此来逼迫赵成章还钱给其弟心寿。赵石氏允从后,岳德高代她写了一份呈词,并收了200文钱作为写状词的报酬。李正顺之子李先华在向谭元顺索讨欠款时,双方发生口角,李先华还被谭元顺用拳打伤。岳德高得知后,找到李先华说可帮其包揽打赢官司。得李先华同意后,岳德高为他代写了两张呈词,捏称李先华被谭元顺殴至残废。后来官司在巴县衙门审结,岳德高从李先华那里得到600文钱的报酬。

道光七年十月间,毛显章打算从晏正川那里接买一处田业,双方在中人见证下写立了一份卖契。后来毛显章嫌卖价高,意图反悔。岳德高劝毛显章到衙门提起控告以逼迫对方解约。毛显章被说动后,岳德高代他写了一张呈词,收了200文钱作为报酬。妇人黄氏到衙门控告廖潮柱骗钱不还,岳德高为她代写了一张呈词,但因为黄氏是自己的岳母,并未收钱。岳文秉与翁老幺之间因事发生言语冲突,岳德高唆使岳文秉到衙门状告对方,并代岳文秉写了一张呈词,收了300文钱作为报酬。

道光七年十一月间,彭洸德拖欠赵受禄卖牛钱不还,赵受禄之弟赵受幅代其兄长找彭洸德讨要此笔债款,双方发生口角。岳德高唆使赵受禄以对方行凶为事由到衙门告状,并代他写了一张呈词。但后来因赵受幅不敢赴审,案子被巴县衙门注销,岳德高未能拿到报酬。

道光八年(1828)正月间,李寿级拖欠石仁嵩债款未还,石仁嵩在李寿级不同意的情况下,将李寿级家中的马匹牵走抵债。岳德高唆使李寿级到巴县衙门状告对方行窃,并代李寿级写了一张呈词,得钱400文作为报酬。

道光八年二月间,岳现荣与娄幅潮因争耕地而发生纠纷。岳德高

第八章 "健讼之风"与"讼师贪利"形象的多重建构

唆使岳现荣以凶伤为事由到巴县衙门控告对方,并为他写了一张呈词,但后来因岳现荣害怕去县衙验伤被拆穿,临审时避不到堂,案子被衙门注销。岳德高此次并未索要到写状词的报酬。李寿麟将自家田业卖给李必鳌时,嫌李必鳌给的银子成色低,想让李必鳌换一笔新的。但李必鳌没同意。于是李寿麟到县衙打官司,请岳德高代自己写了一张呈词,并给了岳德高400文钱作为酬劳。

除了上述这几次外,岳德高交待还曾为其他人写了十几张呈词,但具体案由、姓名均已记不清楚,只记得每次得到三四百文钱的写状词酬劳。

道光八年七月初一,岳德高的侄子岳洸寿在海棠溪乘坐渡船过河时,与船夫赵富友一起落水溺毙。岳德高到县衙提起控告说岳洸寿之死是因船夫赵富友滥载多人超重所致,并捏称该渡船系开炭厂的吴仕益、陈永顺两人在经营,以此向吴仕益等人讹诈索要10万文钱,声称若对方不给的话,则自己将会到位于成都的省级衙门乃至京城控告。吴仕益等人害怕被官司拖累,于是在该年十月二十六日请李基同、唐成翠、张成等人从中说和,表示愿意给岳德高3万文钱,并称会在该月二十八日将这笔钱给他。岳德高表示同意。但到了二十八日时,吴仕益等人因为县衙传唤他们到堂,将开审此案,故而没有将先前允诺的3万文钱交给岳德高。岳德高恼羞成怒,再次写了一张呈词控告吴仕益等人。当岳德高带着自己拟好的呈词找官代书张敬修,让其誊写并盖戳时,张敬修知道些实情,不愿在上面盖戳,并因此与岳德高发生口角。张敬修后到县衙呈禀。岳德高得知自己被张敬修告到衙门后,反诉捏称张敬修先前花了100两银子才买到官代书这份差使,故而他现在以官代书身份为人写状盖戳时,每写一张状纸,便索取300文钱以补偿其先前的开销。此案尚未审讯,时任巴县知县了解到岳德高曾多次包揽词讼,于是派差役将岳德高拿获收押,候查详办。岳德高惧怕事情败露,让其子岳洸琏以其祖母岳何氏之抱告的名义,到某上级官员出行时临时住的行辕处递状,请求将其释放回家。此案被批饬重庆知府会同巴县知县审理。巴县衙门审理后认为,岳德高先前曾因捏情京控而被枷责,但却不知悔改收敛,胆敢多次包揽词讼,故而应依照棍徒生事扰害例,将岳德高发放极边足四千里之地充军,照例刺字,并将岳德高所供的历次唆讼写状词所得钱财照追充公。①

从"积惯讼棍"岳德高的上述供述内容来看,他每次代人写呈词所收的酬劳,最低 200 文,最高 600 文,以三四百文居多。

三、光绪年间安徽宣城县的胡玉廷案

光绪十六年(1890)六月,安徽宣城县新任知县陈兆庆亲率差役,拿获了当地一位名为胡玉廷的讼棍,并带回县衙进行审讯。时年44岁的胡玉廷供称自己是湖北武昌人士,父母已故,并无兄弟妻子,平日里在宣城县靠替人测字赚点小钱,并吐露了自己从光绪十三年至光绪十六年间先后十余次代人写状词所收费用的具体数额。

光绪十三年(1887)十二月时,胡玉廷因贫穷难以度日,于是起意代人写官司呈词来挣钱。正好此时与胡玉廷素识的方德明找到他,称自己向兄长方道明多次借钱但方道明皆不给他,故而想请胡玉廷帮他写状词到县衙告方道明霸占祖业。胡玉廷随即代方德明写了一份呈词,方德明给了胡玉廷洋钱 1 元作为谢资。

光绪十四年(1888)正月间,寡妇鲍董氏想抱养表亲吴之恩承继宗祧,但遭到鲍希安、王祥宝等人的阻挠。鲍董氏找到胡玉廷商议。胡玉廷出主意让她到县衙告状,扬言只要鲍董氏以王祥宝唆使鲍董氏亡夫的族亲鲍希安"越占阻继"为事由提起控告,其状词便能在知

---

① 巴县档案,《重庆府札巴县关于岳德高迭次包揽词讼并捏控吴仕益等图诈钱文一案》,档案号:清 006-16-19694。

第八章 "健讼之风"与"讼师贪利"形象的多重建构

县那里获准。鲍董氏依其所言,请胡玉廷代写了一张呈词,并给了他洋钱1元作为谢资。

胡玉廷的同乡陈云道将自己的女儿许配给宣城当地百姓盛永成为妻,但女方尚未过门就已病逝。盛永成找到陈云道想讨回先前给的彩礼,但遭陈云道拒绝。起意吞没彩礼的陈云道于光绪十四年三月间找到胡玉廷,让他帮自己写状词控告盛永成。胡玉廷收了陈云道洋钱5元后,随即为他写了一份状词,捏称盛永成"痞闹讹诈"。

光绪十五年(1889)四月间,胡玉廷的同乡张富州因偷挖塘水,被地保潘加兴发现并阻止,双方争吵时,张富州将潘加兴殴伤。潘加兴于是将张富州告到县衙。县衙受理案件后派差役传唤被告张富州。张富州自知情虚,找胡玉廷请他想办法反诉对方。于是胡玉廷代他写了一张呈词,捏控潘加兴"装伤蒙验",但并未从张富州那里索得报酬。

胡玉廷的同乡王振条先前在原籍时便已将自家女儿许配给杨心丙,到了宣城寓居后,却又悔婚,将其女另嫁给当地百姓李叔华为妻。杨心丙于是在光绪十五年六月间告到宣城县衙,县衙准理此案后,派差役传唤王振条赴审。王振条于是找胡玉廷写了一张诉词,捏称杨心丙已经去世,现在是杨心丙的弟弟在顶冒其兄之名试图讹诈钱财。胡玉廷此次收到了王振条给他的写状词谢资铜钱500文。

胡玉廷的同乡王明纲先前在建平县时,已将其女许配给当地一名傅姓男子,后来悔婚,并将其女藏匿,偷许给沈文富之弟沈文贵为妻。傅姓男子得知后告到建平县衙门。建平县知县审理此案后做出裁断,让傅姓男子将王明纲之女领回完聚。沈文富心有不甘,打算找王明纲拼闹,于是在光绪十五年十月间来到宣城县,找胡玉廷想办法。胡玉廷让沈文富此次去宣城县衙门告状,并收了后者洋钱3元、铜钱900文的写状词谢资。

光绪十五年十一月间,新寡民妇李氏不愿扶灵柩回其亡夫的老家,为此与其亡夫之侄王鸿宾吵闹。胡玉廷与李氏同乡,得知此事后,怂恿李氏到衙门状告王鸿宾。李氏听从其言,胡玉廷为她写了一张告词,捏称王鸿宾逼勒李氏回籍乃是试图将她嫁卖他人。李氏给了胡玉廷铜钱1400文作为酬谢。李延荣在媒人廖光要的牵线下,聘定王光荣之女为儿媳,但又想图赖彩礼,便与媒人廖光要商量好,打算到王家抢亲。王光荣得知后,找到媒人廖光要理论,双方因发生争殴而涉讼。李延荣担心被衙门审出实情,于是来找自己素识的同乡胡玉廷,请他代作状词。胡玉廷于是为李延荣写了一张呈词,捏称是廖光要想蒙骗彩礼。为了酬谢其为自己写状词,李延荣给了胡玉廷洋钱1元和铜钱400文。

光绪十五年十二月间,袁大贵趁风行船时,将郑家贵放养在湖中的鸭群冲散,致有鸭子走失,双方因此发生争闹。胡玉廷与郑家贵素识,并知道袁大贵懦弱可欺,于是唆使郑家贵到衙门诬告袁大贵抢夺郑家贵放养在湖中的鸭子,冀图以此来敲诈钱财。郑家贵听从其言后,胡玉廷代他写了一份呈词,捏称袁大贵抢夺郑家贵养在湖中的两百余只鸭子。胡玉廷此次得到的写状词费用是铜钱400文。

光绪十六年(1890)二月间,客董张贞干认为现任地保吴百修没有能力继续充任此役,于是另外推举殷福兴承充。吴百修因此怀恨在心,以洋钱1元、铜钱500文作为谢资,换来胡玉廷为他写状词诬控张贞干,声称后者开店收礼并诬陷于他。朱洪兴孀居的妹妹王朱氏因不愿意与其亡夫之兄王科甲同住在一起,与后者互相吵闹。朱洪兴气愤不过,找到同乡胡玉廷,请其代他写状词控告王科甲。胡玉廷要了铜钱1400文后,为他写了一张呈词,捏称王科甲企图逼迫其弟媳改嫁来侵吞其弟留下的财产。

光绪十六年闰二月间,胡玉廷两次代人写状。妇人陈白氏新近丧夫,其哥哥白宗善不想让自己的妹妹随其亡夫的兄长陈朝华回夫家老家,于是找到同乡胡玉廷请其设法阻拦。胡玉廷唆使白宗善到衙门告状。白宗善同意后,胡玉廷代他写了一张呈词,盗用陈白氏的名义,捏控陈朝华试图逼她放弃守节而改嫁他人。胡玉廷此次写状词得到的谢资为洋钱1元。胡玉廷的同乡陈太长先前独自霸占水塘,被陈亨宗告到县衙。该案已由县衙审结,陈太长败诉。胡玉廷得知后找到陈太长,声称自己可以设法帮他翻控。陈太长被胡玉廷说动,于是请他为自己代写一张呈词,谎称陈亨宗"谋买田塘不遂,架词蒙断"。陈太长为此向胡玉廷交了铜钱1200文。

光绪十六年三月间,胡玉廷的同乡何国太担心崔何氏的继子崔有元日后不还他先前借给崔何氏的那笔钱,于是找到胡玉廷,让胡玉廷代写了一张呈词告到县衙,捏称崔有元"争继霸产,不理后事"。何国太给胡玉廷的写状词谢资是铜钱400文。

亲自带人将胡玉廷抓获的宣城县知县陈兆庆在审理后认为,胡玉廷多次为人代作状词且捏造情节,教唆词讼,乃是一名积惯讼棍,故而应当依照棍徒扰害生事例,发配云贵两广极边烟瘴充军,并照例刺字,所得钱文照追入官。①

从胡玉廷的供述来看,他先后14次为他人代写词状,除1次外,其余的13次每次都索要到写状词谢资,历次所得分别为洋钱1元、洋钱1元、洋钱5元、铜钱500文、洋钱3元加铜钱900文、铜钱1400文、洋钱1元加铜钱400文、铜钱400文、洋钱1元加铜钱500文、铜钱1400文、洋钱1元、铜钱1200文、铜钱400文。胡玉廷在供述中所称的"洋钱",指的是19世纪中期后从外国(主要是墨西哥)流入中国的洋银。按照杨端六和黄冕堂各自搜集的资料,洋银1元可兑换到的铜

---

① (清)周守赤辑:《刑案汇编》,卷16,"杂案·积惯讼棍迭次教唆词讼",程方等点校,天津人民出版社2018年版,第491—495页。该书系根据清光绪二十三年(1897)上海图书集成局刻本点校。

钱文数,在清代不同时期波动颇大,例如在道光二十三年(1843)时可兑换到1300文钱,咸丰五年(1855)时可兑换到1800—1900文钱,在光绪二十一年(1895)和二十三年(1897)时可兑换到800文钱,在宣统三年(1911)时可兑换到1000文钱。① 胡玉廷代人写状词收钱的时间是在光绪十三年(1887)至光绪十六年(1890)之间,此时期洋钱1元所能兑换到的铜钱数,很可能不到1000文。若以此为大致标准观之,则胡玉廷所收的写状词费用,最高到了四五千文,最低为400文,估计差不多有近半数是在1000文以内。

四、光绪年间河北唐县的杨清兰案

光绪年间来自河北唐县的一起讼师教唆词讼案件,让我们得以对当地讼师的写状词收费情况有所了解。时年49岁的杨清兰系当地人氏,父母皆已亡故,且无兄弟,娶妻常氏,但无所出。他以监生的身份,通过捐纳获得巡检职衔,平日里靠在县属教书度日。从杨清兰的口供以及相关证供当中,可以知道他在六年多的时间内先后八次代人写状词的历次收费详情。

光绪二十九年(1903)七月间,杨清兰因家贫难以度日,遂起意通过代人写状词来收钱。后有与其相熟的刘凤安来到杨清兰家中,声称自己在与牛凤舞的纠纷中被后者抢去种在地里的粮食,故而想请杨清兰代其写一份状词,好赴县衙呈告。杨清兰应其所请,为刘凤安代写了一张呈词,收取谢资1000文钱。

赵明亮将34亩地当给其族人赵清元,后因无力回赎,于是想让赵清元找价绝卖,但赵清元不愿承买。杨清兰在光绪三十年(1904)六

---

① 杨端六:《清代货币金融史稿》,武汉大学出版社2007年版,第253—265页;黄冕堂:《中国历代物价问题考述》,齐鲁书社2008年版,第12—13页。

月里得知后,便唆使赵明亮到县衙告状,并为其写好呈词,索取谢资2000文钱。

光绪三十年九月间,曲立涵因年迈却无子嗣,打算立曲锡镛承继。曲立涵的从堂侄曲振元,觊觎曲立涵有两项田地,想要争继,于是找杨清兰商议。杨清兰教唆曲振元捏称曲锡镛串同族亲、越占阻继,向县衙控告,并为曲振元写好状词,得到谢资5000文钱。

光绪三十一年(1905)七月,来自湖北的客民施客人在唐县县衙控告当地民人李福林等强拿其衣物钱文。李福林请杨清兰代其写状词反控。杨清兰为李福林作就状词,在其中捏控差役勒讹私押以及代书不敢写状,交给李福林赴知府衙门越控。杨清兰此次得到李福林给的谢资5000文钱。

光绪三十三年(1907)二月间,阎锦亭的胞叔阎士奇意欲将自己过继给阎锦亭的次祖阎景星,但阎景星因家贫不愿阎士奇承继。阎锦亭担心阎士奇一旦过继,则将会分掉他本门的家产。杨清兰于是唆使阎锦亭到县衙状告阎士奇,并代其写就状词,捏称阎士奇母死不殓、持刀逞凶。阎锦亭交给杨清兰2000文钱作为谢资。同年七月间,王自富的胞弟王自亮在上屯买梨之时,被侯智等人抢去两车梨。王自富请杨清兰代其写状词控告,杨清兰于是为其写就一纸状词,但此次并未索得谢仪。

光绪三十四年(1908)五月中,杨清兰因与杨栋梁互控,而被时任唐县知县提讯到县衙,关押在衙门中的吏房。当时有一位法号望长的僧人,因不守清规而被黄体仁禀控到县衙。僧人望长自知情虚,于是与被一同关押在衙门当中的杨清兰商议。杨清兰叫望长递呈反诉,并为其代写了一张状词,捏称黄体仁串通腹党阎寅浩捏诬妄控。杨清兰此次收了望长5000文钱作为酬劳。

同样是在该年五月,谢连堂从郝化文处承当到11亩地,双方说好的价钱92串已经交清。但嗣后郝化文声称钱色太差,要求谢连堂更换。谢连堂不愿更换。后由巡警局勇涂四从中调解,让谢连堂更换其中一半的钱。谢连堂不服调解,进城找到杨清兰,向其叙说情由,并请其代写状词到县衙呈告。杨清兰声称情节太轻,得捏称巡警局首事方钟瑞在警局私设公堂、擅行拷打,才能够被衙门准理。得到谢连堂的应允后,杨清兰为其代写一纸状词,并收取谢仪4000文钱。后来谢连堂在堂讯时供出实情,杨清兰捏写状词之事因此败露。知县带人亲赴杨清兰家中搜查,搜到杨清兰之前代人写状词的多张底稿。

杨清兰在被抓获后供称:"实止唆讼作词这八次,此外并没另犯不法,别案也没串通书吏、吓诈乡愚的事,所得钱文,均已陆续花用,求恩典是实。"[①]除了有一次未索到写状词的报酬外,杨清兰其余七次所收的写状词报酬,依次为铜钱1000文、2000文、5000文、5000文、2000文、5000文和4000文。不过与前述广西讼师覃必俊收取的费用相比,杨清兰所收无疑要低不少。

如果将覃必俊、岳德高、胡玉廷、杨清兰各自为人写状词时所收取的费用数额进行粗略比较,则可以发现,19世纪70年代末和80年代初在广西修仁县为人代写状词的覃必俊收费最贵(其中最高的一次超过1万文,最低的一次也收到3000文),收费最低的则是19世纪20年代末在四川巴县为人代写状词的岳德高(每次收费以三四百文居多)。19世纪80年代末和90年代初在安徽宣城县为人代写状词的胡玉廷,其收费通常比岳德高要高,近半数时候收取的费用约在1000文左右,而20世纪初在河北唐县为人代写状词的杨清兰的收费情况,多数时候是胡玉廷所收数额的四五倍,但又比覃必俊多数时候收取的数额差不多少了一半左右。

[①] (清)钱祥保著、何震彝编:《谤书》,卷4,"讯明杨清兰素不安分,教唆词讼,扰害乡里,例拟议解审究办文",文海出版社1976年影印本,第253—264页。

第八章　"健讼之风"与"讼师贪利"形象的多重建构

第四节　与官代书收费情况的比较

在清代,那些为人代写状词的主要人物类型,除了上述案件中覃必俊、岳德高、杨清兰、胡玉廷之类所谓的讼师外,还有地方官府专门设立的官代书。①

这些经官府考选后从业的官代书,其主要工作是给民间不通文墨之人代写词状。《大清律例》中规定,"凡有呈状,皆令其[官代书]照本人情词据实誊写"。② 但事实上,不少地方的官代书,常常只是照

---

①　早在唐律当中(具体为"斗讼律·为人作辞牒加状"条),就已出现关于为人代写词状不实如何处罚的相关规定——"诸为人作辞牒,加增其状,不如所告者,笞五十;若加增罪重,减诬告一等"。参见《唐律疏议》,刘俊文点校,法律出版社1999年版,第479页。至宋代,出现了协助民人写状的书铺,但并非官设机构。参见戴建国:《宋代的公证机构——书铺》,载《中国史研究》1988年第4期,第137—144页;陈智超:《宋代的书铺与讼师》,载陈智超:《陈智超自选集》,安徽大学出版社2003年版,第345—357页;郭东旭:《宋代法制研究》,河北大学出版社1997年版,第610—612页;裴汝成:《宋代"代写状人"和"写状钞书铺"》,载裴汝成:《半粟集》,河北大学出版社2000年版,第306—315页。元代前期仍存此制,直到大德十一年(1307)改由官府派吏人充任写状人。参见〔日〕宫崎市定:《宋元时期的法制与审判机构——〈元典章〉的时代背景及社会背景》,姚荣涛译,载杨一凡总主编、〔日〕寺田浩明主编:《中国法制史考证·丙编·日本学者考证中国法制史重要成果选译·宋辽西夏元卷》,中国社会科学出版社2003年版,第87—88页;前引陈智超文,第356—367页。明代亦设有代书人(或称"书状人吏"),但更详细的具体情况尚有待进一步研究。清代雍正年间,《大清律例》正式在新增例文中规定"考取代书",是为"官代书"之制。关于清代的官代书,参见那思陆:《清代州县衙门审判制度》,中国政法大学出版社2006年版,第40—42页;吴佩林:《法律社会学视野下的清代官代书研究》,载《法学研究》2008年第2期,第149—160页;邓建鹏:《清朝官代书制度研究》,载《政法论坛》2008年第6期,第123—137页;郑小春:《清朝代书制度与基层司法》,载《史学月刊》2010年第6期,第34—43页。

②　《大清律例》在"刑律·诉讼·教唆词讼"条后附的一条例文中规定:"内外刑名衙门,择里民中之诚实识字者,考取代书。凡有呈状,皆令其照本人情词据实誊写。呈后登记代书姓名,该衙门验明,方许收受。无代书姓名,即严行查究。其有教唆增减者,照律治罪。"据薛允升所言,此例系雍正七年(1729)及十三年(1735)定例,乾隆六年(1741)改定。薛允升还指出:"现在外省有代书,而京城仍未遵行。"参见(清)薛允升:《读例存疑》(第4册),黄静嘉重校本,成文出版社1970年版,第1022页。

343

着那些打算打官司的人们自己事先准备好带来的状词原稿在状纸上誊清(按照此种方式做成的词状,常被称为"自稿""来稿""自带稿""稿自带""自稿自缮""书写原词"等),或者在其基础上进行修改加工后再誊清(按照此种方式做成的词状,常被称为"自稿缮便""带稿缮便""自带稿缮便"等),而并非依据当事人的口述临场为其拟写状词(按照此种方式做成的词状,常被称为"缮稿""依口代书""代书口词"等)。① 例如,在淡新档案现存的近三千份民刑事状纸中,据统计,只有1%的状纸是由官代书独立制作而成,80%以上的状纸都是由官代书根据当事人带来的成稿或草稿而誊写。② 另一份对《徽州千年契约文书(清·民国编)》中所收录的清代乾隆至光绪年间的37件格眼状纸的研究也发现,"官代书直接参与制作状词的有7件,由当事人带来状词草稿的有9件"。③

不过,无论是根据当事人的口述临场写作状词,还是实际上仅是誊录当事人事先准备好带来的状稿,官代书均会向当事人收取一定的写状费用。唯一不同的是,后一种情况下的收费通常要比前者低。而且,清代各地方衙门通常在印制于格式状纸之末尾的状式条例部分中明确声称,未盖有官府颁给官代书的专门戳记的状纸,将不会被衙门受理(不过实际上未必皆是如此)。④ 而在状纸上盖上官代书戳

---

① 关于清代词状用纸上面通常按照此三种情况分类填写的介绍,参见[日]滋贺秀三:《诉讼案件所再现的文书类型——以"淡新档案"为中心》,林乾译,载《松辽学刊》2001年第1期,第15页;于帅:《清朝官代书的戳记与写状职能再探——以浙南诉讼文书为中心》,载《清史研究》2021年第5期,第51—52页。
② [日]唐泽靖彦:《清代的诉状及其制作者》,牛杰译,载《北大法律评论》(第10卷第1辑),北京大学出版社2009年版,第32—34、43—44页。
③ 郑小春:《清朝代书制度与基层司法》,载《史学月刊》2010年第6期,第38页。
④ 吴佩林:《法律社会学视野下的清代官代书研究》,载《法学研究》2008年第2期,第156—157页;邓建鹏:《清朝官代书制度研究》,载《政法论坛》2008年第6期,第124—125页;邓建鹏:《清朝〈状式条例〉研究》,载《清史研究》2010年第3期,第3、6页。

记,同样要收取一定的费用。因此,官代书向当事人收取的费用,实际上通常包括了写状费和戳记费这两部分。本节所称的"官代书收费情况",即指官代书向当事人收取的这两项报酬,但不包括当事人从官代书那里购买状纸时需要支付的那部分费用。①

我们不妨将官代书与前述四起清代不同时期案件中的讼师代人写状词的各自收费情况进行比较。尽管由于资料缺乏,我们无法确切地知道与上述四起讼师案件案发之时各具体发生地(广西修仁县、四川巴县、安徽宣城县、河北唐县)的官代书收费标准完全对应的具体信息,但来自其他地方或其他时期的一些记载可作为参照。

乾隆六年(1741),湖南湘乡知县禀称:"湖南民风健讼,而湘邑尤甚。……向来呈词,止代书戳记,不经代书书写,悉系地方无业游民,略识数字,即代人作状谋生。无论在城在乡,此辈实繁有徒。楚民向属刁诈,好讼成风,偶有不平之事,往往投若辈商议。一入其场,若辈视为奇货,即怂恿告状,从中取利,而告状纷纷,半由此辈拨弄所致。讼师例应查拿,而此辈实无讼师伎俩,不过希获微利为糊口计。卑职

---

① 除了代写词状之外,一些地方的官代书还兼售状纸。戴炎辉援引白井新太郎的《臺灣清時ノ司法制度》一书所记内容指出:"平民的告状,地方官颁布其格式,令商人印刷,统归代书贩卖,此称为'状式纸'。"据其所言,白井新太郎的《臺灣清時ノ司法制度》一书称"纸商批发价一纸之值约六分,而代书领价,在县一毛六分,府二毛,省五毛"。参见戴炎辉:《清代台湾之乡治》,联经出版事业公司1979年版,第706、720页。宣统三年(1911)的冕宁县诉状中印有"官印刷局制售,每张状价钱贰拾文,代书费九折,此外不准私加分文"的字样(参见张晓蓓:《冕宁清代司法档案研究》,中国政法大学出版社2010年版,第50页),由此可推知当地官代书还兼售状纸。不过另一些研究则指出,状纸未必皆由代书贩卖,也可能是由州县衙门的书吏发售,参见李荣忠:《清代巴县衙门书吏与差役》,载《历史档案》1989年第1期,第98页("书吏出售状纸,正副状纸收钱56文,结状每张12文,每案结状条禀两张,每张收钱56文";张伟仁:《清季地方司法——陈天锡先生访问记》,载张伟仁:《磨镜——法学教育论文集》,清华大学出版社2012年版,第186页;〔美〕艾马克:《十九世纪的北部台湾:晚清中国的法律与地方社会》,王兴安译,播种者文化有限公司2003年版,第159—160页("据说每份状纸必须支付400文至500文向衙门购买")。

再四筹画,与其暗从若辈代人写状,不若明收若辈充作官书,使就约束。"①湘乡知县接着建议说,在从这些民间写状人当中选充官代书后,为了对其写状收费加以规范,不妨允许他们代人每写一张词状可收钱 20 文。在乾隆前期,当时南方日工的报酬通常在三四十文左右。② 因此,20 文的写状报酬数目实际上并不算高。但湘乡知县的上峰在核批其议时还是认为,"每词给钱二十文,亦未免太多,应请每词给钱十文,以为纸笔饭食之资"。③

乾隆时期,各地方官府所定的官代书写状收费标准似乎一直不高。乾隆五十九年(1794),福建臬司向下属各衙门饬告,"代书填写呈状用戳……院、司、道准其受钱三十文,其府、州、厅、县准受钱二十文,毋许额外多索,如违究处"。④ 李绿园在乾隆年间创作文言长篇小说《歧路灯》时,曾在该书中虚构了一起官司,其中提及将讼师事先写好的状稿送到代书那里誊写,再"用个戳记,三十文大钱就递了"。⑤《歧路灯》中这一文学细节的社会原型,应该是来自他在 18 世纪中叶的生活印象。

不过,官代书写状收费的官定标准,后来似乎普遍有所提高。在四川南部县,道光三十年(1850)规定"每张止给笔资钱一百文",并且此收费标准一直维持到光绪二十三年(1897)。⑥ 在冕宁县档案中,咸丰九年(1859)的诉状中写有"作词壹张准取笔资戳记钱壹佰文,如违

---

① (清)吴达善纂修:《湖南省例》,清刻本,"刑律"卷 10,"诉讼·告状不受理·代书每词钱十文"。
② 黄冕堂:《中国历代物价问题考述》,齐鲁书社 2008 年版,第 188—189 页。
③ (清)吴达善纂修:《湖南省例》,清刻本,"刑律"卷 10,"诉讼·告状不受理·代书每词钱十文"。
④ 《福建省例》,大通书局 1997 年版,第 970 页。
⑤ (清)李绿园:《歧路灯》(中册),第 70 回"夏逢若时衰遇厉鬼,盛希侨情真感讼师",栾星校注,中州书画社 1980 年版,第 673 页。
⑥ 吴佩林:《法律社会学视野下的清代官代书研究》,载《法学研究》2008 年第 2 期,第 158 页。

查究"的字样,而在同治十年(1871)的诉状中则变成"作词壹张,准取戳记笔资钱贰佰肆拾文,如违查究"。① 同治年间,张修府在湖南任知府时,曾专门颁令对官代书收费加以约束:"无论新旧词由,该代书拟稿、盖戳,准取笔资三百文,自稿盖戳一百文,毋许额外需索。倘敢贪取重赀,将无作有或代为包揽,夤缘种种,招摇撞骗者,照书役诈赃例酌定罪名。"②在光绪二十六年(1900)的冕宁县状纸上,写有"每张准取笔资钱贰佰文"。③

由上可知,清代各地方官府所定的官代书写状收费标准,虽然因时因地存在差异,但大多数每次是在 100 文至 300 文钱之间。而一名官代书如果完全照上述收费标准靠为人写状谋生,那么通常只能维持类似于雇工的低下生活水准。④

需要注意的是,虽然各地方官府对官代书写状收费标准有上述限制,但官代书的实收费用往往要高出上述规定不少,有时甚至高达五六倍。据嘉庆年间徽州地区的一份"告状费用收支簿"上所写,当

---

① 张晓蓓:《冕宁清代司法档案研究》,中国政法大学出版社 2010 年版,第 50 页。
② (清)张修府:《黟州官牍》,清同治四年(1865)长沙嘉定张氏刻本,乙集,"颁给代书条约示"。
③ 李艳君:《从冕宁县档案看清代民事诉讼制度》,云南大学出版社 2009 年版,第 86 页。
④ 于帅以乾隆年间浙南松阳县为例,认为若以乾隆二十年(1755)时当地官代书的收呈状纸情况为标准来推算,则"平均下来一名官代书每月可收呈状纸 9 件左右",但可惜的是,他并未说明当地官代书此时代人写状的收费标准。参见于帅:《清朝官代书的戳记与写状职能再探——以浙南诉讼文书为中心》,载《清史研究》2021 年第 5 期,第 50 页。吴佩林利用清代南部县档案,按照"每张止给笔资钱一百文"的收费标准,对光绪元年(1875)至光绪十二年(1886)间当地 20 位官代书的写状收入情况进行估算,结果发现"最多者可达 10000 文,最低者则仅为 100 文。若把图像不清楚的档案一并归入所列官代书写,求其收入的平均值,最高为光绪六年(每位官代书年均收入为 4443 文),最低为光绪二年(年均收入为 1900 文)。此收入相当于同一时期一个农业雇工一年的收入(约在 2000—5000 文铜钱)。收入低者,一年的收入不及南部县一个拉船的雇工(一年工钱五串)"。参见吴佩林:《法律社会学视野下的清代官代书研究》,载《法学研究》2008 年第 2 期,第 158 页。

地官代书每写一份词状要收取"写状银五钱"。① 前曾述及,官代书照着当事人自己准备好带来的呈词草稿誊清时所收的费用,要比他根据当事人的口述临场写作词状时为低。道光年间南汇县的官代书顾治为人誊写呈状,每张只收100文钱,但如果是亲自操刀为人作词,则每张收取洋钱一元或者四五百文钱。② 在现藏安徽大学徽学研究中心的几份徽州文书中,年代不详的《清歙县□□□家族开支账本》"将戳记费记为'图记'……每次为钱200文",而在诉讼案卷《清光绪六年至九年(1880—1883)黟县一都余棠控四都朱庆春、汪佛金抬棺盗占案》包含的7件讼费账单中,则"记录有'图书'、'依口代笔'等名目,大约支出洋1元、钱6693文以上"。③ 此处所称的"'图书'和'依口代笔'是对官代书誊写状词的不同用法。'图书'记录的费用,每次支付多在钱400文上下,只有光绪七年(1881)二月二十三日比较例外,一次支出洋1元、钱404文,但总体上还是比较规律。'依口代笔'只有一次记录,支出钱1200文"。④ 很明显,《清歙县□□□家族开支账本》所记的官代书收费数额在上述官定标准范围之内,而《清光绪六年至九年(1880—1883)黟县一都余棠控四都朱庆春、汪佛金抬棺盗占案》所含讼费账单中记载的官代书实收费用,则远超官定的收费标准。在南部县,虽然光绪二十九年(1903)十一月至光绪三十年(1904)六月当地衙门规定"每张给笔墨辛力戳记钱二百六十文,写字钱四十文,不准多索",但彼时官代书的收费惯例却是每代作一张词状要收取"辛力写字钱"360文和戳记钱200文(合计560文),后来还

---

① 田涛:《被冷落的真实——新山村调查手记》,法律出版社2005年版,第34页。
② 林乾:《从叶墉包讼案看讼师的活动方式及特点》,载《北大法律评论》(第10卷第1辑),北京大学出版社2009年版,第15—16页。
③ 郑小春:《从徽州讼费账单看清代基层司法的陋规与潜规则》,载《法商研究》2010年第2期,第154页。
④ 郑小春:《清代陋规及其对基层司法和地方民情的影响——从徽州讼费帐单谈起》,载《安徽史学》2009年第2期,第99页。

有实际收费更高的,例如光绪三十三年(1907)南部县官代书吴慎修被人告发每张词状收取戳记钱460文和"辛力写字钱"360文(合计820文),宣统元年(1909)时南部县官代书吴子良的收费甚至高达2320文。① 丁日昌在同治年间任江苏巡抚时,曾访得如皋县"每逢告期,代书戳记费五六百至千余文不等"。② 清末朝廷下令调查各地诉讼习惯之时,四川省报称该省代书费"至少者一百文,至多者一千文",③来自山东省的报告书写明,代书费和印戳钱在该省皆归官代书所得,具体收费标准分别为"每呈一纸京钱七八百文不等"和"每纸京钱二百文"(每2文京钱折合制钱1文),④广西省的报告书则将代书费纳入呈状总费之中,并详列了其下辖某些县的官代书收费数额标准,大致从100文(思恩府迁江县)到600文(柳州府罗城县)不等。⑤

若将上述不同时期不同地方的官代书收费情况与前述四起讼师案例中的收费情况进行大致比较,则可以发现,除了道光年间巴县讼师岳德高的收费与一些官代书实际所收的数额差不多外,其他三位讼师所收的费用,都比官代书通常实际所收的费用明显要高,甚至是后者的十几倍,更加不用说将几位讼师的收费情况与地方衙门定立的那些官代书通常收费标准相比。

---

① 邓建鹏:《清朝官代书制度研究》,载《政法论坛》2008年第6期,第126页。
② (清)丁日昌:《抚吴公牍》,清光绪三年(1877)刊本,卷36,"饬裁如皋陋规、减复典当利息",第9页b。
③ 《调查川省诉讼习惯报告书》,第十项"案费"之"(一)纸状、代书、传呈各若干费?各种中有无多寡之分(如禀费少、状式费多之类)?"。
④ 《山东调查局民刑诉讼习惯报告书》,"民事诉讼习惯"部分第一章"诉讼费用"第一节"关于诉讼之公费"。
⑤ 石孟涵辑:《广西诉事习惯报告书》,清宣统二年(1910)铅印本,"第四章 诉讼费用"。

第五节　讼师收入水平的分化

我们该如何评价代人写状词这一讼师最具特征的业务的收费水平？讼师为人代写状词所收的报酬，是否皆高于官代书所收的费用？

麦柯丽提醒说，人们很难证明是哪一类来自某个特定阶层或有着某种特定身份的人垄断了讼师业务。① 但我们可以大致了解一下哪些人比较容易成为官方所称的"讼师"。艾马克曾将"讼师"分为三个层次，第一类是精擅此业的专业助讼之人，第二类为低层绅衿之类的中间阶层，第三类则是算命先生那样偶尔也替人撰写词状的卑微之辈。②

在19世纪后期发生在台湾府新竹县的一起前后缠讼长达11年之久（从光绪八年十月廿三日至光绪十九年二月初三日［1882年12月2日—1893年3月20日］）的漫长官司中，据当事人周春草供称，那份让他被知县责罚的呈词，"系在艋舺客店雇赖先生做的"，所给的写状词报酬是200文钱，但赖先生"现在不晓得那里去"。③ 被周春草供出的那位代其写状词的"赖先生"，可被归入上述第三类。这位"赖先生"所收取的200文钱的写状词费用，仅相当于官代书收费的通常官定标准，比很多官代书的实际收费要便宜不少。在本章前述的覃必俊、岳德高、胡玉廷、杨清兰那四位被官府抓拿的讼师当中，原先靠替

---

① Melissa Macauley, *Social Power and Legal Culture: Litigation Masters in Late Imperial China*, Stanford, California: Stanford University Press, 1998, p.146.
② ［美］艾马克：《十九世纪的北部台湾：晚清中国的法律与地方社会》，王兴安译，播种者文化有限公司2003年版，第193页。
③ 案卷编号：22609·41（周春草之口供），载《淡新档案》（第23册），"第二编 民事（田产类：争财、公业）"，台湾大学图书馆2007年版，第146页。

第八章 "健讼之风"与"讼师贪利"形象的多重建构

人测字谋生的胡玉廷是在从第三类向第一类逐渐转变,有着监生身份的杨清兰可被归入第二类,覃必俊应是介乎第一类与第二类之间,而京控回来后以包揽词讼为生的岳德高则大致属于第一类。至于第一类中更典型的人物,道光二十九年(1849)被当地官府抓拿的两位活跃在湖北武昌、汉口的"写状纸讼棍"(两人皆姓冯),很可能正是这样的例子。其中的一位讼师此前两年时间里在近100起民事讼案中为人代写状词,另一位讼师则每年为不同的人代写了总共40—50份词讼状稿。①

这三类人物往往共同构成了一个金字塔形的讼师市场。流棍卜算之类的兼业写状词者处于最底层,其人数虽然众多,但收入通常低微,其人也往往湮没无闻而不为史籍所记载。② 居于这一讼师市场之顶端的精擅此业的助讼之人尽管为数最少,但其事迹却最容易吸引人们的注意,因此,其为人代写状词、收取不菲报酬的一些事迹,也被人记载下来,或被当作民间传说口耳相传,例如谢方樽、诸福宝(也有称其"诸馥葆")、杨瑟岩、冯执中等清代讼师的故事,到了民国时期仍在广为流传。③

其实早在明代,一些论者便已注意到讼师群体及其收入的分层化,并对其中的佼佼者予以重点关注。时人徐复祚曾如此形容当时江苏的讼师市场:"俗既健讼,故讼师最多。然亦有等第高下,最高者名曰'状元',最低者曰'大麦',然不但'状元'以此道获厚利,成家业,

---

① Melissa Macauley, *Social Power and Legal Culture*: *Litigation Masters in Late Imperial China*, Stanford, California: Stanford University Press, 1998, p. 106.
② "吴楚江浙写状,多出于流棍卜算者之手。"(明)佘自强:《治谱》,明崇祯十二年(1639)呈祥馆重刊本,卷4"词讼门","告状投到状之殊",载《官箴书集成》(第2册),黄山书社1997年版,第109页。
③ 襟霞阁主人编纂:《中国恶讼师》,上海襟霞阁1919年印行;吴麟瑞:《四大恶讼师》,上海大达图书供应社1935年版。

即'大麦'者亦以三寸不律,足衣食,赡俯仰,从无有落莫饥饿死者。"①他还描述了自己认识的讼师"张状元"的高超本领,称其人"每与筹计一事,辄指天划地,真有悬河建瓴之势,可令死者生,生者死,诪张变幻,时阴时阳,百出不穷,何愧状元名称哉!"②同样是在江苏,崇祯年间苏州府嘉定县的外冈镇虽是撮尔小镇,但为人助讼之风在当地却风行已久,不仅先前曾涌现出沈天池、杨玉川等号称"状元""会元"的讼师前辈,当时则活跃着金荆石、潘心逸、周道卿、陈心卿等"较之沈、杨虽不远,然自是能品"的众位知名讼师,而且,除了这些名声在外的讼师之外,其他"湮没者不可胜数"。③这些记载声称,像"状元""会元"这样的顶级讼师,其收入颇为丰厚,即便只是"大麦"这样的低级别讼师,要想维持温饱生活,也并非太难之事。由于讼师本人的名气会影响到其收费高低,个别讼师甚至刻意采用了一些宣传手法,例如将自己暗中帮助打赢了的官司的判决文书刻印后到处张贴。④

对于那些除文笔功夫之外往往身无其他长技的下层文人来说,为他人代撰状词以谋生活之赀,无疑颇具吸引力,尤其是当其穷困潦倒之时,做起代人写状词的生意更是一条救急的生路。⑤ 正如清人倪立田所说的,"讼师,十九秀孝蒙馆之流也"。⑥ 前述被官方抓获的胡

---

① (明)徐复祚:《花当阁丛谈》(一),卷3,"朱应举",中华书局1991年影印本,第57页。
② 同上。
③ (明)殷聘尹纂:《外冈志》,上海市文物保管委员会1961年自印,第17—18页。
④ 邱澎生:《当法律遇上经济:明清中国的商业法律》,浙江大学出版社2017年版,第153—154页。
⑤ 陈宝良:《明代儒学生员与地方社会》,中国社会科学出版社2005年版,第337—342页;龚汝富:《明清讼学研究》,商务印书馆2008年版,第76—82页;叶楚炎:《明代科举与明中期至清初通俗小说研究》,百花洲文艺出版社2009年版,第443—446页。
⑥ (清)倪立田:《居稽录》,著者手定底稿本,卷26"刑律",载《清代稿本百种汇刊》子部第58种,文海出版社1974年版,第1282页。

玉廷和杨清兰,都供称自己最初系因家贫难度方才起意代人作词以谋生。① 流传颇广的善书《坐花志果》中所描述的那位广陵人氏王中丞,据说"少孤贫,为刀笔以养母"。② 不过,即便是为求谋生而不得不操此业,而其人"实无讼师伎俩,不过希获微利为糊口计",③但在注重义利之辨——"君子喻于义,小人喻于利"——的儒家意识形态看来,读书人采取这种以刀笔功夫谋生的方式,绝非君子所应为,而是属于小人之劣行。当一些无良讼师贪索无度的斑斑劣迹随着官方的查拿而被暴露在世人眼前之时,这种道德上的非难,又在官方那里有意地通过各种严禁讼师、劝民息讼的文告谕旨予以放大,进而使得"讼师贪利"的总体形象传播得更为广泛。

第六节　通过讼师形象整体污名化的社会控制

自从"讼师"在南宋后期正式作为一个行业称谓出现后,"现有文献资料关于讼师的记载差不多都是负面的,我们几乎找不出宋代基层社会具有正面形象的讼师材料来"。④ 在明清时期的文学作品之中,"讼师贪利"更是几乎成为一种固化的话语模式。明代小说《禅真逸史》曾虚构了一位名叫管贤士(谐音管闲事)的讼师,该人在书

---

① (清)钱祥保著、何震彝编:《谤书》,卷4,"讯明杨清兰素不安分,教唆词讼,扰害乡里,例拟议解审究办文",文海出版社1976年影印本,第257页。
② (清)仁和调生汪道鼎著、鹭峰樵者音释:《坐花志果》,下卷,"王中丞",上海弘化社1935年版。
③ (清)吴达善纂修:《湖南省例》,清刻本,"刑律"卷10,"诉讼·告状不受理·代书每词钱十文"。
④ 戴建国:《南宋基层社会的法律人——以私名贴书、讼师为中心的考察》,载《史学月刊》2014年第2期,第11—12页。

中的人物形象便是,"专一帮闲教唆挑哄人兴词告状,他却夹在中间指东说西,添言送语,假公济私,倚官托势,随风倒舵,赚骗钱财"。①同书之中收录的一首《唆讼赋》,更是对讼师嫌贫爱富、贪得无厌的形象予以生动刻画和辛辣嘲讽。②沈起凤在清代中叶创作文言短篇小说集《谐铎》之时,借一名虚构的讼师之口,对其贪利特性加以讽刺:"予岂好讼哉?人以金帛啖我,姑却之,而目眈眈出火,不得已诺之。"③

但事实上,并非所有被称为"讼师"的人士皆能收取高昂费用乃至完全以此谋生,也不是所有被称为"讼师"的人士都是基于勒索钱财的目的方才代人写状词。被官方统称为"讼师"的那些人物,其实未必都是真正专精此道的诉讼专家,而有许多其实只是一些诸如风水先生、算命先生、村塾老师之类的"下层识字阶层";从某种角度来说,"'讼师'这一称呼,是在官员认为诉讼中的策划服务超出了能够容忍范围的情况下,给这些会读书写字之人所贴的标签"。④ 在有可能被官方贴上"讼师"这一泛化标签的人士当中,恐怕有相当数量都不是以代写状词为常业的专业助讼人,而是一些偶尔帮助亲邻同乡拟写状词的识字之人。即便是那些被官方当作讼师加以查拿严惩的人士,也有一些实际上很可能只是偶尔为人代写了少数几份寻常状词,而且并未借此向当事人敲诈钱财,例如嘉庆年间被官府比照"积惯讼棍拟军例"量减一等、科以满徒的七旬老人徐学传,就只是在寻

---

① (明)清溪道人:《禅真逸史》,第 24 回"伏威计夺鳖金姐,贤士教唆桑皮筋",兑玉校点,齐鲁书社 1986 年版,第 366 页。

② (明)清溪道人:《禅真逸史》,第 25 回"遭曲陷叔侄下狱,反图圄俊杰报仇",江巨荣、李平校点,上海古籍出版社 1996 年版,第 250 页。《解人颐》中收录的《讼师文》,与此大同小异,参见(清)钱德苍编:《解人颐》,岳麓书社 2004 年版,第 104—107 页。

③ (清)沈起凤:《谐铎》,卷五"讼师说讼",乔雨舟校点,人民文学出版社 1999 年版,第 73 页。

④ 〔日〕唐泽靖彦:《清代的诉状及其制作者》,牛杰译,载《北大法律评论》(第 10 卷第 1 辑),北京大学出版社 2009 年版,第 40 页。

第八章 "健讼之风"与"讼师贪利"形象的多重建构

常案件中代人作词五纸,并非像《大清律例》中所说的"积惯讼棍"那样"串通胥吏,播弄乡愚,恐吓诈财"。①

如果说清代从乾隆年间开始在惩治讼师方面从严立法,并掀起了查拿讼师的全国性运动,②是在试图扩展利用现成的"制度资源",通过直接地从重打击讼师,进而避免更多的民间讼案被讼师们催生出来导致诉讼社会之程度加剧的话,那么官府通过将一些具体案例中勒索钱财的讼师形象刻意加以宣扬和放大,较之前朝更为突出讼师贪利的负面形象,则是借助于官方权力的"话语资源"及其衍生品(例如受这套意识形态话语影响的那些文学作品),来对助讼之人进行整体污名化,③从而试图在民众心中将这一群体整体隔离为需要时时加以提防的逐利之徒和蛇蝎之辈。从这个意义上讲,"贪利讼师"的模式化人物形象塑造和宣扬,与广为流传的"健讼"之论一样,都是当时的司法体制在"制度资源"方面逐渐无法有效应对社会变迁之时,用来弥补其正当性的一种"话语资源"。随着从明至清出现诉讼

---

① (清)祝庆祺编:《刑案汇览》,卷49,"刑律·诉讼·教唆词讼·为人代作呈词五六次",载《刑案汇览全编》(点校本),法律出版社2007年版,第2565页。

② 参见林乾:《讼师对法秩序的冲击与清朝严治讼师立法》,载《清史研究》2005年第3期,第1—12页;邱澎生:《十八世纪清政府修订〈教唆词讼〉律例下的查拿讼师事件》,载《"中研院"历史语言研究所集刊》第79本第4分(2008),第637—682页。

③ "污名"(stigma)一词,早在古希腊社会中就有见到被予使用,但将其引入社会学领域进而形成影响深远的"污名化"(stigmatization)这一概念的学术工作,则主要是由德国社会学家诺贝特·埃利亚斯(Nobert Elias)、美国社会学家欧文·戈夫曼(Erving Goffman)等学者完成的。埃利亚斯在1935年的一篇研究"胡格诺教徒"的论文中,揭示了"一个群体会将人性的低劣强加给另一个群体并加以维持"的"污名化"现象,参见杨善华主编:《当代西方社会学理论》,北京大学出版社1999年版,第336页。戈夫曼在出版于1963年的一本专著中对"污名"进行了系统的研究,参见〔美〕欧文·戈夫曼:《污名——受损身份管理札记》,宋立宏译,商务印书馆2009年版。所谓"污名化",通常"被视为一种动态的群体过程,在这个互动过程中,处于强势的实施污名者通过贴标签(labelling),将被污名者的某些负面特征加以扩大,直至形成固定的刻板印象。"参见张友庭:《污名化情境及其应对策略:流动人口的城市适应及其社区变迁的个案研究》,载《社会》2008年第4期,第131页。

社会的区域范围逐渐扩大,清代的统治者愈发希望能够借助于这种"贪利讼师"形象生产和再生产的话语机制,对讼师这一助讼群体进行整体污名化,以有助于达到遏制总体上趋于扩大的民间词讼规模之现实目的。

这种"讼师贪利"的整体形象浸淫人心如此之深,以至于到了民国时期,几位论者在应邀为自号"襟霞阁主人"的知名作家平襟亚那本销路颇广的《中国恶讼师》作序之时,都异口同声地对讼师的所谓贪财特性刻意加以强调。吴瑞书在论及讼师行事时声称:"彼不问是非,不询曲直,有钱者来,无金者拒,其所救济者,大率出诸豪富之家,而寒素不与也。是讼师,又恐贫困者之或得其直,而益助富豪以凶横也。"金佛徒形容讼师"善使人讼而渔人利也"。朱瘦竹则更是试图一语概括讼师之本质——"讼师者何?老于讼,诱人以讼,而谋其利也。"[1]这种从明清时期流传下来的对讼师和金钱之关系的模式化强调,在清末和民国时期,一直都是建立于必要的"法律商业主义"之基础上的新兴律师职业为社会大众所广泛接受的巨大障碍之一。[2]

---

[1] 襟霞阁主人编纂:《中国恶讼师》,上海襟霞阁1919年印行,"序二","序七","序八"。

[2] 尤陈俊:《阴影下的正当性——清末民初的律师职业与律师制度》,载《法学》2012年第12期,第52—54页;陈同:《律师制度的建立与近代中国社会变迁》,载《史林》2014年第7期,第169页。

第九章 "健讼之风"与"讼师恶报"话语模式的复合功能

在清代的许多地方志里面,时常可以看到一方面描述该地境内存在所谓"健讼之风",另一方面则声称当地民众之健讼"多由讼师为之播弄",或者"都由积恶讼师恣弄刀笔"。① 在清代官府的眼中,讼师乃是地方官在新到任之始便须严饬查禁的致讼之源。一些官员甚至斩钉截铁地断言,其治境内之所以讼案繁多,完全就是由于讼师们教唆当地无知愚民架词构讼所致。② 受此种看法的驱使,朝廷不仅在

---

① 例如,"漳俗好讼,多讼师主之,甚且有包讼之弊。盖村民何能终讼,惟讼师主持,故讼遂不可止。"(《漳州府志》,清康熙五十四年(1715)刻本,卷26,"民风",第20页a);"民之好讼,未有甚于今日者,微疵小隙,指为不共之仇,鼠牙雀角,驾作弥天之罪。都由积恶讼师恣弄刀笔,布成陷阱。"(《(康熙)同安县志》,钞本,卷4,第4页a);"至乡民谨愿者,多讼师煽之,遂斜连不已,口角微嫌,旋成大讼。"(《宝山县志》,清乾隆十一年(1746)刻本,卷1,第46页a);"桂俗本淳,其嚣嚣之习,多由讼师为之播弄,失鸡亡犬,辄控公庭,偶遇口角,即妄捏大题,耸渎幸准。"(《桂阳州志》,清乾隆三十年(1765)刻本,卷27,第5页b)。引文中的着重号均系我所加。

② 例如,乾隆五十九年(1794)十一月,福建巡抚姚棻在发布的一则文告中反复强调,"闽省民情刁悍,讼狱繁多,皆由讼棍教唆,以致捏情混控","闽省民多好讼,皆出一班讼棍遇事教唆"。参见《福建省例》(下册),台北大通书局1987年影印版,第963—969页。在北方,乾隆时期任保定府行唐县知县的吴高增在其发布的一则告示中,(转下页)

《大清律例》中原样沿用了明律关于"教唆词讼"的律文,而且还于乾嘉时期通过在该条律文之下陆续纂入多条例文的方式,不断加大打击讼师的力度,尤其是在乾隆元年(1736)制定了官员失察讼师治罪专条,将抓拿禁缉讼师明确规定为地方官的为政事项之一(依照此例文的规定,地方主政官员若对自己治境内活动的讼师失于觉察或明知不报,则将会受到行政处分)。①

关于宋代以降尤其是清代的官府为了遏制所谓"健讼之风"而对讼师进行打压,学界已有不少专门的研究。② 我将此类研究中所描述的官府在立法、司法和行政层面那些禁缉讼师之举措,概括为官府扩

(接上页)同样将讼师挑唆词讼视为当地"健讼"之源,声称"本县下车以来,见有拦舆抱牒,捏伤喊禀,观其情急求伸,不啻害切剥肤。及至提拿讯,不过鼠雀微嫌。似此兴词健讼,实由讼师唆使所致。"(清)吴高增:《玉亭集》,清乾隆刻本,卷10,"禁唆讼",第9页 b。清代光绪年间任山东登州府莱阳县知县的庄纶裔,在其发布的一则文告中,以与上面所言如出一辙的口吻称,"照得莱邑词讼繁多,民情刁健。讼狱不息,则民生不安。本县推求其故,皆由讼棍包揽主唆。"(清)庄纶裔:《卢乡公牍》,清末排印本,卷2,"示谕严禁饭店包揽讼事条告文",第32页 a。引文中的着重号均系我加。

① "讼师教唆词讼,为害扰民,该地方官不能查拿禁缉者,如此系失于觉察,照例严处。若明知不报,经上司访拿,将该地方官照奸棍不行查拿例,交部议处。"据薛允升注解,此条规定系乾隆元年(1736)吏部议覆御史毛之玉条奏定例,参见(清)薛允升:《读例存疑》(第4册),卷40,"刑律之十六·诉讼之二·教唆词讼",黄静嘉编校,成文出版社1970年版,第1020页。从清代的行政实践来看,此条规定绝非具文。例如在道光年间,巴县人士岳德高多年来在当地以包揽词讼度日,后被巴县衙门访获并抓拿究办。该案的卷宗记录中明确写道,巴县知县是否应被追究失察之责,另行咨送吏部查议。参见巴县档案,《重庆府札巴县关于岳德高迭次包揽词讼并捏控吴仕益等图诈钱文一案》,档案号:清 006-16-19694。

② 林乾:《讼师对法秩序的冲击与清朝严治讼师立法》,载《清史研究》2005年第3期,第1—12页;林乾:《刑部郎中成"讼棍"——嘉、道严惩"讼师"的扩张解释》,载《南京大学法律评论》(2015年秋季卷),法律出版社2015年版,第86—108页;邱澎生:《十八世纪清政府修订〈教唆词讼〉律例下的查拿讼师事件》,载《"中研院"历史语言研究所集刊》第79本第4分(2008),第657—682页;〔美〕梅利莎·麦柯丽:《社会权力与法律文化:中华帝国晚期的讼师》,明辉译,北京大学出版社2012年版;张小也:《清代的地方官员与讼师——以〈樊山批判〉与〈樊山政书〉为中心》,载《史林》2006年第3期,第50—55页;潘宇:《清代州县审判中对讼师的禁制及原因分析》,载《法制与社会发展》2009年第2期,第90—100页;刘昕:《宋代政府对讼师教唆诬告行为的法律规制》,载《湖南社会科学》2012年第3期,第101—104页。

第九章 "健讼之风"与"讼师恶报"话语模式的复合功能

展动用其所掌握的"制度资源"来惩治讼师。但是,倘若只是关注"制度资源"这显性的一面,而并未充分注意到与其相关乃至更为丰富的"话语资源",则将无法全面把握宋代以降尤其是清代的讼师所受到的"压制"的多重意涵。遗憾的是,关于清代的官府和社会具体是如何借助"话语资源"来打压讼师的,学界尚很少有深入的研究。本书前一章业已分析了清代官方如何极力建构"讼师贪利"的人物类型整体形象,形成了一套有着特定意涵的话语模式并广为宣扬,以此来警告社会大众务必远离这些所谓贪得无厌的嗜利之徒。本章将致力于探讨清代另一类用来建构讼师的人物类型整体形象的话语模式,即"讼师恶报",挖掘这一独特的话语模式之生产/传播机制,并从功能主义的视角解释其在当时长盛不衰的主要原因。

第一节 讼师与恶报:宋元明清不同类型文本中的叙事传统

自从"讼师"作为一种正式的行业称谓在南宋后期最早出现以来,①宣扬此类代写状词教讼、助讼之人将遭恶报的文字,不久后便已与之如影随形。在南宋时人李昌龄编的《乐善录》一书当中,载有一

---

① 学界常常将春秋时期郑国人邓析视为后世讼师的鼻祖,但"讼师"被专门用来指称教讼、助讼的行业,则是始自宋代。参见郭东旭:《宋代的诉讼之学》,载《河北学刊》1988年第2期,第39—40页;陈景良:《讼学与讼师:宋代司法传统的诠释》,载《中西法律传统》(第1卷),中国政法大学出版社2001年版,第208—220页;刘馨珺:《明镜高悬:南宋县衙的狱讼》,五南图书出版公司2005年版,第295页。有学者进一步指出,"'讼师'在中国历史上作为一个正式的职业称谓出现于南宋后期,是南宋官员用来指称那些教讼、助讼之人",不过"作为专有称谓,'讼师'在宋人文献中出现得极少",并且,"讼师的称谓虽然出现于南宋,然为人助讼的群体事实上早在北宋就已出现",参见戴建国:《南宋基层社会的法律人——以私名贴书、讼师为中心的考察》,载《史学月刊》2014年第2期,第11—12页。

则据称转录自《十生记》中的故事,其文字内容如下:

> 文光赞父,自少至老,无岁无狱讼事。以宿因问昙相禅师。师曰:"汝父前生本写词状人,故今反受其报。"光赞恳求救免,师教以纸糊竹箄为桎梏,令自囚三日,然后为作忏悔。姑录之,以为教唆者戒。①

这则讲述教唆词讼者遭到恶报的宋代故事,后来也出现在元代志怪小说集《湖海新闻夷坚续志》,②以及元代通俗类书《居家必用事类全集》之癸集所收录的《劝善录》当中。③ 沈节甫在明代万历年间编写《由醇录》一书时,又从《劝善录》中转录了此则题为"教唆词状者有报"的故事。④ 按照此则故事中那位高僧昙相禅师的解释,文光赞的父亲之所以牢狱之灾不断,乃是因为他前世是一位"写词状人",所以今生才遭此业报。在宋元时期,代写词状之人,除了那些活跃于民间

---

① (宋)李昌龄编著:《宋绍定本乐善录》,卷1,上海商务印书馆1935年影印版,第10页 b—11 页 a。

② (元)无名氏:《湖海新闻夷坚续志》,前集卷二"警戒门·警世·教唆词讼",金心点校,中华书局1986年版,第103页。其文字与《乐善录》中所记大同小异:"文光赞父,自少至老,每岁狱讼连绵。以宿因问昙相禅师,曰:'汝父前生本写词状人,故今反受其报。'光赞恳求襄度。师教以纸黏竹箄为桎梏,令先反囚,三日后为忏悔。今之世有教唆兴讼者,宁免乎此? 姑录为戒,宜猛省焉。"

③ (元)无名氏:《居家必用事类全集》,癸集,"劝善录·教唆词讼者有报",书目文献出版社1988年影印版,第415页。其文字与《乐善录》中所记稍有差异:"文光赞父,自少至老,无岁无狱讼事。以宿因问昙相禅师。师曰:'汝父前生本写词状人,故今反受其报。'光赞恳求赦免。师教以纸糊竹箄为桎梏,令自囚二日,然后为忏悔。姑录之,以为教唆者戒。"《劝善录》托名北宋著名文学家秦观所编,但据今人考证,乃是"宋元之际的人杂抄《善诱文》十五则、《乐善录》二十一则拼凑而成的一部伪书",参见罗宁、王德娟:《旧题秦氏或秦观〈劝善录〉考论》,载《西南交通大学学报》(社会科学版)2011年第6期,第30—34页。

④ (明)沈节甫编:《由醇录》,"教唆词状者有报",载袁啸波编:《民间劝善书》,上海古籍出版社1995年版,第285—286页。

的讼师之外,还有所谓的"写状钞书铺户"这类或可称得上半官方的人物。宋代出现的写状钞书铺,虽然并非由官方所设立,但须经官府审查许可,而经营其业者通常被称为"写状书铺户"(简称"书铺"),其业务主要为代人书写词状,直到元代大德年间之后,原先在身份上非官非吏的写状书铺户,才被官府所委派的吏人所取代。① 宋元时期的写状书铺户,其代人书写词状的活动,往往受到官府的诸多约束,并不能完全随心所欲地虚捏其词,②因此并不应当被与那些"教唆兴讼"的讼师等而视之。昙相禅师只是笼统地声称文光赞之父前生为"写词状人",而并未明言其具体属于上述两类人(写状书铺户抑或讼师)中的哪一种。但从这则故事的叙述来看,"写词状"这一行为本身便被其视为将会遭到业报。

到了明代,逐渐出现了更多宣扬讼师将遭恶报的文字记载。明人刘万春在万历年间撰写《守官漫录》一书时,同样转录了前述文光赞之父遭报应的故事,不仅将此则故事直接改称为"讼师宿业"(《湖海新闻夷坚续志》《劝善录》《由醇录》等书在记述此则故事时,都只是称文光赞之父"前生本写词状人",而并未直接以"讼师"名之),而且在文末称"姑记此二端,以为讼师之戒"。除此之外,刘万春还在该书中记述了另一则据称同样发生在宋代的讼师故事,并直接名之为"讼师恶报"。据《守官漫录》中的描写,宋代永福县人薛敷精擅刀笔之道,平时代人撰写状词,"能以悖理之事巧饰为理,使听讼者荧惑而不能断",并由此发家致富,后来家中无故失火,财物烧尽,他不得不"挟巧

---

① 陈智超:《宋代的书铺与讼师》,载陈智超:《陈智超自选集》,安徽大学出版社2003年版,第345—357页。
② 例如在南宋时人朱熹在为官时,为规范其治境内的诉讼活动而颁布了《约束榜》,当中便有不少内容系直接针对写状书铺户的要求,参见(宋)朱熹:《约束榜》(节录),载中国社会科学院历史研究所宋辽金元史研究室点校:《名公书判清明集》,中华书局1987年版,"附录六",第640—644页。

笔欲过江以糊口",结果在当时乘坐同船渡江的众人当中,唯独薛敷被折断倒下的桅杆砸中后堕江身亡,而这正应验了他之前请道士设醮进表于天帝时所批的那一当时为之不解的命数——"家付火司,人付水司"。① 此则宋代讼师薛敷遭恶报的故事,在清代又被收录在康熙四十五年(1706)陈廷敬序刊本《太上感应篇集注》之"斗合争讼"部分的集注,以及光绪年间刊行、吴旭仲辑的《圣谕广训集证》一书当中(《圣谕广训集证》对此评论称"讼师阳诛阴遣都不能逃")。②

在明代的一些地方志中,也出现了不少宣扬习讼之人将遭恶报的故事。例如,崇祯年间刊行的《江阴县志》记载了一位少有异资的夏姓儒生于万历四十一年(1613)忽得癫痫之症,无可救治,其本人悔称,自己先前在某好讼的人家做塾师时,曾跟随讼师学习刀笔之术,故而现今遭到如下报应——"久之见摄魂使者,初置之火焰狱,故首足不耐冠履,再置之飙轮狱,故走苦不停"。③

佛教文献《皇明金刚新异录》成书于明末崇祯年间,其序言部分在叙及编纂此书之目的时,明确将"讼师渔户洗涤习心"写入其内。该书中记载有一则题为"讼师请经"的故事。据其所言,浙江嘉兴人莫晴虹在明代万历二十八年(1600)秋九月记下一事,称其在楞严经坊偶遇一位常州人请经。后者面目甚是可畏,一路上口中喃喃诵颂《金刚经》。当莫晴虹问其何故在路上诵经时,这名常州人回答说:

> 我善刀笔,久为讼师。一日病死,至阎罗王所。究问生前过恶,我呈辩不服。王命狱卒带冤对某某至。质云:"诸人被你状词累至死地,有乎?"我无可抵饰,遂高声念《金刚经》。王肃然起

---

① (明)刘万春:《守官漫录》,明万历刻本,卷4,第4页a—5页a。
② (宋)李昌龄、郑清之等注:《太上感应篇集释》,中央编译出版社2016年版,第403页;林珊妏:《清末圣谕宣讲之案证研究》,文津出版社2015年版,第24页。
③ 《江阴县志》,明崇祯十三年(1640)刻本,卷8,第33页a—33页b。

立。我见起立,连声诵念。王即命且放回。某某呼号曰:"受冤几载,无繇相报。今日到此,决放他去不得。"王曰:"彼阳数尚未,因其恶拿来。彼竟高声诵最上乘法,我亦无可如何。姑放回,尽彼阳数。彼是恶人,去必仍前作恶,不肯诵经。待彼不诵经时,我追捉未晚也。"以此因缘,再生阳世,故改行从善。且惧冤对之终逢也,故日诵《金刚经》,回向以超度之,冀得消释耳。①

甚至当时的一些医书也绘声绘色地描述了讼师遭报身染恶疾而亡的轶事。在明代医者陈实功所撰并于万历年间刊行的外科医学著作《外科正宗》当中,其卷四"杂疮毒门"专设题为"造孽报病说"的一节文字,其中记载了一则据称系其亲眼所见的讼师及其妻遭报皆患怪病而死的惨事。据《外科正宗》的作者陈实功所言,当时有一位讼师"作中兴讼,破众家私,伤残骨肉,不计其数",某日该讼师的大腿突然肿痛,"坚硬如石,疼苦异常",只有用绳子将脚吊在房梁下面,疼痛方才止住,一旦放下,便又会痛如刀砍。该讼师的家人请陈实功医治,陈实功认为此系孽报,推称自己无力医治。该讼师身历百苦,于四个月后死亡。一年后,该讼师之妻也身染怪病,"遍身发肿如癞,作痒非常,破流脂水",无法穿衣,其家人再次请陈实功医治。陈实功认为此妇人系受其夫孽报牵连,仍推说自己无法救治。后来该妇人在隆冬时节"赤身流水而死"。陈实功对此评论道,"此异常之报也,所谓逆天害理虽由已,古往今来放过谁,无漏矣"。②

延至清代,讲述讼师恶报的故事,更是大量涌现在告示、判牍、善书、笔记小说等众多不同类型的文本之中。道光年间编纂的贵州《大

---

① (明)王起隆辑著、(明)金丽兼参订:《皇明金刚新异录》,载《续藏经》第1辑第2编,乙,第22套第1册,上海商务印书馆1923年版,第83页b,87页b。
② (明)陈实功撰:《外科正宗》,明万历刻本,卷4,第112页b—113页a。

定府志》,载有黄宅中出任大定府知府时所颁的"谕民二十条",其中在劝谕息讼时强调"惯习刀笔、阴险害人、有隐恶者,每受奇祸,纵法网幸逃,报应不爽"。① 雍正年间,福建汀漳道道台徐士林在审理龙溪县民吴陶若控告陈国等一案时,在所写判词中强调讼棍吴陶若系"以唆讼而得恶报者也",称此案乃"讼师最奇最快之报应也"。② 在光绪年间周尔吉编纂的《历朝折狱纂要》一书所收录的二百余则历朝刑名故事当中,也包括了数则讲述讼师遭受恶报的故事。其中一则摘录自《蕴玉山房杂记》的故事,其题目为"讼棍获报"。据其描述,乾隆年间有一刘姓庠生,生性狡诈,"甚为讼棍","理左者走询其计,罔不转是为非",由是触怒当地府尹,将其治罪充军,但该人未至配所便身故。同乡之人闻其死讯,皆额手称快。刘姓讼师之子亦被发遣岭南,"家日替,帷薄不修,丑声渐溢于内外矣"。③

在清代流传的各种善书之中,讲述讼师遭报的故事更是不乏其例。④ 19世纪中期,浙西士人周克复在编纂《历朝金刚经持验记》一书时,曾将前述明代《皇明金刚新异录》中的那则"讼师请经"故事收入其中,并且在其后增写了一段评论文字:

讼狱之害不小,刀笔之业最大。世多细事参差,片言拂戾,彼

---

① 《大定府志》,清道光二十九年(1849)刻本,卷52,第6页a。
② (清)徐士林:《徐雨峰中丞勘语》,清光绪圣译楼丛书本,卷4,第76页a—79页b。
③ (清)周尔吉:《历朝折狱纂要》,清光绪十六年(1890)序刊本,卷6,"惩诈·讼棍获报",全国图书馆文献缩微复制中心1993年版,第497—498页。
④ 所谓"善书",系劝善书的略称,指那些规劝人们"诸恶莫作,众善奉行"的通俗读物。善书通常融三教思想与民间信仰于一炉,自宋代以来便在民间广为流行,明清时期更是趋于鼎盛,当时家喻户晓的《太上感应篇》即属其例。参见游子安:《劝化金箴:清代善书研究》,天津人民出版社1999年版;游子安:《善与人同:明清以来的慈善与教化》,中华书局2005年版;〔日〕酒井忠夫:《中国善书研究》(增补版),刘岳兵等译,江苏人民出版社2010年版。

第九章 "健讼之风"与"讼师恶报"话语模式的复合功能

此负气不平。幸遇好人,从中劝解,忿恨便消。或投包讼扛讼之家,便尔瞒天布谎,希图立准立差,因之取利,那顾原被破钞倾家。且致讼中生讼,连岁牵缠,鬻妻卖子,不能了事,性命从此结果,悔无及矣。讼师构祸之惨毒如是。阳法阴法,毋容轻贷。晋陵代书,幸以诵经再生。若非回心向善,即《金刚经》能常作护身符耶!①

明代成书的《皇明金刚新异录》中所记的上述讼师故事,主要旨在宣扬《金刚经》的无边法力,但清人周克复后来增写的这段评论则颇堪玩味。周克复暗示,如果讼师不痛改前非,那么即便诵念《金刚经》也无法护佑其身。

19世纪中期成书的《坐花志果》,系清人汪道鼎所撰的一本善书。据他自称,该书"专记三十年以来,耳闻目见有关惩劝之事"。在汪道鼎所描述的那些发生在咸丰、道光年间的"实事"之中,多处可见讼师恶报的事迹。这位号为"坐花主人"的作者,在该书中罗列了各种果报,希望借此劝诫人们弃恶为善,其中也强调若仗恃刀笔之技则必遭报应,遑论那些"助强凌弱,锱铢必较"的"龌龊讼师"。据汪道鼎所记,浙江鄞县的一名余姓秀才,自幼天资聪慧,有神童之美誉。余姓秀才后来为图钱财,代人写状词诬告富家孀妇,致孀妇自缢身亡,此后又再次代人作词,诬控另一名孀妇的遗腹子并非其亡夫骨血,致该遗腹子无法继承其父家业。余姓秀才这两次代人作词,虽然均获得厚利回报,但报应亦随之而至,以其之才,竟然科场应试未能题名。余姓秀才归家之后,于是"专事刀笔",其"运思既巧,文阵复雄,海市蜃楼,任情起灭,被其害者甚众",但科举考试屡试屡败,四十岁时仍然只是秀才

---

① (清)周克复纂:《金刚经持验记》(下卷),载《续藏经》第1辑第2编,乙,第22套第2册,上海商务印书馆1923年版,第134页a。

之身,后来二十余年皆如此。据汪道鼎声称,其友蒋一亭在宁波做幕友时曾亲见此人,觉其"丰颐广颡,方面长髯,不类老于青衿者"。汪道鼎感慨说,余姓秀才"肆雌黄于口角,淆黑白于笔端,饱我贪囊,坏人名节;卒之削除禄籍,困死青衿,然后知天不忌才,实人之不善用其才耳!呜呼危哉!"①

在明清时期的笔记小说中,讼师恶报是那些所载故事的常见主题之一。17世纪后期成书的《三冈识略》,据其作者董含自言,书中所记"或得之邸报,或得之目击,或得之交游,所称道可以备稽考",其中所描述的一则讼师恶报故事更是玄乎之极。一位"略识字,喜弄刀笔"的讼师,某日与邻人同往田间,路上风雨骤至。该讼师的家人远远望见有一面皂色旗子和一面红色旗子摇扬在讼师身旁。突闻一声迅雷,讼师随即倒地,而两面旗子也隐去不见。讼师的家人急往探视,只见讼师的两脚都已深陷在泥沼之中,几乎没至膝盖。讼师之子将其父背至田岸边,但不久后又闻雷声,此次仍然击中讼师,并且又将其埋在原先的地方。为了使该故事看起来更显真实,董含在记载其事时,还特地在文末加了"观者悚惕"一句,以表示此确系该人亲见。②

梁恭辰在其写成于19世纪的《北东园笔录续编》一书中所转录的他人之语,同样强调那些遭到恶报的讼师系该人亲眼所见:

> 讼师未有得善报者,余所目击已三人矣。一为某明经,少聪颖,诗文字俱佳。中年乃弄刀笔,被其害者无以自明,祷之于神,因某案发,为官所治,瘐死狱中。又一友自负能诗,一友自负工书,皆托业于此,未几妻子俱亡,同以穷饿终。余能详其事而不

---

① (清)汪道鼎著、(清)鹭峰樵者音释:《坐花志果》,上卷,"余生削籍",上海弘化社1935印行。
② (清)董含:《三冈识略》,卷四补遗,"雷诛讼师",致之校点,辽宁教育出版社2000年版,第93页。

第九章 "健讼之风"与"讼师恶报"话语模式的复合功能

忍举其名也。①

乾嘉时期一代名士纪昀所写的文言短篇志怪小说集《阅微草堂笔记》，也收入了多则讲述讼师遭报的故事，并且描写得惟妙惟肖。纪昀声称，这些故事或系其耳闻，或系其亲见。他自言在闽中督学之时曾听闻，当地一名教唆他人诬告的生员在代作状词之时，手中之笔忽然爆裂开来，但该生员仍恬不知警，以至后来事情败露而罪获充军。另一名为人架词构陷良民的读书人，刚刚动笔拟写状词，结果所写之字皆呈赤色，细察其笔，发现血自笔毫顶端涌出，此人因此倍感惊惧，于是不再操持讼师之业，这才得以善终。一位以健讼为能的讼师，帮人出谋划策，诬告一名富民诱藏他人之妻，致使该富民几乎破家，然却案犹未结。这名讼师后来遭到报应，其妻被人诱拐，且他不知诱拐者为何人，以至于纵有一身健讼本领，也无从控告。还有一名同样工于刀笔的讼师，某日代他人书写状词，因为要在状词中罗织多人，一时间觉得思绪不清，便想静坐构思。于是除不见访客外，还让其妻避处别室。不料其妻早已与邻人有暧昧之情，只是苦于一直都未有机会而无法如愿，此次正好趁机与邻人私通。从那之后，每当该讼师为人写状词之时，其妻必故意嘈杂以乱之，而当她每次都被讼师叱令避出之时，必招邻人前来通奸。该讼师一直到死都不知此情。该讼师身故后，其妻因怀孕而致与人私通之事败露，被讼师生前的仇家告到官府，官府审讯后才知道个中情由。纪昀还描述了审讯此案的官员所发的感言："此生刀笔巧矣，乌知造物更巧乎？"②

甚至当晚清时期出现近代中文报纸时，讼师恶报的故事仍然是

---

① （清）梁恭辰：《北东园笔录续编》，清同治五年（1866）河南许义文斋刻本，卷6，"讼师恶报"。
② （清）纪昀：《阅微草堂笔记》，天津古籍出版社1994年版，卷8"如是我闻（二）"，第156页；卷10"如是我闻（四）"，第217页。

367

其中具有代表性的题材类型之一。例如1881年10月17日,当时已颇有社会影响力的《申报》,在其首版的醒目位置刊登了一则"新闻":

> 客有自楚北来者,谓该处有程姓讼师,本徽州人,早年入籍崇阳县,素善刀笔,舞文弄墨,不难架空中楼阁以实人罪,是以健讼者相敬服,被诬者恨如切齿,咸宁、蒲圻、崇阳三邑,遐迩皆知其名。月前有人请其捉刀,程即策骑应召。行至中途,见一牛啮草路侧。马过牛傍,忽惊跃,将程掀翻,堕于牛头上。牛即乘势一触,角已穿入程腹。迨落地,人已昏晕,肠半拥出。未几,有过而见之者报知其家,始舁之归。医治罔效,寻毙。人皆谓其平生作恶太多,以致得此惨报云。①

诸如此类以讼师遭恶报为专门主题的"新闻",在清末的报纸上时有所见。② 先前那些古老的讼师恶报故事的"旧"模式,此时被以近代报纸这一"新"形式不断复制和传播。

综观宋元明清不同类型文本中关于讼师恶报的叙事,可以发现,其中所记述的各种报应虽然千奇百怪,但往往皆以具体事例描写得活灵活现,并非只是抽象说教而已。并且,越到后来,很多记述此类事例者常常越是强调不少事迹系其亲见,而不仅仅只是"耳闻",以此来向民众强调此类报应事例的真实性。

---

① 《讼师惨毙》,载《申报》1881年10月17日,第1版。
② 例如《讼师果报》,载《申报》1874年4月2日,第2版;《讼师孽报》,载《申报》1874年4月25日,第3版;《小锥子果报》,载《申报》1875年2月4日,第4版;《讼师惨毙》,载《申报》1882年6月15日,第2版;《讼师盲目》,载《新闻报》1893年11月3日,第9版;《讼棍下场》,载《字林沪报》1895年5月24日,第3版;《讼棍之末路》,载《时报》1908年12月15日,第6版。

第二节 "讼师恶报"的故事类型与话语模式

一、佛道两家的报应观及其异同

报应的观念在中国文化中由来已久。杨联陞在讨论"报"字的含义时，将其所包含的"还报"观念视为中国社会关系中的重要基础，并认为中国宗教中有一个深植的传统，亦即"相信自然或神的报应"。①有学者主张，中国文化中"报应"的观念，并非为释道两家宗教所独有，儒家很早便确立了自己的报应观念，例如儒家典籍《周易·坤卦》称"积善之家必有余庆，积恶之家必有余殃"，而《尚书·伊训》则曰"惟上帝不常，作善降之百祥，作不善降之百殃"。②但无法否认的是，报应观念在佛教和道教中体现得最为典型。

不过，佛道两家的报应观念各有其自己的脉络。概括来讲，佛教讲究因果业报轮回，而道家则深受承负观念的影响，各自建构了不同的具体报应类型，并不断加以发展完善。

东晋时高僧慧远作《三报论》，阐述佛教所说的业报之三种具体形式："经说业有三报：一曰现报，二曰生报，三曰后报。现报者，善恶始于此身，即此身受。生报者，来生便受。后报者，或经二生、三生、百生、千生，然后乃受。"③唐临在其所撰的《冥报记》一书中，对此佛教的报应观念亦有讲述："一者现报，于此身中作善恶业，即于此身中而受

---

① 杨联陞:《报——中国社会关系的一个基础》，载《中国现代学术经典:洪业、杨联陞卷》，河北教育出版社1996年版，第861、868页。
② 李申选编、标点:《儒教报应论》，国家图书馆出版社2009年版，序言，第1页。
③ （东晋）慧远:《三报论》，载石峻等编:《中国佛教思想资料选编》（第1册），中华书局1981年版，第87页。

报者,皆名现报。二者生报,谓此身作业不即受之,随业善恶,生于诸道,皆名生报。三者后报,谓过去身作善恶业,能得果报,应多身受,是以现在作业,未便受报,或次后生受。"①可见在佛家的报应观中,按照报应来临的时间差异,可分为"现报"("现世报")、"生报"("来世报")和"后报"("累世报")。佛教的这种报应论有一个明显的弱点,正如很多学者都已指出的,"佛教的业报最初是假定对一个个人而言,并非以家族为基础",②信奉自报自受,而作为中国本土宗教的道教的报应观则克服了这一局限。

发端于东汉时期道教典籍《太平经》中的"承负"观念,③主张"个体受到的祸福可归结为自身乃至祖先行为的恶善,而自身的善恶也会使后代得到相应的福果祸报"。④这种强调人若作恶则不仅将自身遭报且会祸及子孙的观念,为后世的道教善书所继承,例如《文昌帝君阴骘文》云"近报则在自己,远报则在儿孙",《关圣帝君觉世真经》曰"近报在身,远报子孙",在民间流传极广的《太上感应篇》(约成书于北宋末、南宋初)说得更是详细,声称"如是等罪,司命随其轻重,夺其纪算,算尽则死。死有余责,乃殃及子孙"。⑤质言之,在道教的报应观中,

---

① (唐)唐临:《冥报记》,卷上,方诗铭辑校,中华书局1992年版,第2页。
② 杨联陞:《报——中国社会关系的一个基础》,载《中国现代学术经典:洪业、杨联陞卷》,河北教育出版社1996年版,第870页。另可参见王谋寅:《道教与中国传统法律文化》,中国政法大学2009届博士学位论文,第34页。
③ 《太平经》之"解师策书诀第五十"记曰:"不知承与负,同邪异邪? 然,承者为前,负者为后。承者,乃谓先人本承天心而行,小小失之,不自知,用日积久,相聚为多,今后生人反无辜蒙其过谪,连传被其灾,故前为承,后为负也。负者,流灾亦不由一人之治,比连不平,前后更相负,故名之为负。负者,乃先人负于后生者也。"王明编:《太平经合校》,中华书局1960年版,第70页。
④ 赵建永:《承负说由本土文化发展而成》,载《中国社会科学报》2016年2月23日。另可参见陈静:《〈太平经〉中的承负报应思想》,载《宗教学研究》1986年第2期,第35—39页;陈焜:《试论〈太平经〉中之承负说》,载《宗教学研究》2002年第4期,第19—23页;黄景春:《"承负说"源流考——兼谈汉魏时期解除"重复"法术》,载《华东师范大学学报》(哲学社会科学版)2009年第6期,第103—109页。
⑤ 袁啸波编:《民间劝善书》,上海古籍出版社1995年版,第5、7、9页。

根据报应对象的不同,可将报应的具体类型分为"自身报"和"子孙报"。

值得注意的是,佛教的"现报""生报"和"后报"之分类,后来逐渐与道教的"自身报"和"子孙报"相结合。"经过一个逐渐相互调适的过程,随佛教传入的报应观念遂与本土的传统调和。约自唐代起,确定从宋代以降,普遍都接受神明报应是应在家族身上,而且穿过生命之链,与《太平经》中较原始的观念——承负比较,后来的还报观念在理论上充实得多了"。①

二、"讼师恶报"故事中的报应类型

若以上述关于报应的具体形式分类对照之,则可发现宋代以降的那些讼师恶报叙事涵盖了其全部的报应类型。而在各种讼师恶报的故事当中,数量最多的乃是讼师自身遭现报这一类型。遭此报应的讼师,被描述为轻则骤然目盲,重则或暴毙身亡,或忽染怪病痛苦而死。

《新闻报》在光绪年间刊文称,广东三水县有一精于刀笔的讼师某甲,平日里为人代写状词,获利甚丰,友人劝之改业而不听,结果某日路过一户正在燃放爆竹祀神的人家门口时,被飞过的爆竹之火气侵入眼中,以至于后来泪流如泉,药石无效,近乎眼盲。② 不过相较而言,这位广东讼师的恶报尚不算太重,毕竟保有一命,而更多遭报的讼师则无此种"不幸中之万幸"。据明代遗老李清在《三垣笔记》中所记,明末时浙江的一位刘氏女子自感名节被富家子张阿官所侮,遂自缢身亡,张阿官聘请讼师丁二相助,诬称是刘氏女诱其产生淫欲后却让家人将他捆绑以敲诈财物,于是已化幽魂的刘氏女在讼师丁二面

---

① 杨联陞:《报——中国社会关系的一个基础》,载《中国现代学术经典:洪业、杨联陞卷》,河北教育出版社1996年版,第870页。
② 《讼师盲目》,载《新闻报》1893年11月3日,第9版。

前现形,怒斥其称,"若以笔污我,吾先杀汝!",结果丁二即刻暴毙。①生活于清朝中叶的钱泳在其《履园丛话》中描述说,浙江湖州有一位儒生,为人阴险,以刀笔之技害人无数,后来患上奇疾,病发时会猛咬自己手指,直至咬得鲜血淋漓方才好些,结果导致十指皆被自己咬伤后伤风而死,钱泳认为"此刀笔害人之报也"。② 觉罗乌尔通阿所编的《居官日省录》一书,不仅将这则故事收录在内(称该人姓蒋),而且还添加了数则讲述其他以刀笔起灭词讼者遭恶报丧命的故事。③ 乾嘉时人俞蛟在其所撰的《梦厂杂著》一书中,称吴江讼师郦允恭刀笔功夫了得,"经其谋讼,无不胜",以其技害人性命,结果其妻女相继与人私通并窃赀逃走,讼师本人老来穷馁而死。④ 甚至连昔日曾操讼师业但其后已改行的读书人,多年后也照样难免因此遭到恶报。例如清人齐学裘在其《见闻随笔》中说道,江苏宜兴儒生王少枚在二十多岁时便做讼师,年近四十时忏悔前愆,于是改行勉为正士,咸丰十年(1860)时,宜兴被太平军攻陷,太平军令王少枚为乡官,负责敛钱收税,为乡人所痛恨,结果被乡民所杀。时人认为王少枚丧命乃"其好为讼师之报"。⑤ 19世纪后期《申报》等报纸上所载的讼师恶报故事,往往不仅有姓有名地讲述某位讼师仗恃刀笔为非作歹致遭恶报丧命,而且特别注意渲染此辈在死前鬼使神差地吐露其平生所为恶行或加以忏悔这一细节。例如光绪年间《申报》刊载的一则题为"讼师惨毙"的故事,声称浙江永嘉讼师李某害人无数,近来突患癫狂之症,

---

① (明)李清:《三垣笔记》,中华书局1982年版,第74页。
② (清)钱泳:《履园丛话》,清道光十八年(1838)述德堂刻本,卷17,"孽报",第17页b。
③ (清)觉罗乌尔通阿:《居官日省录》,载《官箴书集成》(第8册),黄山书社1997年版,第37页。
④ (清)俞蛟:《梦厂杂著》,清刻深柳读书堂印本,卷4,"乡曲枝辞下",第19页a—20页b。
⑤ (清)齐学裘:《见闻随笔》,清同治十年(1871)天空海阔之居刻本,卷1,第15页b—16页a。

第九章 "健讼之风"与"讼师恶报"话语模式的复合功能

自己将生平所为恶事历历说出,并呼号"某人杀我头颅、某人破我肚腹",又将自己十指全部砍掉,狂吠一夜后气绝身亡,时人称"天道昭彰,此刀笔之报"。①

除了为数最多的描述讼师自身遭现报的故事外,尚有一些故事讲述前生操讼师业者今生遭报,或讼师所遭业报殃及其家人和子孙。前述《乐善录》一书所记文光赞之父的遭遇,可谓"自身报"和"来世报"的合二为一,而与此报应模式相类似的故事亦复有之。李霱回于明代天启年间考中举人,后又于万历年间中进士,南明宏光时升礼部主事,清初时受庄廷鑨《明史》案的牵连,结果家财尽为他人所得,时人"皆云李之先世为讼师,故有此惨报也"。②《申报》在光绪年间刊登了数则讲述湖北科场果报的故事,其中一则故事称,某讼师在其子的规劝下稍知敛迹并改行,其子自幼聪颖,后考中秀才,赴省参加乡试,结果在参加完"录遗"(清代乡试前的一种选拔考试)从考场出来后,在路上被一头猪突然惊吓成病而死,时人皆谓"岂真戾气之相感耶,抑其父之余殃所致耶"。③ 此则故事便是在讲述讼师之"子孙报"。

在清代以来的笔记小说中,甚至还形成了一种陈陈相因的故事模式,反复声言讼师不仅本人将身受恶报,而且祸端还将延及其子孙。在嘉庆初年成书的《梦厂杂著》中,作者俞蛟描述了一则讼师索要重金后为他人献毒计、结果致使自家儿子横遭他人误杀的报应故事:

> 新昌有张二子者,货菽乳为业。一日晚归,见妻与邻人通,怒杀其妻,邻人夺门逸去。谚有"杀奸必双"之语,惶怖无策。里人

---

① 《讼师惨毙》,载《申报》1882年6月15日,第2版。另可参见《讼师果报》,载《申报》1874年4月2日,第2版;《小锥子果报》,载《申报》1875年2月4日,第4版;《讼棍下场》,载《字林沪报》1895年5月24日,第3版。
② (清)傅以礼辑:《庄氏史案本末》,清钞本,卷上。
③ 《鄂闱果报汇录》,载《申报》1879年11月16日,第2版。

陈某,讼师之黠者,因罄囊谋之。陈笑曰:"此易与耳。明日昧爽,有沽菽浆者,绐使入室,挥以白刃,孰能起死者,而问真伪乎?"次早,有少年叩门求浆,杀之,则陈子也。①

上述讲述以讼师唆人杀人反致其子被人误杀的叙事套路,根据当代学者的研究,不仅重现于《履园丛话》(钱泳撰)、《凉棚夜话》(方元鹍撰)、《小豆棚》(曾衍东撰)、《此中人语》(程趾祥撰)、《清稗类钞》(徐珂撰)等清代笔记小说之中,而且在民国时期平襟亚编纂的《中国恶讼师》中也有其身影(据说清代崇明讼师杨瑟严便身遭此报),甚至类似的故事在当代上海、江苏、湖南等省的民间还有流传。②而在这些出现于不同时期的笔记小说的故事之中,遭到杀子之报的具体讼师虽然或有不同,例如《梦厂杂著》所记此事系发生在浙江新昌,《见闻随笔》所记的故事发生在道光年间的江苏如皋,③《凉棚夜话》则称遭报的乃是洙泾(今上海金山)讼师盛某,④且在情节描写方面亦有繁有简,但均属于同一叙述模式类型。

三、"讼师恶报"话语内部的张力及其化解

时间维度是决定报应论能否被人信仰的最关键内容之一。俗语有云,"善恶到头终有报",又称"善有善报,恶有恶报,不是不报,时辰未到",或曰"善有善报,恶有恶报,天网恢恢,疏而不漏"。但如果所

---

① (清)俞蛟:《梦厂杂著》,"讼师果报记",北京古籍出版社2001年版,第83—84页。
② 有学者将此概括为讼师"咎由自取型故事",参见祁连休:《中国古代民间故事类型研究》(卷下),河北教育出版社2007年版,第1165—1170页。
③ (清)齐学裘撰:《见闻随笔》,清同治十年(1871)天空海阔之居刻本,卷11,第16页b—17页a。
④ (清)方元鹍:《凉棚夜话》,"讼师恶报",载陆林主编,陈敏杰、丁晓昌选注:《清代笔记小说类编·案狱卷》,黄山书社1994年版,第151—152页。

第九章　"健讼之风"与"讼师恶报"话语模式的复合功能

作恶行与所遭报应之间隔得太久,所谓"到头"不知何日,所谓"时辰"遥遥无期,则难免会使人对报应论的信仰产生动摇,甚至会导致反向催生"好人不得好报,恶人不遭恶报"的心理认知。而"在回报稀少,或者不能直接得到时,人们会形成并接受在遥远的将来或者在某种其他不可验证的环境中获得回报的解释"。① 佛家信仰的"生报"和"后报",道教奉持的"子孙报",可谓此种扩张性解释模式的典型例子。

在讼师恶报的话语模式建构当中,同样面临着如何在所作恶行和所遭报应的时间区隔中维护此种报应论信仰之稳定性和封闭有效性的挑战。清人黄正元于乾隆二十年(1755)所辑的《感应篇图说》中收录的如下这则故事,便体现了力图借助于"子孙报"的叙事来维护"天道循环,果报不爽"之真切性的努力:

> 明黄鉴,苏卫人。其父惯教唆争讼,荡人产业,致人冤狱。后鉴弱冠登正统壬辰进士,郡人皆叹天道无知。天顺在位,鉴升大理寺少卿。一日上御内阁,得鉴于景泰中有禁锢天顺疏,立时伏诛,合家斩戮。②

与此类似的试图消解对"天道无知"之怀疑的话语叙事,也见于《申报》在同治年间刊载的一则题为"讼师孽报"的故事当中。据称,徐州生员某甲精擅刀笔之技,平日里倾害善良,且手下有无赖少年数百人,结党横行,"晚年坐拥厚资,孙曾绕膝,人皆以为天道无知",后在举家迁居城中的路上,分载其家人和家中所有财物的两条船只行至江中时无故沉没,全家数十口人无一生还,只剩下当时沿河岸策马

---

① 〔美〕罗德尼·斯达克、罗杰尔·芬克:《信仰的法则:解释宗教之人的方面》,杨凤岗译,中国人民大学出版社2004年版,第107页。
② (清)黄正元辑:《感应篇图说》,载《藏外道书》(第27册),巴蜀书社1994年版,第235—236页。着重号系我所加。

375

相随的某甲一人独活。某甲后来重操讼师旧业,且娶了幼妾,而其妾嫌其年老,不仅暗自与里中无赖私通,而且将某甲所做的词状文稿全部偷走,向县官告发。县官将某甲抓拿到案后,对其处以极刑。其妾将某甲的家财全部携走,改嫁给那名先前与她私通的无赖。记载此事的作者在最后评论称:"嗟乎,甲当愿盼得意时,岂不谓取之有道为子孙万年不拔之基,乃一转移间,身陷大辟,宗嗣灭亾,世之为恶不悛者,问甲之事,亦可以知所改矣。"①

讼师恶报的话语模式之建构所遇到的最大挑战,乃是现实中的确有一些恶讼师并未遭到恶报,反而安然无恙,照旧仗恃刀笔之技为非作歹。光绪年间《申报》刊载的一则报道称,江南古镇枫泾镇曾有一位混名叫作"好少爷"的讼师,生平健讼,犯案累累,尽管屡经地方官严惩,但仍得以善终。其子同样惯逞刀笔,且更胜其父,施展诡计欺占某孀妇家的荡田。该报道以如下两句话收尾——"乡人畏其诡计多端,虽积怨于心,而不敢控告,但某欺孀妇之业而据为己产,天理人心尚安在哉。阳律可避,阴谴恐终难逃耳。"②与前述那些通常以描述讼师(或其家人)所受的具体惨报收尾的故事不同,这则报道隐隐透露出报应论的"应然"与社会当中的"实然"之间的某种紧张。首先,那位混名叫作"好少爷"的讼师并未遭到实质性恶报,反而得以寿终正寝;其次,该讼师的儿子为非作歹更胜其父,但却能安然无恙。所谓"阴谴恐终难逃耳",在这篇报道的语境当中,实际只是一种朴素的正义祈望甚或诅咒而已。

事实上,如何对"善恶无常报""善人无善报、恶人无恶报"之类的说法加以驳斥,以维护报应论话语的有效解释力,一直都是个难题。正如杨联陞所指出的,"实际经验并不能每次都证实这种果报的必然

---

① 《讼师孽报》,载《申报》1874年4月25日,第3版。着重号系我所加。
② 《讼师可恶》,载《字林沪报》1884年11月16日,第3版。

性,因此,不时会有人起而怀疑这个原则"。① 东晋高僧慧远便意识到此问题,认为"世或有积善而殃集,或有凶邪而致庆,此皆现业未就,而前行始应",亦即认为世间有人一生行善但却终获殃灾而有人一生行凶邪之事但却得到福庆,乃是其前生所行在当下得到的报应,而今生所做之业尚未到报应来临之时,进而主张"现报"并非常态,认为凡人由于只知一生而未知多世,以至于仅是狭隘地囿于今世耳目视听之内予以审视。② 这种解释的思路并非仅见于佛家典籍,甚至还影响到宋代以来的一些家规族训。例如南宋时人袁采在任温州乐清知县时所写的《袁氏世范》中便认为,"若作恶多而享寿富安乐,必其前人之遗泽将竭,天不爱惜,恣其恶深,使之大坏也"。③

同样的,如何用报应论来圆融地解释一些被认为作恶多端的讼师为何能衣食无忧、家宅平安,也是一个非常现实的难题。对此,除了援用前述"先人报及子孙"的解释模式外,还有一些读书人试图另辟蹊径。光绪年间续刻的《直隶霍州志》,收录了一篇题为"戒士子作讼师文"的长文。该文借用报应论的话语,在眉批中声称"唆讼之人,落魄者多,并受盗贼水火疾病,以及中蛊贻羞,种种恶报,甚则夺其寿算,绝其子孙,削其禄籍,可不畏哉,可不戒哉"。不过更加值得注意的是该文后附的三篇注解文字。其中一篇署名"惺惺斋主人注"的注解文字曰:

> 讼师一道,非才人不能为。人既有才,则又何事不可为,而忍而为此?夫知其不可为而为之者,有所利也。虽然,独不畏清议

---

① 杨联陞:《报——中国社会关系的一个基础》,载《中国现代学术经典:洪业、杨联陞卷》,河北教育出版社1996年版,第868页。
② (东晋)慧远:《三报论》,载石峻等编:《中国佛教思想资料选编》(第1册),中华书局1981年版,第87—89页。有学者认为,"慧远的现报论,实际上将现世作业现世获报的可能性降至最低限度。"陈宁:《慧远〈三报论〉中的"现报论"解析》,载《中国哲学史》1997年第2期,第63页。
③ (宋)袁采:《袁氏世范》,贺恒祯、杨柳注释,天津古籍出版社1995年版,第73页。

乎？即不畏清议，独不畏文网乎？即不畏文网，独不畏冥谴乎？如有利而遂瞪然不顾也，则吾未见为讼师而致富者也。即幸而致富，又未见子若孙能享其业也。盖贫富命也。命当富，则为讼师富，不为讼师必更富。命当贫，则不为讼师贫。即为讼师，亦未必不贫，徒造孽耳，曷足济乎？吾愿普天下才人奉此文为龟鉴也。

另一篇落款为"筱垞居士注"的注解文字则称：

讼师之不可为，文中尽之。然世非无不为讼师而终身潦倒者，为讼师而反弋获科名者。人固不能无疑焉，则试正告之曰："不为讼师而终身潦倒者，必其人福命本悭。若为讼师获谴，将不止此也，且安知非天之留以有待也。为讼师而弋获科名者，必其人福命本厚。若不为讼师，受祜更未可量也，且安知非天之厚其毒而降之罚也。"迪吉逆凶，捷于影响，明明在上，不爽铢毫，读是文者，其三思之。①

上述两篇注解文字不约而同地将某些讼师以此致富或考中科举，归因于其福命本厚，对此隐隐有无可奈何之意，不过也尽力强调操讼师之业对其福命的减损性影响。这种话语模式虽然与前述的"讼师恶报"模式之间存在着一定的张力，但仍然未脱报应论的影响。

第三节 "讼师恶报"话语模式的复合功能

宋代开始出现并在明清时期流行开来的上述"讼师恶报"叙事类

---

① （清）杨立旭修，白天张纂：《续刻直隶霍州志》，清光绪六年（1880）刻本，卷下，"艺文"，第35页a—第38页a。着重号系我所加。

型和话语模式,并非独一无二的孤立现象,其背后实际上有着更为广阔的社会文化背景。

一、报应观念在社会大众各阶层中的弥散性传播

中国文化中的报应观念,与对"死后世界"体系的建构息息相关。早在佛教传入中国之前,中国文化自身便已初步形成了本土的地府观,①例如《左传》中对"黄泉"、《楚辞》中对"幽都"的书写。而随着佛教至迟于西汉末年传入,其"地狱观"迅速与中国文化先前便已产生的本土地府观相结合,形成了关于地狱审判(或称阴司审判)的丰富书写。在魏晋以来尤其是唐代的文学作品中,例如南朝王琰的《冥祥记》、初唐时期唐临的《冥报记》及中唐时期戴孚的《广异记》,诸多关于"入冥生还"的描写,逐渐建构出一个描绘冥律、强调冥报且体系完备的地狱审判世界。② 唐代形成了"十王信仰"(认为地狱是由秦广王

---

① 萧登福:《汉魏六朝佛道两教之天堂地狱说》,台湾学生书局1989年版,第118页。
② 陈登武:《从唐临〈冥报记〉看唐代地狱审判》,载《法制史研究》第6期(2004),第1—39页;陈登武:《从戴孚〈广异记〉看唐代地狱审判的法制意义》,载《法制史研究》第12期(2007),第1—38页;陈玺:《唐代诉讼制度研究》,商务印书馆2012年版,附录"冥讼冥判故事与唐代诉讼制度"。邹文海认为,"所谓冥律,是指地府或阴司采用的法律",参见邹文海:《冥律看我国的公道观念》,载《邹文海先生政治科学文集》,邹文海先生六十华诞授业学生庆祝会1967年印行,第96页(该文最早载《东海学报》第5卷第1期[1963],第109—125页)。而目前所见出现时间最早的"冥律"之内容书写,系唐代贞观十三年(639)《齐士员造像铭》中的碑刻《阎罗王审断图》(该碑刻拓本现藏于北京大学图书馆善本部)所附的冥律记载——"(1)王教遣左右童子,录破戒亏律道俗,送付长史,令子细勘。当得罪者,将过奉阎罗王处分。比丘大有杂人,知而故犯,违律破戒,及禽兽等,造罪极多。煞害无数,饮酒食肉,贪淫嗜欲,剧于凡人。妄说罪福,诳惑百姓。如此辈流,地狱内何因不见此等之人?(2)阎罗王教遣长史,子细括访,五五相保,使得罪人,如有隐藏,亦与同罪。仰长史括获,并枷送入十八地狱,受星讫,然后更付阿鼻大地狱。(3)王教语长史,但有尊崇三教,忠孝竭诚,及精进练行,□□□□,□□庶苦勤。衹承课役,如此之徒,不在括限。"参见张总:《初唐阎罗图像及经刻——以齐士员献陵造像碑拓本为中心》,载《唐研究》(第6卷),北京大学出版社2000年版,第1—17页;杨玉明:《由〈阎罗王审断图〉及其所附冥律看唐初的佛教政策》,载《青海社会科学》2012年第3期,第147—153页。

等十王主宰),其所描绘展示的庶民化的冥律和地狱审判场景,在后世产生了深远的影响。① 宋代以降,此种通过地狱审判书写所宣扬的因果报应观念,更是在各类文献中不断扩散传播。② 例如,南宋时人洪迈所著的笔记小说《夷坚志》当中便记载了各种讲述因果报应的事例,且"多以恶报规过,而少以善果劝人的型态出现",尽管由于该书所载的故事各自具有较强的相对独立性,"我们很难自其中归纳出完整的阴司结构与冥律体系,也无法建立一套有系统的果报说"。③ 而相传在宋代便已问世的《玉历至宝钞》这一体现释道思想交融的劝善书,则在某种程度上弥补了上述缺憾,系统地重申与强化了"十王信仰"和冥律体系。《玉历至宝钞》又称《玉历宝钞》《玉历钞传警世》《玉历至宝编》《慈恩玉历》《玉历至宝钞劝世》等,据称乃"淡痴道人梦中得授,弟子勿迷道人钞录",但其内容明显受到《佛说十王经》的影响,所记载的乃是按照人们生前罪行在地狱十殿内相应接受惩罚的一整套"冥律",此书后来在清代流传甚广。④

唐宋以来,迄至明清,不仅儒释道三家对报应论的书写日益走向融合(例如初唐时期曾历任监察御史、大理寺卿、刑部尚书等官职并参与《唐律疏议》编纂的唐临,在其所著《冥报记》中所写的下述这番话——"临窃谓儒书论善恶之报甚多:近者报于当时,中者报于累年

---

① 〔美〕太史文:《〈十王经图〉与中国中世纪佛教冥界的形成》,张煜译,张总校,上海古籍出版社2016年版,第164—177页;卢秀满:《地狱"十王信仰"研究——以宋代文言小说为探讨中心》,载《应华学报》第8期(2010),第85—125页。
② 沈宗宪:《宋代民间的幽冥世间观》,台北商鼎文化出版社1993年版。
③ 刘静贞:《宋人的冥报观——洪迈〈夷坚志〉试探》,载《食货月刊》复刊第9卷第11期(1980),第38页。另可参见黄如渐:《宋人想象的冥界——以〈夷坚志〉为中心》,载《中正历史学刊》第14期(2011),第37—74页。
④ 关于《玉历至宝钞》的文本介绍及其社会影响,参见游子安:《善与人同:明清以来的慈善与教化》,中华书局2005年版,第206—218页;陈瑶蒨:《台湾的地狱司法神:清中叶以来十王信仰与玉历宝钞》,台北兰台出版社2007年版。

之外,远者报于子孙之后",①便体现了此种鲜明特点),而且还出现了宣扬报应论的新类型文本和形式(例如宋代出现的《太上感应篇》,以及最早出现于金代、明代后期以来在民间颇为流行的各种功过格)。②《太上感应篇》约成书于北宋末、南宋初,被誉为善书之祖,开篇即讲"祸福无门,唯人自召,善恶之报,如影随形",乃是在后世民间影响极其广泛的通俗读物。20世纪早期的一位论者曾指出,《太上感应篇》的版本较之《圣经》或莎士比亚著作的版本还要更多。③ 自《太上感应篇》于宋代问世以来,为其作注解者历代不乏其人,清代乾隆年间在民间流传的《太上感应篇直讲》《感应篇图说》即为其衍生读物。④ 现存最早的道教功过格《太微仙君功过格》在金代问世约四百年后,其量化记录功过以劝诫善恶报应的计算方式,在晚明时期开始受到读书人的广泛关注(其中袁黄发挥了非常重要的推动作用),并在17、18世纪的清代到达高峰,并且,与《太微仙君功过格》只是以道教许真君派的信众为其主要读者群不同,明清时期各种新的功过格当中所分类规定的内容,通常被设计成针对不同社会阶层民众的各类世俗行为,流传更广。⑤ 此外,明清时期还出现了《文昌帝君阴骘文》《关圣帝

---

① (唐)唐临:《冥报记》,卷上,方诗铭辑校,中华书局1992年版,第1页。
② 陈霞:《道教劝善书研究》,巴蜀书社1999年版,第23—111页。
③ Paul Carus, ed., *T'ai-shang kan-ying p'ien*, *Treatise of the Exalted one on Response and Retribution*, Chicago: The Open Court Publishing Co., 1906, p.3.
④ 游子安:《劝化金箴:清代善书研究》,天津人民出版社1999年版,第2、40—41页。
⑤ 〔美〕包筠雅:《功过格:明清社会的道德秩序》,杜正贞、张林译,赵世瑜校,浙江人民出版社1999年版,第63—113、166—243页。按照酒井忠夫的定义,"所谓功过格,一般是指中国的民族道德区别为善(功)与恶(过),具体地分类记述,并以数量计算善恶行为的书籍。"参见〔日〕酒井忠夫:《功过格的研究》,载刘俊文主编:《日本学者研究中国史论著选译》(第7卷·思想宗教),许洋主等译,中华书局1993年版,第497页。功过格虽多为独立的文本,但也有被附于《太上感应篇》之后者,参见Paul Carus, ed., *T'ai-shang kan-ying p'ien*, *Treatise of the Exalted one on Response and Retribution*, Chicago: The Open Court Publishing Co., 1906, p.133.

君觉世真经》等其他宣扬善恶报应的新的善书类型。① 在19世纪后期和20世纪初,《申报》《时报》《新闻报》《字林沪报》《上海新报》等报纸时常刊登各类令阅者读起来觉得仿佛就是发生在自己身边的报应故事,声称妒妇、蠹吏、赌棍、拐卖人口者、忘恩负义者、开设娼馆者诸色人等和打蛇、打胎、虐婢、溺女、作假、杀生、负心、好色、忤逆等各种行为皆将遭到恶报,②可谓是在利用报纸这一彼时新兴的文字载体,来继续构筑"旧"的报应论话语世界。

明清以来,报应论话语在社会当中的广泛流传,并非纯由民间人士推动,而是官府也常常参与其中。对城隍信仰的利用和强化,便是后者在此方面的典型做法。大约在唐代中期,城隍神格从地方守护神逐渐被塑造成阴间重要的司法官,在民间信仰中获得了"司法"和"执法"的职能。③ 自宋代开始,城隍神正式进入国家的祀典;延至明代,关于城隍神负责执行冥报的民间信仰,更是通过各种祭祀活动不断

---

① 《文昌帝君阴骘文》和《关圣帝君觉世真经》通常皆被认为最初问世于明代,且与《太上感应篇》一起被称为道教善书"三圣经"。《太上感应篇》《文昌帝君阴骘文》和《关圣帝君觉世真经》的文字内容,载袁啸波编:《民间劝善书》,上海古籍出版社1995年版,第3—9页。也有学者主张《文昌帝君阴骘文》问世于元代,参见陈霞:《道教劝善书研究》,巴蜀书社1999年版,第56—64页。

② 例如,《妒妇恶报》,载《字林沪报》1886年9月19日,第3版;《蠹役恶报》,载《申报》1874年11月19日,第3版;《赌棍惨报》,载《新闻报》1897年9月25日,第9版;《拐卖人口报应》,载《上海新报》1872年12月30日,第2版;《负恩报应》,载《上海新报》1872年9月5日,第2版;《开娼报应》,载《上海新报》1870年7月23日,第2版;《恶妒恶报》,载《字林沪报》1890年8月17日,第4版;《打蛇惨报》,载《字林沪报》1894年7月15日,第3版;《打胎恶报》,载《字林沪报》1884年7月2日,第2版;《虐婢惨报》,载《新闻报》1898年2月9日,第2版;《溺女恶报》,载《上海新报》1871年6月22日,第2版;《作假恶报》,载《上海新报》1871年11月14日,第2版;《杀生惨报》,载《新闻报》1899年12月7日,第3版;《负心惨报》,载《字林沪报》1897年3月29日,第2版;《渔色惨报》,载《字林沪报》1882年9月21日,第2版;《忤逆惨报》,载《字林沪报》1897年4月26日,第2版。

③ 陈登武:《从人间世到幽冥界:唐代的法制、社会与国家》,台北五南图书出版有限公司2006年版,第347—361页;吴业国:《唐代江南城隍信仰及其民间司法职能研究》,载《求索》2014年第1期,第155—158页;范依畴:《城隍神"法司"角色及其对世俗法制缺憾的弥补》,载《暨南学报》(哲学社会科学版)2013年第9期,第131—135页。

得到强化。例如,明代礼部下发各府州县的一则祭厉文"模板"中如此写道:

> 凡我一府境内人民,倘有忤逆不孝、不敬六亲者,有奸盗诈伪、不畏公法者,有拘曲作直、欺压良善者,有躲避差徭、靠损贫户者,似此顽恶奸邪不良之徒,神必报于城隍,发露其事,使遭官府,轻则笞决杖断,不得号为良民,重则徒流绞斩,不得生还乡里。如有孝顺父母、和睦亲族、畏惧官府、遵守礼法、不作非为、良善正直之人,神必达之城隍,阴加护佑,使其家道安和,农事顺序,父母妻子保守乡里。我等阖府官吏人等,如有上欺朝廷、下枉良善、贪财作弊、蠹政害民者,灵必无私,一体昭报,如此,则鬼神有鉴察之明,官府非谄谀之祭。①

这一祭厉文范本所蕴含的城隍信仰及冥报观念,通过各府州县祭祀时的此种反复展演,而被不断地灌输给普罗大众。② 不仅如此,甚至连明清时期的一些皇帝也带头宣扬善恶报应的观念,所谓"神道设教"在当时绝非虚言。例如,明成祖朱棣亲自编成《为善阴骘》并为该书做序,汇辑了165位因阴骘而获天报者的事迹,逐条加以评论,不仅将此书颁赐给诸位臣工,而且还要求通过科举考试和学校教育在

---

① (明)申时行撰:《大明会典》,卷94,"礼部五十二·群祀四·有司祀典下"。着重号系我所加。瞿同祖曾根据此祭厉文指出:"祭文中所举的罪或善行,可以说皆是世俗的、法律的,而非宗教的,所侧重的制裁也是法律的,而非宗教的。官府所期望的是罪状的揭发,制裁的部分仍由法律机构来执行,只有在未发露的情形之下才请求鬼神予以阴遣。可以说法律制裁是主体,宗教制裁则居于辅助的地位。"瞿同祖:《中国法律与中国社会》,中华书局1981年版,第255页。不过,瞿同祖在引用此祭厉文时,误将其出处写为《明会典》卷94的"《礼部》五五",正确的出处应是"《礼部》五十二"。

② 例如《嘉靖固始县志》《嘉靖衡州府志》中所载的祭厉文均与此几乎完全相同,参见林榮祿:《明代城隍信仰资料辑录》,稻乡出版社2016年版,第168—169、200—201页。

读书人当中推广;①清世祖顺治皇帝不仅为《太上感应篇》作序,而且"反覆原注,微觉繁芜,遂加删正,示以简要"。②

明清时期的报应论话语,不仅通过官方和民间的合力宣扬而得以源源不断地再生产,而且,除了在前述善书、小说、笔记等多类型文献中以文字方式得以传播外,还借助于图像、宝卷、戏曲等载体,以阅图、听唱等视觉、听觉形式影响世人,以期上至达官贵人下至贩夫走卒皆能受其熏陶,而不全受识读能力高低之限制。《感应篇图说》系清人黄正元于乾隆年间所辑注,因其辞浅易晓且图文并茂,流行于清代中后期,尤其是所配的那些刻画果报的图画,哪怕是目不识丁的底层民众,阅之亦能大致领会其意。③ 地狱审判的信仰不仅通过经书传播,而且还以绢画、卷轴、壁画、插图、石刻造像等其他载体更为形象地向世人展示,那些描绘血腥恐怖的地狱行刑诸相的画面,给人以视觉上的强烈刺激,充分发挥着"威慑艺术"之直击人心的独特作用。④ 作为宋元之际产生的一种民间讲唱文学形式,宝卷在明代中叶之后的传播趋于大盛,并且在清代仍为百姓所喜闻乐见。⑤ 而宝卷的内容以

---

① 《为善阴骘》一书及相关材料,载李申选编、标点:《儒教报应论》,国家图书馆出版社2009年版,第172—300页。
② (宋)李昌龄、郑清之等注:《太上感应篇集释》,中央编译出版社2016年版,第238页。
③ 《感应篇图说》全书,载《藏外道书》(第27册),巴蜀书社1994年版。
④ 仁井田陞:《敦煌発見十王経図卷に見えたる刑法史料》,载仁井田陞:《中国法制史研究·刑法》,东京大学出版会1980年补订版,第597—614页(原文载1938年京都大学出版的《东方学报》第25卷第3号,第377—392页);陈玉女:《明代堕胎、产亡、溺婴的社会因应——从四幅佛教堕胎产亡水陆画谈起》,载《成大历史学报》第31号(2006),第65—112页;张帆:《民间善书〈玉历宝钞〉图像研究》,中央美术学院2010届硕士学位论文;易欣、李鹏:《十王信仰传播中视觉形式对民众心态的积极构建》,载《美术观察》2015年第5期,第122—123页;郑梓煜:《酷刑与图画:中西方视觉传统中的肉身苦难》,载《美术研究》2017年第2期,第73页。关于"威慑艺术"的讨论,参见王铭铭:《威慑艺术:形象、仪式与"法"》,载《民间文化论坛》2006年第4期,第34—43页。
⑤ 〔美〕欧大年:《宝卷——十六至十七世纪中国宗教经卷导论》,马睿译,郑须弥审校,中央编译出版社2011年版。

因果报应主题的佛道故事为主,常常会讲唱"游地狱"时所见的各种阴间惩罚之惨状,例如《目连救母三世宝卷》《王大娘游十殿宝卷》《三世修行黄氏宝卷》《翠莲卷》等宝卷中均有对地狱景象的讲述。① 在明清时期的传奇戏曲中,不仅其"'始于穷愁泣别,终于团圆宴笑'的结构模式的形成,与佛、道二教因果业报观念有关",②而且不乏对"地狱巡游"乃至"冥判"的情节展示,例如明代万历二十六年(1598)屠隆创作的《昙花记》中,便专门设置了展示冥司断案情节的一幕(第三十四出"冥司断案"),极力宣扬因果报应不爽。③

二、报应论话语在明清司法场域中各类人物身上的附着

明清时期上述弥散于社会各阶层的报应论观念,自然也会渗入当时的法律场域之中。多位学者业已指出,所谓地狱审判,实质上是俗世官僚社会和人间司法的夸张投影。④ 就此而言,常常借助地狱审判来展现的报应论观念,本身便与人间的法律场域,尤其是司法场域,有着天然的联系。

也因此,在活跃于明清时期法律场域的各类人物当中,并不只有

---

① 尚丽新:《〈黄氏女宝卷〉中的地狱巡游与民间地狱文化》,载《古典文学知识》2013年第6期,第83—87页;张灵、孙逊:《小说"入冥"母题在宝卷中的承续与蜕变》,载《上海师范大学学报》(哲学社会科学版)2012年第2期,第61—68页。
② 郑传寅:《精神的渗透与功能的混融——宗教与戏曲的深层结构》,载《中国戏曲学院学报》2004年第4期,第35页。
③ 蓝青:《晚明世风变异与屠隆戏曲的宗教教化思想——以〈昙花记〉为中心》,载《温州大学学报》(社会科学版)2018年第3期,第87—94页;李艳:《道教劝善书与明清传奇戏曲》,载《天府新论》2013年第4期,第128—132页。
④ 陈登武:《论唐代地狱审判的法制意义——以〈佛说十王经〉为中心》,载《法制史研究》第3期(2002),第69—70页;陈登武:《从唐临〈冥报记〉看唐代地狱审判》,载《法制史研究》第6期(2004),第33页;陈登武:《从戴孚〈广异记〉看唐代地狱审判的法制意义》,载《法制史研究》第12期(2007),第37页;李凤鸣:《法律投影:明清小说中的阴间司法》,载《中华文化论坛》2007年第4期,第98—103页。

讼师被刻画成将遭恶报之辈。被描述为稍有不慎便会恶报近在咫尺的相关人物，还有衙门书吏、差役、幕友与代书，甚至连司法官员也不例外。衙门吏役一向被认为属于"为善难而为恶易者"，①讲述其善恶报应的故事历来比比皆是，见怪不怪。② 幕友，尤其是刑名幕友，因其刀笔之下常常关乎他人性命，也被认为是易招业报的营生，故有"作幕吃儿孙饭""刑名吃儿孙饭"等说法。③ 这种观念在明清时期相当流行，以至于乾嘉时人汪辉祖当初因家贫而欲习幕道之时，其嫡母、生母均惧此业不祥而同声诫止，直至汪辉祖发誓自己绝不敢负心造孽、非分之财一分不入于私囊后，其嫡母、生母方才勉强允可。④ 至于代书，也往往被认为鲜得善终。《居官日省录》便称"夫代书一流，未闻有己身发达、子孙昌盛者"，并将代书与讼师同列，强调两者均"天报甚惨"。⑤ 这种由阴谴和福祚共同构成的果报观念，甚至还延伸到司法

---

① （清）陈宏谋：《在官法戒录》，卷1，"总论"，载（清）陈宏谋：《五种遗规》，清乾隆培远堂刻汇印本，第25页b。

② 例如晚明时期专讲因果报应的文言小说集《轮回醒世》，其卷18为"伢行衙役部"，其中收录了数则专门讲述书吏之善恶报应的故事（例如称正德年间户房书吏林乐成在承办词讼时，少有向事主需索财物，而得福报），从正反两面劝诫衙门吏役须心存善念，而不可为非作歹。参见（明）无名氏：《轮回醒世》，程毅中点校，中华书局2008年版，第551—575页。晚清时期讲述衙门吏役之善恶报应的报纸新闻，例如《刑吏善报》，载《申报》1873年1月13日，第4版；《蠹役恶报》，载《申报》1874年11月19日，第3版。

③ 例如清人李钟璜在《公余便览》一书中有言："千词万状，为幕宾者——得剖其曲直，司其予夺，区其祸福，定其死生。天地神祇，往来环视。类词偶当，必笑颜点首以录功；判词偶谬，则必怒目切齿以记罪。甚有自恃无私，好执偏见，又或徇情贪利，舞弊作奸，种种颠倒，以抑沉冤于莫雪者，彰报尤速，得罪尤烈。故做幕一途，最易损阴德，亦最便于积阴德。"转引自鲍永军：《绍兴师爷汪辉祖研究》，人民出版社2006年版，第348页。与前引《公余便览》中所记文字几乎雷同的阐述，可见于（清）佚名：《幕窗悔过记》，载（清）费寿山：《官幕同舟录》，清同治六年（1867）笠泽三省书屋刊本，卷上。

④ （清）汪辉祖：《佐治药言》，清同治十年（1871）慎间堂刻汪龙庄先生遗书本，"序"，载《官箴书集成》（第5册），黄山书社1997年版，第313页。

⑤ （清）觉罗乌尔通阿：《居官日省录》，清咸丰二年（1852）刊本，卷1，"考代书"，载《官箴书集成》（第8册），黄山书社1997年版，第37页。

官员身上,从而形成了"刑官报应论"等具体的话语模式,①而《为政善报事类》(元人叶留撰)、《迪吉录》(明人颜茂猷撰)、《在官法戒录》(清人陈宏谋辑)、《公门果报录》及《公门果报录续录》(清人宋楚望辑)等书的刊刻与流传,则在官场上反复强化了上述观念。

三、"讼师恶报"话语模式对于官民及讼师本身的不同意义

在此种报应论观念不仅存在于法律场域而且盛行于整个社会的时代背景之下,我们又该怎样理解为何"讼师恶报"话语模式自宋代以来经久不衰且在明清时期愈发兴盛?学界以往对于传统中国时期盛行报应论的诠释,多是称其反映了社会大众在现实生活中欲求正义而不得时对社会公正的无奈期待或向往,抑或从"明有王法,幽有鬼神"的视角指出报应论观念作为看不见的社会控制手段发挥着独特的教化作用。② 这些思考方式当然也可以用来解释宋代以降法律

---

① 邱澎生:《有资用世或福祚子孙——晚明有关法律知识的两种价值观》,载《清华法学》(第9辑),清华大学出版社2006年版,第159—165页;霍存福:《复仇·报复刑·报应说:中国人法律观念的文化解说》,吉林人民出版社2005年版,第217—249页;朱声敏:《鬼神笼罩下的"明镜高悬"——鬼神报应与明代司法吏治》,载《云南社会科学》2014年第4期,第172—176页。

② 郭忠:《看不见的正义——幽冥文化中的"法"观念》,中国政法大学出版社2015年版,第56—59页(该书认为因果报应观念的社会功能包括"强化了社会固有的是非观念和行为准则"、"迎合了人们对社会公正的期待"和"提供了一种超越世间的人生理想");夏清瑕:《另一种秩序:法律文化中的因果报应信仰》,载《宁夏大学学报》(人文社会科学版)2006年第5期,第63页(该文认为"法律文化之中的报应信仰,与其说是对鬼神的信仰,不如说是对正义与公正秩序的道德律的信仰,是通过宗教伦理规范而实现法律规范的作用");李凤鸣:《法律投影:明清小说中的阴间司法》,载《中华文化论坛》2007年第4期,第102页(该文认为"阴间的司法种种,或反映了时人内心的一种理想期望,或反映了无法改变现实的种种无奈,实际上是人世法律观和法律意识的体现","明清小说中的阴间世界,想象中的司法大多表达了作者对正义和公平的向往");徐忠明:《凡俗与神圣:解读"明镜高悬"的司法意义》,载《中国法学》2010年第2期,第138页(该文认为"自从汉魏以后,出现了大量有关'冥判'或'地狱审判'的故事,从而成为了传统中国民众对于司法公正的另类表达和强烈诉求,对于他们的司法信仰也产(转下页)

场域中存在的各种报应论话语,但是,倘若仅仅从这些宏观的视角来理解"讼师恶报"的话语模式,则将错失隐藏在共相背后的一些殊相,无法洞见这种话语模式具体对于官方、社会大众乃至讼师自身的不同影响和意义。以下将对此分别予以论述。

明清时期官方对讼师的打压,并不仅仅体现为在立法上创设"讼师"罪名、在司法上严禁讼师干预词讼以及行政上将讼师视为地方蠹害加以查拿(这种利用"制度资源"打压讼师的做法,实际上未必非常有效①),而是还包括在话语层面上对讼师营生之正当性的坚决否定和对其危害性的大力宣扬。本书第八章中业已指出,"随着从明至清出现诉讼社会的区域范围逐渐扩展,清代的统治者愈发希望能够借助于这种'贪利讼师'形象生产和再生产的话语机制,对讼师这一助讼群体进行整体污名化,以有助于达到遏制总体上趋于扩大的民间

(接上页)生了非常深刻的影响");马力路遥:《制度是如何形成的——从"阴间审判"在我国古代社会治理中的角色谈起》,载《天府新论》2017年第2期,第97页(该文认为"在事实探知能力严重不足的中国古代社会,'鬼神'承载起了人们心目中对弥补'正式制度'所不及、进而维持社会秩序的期待");杨国庆:《中国传统法律的宗教性特征》,载《华东政法大学学报》2018年第2期,第162页(该文认为"城隍司法观念减缓了民众对司法现实的不满,满足了民众对司法公正的期待"、"因果报应观念是社会进行道德教化和善恶评价的重要思想来源,使民众产生了自我约束、惩恶扬善的守法观念"、"鬼神赏罚表达了被'无讼'观念所压制的个人权益、是非标准和社会正义的诉求,并作为人们理想中的完美正义秩序,引导着俗世法趋于完善");吕丽、郭庭宇:《报应观对中国古代司法理念的影响》,载《吉林广播电视大学学报》2018年第8期,第84页(该文认为报应观"所体现出来的'正义'和'公道'的观念,形成了与世俗法律鲜明的对照,两者相互借鉴相互警惕,有效的维持了古代民众心中最基本的正义观念")。

① 邱澎生指出,在清代中期中央政府试图通过修订"教唆词讼"律例来加强查拿讼师事件的努力之背后,潜藏着一种非常微妙的底层结构。也就是说,"这是一种官员与讼师之间'外张内驰'的制度运作框架,表面上,地方官憎恶讼师并宣称要查缉讼师,但私底下,只要讼师'唆讼、包讼'等损人利己犯行不要做得太过分,地方官员在若干限度内,也可以暂不发动实际的惩治行动,而只要虚张声势地覆述一下中央政府颁布的禁令,不见得真要抓来讼师并将其依'教唆词讼'律例施以重刑,这种'外张内驰'的局势,正是存在于当时官员与讼师间的某种恐怖平衡。"邱澎生:《十八世纪清政府修订〈教唆词讼〉律例下的查拿讼师事件》,载《"中研院"历史语言研究所集刊》第79本第4分(2008),第668页。

第九章 "健讼之风"与"讼师恶报"话语模式的复合功能

词讼规模之现实目的"。不过,"讼师贪利"的整体形象之话语建构,尚只是当时官方在话语层面针对讼师所实施的诸多压制性话语实践中的一部分内容,除此之外,同样重要的还有"讼师恶报"的话语建构。按照报应论的话语模式,惟利是图的讼师必将遭致恶报,而那些讲述讼师恶报的故事反过来又强化了贪利讼师的形象。在这种相互强化的过程中,反对讼师的理由变得更加持之有据,而这显然有利于官方对讼师的查禁。事实上,正是借助于"讼师贪利"和"讼师恶报"的双重话语建构及其相互强化,一方面,官方通过"讼师贪利"的整体形象建构,来劝诫普罗大众远离这些借讼牟利之徒,[①]另一方面,通过宣扬"讼师恶报",来劝诫有刀笔之能者亦不可操此不祥之业,通过官方掌握的话语权力来整体剥夺讼师营生的正当性话语资源支持,希望从源头上减少讼师队伍的后备人员规模,进而达到限制讼师对整个司法活动之影响力的现实目的。

与此同时,我们也不能仅仅从上述视角来检视"讼师恶报"话语模式的功用,因为除了官方推波助澜地对其加以利用外,社会大众也是积极参与这套话语模式之制作、消费与传播的绝对主体。随着明清以来讼师队伍规模的日渐扩张,其对普罗大众日常生活的影响也愈发增大,人们在涉讼时常常不得不寻求讼师的帮助,或者不幸成为对方所雇的讼师欲暗中算计的对象。而在许多书面故事和民间口头传说中,唯利是图的讼师更容易成为地方上一些为非作歹但却有钱有势之人的雇请对象,较之于在人数上远远更多的寻常百姓,这些人更有经济能力向讼师支付通常为数不菲的酬劳,故而讼师常常被视为

[①] 川胜守在20世纪80年代初指出,劝告民众切勿受讼师"哄惑"而去打官司的言词,在16世纪以来就已不断地出现在官员文集和各地方志当中。参见川勝守:《明末清初の訟師について:旧中国社会における無頼知識人の一形態—》,载《東洋史論集》第9号(1981),第118—120页。但实际上,此类劝诫之语早在宋代便已出现。

唯有钱者之命是从的帮凶。① 晚清时期的一位文人将此种情形生动地描述为,"富者赖讼师之包庇,头头是道,而贫者愈抑郁而不伸"。② 尤其是当某些讼案里面"两造均不愿终讼,而讼师欲壑未盈,不肯罢手",③"甚有有[原告]痛哭叩求其息事而不可得者",④该讼师乃至讼师行业之整体恶名便会更加传播开来。

由于讼师不仅身负刀笔之长,且相较于寻常百姓往往拥有更广的社会网络和更多的文化资本,故而他们通常是令寻常百姓感到畏惧的人物,即便对其恨如切齿,也往往无可奈何。在这种情况下,普罗大众通过消费并传播那些讲述"讼师恶报"的故事,恰可以此无奈地宣泄对一些为非作歹的讼师之愤恨,来稍稍平衡其心中为恶讼师所破坏的朴素的正义感。而从社会学的角度来看,升斗小民们对"讼师恶报"故事的共同消费与相互传播,将在某种程度上起到削弱讼师的社会资本和剥夺刀笔之技的象征资本的作用,不仅会促使讼师在其所在社群乃至整个社会中更加孤立(社会资本受损),而且还会导致讼师及其所操的刀笔之技的象征性恶名盖过其作为读书人所原先拥有的那种文化资本(例如将讼师斥为"斯文败类"),其结果是,那些生

---

① 民国初期,一位论者为后来颇为畅销的《中国恶讼师》一书所写的序言,便反映了此种刻板印象和长期的社会记忆:"概夫世风衰微,人心险诈,弱肉强食,恃势横行,法律等诸弁髦,官吏尽为豪役,与夫一二涛(系"诪"字之误笔——引者注)张为幻之人出而运其手腕,为以毒攻毒之计,则饮恨吞声者愈多,而世事益不可闻矣。……彼不问是非,不询曲直,有钱者来,无金者拒,其所救济者,大率出诸豪富之家,而寒素不与也。是讼师,又恐贫困者之或得其直,而益助富豪以凶横也。"襟霞阁主人编纂:《中国恶讼师》,上海襟霞阁1919年印行,"序二"(吴瑞书撰)。
② (清)顾家相:《中国严禁讼师外国重用状师名实异同辩》,载(清)甘韩纂、(清)杨凤藻校正:《皇朝经世文新编续集》,卷4"法律",台北文海出版社1972年版,据光绪壬寅(1902)夏五日商绛雪斋书局石印本影印,第344页。
③ (清)方大湜:《平平言》,清光绪十八年(1892)资州官廨刊本,卷3,"讼师未获须恐以虚声",载《官箴书集成》(第7册),黄山书社1997年版,第677页。
④ (清)何耿绳:《学治一得编》,清道光二十一年(1841)眉寿堂刊本,"拟案五则",载《官箴书集成》(第6册),黄山书社1997年版,第678页。

第九章 "健讼之风"与"讼师恶报"话语模式的复合功能

活于寻常百姓身边的讼师即便因此发家致富(获得经济资本),也无法享有诸如尊荣、良好的声望之类的象征资本。①

需要指出的是,参与"讼师恶报"话语模式之再生产的社会大众,并非只有那些创造出此类故事的民间精英人物,而是连目不识丁的贩夫走卒也包括在内,因为这套话语模式绝不只是通过文字的方式为能文识字之辈所消费,而是还借助视觉、听觉的传播方式向社会底层的各个角落弥散开来,进而维系着鄙夷讼师的主流社会意识形态并使后者能够不断得到再生产,以促使在此种社会压力之下,不至于有太多的读书人将讼师行当作为其首选的营生方式。

前面已经讨论了"讼师恶报"话语模式分别对于官方和社会大众的意义,接下来将转到另一个先前常常被研究者们忽略的重要问题,亦即这种"讼师恶报"话语模式对于讼师本身而言又意味着什么?

如上所述,在宋代以来的法律场域中,被报应论话语笼罩的,除了讼师,还有衙门书吏、差役、幕友与代书,乃至官员。而在这些人物当中,唯独讼师所从事的是官方正当性稀薄乃至被认为完全非法的营

---

① 此处所用的"社会资本""文化资本""物质资本""象征资本"等概念,系借用法国社会学家布迪厄(Pierre Bourdieu,又译为布尔迪厄)的内涵界定。布迪厄认为,资本可以表现为三种基本形态,即经济资本、文化资本和社会资本。其中,经济资本"可以立即并且直接转换成金钱,它是以财产权的形式被制度化的",文化资本"在某些条件下能转换成经济资本,它是以教育资格的形式被制度化的",而社会资本则"是以社会义务('联系')组成的,这种资本在一定条件下也可以转换成经济资本,它是以某种高贵头衔的形式被制度化的",参见〔法〕布尔迪厄:《文化资本与社会炼金术——布尔迪厄访谈录》,包亚明译,上海人民出版社1997年,第192页。有学者将之概括为"经济资本(财产)、社会资本(主要体现为社会关系网络,尤其是社会头衔)以及文化资本(尤其是教育资历)",参见朱国华:《权力的文化逻辑:布迪厄的社会学诗学》,上海人民出版社2016年版,第107页。象征资本(symbolic capital)是布尔迪厄所用的另一个重要学术概念,张小军曾对象征资本理论做过精炼的梳理,总结了象征资本的两大特点,亦即所有资本都可呈现为象征资本、象征资本具有再生产性,此外还指出布迪厄强调"象征资本涉及到对声望、名声、奉献或者荣誉的积累,并建立在一种对知识(connaissance)和认知(reconnaissance)的辩证基础上",参见张小军:《阳村土改的阶级划分和象征资本》,载《中国乡村研究》(第2辑),商务印书馆2003年版,第99—100页。

生、书吏、差役、幕友与代书虽然社会地位不高,但在官方看来仍属正当或者说不得不有的行业。由于讼师被官府视为极具社会危害性乃至根本就属非法(尤其是清代乾隆年间之后,官方更是以在《大清律例》中不断增纂例文的方式,要求各地官员对讼师严加查禁)。故而在这种官方治理结构之下,一方面,讼师们无法形成类似于近代西方律师行会那样的专业组织并进行职业伦理的自治性规训。① 尽管明清时期有些地方(例如湖南会同县)的讼师私下结党形成自称"仓颉会"之类的组织,②但那只是为了实际包揽词讼方便而以奉祀仓颉为借口的地下聚会场所,与西方近代作为律师自治组织且公开合法的律师行会不可同日而语。另一方面,讼师们无法通过哪怕是贫乏的经验分享来促成其"职业伦理"的公开交流。明清时期的一些讼师秘本中,虽然也有对于代人撰写状词并助讼者的教诲之辞,甚至还是以报应论的口吻加以讲述(例如《萧曹致君术》在其首卷的"兴讼入门要诀"中写道,"凡作状词之人,甚不可苟图一时润笔之资,飘空架砌,坑陷生灵,致两家荡产倾家,大小惊惶不宁。眼前虽得钱渡活,而自己方

---

① 律师行会对西方近代律师职业的形成至关重要。庞德(Roscoe Pound)很早就指出,组织、专业知识和为公众服务的精神这三大要素,共同决定着律师能够被视为一种专门的职业,且只有律师行会,而非个体的律师,才能阐明并维系关于其与法庭及顾客之关系的伦理行为标准,参见 Roscoe Pound, *The Lawyer from Antiquity to Modern Times*, St. Paul: West Publishing Co. , 1953, pp. 1-11。以近代律师职业的诞生地英国为例,林肯会馆(Lincolnn's Inn)、中殿会馆(The Middle Temple)、内殿会馆(The Inner Temple)、格雷会馆(Gray's Inn)等四大律师公会起到了非常重要的作用。尽管也有一些学者认为早在罗马帝国晚期,律师职业便已经在西方形成,但通说认为,真正意义上的律师职业,乃是 13 世纪以来诞生于英国。参见黄美玲:《律师职业化如何可能——基于古希腊、古罗马历史文本的分析》,载《法学家》2017 年第 3 期,第 87—98 页;〔英〕保罗·布兰德:《英格兰律师职业的起源》,李红海译,北京大学出版社 2009 年版。

② 〔日〕夫马进:《明清时代的讼师与讼事制度》,范愉、王亚新译,载〔日〕滋贺秀三等著,王亚新、梁治平编:《明清时期的民事审判与民间契约》,法律出版社 1998 年版,第 417 页。此外,《清稗类钞》一书中的"狱讼类"在记述讼师伎俩故事时,也暗示一些讼师借"作文会"之类的场所作为私下联络之地(讼师袁宝光事),参见(清)徐珂编:《清稗类钞》(第 3 册),中华书局 1984 年版,第 1191—1195 页。

第九章 "健讼之风"与"讼师恶报"话语模式的复合功能

寸有亏,阴骘损坏";《词家便览萧曹遗笔》则在其卷一的"法家体要"中声称,"凡举笔必须情真理真,然后顺理陈情,不可颠倒是非,变乱曲直,以陷人于非罪也。天鉴在兹,不可不懔"①),但讼师秘本中这些零星的教诲之辞,往往很快就会被淹没在其书中那些着重讲述的如何追求战无不胜的状词书写技巧当中,可见讼师秘本的编纂者也缺乏将那些所谓的教诲之辞系统地建构为其行内人士共有的价值标准或公认的行为准则的动力。再加上讼师秘本本身又是官方眼中应予禁毁的非法书籍,尤其是清代乾隆朝以来,《大清律例》在其陆续增纂入内的例文中,明确将查禁讼师秘本列入地方官府的政务事项之一,讼师秘本中那些所占文字篇幅很短的教诲之辞,更是没有了被从正面加以详细阐发并公开流传的机会和资源。

讼师秘本中这些本已少得可怜的教诲之辞在传播过程中的上述境遇,相较于官箴书甚或幕友著述的公开、合法刊行推动了各自的"职业伦理"养成和规范化,二者有着天壤之别。相比之下,明清时期面向官员讲述行政与司法之经验和态度的内容,借助官箴书的大量公开刊行而在官场上流传(例如汪辉祖的《学治臆说》),从而有助于推动官员们在行政和司法方面的"为官之道"(其中自然也包括今天称之为"职业伦理"的那部分内容)的普及。② 甚至幕友也可以将其所撰所藏的幕学著述"秘本"公之于众供同行传抄,并且常常在其晚年时将之公开印行出版,进而推动了幕学知识(讲述幕友之"职业伦理"的内容是其重要的组成部分)的公开交流,扩大了其对主流法律知识

---

① 对明清讼师秘本中的"教诲之辞"的介绍,参见〔日〕夫马进:《讼师秘本的世界》,李力译,载《北大法律评论》(第 11 卷第 1 辑),北京大学出版社 2010 年版,第 214—220 页。夫马进由此写道,"至少我们有充分理由认为讼师们在很大程度上拥有教诲和'伦理'"。

② 徐忠明:《清代中国法律知识的传播与影响——以汪辉祖〈佐治药言〉和〈学治臆说〉为例》,载《法制与社会发展》2011 年第 6 期,第 115—136 页。

体系的影响。①

置身于明清时期的社会历史背景之下,哪怕有某些讼师不满于"讼师恶报"的话语模式,作为操持此种被官方认为非法的营生之人,他也无法通过堂而皇之的书写权力和公开的辩驳来与之对抗,同时亦无类似于近代西方律师行会那样的组织为其统一发声。哪怕是个别讼师冒险为之,例如其作者姓名不详的讼师秘本《袖珍珥笔全书》中自诩代人"作状乃仁中之直",属于"代哑言,扶瞎步,砌缺路,渡深河,济弱扶倾,褒善贬恶,均利除害"之善举,②而清代乾隆年间江苏讼师诸馥葆在其遗著《解铃人语》中声称,自己乃是由于"恨下愚无智,屈于强有力者"才代人写状词助讼,"实非导人以斗智竞巧,实为人解铃耳",③但这些声音,仅仅局限在讼师秘本这类非法书籍的狭隘文字空间内部,无法在社会大众当中获得广泛的传播,更遑论对那种源远流长、根深蒂固的否定讼师营生之正当性的主流意识形态构成强有力的挑战,正所谓蚍蜉不足以撼大树。就此而言,在上述各类活跃于法律场域的人物当中,讼师作为个体,最缺乏规范化的正式"职业伦理"之约束,而讼师行业作为一个整体,也缺乏组织化生产出来的正式"职业伦理"之保护。

如果考虑到上述这种讼师自身内部无法进行广泛的"职业伦理"建设乃至可谓缺失的实际情况,那么,明清时期流行的"讼师恶报"话语模式,恰恰在某种程度上对其起到了一定的功能替代,而作为一种从外部嵌入的弱控制机制发挥着微妙的作用。更具体来说,对于众多

---

① 陈利:《知识的力量:清代幕友秘本和公开出版的律学著作对清代司法场域的影响》,载《浙江大学学报》(人文社会科学版)2015年第1期,第13—32页。

② 转引自〔日〕夫马进:《讼师秘本的世界》,李力译,载《北大法律评论》(第11卷第1辑),北京大学出版社2010年版,第215页。

③ (清)诸馥葆:《解铃人语》,载虞山襟霞阁主编、衡阳秋痕楼主评议:《刀笔精华》,王有林、史鸿雯校注,中华工商联合出版社2000年版,第61—62页。

第九章 "健讼之风"与"讼师恶报"话语模式的复合功能

分散在民间各地的讼师个体而言,"讼师恶报"的话语是其无法完全忽视的外在威慑,从而程度不等地对每位讼师的行事构成了弱约束,毕竟,生活在宋代以来社会当中的任何人士,都不可能完全不受儒释道所共同宣扬的报应论的影响;对于整体的讼师行当而言,"讼师恶报"的话语程度不等地影响着每位操此营生的成员,并通过这种外部嵌入的弱约束,在某种程度上维系着讼师行事的大致下限标准,不至于出现绝大部分的讼师都是在毫无底线地唯利是图、胡作非为的情况(试想一下,倘若讼师所提供的服务给其雇主所带来的完全就只有损害,则在长期的社会博弈当中,民众对讼师服务的不得已依赖迟早会被彻底斩断,结果将造成整个讼师行业的社会需求丧失殆尽),从而使得讼师行业作为一个整体能够凭借其所具有的那种独特的"不具官方正当性的社会需求",在官府施加其身上的种种重压之夹缝中顽强地持续生存下去。

第四节 "讼师恶报"话语的力量及其局限性

从宋代开始,"讼师恶报"的话语模式便已经成型,并在明清时期被儒释道三家不断地复制、扩展和推陈出新,从而成为当时社会中广为流行的报应论话语中极具特色的重要组成部分。

若要真正理解"讼师恶报"话语模式的功用,则必须注意到其分别对于官方、社会大众和讼师自身的前述三重意涵。"讼师恶报"的话语模式兼具官方和民间的双重色彩。官方以此来劝诫读书人不可操持讼师营生,希望能有助于从源头上减少既有讼师队伍的后备补充力量,从而有助于遏制其所认为的"健讼之风"在当时民间的加剧和蔓延。而社会大众则以此来表达对一些明显挑词架讼和借讼取利的讼师的反感,无奈地宣泄对其不满之情,希望能以此使其稍微收敛,并表达对正义的渴望。更加值得注意的是,官方对讼师营生的打压,造成了讼师整体作为一个非法的群体无法从其内部公开地发展出自我约束的"强"职业伦理,结果造成外部嵌入的"讼师恶报"话语模式在某种程度上实际充当着对讼师个体及其整体之行事下限加以"弱"约束的功能替代品,从而使得讼师行业那种极为特殊的"不具官方正当性的社会需求"之再生产,不至于因为其所有成员行事都会完全毫无节制而在民间社会里面彻底中断。不过,由于"讼师恶报"话语模式实际上只是构成了对讼师行事的一种"弱"约束,一些在经受了报应论话语不断刺激后仍然执意选择此业的讼师,反而在某种程度上更加"破罐子破摔"地扎根在了许多地方的诉讼活动背后,将其作为自己主要的谋生方式,从而成了官方眼中如影随形般助长"健讼之风"的不安分之人。

结　语

　　自汉代以来,儒家思想成为帝制中国时期官方意识形态中最为重要的组成部分,儒家道德观亦更为深入地影响着中国传统诉讼文化。于是,在官方话语当中,"无讼"的治世理想被反复强调,"息讼"的典型事例被广为宣扬。诸如此类弥散于历朝史籍之中的书写,也深刻影响到当代学者的看法。在 20 世纪 80 年代后期和 90 年代前期,学术界主要致力于从宏观角度阐释"无讼"作为中国传统法律文化的价值取向,重点讨论由此衍生出来的"厌讼""耻讼""惧讼""贱讼"等观念及其影响。[①] 大致自 20 世纪 90 年代中期以来,一些学者受社会

---

　　① 此种思维惯习和固有看法影响广泛。一个典型的例子是,在 2007 年国家司法考试试卷的卷四当中,有一道分值为 25 分的分析论述题。该道论述题先是提供了两段素材,一段素材的内容是"中国古籍《幼学琼林》载:'世人惟不平则鸣,圣人以无讼为贵。'《增广贤文》也载:'好讼之子,多数终凶。'中国古代有'无讼以求''息讼止争'的法律传统",另一段素材的内容是"1997 年 3 月 11 日,时任最高人民法院院长任建新在第八届全国人民代表大会第五次会议上作最高人民法院工作报告时指出,1996 年全国各级人民法院共审结各类案件 520 多万件,比上年上升约 16%。2007 年 3 月 13 日,最高人民法院院长肖扬在第十届全国人民代表大会第五次会议上作最高人民法院工作报告时指出,2006 年各级人民法院共办结各类案件 810 多万件",然后要求考生"根据所提供的素材,请就从古代的'无讼'、'厌讼'、'耻讼'观念到当代的诉讼案件数量不断上升的变化,自选角度谈谈自己的看法"。

史研究进路的启发,同时也得益于法律史料利用方面的便利性增强,逐渐对先前关于"无讼""厌讼"等的学术讨论之不足进行反思,利用地方志、民间文书、诉讼档案等丰富的史料,从不同的角度展示了,自宋代以来,尤其是到了明清时期,据记载在全国范围内的不少区域均程度不等地存在"健讼之风"。由此,围绕传统中国社会的诉讼风气究竟是"厌讼"抑或"健讼",在当下学术界大致形成了"厌讼说""健讼说""折中说"等三类不同的认识和主张。

本书第二章和第三章的讨论业已展示,传统的"厌讼说"没有看到"无讼"作为儒家心目中的治世理想与宋代以降社会经济变迁之间的张力,固执地以为儒家道德观在不同时期的意识形态濡化能力始终那么强而有力,而晚近以来兴起的"健讼说",虽然注意到宋代以降各种史籍中有着许多关于某些地方词讼纷繁的记载,但又常常对那些记载过于信以为真,在试图推翻"厌讼"的宏观旧论后,又将"健讼"放大为另一种总体性判断,忽略了该现象的区域性特点。也正因为如此,近年来有不少学者更倾向于持"折中说"的立场,亦即主张在此问题上应当更为谨慎地作出学术判断。①

持"折中说"立场的学者们,一方面意识到"厌讼"的笼统说法想当然地认定"无讼"的意识形态必会在社会当中如其所愿地得到落实,这种主要只是着眼于大传统文化所下的判断过于绝对化,另一方面也对其他学者在主张"健讼"时所用的论证方式乃至某些矫枉过正的结论加以检讨。

---

① 例如,徐忠明和杜金指出,"就目前所见资料来看,与过去相比,清代的诉讼可能多了起来,民众的'好讼'风气也可能比较炽盛;而在民众'好讼'的周边,也可能存在着'厌讼'或'惧讼'的心态",但他们同时也强调,"我们似乎很难在一般意义上谈论清代民众究竟是'好讼''厌讼'或'惧讼'的问题",清代民间社会的诉讼风气"仍然是一个有待进一步探究的问题"。参见徐忠明、杜金:《清代诉讼风气的实证分析与文化解释——以地方志为中心的考察》,载《清华法学》2007年第1期,第125页。

此类反思所针对的一个焦点问题,便是如何看待那种以诉讼案件数量(或者称作诉讼规模)作为衡量民众是否"健讼"之标准的具体研究方法。例如吴佩林明确主张,目前还没有充足的史实证据可以证明清代整个地方社会呈现出"健讼""好讼"的特征,不仅"现存的清代官箴、日记之类的史料几乎没有一个较长时间段的关于'健讼'数据的准确记载",而且从清代在任县官的接词簿、县官离任时移交下任的词讼清册、各地档案馆现今保存的清代司法档案数量等基础材料来看,也很难获得关于当时诉讼案件数量的精确信息。①

　　还有一些学者则强调,在断定某地是否存在"健讼之风"时,还应该结合当时当地的人口因素加以考量。例如,柳立言在评论青木敦关于宋代江西民风"健讼"的观点时提出质疑说,"究竟江西的健讼是真像还是假像?"他接着追问道,"要证明该地有健讼,必须指出,五千人时只有五个案件,五万人时却有一百件,比例上从千分之一增加至千分之二。但是,现存史料根本不足以作出这样的统计。……江西的人口与资源在哪些时间点出现比例失调?健讼是否在这些时间点发生?这些问题,是应该探讨却难以探讨的……"②徐忠明和杜金也认为,"与人口的绝对增长相比,明清时期的诉讼数量是否也有绝对的增长呢?这是一个悬而未决的问题,至少也是一个没有统计数据予以证实的问题"。③

---

①　吴佩林:《清代县域民事纠纷与法律秩序考察》,中华书局 2013 年版,第 167—180、196 页。

②　柳立言:《导论》,载柳立言主编:《近世中国之变与不变》,中国台湾地区"中研院"2013 年版,第 38 页。

③　徐忠明、杜金:《清代诉讼风气的实证分析与文化解释——以地方志为中心的考察》,载《清华法学》2007 年第 1 期,第 100 页。另有学者也指出,"从目前的研究史料中很难得出清代社会的诉讼风气到底是健讼还是无讼的确切结论。因为要弄清楚清代社会的诉讼之风,必须要将古代社会的人口数量、案件数量进行纵向和横向的比较才能给出论断。但是,基于史料的原因,目前开展此项研究还非常困难"。魏顺光:《清代中期的"藉坟滋讼"现象研究——基于巴县档案为中心的考察》,载《求索》2014 年第 4 期,第 163 页。

近年来有学者更是提出诉讼人口比(诉讼案件数量与对应年份的人口数据的比值)这一指标更适合作为衡量某地是否存在"健讼之风"的标准,并以清代中后期四川巴县的情况为例指出,"在人口数量发生绝对增长的情况下,如果诉讼数量的增长幅度落后于人口,诉讼的密度就会被稀释,诉讼规模反而可能呈现收缩趋势。只有当案件数量的增长幅度超过正常反应范围,健讼之说才能得到有力支撑。因此,诉讼数量持续增长并不能表明巴县的诉讼风气一直处在活跃状态;与之相反,诉讼人口比的变化指出,清代巴县的诉讼风气至少在后期曾得到明显缓和"。①

上述这些提醒和反思,有助于矫正近年来一些学者在批判了"厌讼"旧论后便径自强调"健讼"新说时所表现出来的矫枉过正之弊病,但其本身也存在一些需要我们反思的地方。在我看来,上述这些反思更多体现了当代一些研究者在追求还原历史真实时倾向于越细微精准越好的学术情节,但却在某种程度上忽略了,自宋代至清代,当时的人们在声称某地存在"健讼之风"时为何往往都是在抽象地予以描述,从未见到过当时有人会像一些当代学者那样,去思考如何针对何谓"健讼"确立一个精确的量化衡量标准。即使当时有些人在描述"健讼之风"时举例宣称某地衙门放告之日所收到的词状数量有多少张云云,他们也完全没有说过,正是因为该衙门所收到的词状超过了多少张,所以便可以认定该地存在"健讼之风"。这并非由于古人普遍缺乏精确量化的表述习惯,而是因为,当时越来越多的官员和士大

---

① 黄艺卉:《诉讼人口比与清代诉讼实态——以巴县为例》,载《法律和社会科学》(第17卷第1辑),法律出版社2019年版,第62—82页。另有学者以清朝道光年间陕西巡抚卢坤撰辑的志书《秦疆治略》为素材,试图根据人口数量、人口构成和人口密度等三个指标,对清代陕西的人口与该书中那些被记载为"好讼"或"寡讼"的省内各地诉讼风气之间的关联性进行定量分析,参见胡瀚:《人口与诉讼风气关联性的定量分析——以〈秦疆治略〉所载数据为中心的考察》,载《陕西理工大学学报》(社会科学版)2020年第3期,第55—61页。

夫们将"健讼之风"视作一种社会问题进行描述时,只需要将其作为一种能引发某种共情的感觉加以分享即可,而无须给出对其判断标准的精确说明。就此而言,我们有必要来重新审视一些学者略有提及的某个视角,亦即将"健讼"与某种主观认知和道德判断联系起来加以理解。

管见所及,有数位中外学者曾谈到过上述视角。徐忠明和杜金认为,"地方志有关'好讼'或'健讼'的记载,很有可能只是作者对于当时当地的诉讼风气的主观感受和道德评判,因而与民众诉讼的实际状况并不等同。"① 吴佩林指出,"官方关于'健讼'的描述与'无讼'一样,仍然不过是一个道德层面的述语"。② 一些日本学者则更是直接主张应当将"健讼之风"的描述与当时官僚们的某种主观认知联系在一起进行理解。例如,青木敦在讨论宋代江西的"健讼之风"时强调,"这里所谓的健讼,并非是制度上的具有共有意义的词。是指:'这里所谓的健讼,并非严格的法律用语。而是指某个诉讼状态存在之际,士大夫官僚视为健讼就当作健讼'"。③ 与青木敦此种强调"健讼只是官僚的印象"的看法相类似,小川快之在主要研究宋代至明代江西地区的"健讼"问题时,也专门谈到应当注意"健讼"一词的使用背景:

> 起初,"健讼"只是表达官僚等人的认知,实际情况如何并不清楚,也许只是书写者本人的感受而已。写下哪州"健讼"的判断时,"健讼"只是作为一种模糊的印象而被使用,实际上,该州总体如何、州内部是否有所差别等具体问题则不易被确知。而

---

① 徐忠明、杜金:《清代诉讼风气的实证分析与文化解释——以地方志为中心的考察》,载《清华法学》2007年第1期,第102页。
② 吴佩林:《清代县域民事纠纷与法律秩序考察》,中华书局2013年版,第196页。
③ 〔日〕青木敦:《江西有珥笔之民——宋朝法文化与健讼之风》,载柳立言主编:《近世中国之变与不变》,中国台湾地区"中研院"2013年版,第340—341页。

且,"健讼"所表达的意思也因其书写之人与时代的不同而有所差异。一般而言,写入文献史料的记载,以该书写者的视角、感觉而写就,不能径断为"所写=实态"。而有关"健讼"的史料,因为其内容颇为含糊,所以在处理史料之际尤需多加注意。总之,既然"健讼"一词在使用上如此不明确,那么探究"健讼"背景这种问题设定与研究方法就没有那么大的意义。笔者认为,对于被认为"健讼"的地方,如果能阐明导致其诉讼增加的具体机制,就可以逼近传统中国社会秩序的具体像。①

尽管徐忠明、杜金、吴佩林等中国学者并未就其所说的此种道德评判展开详细的论说,而青木敦和小川快之则被其他学者批评在具体行文论证过程中,实际上"都将江西的'健讼'当作'实态',而不触及书写者的主观感受问题",②但他们论及的上述视角,仍然为我们深入认识那些关于"健讼之风"的描述提供了某种有益的启示。

在我看来,清代许多文献中那些关于"健讼之风"的描述,看上去似乎只是一种模糊的观感与印象,甚至有时显得仿佛是人云亦云的成见而已,且这些描述所试图呈现的"健讼之风",在程度方面有时亦存在微妙的差异,但其背后却潜藏着一个看似含糊实则有具体所指的共同点。那就是,当官员和士大夫们将"健讼之风"作为一个让其感到忧心的现实问题进行描述乃至谴责时,他们实际上是在暗示,当时当地的词讼规模业已超过了官府衙门通常的理讼能力。

本书第六章当中业已指出,在清代,一个州县衙门平均每月所能实际审结的词讼数量,一般只有一二十件。至于那种被认为超过了官

---

① 〔日〕小川快之:《传统中国的法与秩序:从地域社会的视角出发》,赵晶编译,台北元华文创股份有限公司2018年版,第13—14页。
② 赵晶:《中国传统司法文化定性的宋代维度——反思日本的〈名公书判清明集〉研究》,载《学术月刊》2018年第9期,第160页。

结　语

府衙门通常的理讼能力而达到的现实词讼规模,具体究竟是 633 件(这是白德瑞对巴县衙门在光绪三十三年至宣统元年间年均新收词讼数量的估算数字①)、1098 件(这是夫马进对巴县衙门在同治年间年均新控讼案的估算数字②)抑或更多,所意味着的只有一种量的区别,而并非质的不同。由此我们也就能够理解,清代的官员和士大夫们在描述"健讼之风"时,为何所举出的例子都是衙门收到的词状有多少份而并非有多少起讼案。那是因为,就其给衙门理讼造成的压力而言,大量的词状和大量的案件并无本质上的区别。在清代,州县官收到每份词状(无论是原被两造最初的告状和诉状,还是他们后续交来的催呈和投词)之后,通常都需要在上面作出批语,而这就意味着,每一张词状都将耗费州县官的理讼精力。就此而言,那种对"健讼""好讼""刁讼""缠讼""唆讼"的细加区分,在这里实际上也没有太大的意义,因为在其给衙门理讼造成了巨大负担这一点上,它们彼此之间并不存在本质上的差别。正如有学者已经指出的,"在官方看来,那些'摭琐屑之事而渎呈'的轻讼、'架重大之情而枉听'的刁讼、'一事而进数十之续词'的缠讼、'代旁人而称为切己'的唆讼等行为都属于'健讼'"。③

此外,一些当代学者们试图通过计算诉讼人口比的方式来对清代"健讼之风"进行衡量的作法(例如计算每十万人中有多少起讼案),亦未真正触及到问题的关键要点。那是因为,清代官府真正在意的,并非当地的每一位百姓是否都可能会到衙门打官司,而是那些蜂拥而至的状纸所意味着的词讼总量给衙门理讼能力带来了巨大的

---

① 〔美〕白德瑞:《爪牙:清代县衙的书吏与差役》,尤陈俊、赖骏楠译,广西师范大学出版社 2021 年版,第 336 页。
② 〔日〕夫马进:《中国诉讼社会史概论》,范愉译,载〔日〕夫马进主编:《中国诉讼社会史研究》,范愉、赵晶等译,浙江大学出版社 2019 年版,第 75 页。
③ 吴佩林:《清代县域民事纠纷与法律秩序考察》,中华书局 2013 年版,第 180 页。

挑战，至于这些词讼究竟是在本地民众当中均匀地分布，还是其实只是由其中的一小部分百姓所提起，则并非其最关心的重点。

质言之，清代文献中那些关于"健讼之风"的书写，看似只是在描述一种客观的事实和现象，但其实更关键的是以此来暗示词讼规模业已超过了官府衙门通常的理讼能力，从而给后者造成了原本不应该承受的极大负担。这才是清代史籍中那些时常可见到的关于"健讼之风"的描述的本质性特点，也正是本书为何将这些描述看作是一种话语的主要原因。

清代的"健讼之风"话语意在凸显的乃是一种表达性现实，而并不追求根据各地具体的客观情况详细给出精确化的相应描述。以往的一些研究注意到了关于"健讼之风"的描述所具有的主观性感受的一面，但并未进一步揭示此类话语同时还具有控制性和建构性的重要功能。

清代官员和士大夫笔下对"健讼之风"的描述，既是当时官府理讼能力与民间诉讼需要之间的张力不断拉大这一客观现实的某种主观呈现，亦是当时的司法/行政体制在制度资源方面逐渐无法有效地应对社会变迁之时，用来弥补其正当性和合理性的一种话语资源。正如本书业已论述的，在此种通过"健讼之风"话语所建构的表达性现实当中，充斥着一些微妙的权力关系。例如，面向社会大众时，官员和士大夫们希望以此来规训百姓们不应该将如此众多的词讼提交给当地衙门；面向讼师时，官员和士大夫们痛斥其为致讼之源，并将打压查禁讼师视为官府的一大要务；面向自上而下层层施加的清理讼案之考核压力时，官员们则会利用声称当地的"健讼之风"由来已久且根深蒂固，来在其上司面前暗示并非自己不曾尽心竭力，而实在是由于涌入所在衙门中的那些讼案数量已经远超其通常的理讼能力，期望替自己短暂任上无法做到及时清结全部讼案进行某种微妙的辩护。

不仅如此，此类"健讼之风"话语所建构的表达性现实，在那种以

结 语

"无讼""息讼"理念为正统的意识形态加持下,还被作为采取相应的"针对性"举措的主要决策依据,从而促使此种话语实践转化为相应的社会实践。于是,如何利用制度资源(例如在《大清律例》中明确将查拿禁缉讼师规定为地方官员的政务内容)和话语资源(例如大力宣扬"讼师贪利"和"讼师恶报")来打压查禁讼师,便被认为是治理"健讼之风"时的重中之重。相形之下,在那些与衙门理讼能力有关的制度资源建设方面,例如负有理讼之责的州县官职位数量之设置,以及州县官的实际任期长短,却反而没有受到真正的重视。正是由于存在于"健讼之风"话语所建构的表达性现实与由社会经济结构变迁所决定的客观性现实之间的认知偏差,导致清代官方对"健讼之风"的治理,在具体成效上注定将无法获得真正的成功。

附录 "案多人少"的应对之道：清代、民国与当代中国的比较研究*

大约从2005年左右开始，关于当下中国司法系统正在遭遇"案多人少""诉讼社会"之困境的论调，开始越来越多地见诸报端。① 对此类主题的报道，在《法制日报》《人民法院报》《检察日报》等中央级法制类报纸，以及《江苏法制报》等地方法制类报纸上，更是经常可以见到。② 例如最高人民法院当时的一位工作人员曾说，"近些年来，'案多人少'已经成为人民法院工作面临的最突出的困难和问题。这一问题，不仅在法院系统尽人皆知，而且在社会上也引起广泛关注，在两

---

* 本文原载《法商研究》2013年第3期，第147—154页。此次收入本书时，对其中的个别表述稍做了修改，并补充引用了一些文献。

① 例如刘旦、崔素华：《向外地借法官应对"诉讼爆炸"》，载《广州日报》2005年9月20日，第6版；刘建华、时明霞、李建新：《平罗法院破解案多人少困局》，载《宁夏日报》2008年8月13日，第12版；陈菲、隋笑飞、胡浩：《加强调解应对"诉讼爆炸"》，载《新华每日电讯》2010年3月12日，第3版。

② 例如余建华、陈群：《要尽快解决法院案多人少的矛盾》，载《人民法院报》2006年2月28日，第2版；徐育：《攻坚"案多人少"难题》，载《江苏法制报》2008年2月26日，第1版；王斗斗：《调解优先浇灭"诉讼爆炸"引线》，载《法制日报》2009年7月30日，第5版；杨维汉：《法官律师调解纠纷缓解"诉讼爆炸"》，载《人民法院报》2009年12月1日，第1版。

会上一再引起热议,中央有关部门更是高度重视,采取增编、加强基层保障等方式予以缓解",并强调"'案多人少'已经放大成为反映法院工作困难、压力、难度和挑战的代名词","是新时期人民法院工作面临的一个重大而又迫切需要解决的'瓶颈'问题",从某种意义上说,它也"是经济社会发展的必然结果,是我国一定程度上进入'诉讼爆炸''诉讼社会'的集中表现"。①

对这种所谓"案多人少"状况的讨论,在中国法律实务界早已不绝如缕,只要稍稍翻翻近年来的法制类报纸以及《人民司法》《中国审判》《法律适用》等刊物,便可以发现许多出自司法实务界人士之手的讨论这一问题的相关文章。除了法律实务界,在中国法学界也不乏其声。② 不过值得注意的是,尽管在具体的落脚点上各有侧重,但先前的那些讨论,几乎无一例外地均集中于如何在现有的条件下通过哪些方式对所谓"案多人少"的困境予以缓解乃至克服。

与那些现实主义的对策性论说不同,本文将在历史维度中审视这一问题。本文首先要追问的是,"案多人少"是否只是"近些年来"或"新时期"的"新现象"?倘若人们对晚近以来的学术进展有所了解的话,那么可以发现,一些研究者曾以"诉讼社会""健讼社会"之类的语词来描述明清时期的诉讼状况。但是,这也并不意味着"案多人少"因此就完全只是一个"旧问题"而已。本文的目的在于,通过对清代、民国和当代中国应对类似状况的途径加以比较,从中发现主要的

---

① 罗东川:《案多人少的"瓶颈"能否打破》,载《人民法院报》2011年3月9日,第5版。

② 例如苏力:《审判管理与社会管理——法院如何有效应对"案多人少"》,载《中国法学》2010年第6期,第176—189页;范愉:《司法资源供求失衡的悖论与对策:以小额诉讼为切入点》,载《法律适用》2011年第3期,第14—19页;蒋银华:《司法改革的人权之维——以"诉讼爆炸"为视角的分析》,载《法学评论》2015年第6期,第15—21页;左卫民:《"诉讼爆炸"的中国应对:基于W区法院近三十年审判实践的实证分析》,载《中国法学》2018年第4期,第238—260页;左卫民:《通过诉前调解控制"诉讼爆炸"——区域经验的实证研究》,载《清华法学》2018年第4期,第89—106页。

异同点及其深层成因,拓展我们理解这一问题的广度与深度,进而能从历史的视野中获致某些现实启示。

一、"案多人少":新现象,还是旧问题?

(一)清代的"健讼之风"与积案

在相当长的时间内,绝大多数的中国法律史论著往往都热衷于强调"无讼"是"中国古代法律文化的价值取向和影响悠久的法律传统"①,而孔子的那句名言"听讼,吾犹人也,必也使无讼乎",以及《易经·讼卦》中的"讼,有孚,窒惕,中吉,终凶"一语,则属于最常被学者们引用的历史论据。尽管也有一些学者试图在"无讼""厌讼""耻讼""惧讼""贱讼"这些不同概念之间做出区分,但在此种理想类型(ideal type)研究方法的描述之下,传统中国实际上几乎被整体刻画成诉讼稀少的社会景象,进而被认为与西方社会所谓的"好讼"景象构成了鲜明的对比。②

然而,晚近以来的一些反思性研究已经指出,今人对于前述引自孔子和《易经》的那些历史论据常常存在误读错解之处。③ 不仅如此,日益增多的历史实证性研究成果揭示,至少自宋代以降,"讼庭无人

---

① 张晋藩:《中国法律的传统与近代转型》(第3版),法律出版社2009年版,第339页。
② 范忠信:《贱讼:中国古代法观念中的一个有趣逻辑》,载《比较法研究》1989年第2期,第54、62—67页;何勤华:《泛讼与厌讼的历史考察——关于中西方法律传统的一点思考》,载《法律科学》1993年第3期,第10—15页;徐忠明:《从明清小说看中国人的诉讼观念》,载《中山大学学报》(社会科学版)1996年第4期,第54—61页。
③ 方潇、段世雄:《讼卦之"讼"辨正》,载《法制与社会发展》2011年第5期,第131—142页;方潇:《孔子"无讼"思想的变异及其原因分析——兼论对我国当前司法调解的启示》,载《法商研究》2013年第1期,第152—160页;李平:《重估中国法文化中的"讼"——以〈周易·讼〉卦为中心》,载《苏州大学学报》(法学版)2021年第2期,第53—65页。

鸟声乐"(语出黄公度《三瑞堂》)的理想,便已在不少地方被"讼氓满庭闹如市"(语出陆游《秋怀》)的现实所代替。这种被认为存在"健讼之风"的社会实况,不仅在当时的一些地方志记载中得到记载,①而且还直观地反映在一些地方衙门的司法档案之中。以清代巴县衙门为例,从对保存至今的巴县档案所做的统计来看,在同治年间(1862—1874),该县衙每年收到的新控讼案多达 1000 件至 1400 件(年均 1098 件)。② 而根据光绪三十三年至宣统元年(1907—1909)巴县知县所呈交的报告,巴县衙门在此期间受理的民事新案年均 633起,不过"这些数字极有可能比当时巴县衙门每年实际所收的民事诉案数量要低,因为知县们往往都会向其上峰少报其辖境内的诉讼案件数量"。③

讼案纷涌而至的后果之一,便是造成了令清代官员为之头疼不已的"积案"问题。例如根据各省巡抚在嘉庆十二年(1807)的奏报,当时积压案件总数超过 1000 件的省府衙门便至少有四个,分别是湖南(3228 件)、福建(2977 件)、广东(2107 件)和江西(1610 件)。④ 而积案的大量存在,并非全因地方官员们懈怠其事所致。对于集法官、税官和一般行政官等众多角色于一身的清代州县官来说,其平均每

---

① 侯欣一:《清代江南地区民间的健讼问题——以地方志为中心的考察》,载《法学研究》2006 年第 4 期,第 150—160 页;徐忠明、杜金:《清代诉讼风气的实证分析与文化解释——以地方志为中心的考察》,载《清华法学》2007 年第 1 期,第 89—125 页。
② 〔日〕夫马进:《中国诉讼社会史概论》,范愉译,载〔日〕夫马进编:《中国诉讼社会史研究》,范愉、赵晶等译,浙江大学出版社 2019 年版,第 71—75 页。
③ 〔美〕白德瑞:《爪牙:清代县衙的书吏与差役》,尤陈俊、赖骏楠译,广西师范大学出版社 2021 年版,第 333—336 页。
④ Melissa Macauley, *Social Power and Legal Culture: Litigation Masters in Late Imperial China*, Stanford, California: Stanford University Press, 1998, pp. 61-69. 关于清代的积案问题,另可参见赵晓华:《晚清的积案问题》,载《清史研究》2000 年第 1 期,第 23—31 页;邓建鹏:《清代州县词讼积案与上级的监督》,载《法学研究》2019 年第 5 期,第 173—190 页。

月能够审结的讼案数通常只有一二十件。① 在这种有限的理讼能力面前,即便是像汪辉祖那样的模范官员,往往也无法做到彻底清结旧积新收的所有讼案。② 更何况有清一代,县级衙门中按照法律规定有权处理讼案的官员人数,就官方制度意义上的正式设置而言,始终在低水平上维持相对的稳定,而并没有随着民间词讼规模的逐渐扩大而明显相应增加。③ 也正是基于这种不少地区讼案数量激增乃至大量积压未结的事实,有学者认为,明末以降便有不少区域进入了"诉讼社会"。④

(二) 民国时期新式法院面临的讼案压力

就司法体制而言,晚清变法时期的一个重要变革是,在"司法独立"的理念倡导之下,司法权与行政权开始在地方上逐渐正式分离。⑤ 其中最为引人注目的举措,便是在全国范围内推动普设独立于行政机关之外的新式审判机关——各级审判厅。⑥ 民国肇造,普设新式审判机关的计划被继续推进,其中尤以江苏、湖北两省最为积极。⑦ 然好景不长,"1914 年,袁世凯政府将清末以来陆续设置的地方审判厅裁撤三分之二,初级审判厅全部裁并"。⑧ 不过在袁世凯统治结束之

---

① 参见本书第六章第一节。
② 张伟仁:《良幕循吏汪辉祖———一个法制工作者的典范》,载《中西法律传统》(第 6 卷),北京大学出版社 2008 年版,第 288 页。
③ 参见本书第六章第二节。
④ 〔日〕夫马进:《明清时代的讼师与诉讼制度》,范愉、王亚新译,载〔日〕滋贺秀三等著、王亚新等编:《明清时期的民事审判与民间契约》,法律出版社 1998 年版,第 411 页;〔日〕夫马进:《讼师秘本〈萧曹遗笔〉的出现》,载〔日〕寺田浩明主编:《中国法制史考证·丙编第四卷·日本学者考证中国法制史重要成果选译·明清卷》,郑民钦译,中国社会科学出版社 2003 年版,第 490 页。
⑤ 韩秀桃:《司法独立与近代中国》,清华大学出版社 2003 年版,第 88—147 页。
⑥ 李启成:《晚清各级审判厅研究》,北京大学出版社 2004 年版。
⑦ 陈同:《民初江苏遍设审检厅述论》,载《史林》2011 年第 5 期,第 106—115 页。
⑧ 唐仕春:《一九一四年审判厅大裁并之源流》,载《近代史研究》2012 年第 3 期,第 161—171 页。

后,北洋政府从1916年底开始重新推动新式审判机关的设置。1928年之后,南京国民政府又制定了多个普设法院的计划并加以推动,尽管总体落实效果并不甚理想。①

在民国时期,这些新式法院所处理的案件总量在急剧上升。在1914年时,全国25所高等审判厅和36所地方审判厅所审结的案件总数为86689起,各审判厅年均审结案件1421起,而到了1936年,全国各省法院共审结案件381639起。②按照当时397所新式法院(最高法院除外)的规模计算,③1936年时各法院年均审结961起案件。从1945年9月至1947年10月的26个月之内,全国新式法院共审结案件2083352件,按照1947年时的全国法院规模(包括地方法院748所、高等分院119所和高等法院37所)粗略估算,④各法院年均处理案件1064起。

无论是在北洋政府时期,还是南京国民政府时期,积案都是令当时的司法部门为之头疼并力图改变的现实问题。以广东为例,1928年初,不仅在该省高等法院和省内各地方法院中专门增设了清理积案庭,还特别就上至庭长、下至推事的最低办案数量加以硬性规定,但即便如此,到了新任院长陆嗣曾在1931年底接掌广东高院时,等待他的仍有1200余件未结案件,以至于司法行政部长王用宾在1936年视察广东时,不免发出"虽然各省都有积案,而广东积案更多"的感慨。⑤事实上,在南京国民政府时期,不独广东如此,很多省份的法院都在不

---

① 欧阳湘:《近代中国法院普设研究——以广东为个案的历史考察》,知识产权出版社2007年版,第76—93页。
② 同上书,第290、294页。
③ 范忠信、尤陈俊、龚兴砭选编:《为什么要重建中国法系——居正法政文选》,中国政法大学出版社2009年版,第334页。
④ 欧阳湘:《近代中国法院普设研究——以广东为个案的历史考察》,知识产权出版社2007年版,第91、297页。
⑤ 同上书,第323—324页。

同程度地受到积案问题的困扰。例如在江苏,清结积案的工作看起来同样是遥遥无期。从1934年1月至10月之间,江苏高等法院第一分院所收的民刑事案件便超过2700起,较之于1933年同期增加了44.4%,其中仅1934年4月的积案便多达500起。江苏高等法院见此情形,派出4名试用法官帮忙审理。但是,由于新案在不断地涌入法院,尽管这些法官竭尽全力,相较1933年时已然多清结了900起案件,但仍有超过500起的积案未能清结。①

(三)当代中国的"诉讼社会"

根据2011年时出版的一本报告,从1978年以来的三十多年内,全国各级人民法院所受理的各类案件(包括一审、二审、再审案件)总数增长了11.2倍,即由1978年的61.3万件增至2009年的746.2万件,其中尤以民事案件的增长总量和幅度最为引人注意。在这三十年左右的时间内,全国各级法院受理的民事案件总量,已从31.8万件增至643.6万件,足足增长了19.2倍。以民事一审案件为例,2010年时已经达到609万件,较之1978年的30万件翻了20多倍。若按照民事诉讼率来衡量,一审民事案件诉讼率,也由1978年时的每10万人中31.5件,增长至2010年的每10万人中435.6件。在此期间,法官人数虽也有不小的增长(从1981年的6万多人增长至2009年的19万人),但其增长幅度远远不及案件增长的总体趋势。而这首先便意味着法官的工作量将有所加重:"法官年均审执案件的数量由1981年的20件增长到2010年的57件。"②事实上,这本报告中所提及的2009年法院受案总数,还只是指地方各级法院该年的新收案件数。根据最高人民法院发布的《人民法院工作年度报告(2009年)》,地方

---

① Xu Xiaoqun, *Trial of Modernity: Judicial Reform in Early Twentieth-Century China, 1901-1937*, Stanford, California: Stanford University Press, 2008, p.145.

② 朱景文主编:《中国法律发展报告2011:走向多元化的法律实施》,中国人民大学出版社2011年版,第1—6页。

各级法院该年的受理案件便有 11378875 件(除此之外,还有最高人民法院受理的案件 13318 件)。这意味着在 2009 年的 746.2 万件新收案件之外,尚有近 400 万件先前遗留下来的未结案件。

面对这样状况,一些学者认为中国已经进入"诉讼社会"。张文显指出,按照 2009 年中国的诉讼状况来估算,"姑且以每一起案件平均涉及 6 名当事人及直接利益关联人计算,在一年之内就有将近七千万人(次)涉诉,约占全国人口总数的 5.24%",而如果将"诉讼、准诉讼、类诉讼所涉人数加在一起,则涉诉人口达到 1 亿 2 千万,占全国人口的 9.2%;如果再把人民群众诉诸民间组织、行业协会等调处的矛盾纠纷加进来,则涉诉人口比例将更高。以总人口和涉诉人口比例不变来计算,10 年之内就有十多亿人(次)与诉讼或曾经与诉讼沾边——被别人起诉(告诉),或起诉别人(告诉),主动或被动地充当证人,或者因为与案件当事人有直接利益关联而涉诉"。这个诉讼率比例,已经非常接近他所称的"诉讼社会"之标准:"如果一个社会每年约有 10% 的人口涉诉,则该社会即可被认定为'诉讼社会'。"而"诉讼社会"带给法院的挑战,首先便是使得"案多人少"的矛盾愈发加剧,其直接体现则是,2009 年,"以全国法院实有法官 190216 人计算,人均办案 54.25 件,不少基层法院的法官人均结案数达到三百件以上"。①

事实上,作为"案多人少"状况之直接反映的人均结案数记录,近年来一直在法院系统内部节节攀升。仅以 2008 年的情况为例,根据一些相关的报道,在天津市河东区法院,人均受理案件数超过 120 件;江苏省各级法院一线审判人员的人均结案数为 117.49 件,而在南京、宿迁、苏州、南通、连云港等地,人均结案数更是达到 200 件以上,例如

---

① 张文显:《联动司法:诉讼社会境况下的司法模式》,载《法律适用》2011 年第 1 期,第 2 页。

江苏靖江市法院一线法官人均办案超200件,江苏昆山市人民法院审判人员的人均结案数为301件,江苏溧水县法院的民事审判部门的人均结案数达到319件,个别地方甚至高达六七百件。① 在各地法院中被不断刷新的,还有法官个人的最高结案数记录。例如,江苏江阴法院滨江人民法庭张勇法官2008年全年共审结案件682件,另外还办理了执行案件85件;2009年,浙江义乌市人民法院26岁的女法官胡芳芬年度办案798件,将该院前一年的法官个人办案纪录(669件)提高了100余件;2009年,在该年法官人均结案418件的东莞市第一法院,刘晓宇法官共审结案件1658件,而该院的卢建文法官则共办理执行案件1924宗。②

(四)"案多人少"的区域性

由上可知,无论是在清代,还是民国时期,抑或当代中国,都不同程度地存在审案法官的数量相对于日益增长的诉讼案件数量显得相形见绌,司法官的工作量大为增加,乃至未结积案不可避免地出现的情形。

需要指出的是,这种概括并不能被通用于描述全国各地的情形。事实上,"案多人少"的情形始终具有比较典型的区域性:在清代,常被形容为"讼案山积"的区域,主要为湖南、湖北、江西、安徽、浙江、江

---

① 赵鑫、姚琳:《河东区人民法院四项机制破解"案多人少"难题》,载《天津政法报》2010年1月8日,第3版;丰俐、华任:《省人大调研法院"案多人少"问题》,载《江苏法制报》2009年1月8日,第1版;沈峥嵘、施海泉:《着力点前移,为"司法极限"解压》,载《新华日报》2009年3月22日,第2版;娄银生:《案多人少亟待解决》,载《人民法院报》2009年3月14日,第7版;时恩霞:《昆山年收结案数创历史新高》,载《人民法院报》2009年1月20日,第2版;兴武:《溧水有效化解案多人少矛盾》,载《人民法院报》2011年5月20日,第1版。

② 沈峥嵘、施海泉:《着力点前移,为"司法极限"解压》,载《新华日报》2009年3月22日,第2版;李莉、余建华、张旭良:《内外兼修应对诉讼"井喷"——对浙江金华两级法院加强管理应对案多人少的调查》,载《人民法院报》2010年6月3日,第5版;林晔晗、王创辉、段体操:《东莞法院"案多人少"问题突出》,载《人民法院报》2010年3月7日,第3版。

苏、福建和广东等东南沿海和南方的省份;在民国时期,讼案较多的区域进一步扩大,"东重西轻"的格局有所变化,主要有北京、上海、江苏、广东、奉天、河北、浙江、四川、山东、河南、湖北、湖南、贵州、陕西等地,其中浙江、江苏、广东等省份特别突出;①在当代,则主要集中在北京、上海、江苏、浙江、广东、天津等地,其中来自江苏的报道尤其众多。"案多人少"情形的上述大致地理分布,尽管随着时代沿革有所变动,但一些区域从清代以来便长期位居诉讼大省之列。而在造成这种状况的诸多因素中,商业化程度的影响极为重要,正如民国时期曾身居司法界要职的罗文干在20世纪30年代所言,"我(国)之诉讼区域实随工商业而增减"。②

二、应对之道的类型化比较

在这些讼案较多的区域,其应对之道虽然各地有异,各时有别,但也存在一些共同点。就对当时司法体制的维护而言,"制度资源"和"话语资源"各有其不同的功用,且往往互动配合。本文所称的"制度资源",是指在官方制度框架内可供利用的各类实体性资源,包括国家正式的制度规定、官方长期奉行的惯例、官府所拥有的人力资源和财力资源等。而"话语资源"则是指那些可被不同的主体用来表达某种具有象征意义的评价倾向,并因此能够产生某些特殊的外在功能的话语内容及其言说方式。以下将借助于这对概念,来剖析不同时代应对"案多人少"的措施之异同,并进行类型化比较。

---

① 欧阳湘:《近代中国法院普设研究——以广东为个案的历史考察》,知识产权出版社2007年版,第289—299页。
② 蒋秋明:《南京国民政府审判制度研究》,光明日报出版社2011年版,第48页。

(一) 对"制度资源"的不同利用方式

就对制度资源的使用而言,清代、民国时期和当代中国的应对之道,大致可被分为两种类型:压制型使用和扩充型使用。其中清代的情况可被归入前一种类型,而民国时期与当代中国的情况则属于后一种类型。

1. 清代:对制度资源的压制性使用

《大清律例》专门对官员受理诉讼案件的职责加以规定:"凡告谋反、叛逆,官司不即受理差人掩捕者,虽不失事,杖一百,徒三年。因不受理掩捕,以致聚众作乱,或攻陷城池及劫掠民人者,官坐斩监候。若告恶逆,如子孙谋杀祖父母父母之类,不受理者,杖一百。告杀人及强盗不受理者,杖八十。斗殴婚姻田宅等事不受理者,各减犯人罪二等,并罪止杖八十。"①但这并不意味着清代的任何百姓在任何时候均可向当地衙门提起任何诉讼。在清代,官方将诉讼事件大致区分为两种类型——"词讼"和"案件",并就衙门受理告状的时间等方面做出了不同的规定。② 对于户婚田土钱债等所谓细事词讼的提起来说,除了前引"刑律·告状不受理"律文后所附的一条例文规定每年农忙时节(农历四月初一至七月三十日)停止受理此类诉讼而仅受理"谋反、叛逆、盗贼、人命及贪赃坏法等重情,并奸牙铺户骗劫客货查有确据者",③各地衙门自行规定的状式条例(印于状纸的末尾)亦多有限制。④

此外,民人提起户婚田土钱债等细事词讼(大致相当于今天的民

---

① (清)薛允升:《读例存疑》(第4册),黄静嘉重校,成文出版社1970年版,第990页。
② 邓建鹏:《词讼与案件:清代的诉讼分类及其实践》,载《法学家》2012年第5期,第115—130页。
③ (清)薛允升:《读例存疑》(第4册),黄静嘉重校,成文出版社1970年版,第991页。
④ 邓建鹏:《清朝〈状式条例〉研究》,载《清史研究》2010年第3期,第1—12页。

事诉讼),还需遵守各地衙门关于放告日的惯例。正如嘉庆年间的一道札令所言:"民间词讼事件,除人命盗劫重案许令随时控告外,其余户婚田土斗殴细事并非迫不及待者,向有放告日期听民投呈……"①在17世纪、18世纪,清朝各地衙门大都奉行"三六九放告"的惯例(每月逢三、逢六、逢九受理民词),到了19世纪中后期,尽管许多地方的讼案数量剧增,但大部分州县衙门反而压缩放告日期,转而奉行"三八放告"的做法。更有甚者,一些衙门还规定了放告日内的收状总数定额,"三八放告收呈之期,严定额数,只许新词几纸,旧词几纸,踰额则不收受"。②

总体而言,有清一代,尽管通过律例规定和司法惯例共同确立了衙门放告的惯常做法,但面临着讼案数量日增的大趋势,民人可用来提起诉讼的上述制度资源却是有减无增,从而呈现出空间越来越小的总体被压制的局面。

2. 从民国时期到当代:制度资源的扩充性使用

由于治理理念和财政制约等因素的影响,在清末变法之前,清代官方始终没有通过明显扩增地方衙门中有权处理讼案的常规官僚总人数的方式,来积极应对当时不断扩大的民间词讼规模。与之不同的是,民国时期和当代中国均选择了另一条道路,即通过增设专门司法机关和(或)扩增司法人员的方式来主动应对讼案增多的趋势。

肇端于晚清并在民国时期得到赓续的设立新式审判机构的规划,同时也意味着专业化的司法官开始大量出现。例如在1936年

---

① (清)不著撰者:《治浙成规》,清道光十七年(1837)刊本,卷8,"严禁书差门丁传词坐承坐差等弊",载《官箴书集成》(第6册),黄山书社1997年版,第656页。

② (清)王韬:《论息讼之难》,载(清)宜今室主人编:《皇朝经济文新编》,文海出版社1987年版(据光绪二十七年(1901)上海宜今室石印本影印),"西律·卷二",第196页。

时,全国各级法院的推事已增长至 2700 余人,他们大都受过新式的法律教育,其中经考试出身者有 1955 人,其比例超过全体法官人数的 70%。① 而从 1981 年至 2009 年的近三十年时间内,不仅各级法院的数量大为增多(包括最高人民法院在内,2009 年时全国共有 3559 所法院),中国的法官人数也由最初的 6 万多人增至 19 万人。② 并且,相较于清代,无论是民国时期,还是当代中国,既不再根据讼案类型的差异来规定可以提起诉讼的日期,亦不复奉行仅于特定的日期内受理诉讼的惯例,而是将专门司法机关的大门向民众更全面地敞开,不再通过压缩民众提起诉讼时可供利用的制度资源来强行打压其诉讼需求。

(二) 话语资源与制度资源的缠绕性共生

在借以应对"案多人少"局面的话语资源方面,不同的历史时期也有所不同。概括来讲:清代更多的是通过对"无讼"理念的宣扬和对"健讼之风"的谴责来否定诉讼的正当性,从而在对原先的制度资源予以压制性使用的同时,也试图借助于话语权力的力量来压制和贬抑民众的诉讼需求;民国时期,在致力于塑造新式司法系统之正当性的同时,也吸纳了中国传统的"调解"话语的某些内容,以便于将"调解"的内容整合进正式司法制度之中,希望能有助于减轻由于诉讼程序繁杂等因素而导致不少案件积压未结的压力;而当代中国则在不否定诉讼本身之正当性的前提下,近年来已开始借助于对包括"调解"在内的某些话语资源的改造和宣扬,来软化并拓展司法体系的边界,进而倡导将一部分可能造成法院应对不暇的纠纷解决潜在需求,从单一的法庭诉讼模式中分流出来,交由其他组织或个人加以

---

① 范忠信、尤陈俊、龚兴砦选编:《为什么要重建中国法系——居正法政文选》,中国政法大学出版社 2009 年版,第 345 页。
② 朱景文主编:《中国法律发展报告 2011:走向多元化的法律实施》,中国人民大学出版社 2011 年版,第 6、45 页。

处理,以弥补原有的制度资源之不足。以下将分别予以详述。

1. 清代:"贱讼"话语对民众诉讼需求的压制

明清以来,官方对待法律知识在民间的传播的态度颇值玩味。

一方面,至少自宋代以来,关于如何进行诉讼的知识,便借助于讼师秘本、日用类书等文字载体在民间传播,但这类知识的传播始终面临着被官方查禁的风险,以至于从明代到清代,讼师秘本的编印终被悬为厉禁,日用类书中有关讼学的部分,亦遭逐渐削减,乃至不复出现。① 另一方面,明清律中均有刊载的"讲读律令"条,不仅要求官员们必须熟读律令,通晓其意,而且还鼓励民众多多了解。按照该条律文的规定,除了事干谋反、逆叛之外,"其百工技艺、诸色人等,有能熟读讲解、通晓律意者,若犯过失及因人连累致罪,不问轻重,并免一次"。② 除此之外,明清时期官方的法律宣讲手段,尚有张挂法律摘要、特别条例和各类告示,以及公布某些案件裁决、宣讲《圣谕广训》等。③

上述做法看似抵牾,但实则并不矛盾。这是因为,明清官方乃是根据法律知识类型的不同,对其在民间的传播选择性地给予打压或鼓励。具体而言,官方打压那些被认为可能会促生更多诉讼的讼学知识在民间的传播,而对于那些有助于灌输其所奉行的秩序理念和治理信条的法律知识,则通过各种途径给予宣扬。

就有关诉讼的话语来讲,当清代的简约型司法体制在"制度资源"方面逐渐无法有效应对讼案日增的社会情势变迁之时,那种由宣

---

① 尤陈俊:《明清日常生活中的讼学传播——以讼师秘本与日用类书为中心的考察》,载《法学》2007年第3期,第71—80页。

② 《大明律》,怀效锋点校,法律出版社1999年版,第36页;(清)薛允升:《读例存疑》(第2册),黄静嘉重校,成文出版社1970年版,第207页。

③ 徐忠明:《明清国家的法律宣传:路径与意图》,载《法制与社会发展》2010年第1期,第3—25页。

扬"无讼"的话语和谴责"健讼"的话语共同汇流而成的"贱讼"话语，就越来越被作为一种压制诉讼需求产生的话语资源，以用来弥补和维系其司法体制的正当性。

2. 民国时期：对传统"调解"话语的援用

从晚清变法开始，民国以来，随着"司法独立"的理念通过在全国范围内普设法院等具体措施逐渐得到落实，诉讼本身已不似清代那样在意识形态中无多少道德正当性可言。对于地方官员而言，亦不再像其清代同侪那样极度倚重对"无讼"理想的追求来彰显其治绩。但另一方面，新式司法系统处理诉讼案件的能力，由于程序繁琐、审级过多、司法官员人数相对不足且常常调动频繁等原因，随着诉讼案件数量的逐渐增多而显得捉襟见肘。正如有学者所指出的，当时"司法改革的悖论是，法院系统的扩张原本旨在增强国家处理诉讼案件的能力（这意味着积案将更少），但事实却是司法职能的扩张招致了更多的诉讼案件，结果超越了其制度能有效处理的能力"。①

在这种情况之下，中国传统的"调解"话语在民国时期得到了一定程度的援用，以作为将"调解"的某些内容整合进正式司法制度的正当化论据。其典型例子之一，是胡汉民（时任立法院院长）于1929年向中央政治会议提议《民事调解条例草案原则》时用来阐述其旨趣的一段说明性文字："查民事诉讼，本以保护私权，而一经起诉之后，审理程序，异常繁重，往往经年累月，始能结案，甚非所以息事宁人之旨。是以晚近各国，均励行仲裁制度，期于杜息争端，减少讼累，意至良善。我国夙重礼让，以涉讼公庭为耻，牙角细故，辄就乡里耆老，评其曲直，片言解纷，流为美谈。今者遗风渐息，稍稍好讼，胜负所系，息争为难，斯宜远师古意，近采欧美良规，略予变通，以推事主持其事，正

---

① Xu Xiaoqun, *Trial of Modernity: Judicial Reform in Early Twentieth-Century China, 1901-1937*, Stanford, Calif.: Stanford University Press, 2008, p.217.

名为调解,并确定其效力,著之法令,推行全国。庶几闾阎无缠累之苦,讼庭有清简之观……"①

在就《民事调解条例草案原则》加以修正的基础上所形成的《民事调解条例草案》,于1930年1月11日在立法院通过,并更名为《民事调解法》,后由南京国民政府于同月20日公布,自1931年1月1日起施行于全国。② 按照《民事调解法》(全文共16条)的规定,"为杜息人民争端,减少讼累,于第一审法院附设民事调解处"(第1条),"民事调解以推事为调解主任,两造当事人各得推举一人为调解人协同调解"(第3条,调解人的资格则由第4条和第5条专门加以规定),"人事诉讼事件及初级管辖民事事件,除经其他调解机关调解不成立或调解主任认为不能调解者外,非经民事调解处调解不成立后,不得起诉。其他民事诉讼事件,当事人亦得请求调解"(第2条),"调解成立与法院确定判决有同等之效力"(第13条)。③ 上述规定意味着,对于大部分的民事诉讼而言,调解被规定为强制性的前置程序,由法院专设机构为之。毋庸讳言,这种对司法体制内原有的制度资源的扩张,在很大程度上正是借助于对传统中国的"调解"的话语宣扬来完成的。

1935年7月1日,随着《民事诉讼法》的施行,《民事调解法》被予废止(其原因与该法的实施效果不甚理想有关)。不过对比两者的内容后可以发现,尽管《民事诉讼法》取消了民事调解处而改由一审法庭来行使其职责,并对强制调解的案件适用范围做了限缩,但《民事

---

① 谢振民编著、张知本校订:《中华民国立法史》(下册),中国政法大学出版社2000年版,第1033页。
② 同上书,第1033—1034页。
③ 《民事调解法》的全文,参见南京国民政府立法院编译处编:《中华民国法规汇编》(第8册),第11编"司法",中华书局1934年版,第346—348页。

调解法》中的很多内容都在其中实际得到延续。①《民事诉讼法》对调解内容的吸纳,同样与其对"调解"话语的重视密切相关。

3. 当代中国:对"调解"制度及其话语的改造利用

在当代中国,处理诉讼案件的司法活动,实际上被视为强化现代民族国家之权威的治理手段之一。② 20 世纪 80 年代后期以来,在伴随民主法治话语而生的权利意识的催化之下,以及一些法院基于自身利益(例如诉讼费)的考量,或者试图更为积极地回应官方强调的某种时代价值观(例如"为人民服务""为经济发展保驾护航"),而采取主动上门揽案等方式,来扩大其管辖事务的范围,越来越多的纠纷处理被鼓励纳入司法系统的轨道之内。于是,在 20 世纪 80 年代之后,不仅"将婆婆诉诸公堂的媳妇成为懂得如何利用法律武器维护自身的法律权益的女英雄,在法庭上互相辩驳的工厂管理者们被视为新一代经济领导者的典范",而且"一些通俗化的法律刊物开设了专栏教人'如何起诉你的邻居'"。③

这种趋势,同时促成了一种不同于民间调解的"法制化"调解制度——法院调解的兴盛。自中华人民共和国成立以来,对"调解"机制及其话语的改造和利用,始终都是当代中国司法体制的重要内容之一,只不过时显时隐而已。如果说 20 世纪 80 年代之前的"调解"话语及其实践更多的是强调其政治功能,那么在 80 年代后的"调解"话

---

① 赵建蕊:《民国时期的民事调解制度———以〈民事调解法〉为中心》,中国政法大学 2007 届硕士学位论文;谢冬慧:《南京国民政府民事调解制度考论》,载《南京社会科学》2009 年第 10 期,第 86—93 页;刘昕杰:《以和为贵:民国时期基层民事纠纷中的调解》,载《山东大学学报》(哲学社会科学版)2011 年第 4 期,第 39—45 页。
② 苏力:《为什么"送法上门"?》,载《社会学研究》1998 年第 2 期,第 45—55 页;陈柏峰:《送法下乡与现代国家建构》,载《求索》2022 年第 1 期,第 98—106 页。
③ Fu Hualing, "Understanding People's Mediation in Post-Mao China", *Journal of Chinese Law*, Vol. 6, Issue 2 (1992), p. 217.

语及其实践中,其社会功能(解决纠纷)的一面则得到了更多的重视。①

不过,尽管"调解为主"在这一时期始终被奉为法院工作的一项处理原则,但其相关表述已有了某些微妙的措辞变化,例如1982年的《民事诉讼法》(试行)将之表述为"着重进行调解"。20世纪90年代后期以来,较之于80年代的情况,法院调解率更是明显逐年下降。80年代对"调解"的重视,在很大程度上是为了减轻法院所面临的诉讼压力,但这种偏好调解而非审判的倾向,即便是80年代后期,在当时的法院系统内部和法学界也不乏批评之声。到了90年代中后期,随着倡导程序主义等理念的司法改革的推进,法院调解逐渐走向低谷。但是,这绝不意味着"调解"的话语资源彻底遭到冷落。实际上,即便是肖扬担任最高人民法院院长的10年间(1998—2008),在追求司法专业化的司法改革主基调之下,对待"调解"的姿态,也呈现出先"抑"后"扬"的变化趋势。2002年之后,随着司法政策的转向,调解被重新得到重视,且其卷土重来之态颇为来势汹汹。② 以至于有学者在评论"民事司法政策已经从2007年确定的'能调则调,当判则判,调判结合,案结事了'原则,正式过渡到2009年确定的'调解优先、调判结合'原则"的变化趋势时,认为这"几乎达到了令学界和基层实践部门瞠目结舌的程度"。③

在这一时期,法学界和司法实务界人士用以证成"调解复兴"之

---

① Stanley B. Lubman, "Mao and Mediation: Politics and Dispute Resolution in Communist China", *California Law Review*, Vol. 55, Issue 5 (1967), pp. 1284-1359; Stanley B. Lubman, "Dispute Resolution in China after Deng Xiaoping: Mao and Mediation Revisited", *Columbia Journal of Asian Law*, Vol. 11, Issue 2 (1997), pp. 229-392.

② 范愉:《调解的重构(上)——以法院调解的改革为重点》,载《法制与社会发展》2004年第2期,第113—125页。

③ 徐昀:《"调解优先"的反思——以民事审判结构理论为分析框架》,载《学术研究》2010年第4期,第83页。

正当性的话语资源,除了通过历史溯源将之塑造成所谓中国悠久法律传统之重要组成部分的那种传统主义话语之外,①还有一类新的话语资源更值得注意。这便是将中国的"调解"与国外的"ADR"(Alternative Dispute Resolution,替代性纠纷解决方式)进行同质化类比的话语。如果说80年代以前的调解意识形态是借助于民族主义意识之下的传统主义话语而得到强化,②那么,由于时代背景的变迁,对于当代中国的调解意识形态而言,另一个从某种意义上讲更具说服力的话语资源,则是"学习国外先进经验"。而ADR正是被一些人视为西方国家司法先进经验的重要组成部分,它也因此被认为是那些现代国家在司法方面之新"现代性"的体现。

就此而言,与清代、民国时期的那些调解意识形态不同,当代中国的调解意识形态的强化,并不只是借助于民族主义意识和传统主义话语,而是还在相当大程度上利用了那种希望能与所谓西方先进做法趋同的现代性意识及其话语。在一些学者看来,将美国等国家的ADR与中国的调解进行同质化类比完全就是一种误解。例如黄宗智便认为,与美国以及大多数其他西方国家的ADR相比较,中国的调解实际上存在本质上的差别,前者"很大程度上是由民间机构而不是法官来主导的,它存在于司法体制之外,并不具备司法的性质",而"后者主要以法庭而不是民间机构为主导者"。③但在相当大的程度上,正是通过这种在话语资源方面扩充"调解"之正当化理由的方式,不仅使当代中国的法院调解获得了可以用来反驳那些将之归入落后做法之观点的"现代性"护符,而且也为"大调解"这种制度资源的扩充

---

① 曾宪义:《关于中国传统调解制度的若干问题研究》,载《中国法学》2009年第4期,第34—46页。
② 黄宗智:《过去与现在:中国民事法律实践的探索》,法律出版社2009年版,第203页。
③ 同上书,第223页。

性重整创造了新的依据。在"诉调对接"的倡导之下,通过法院调解来延伸重整原先已经逐渐弱化的人民调解,"法院调解实际上被当作'大调解'运动的一部分而被重新放在了重要的位置上,并再次背负起社会控制与整合的重要功能"。① 在这种背景下,司法系统可以用来处理纠纷的制度资源,已不再仅仅限于其系统本身原有的那些内容,而是还延伸至与之相衔接的其他社会资源。而借助有关"调解"的话语资源来帮助扩充制度资源,实际上正是中国目前用以应对"案多人少"之现状的主要做法。

结语:"案多人少"再检讨

相较于清代与民国时期的情形,造成当代中国所谓的"案多人少"现状的原因更为复杂。

一方面,诉讼本身的正当性,如今不仅早已不再像在清代那样为官方所刻意贬低,而且自改革开放以来,在借鉴西方法治的某些理念和制度的过程中,一些人反而有意地强调诉讼对于社会的积极意义和价值,乃至于如同有学者所指出的,将诉讼"视为正义和权利救济的最佳甚至唯一方式"。② 受其影响,司法机关被要求更为便利地面向所有意欲提起诉讼的民众开放,有时甚至于还被推到社会纠纷解决的最前线。对司法和诉讼的这种认识,直接促成了社会转型时期出现的大量纠纷(甚至低门槛地)涌向司法机关,从而造成了不少地方的司法机关面临着讼案数量剧增的极大现实压力。

另一方面,民国时期未尽其功的法院普设蓝图,如今早已成为现

---

① 吴英姿:《法院调解的"复兴"与未来》,载《法制与社会发展》2007 年第 3 期,第 39 页。

② 范愉:《诉讼社会与无讼社会的辨析与启示——纠纷解决机制中的国家与社会》,载《法学家》2013 年第 1 期,第 6 页。

实,全国法官总人数在 2002 年时便已相应增长至 20 余万人之巨,上述"案多"现状面前之所以仍显"人少",在很大程度上,实际并非主要由于法官队伍的绝对人数过少,而是在于真正专门承办案件的法官人数相对不足。在当代中国的法院之中,即便是具有审判资格的法官,也未必都是被安排在审判岗位,其中有相当大比例的人员实际上是在非审判业务部门从事行政事务性工作,只有所谓的"一线法官"才在真正办案。时任最高人民法院院长的肖扬曾在 2002 年指出,"现在我们 20 多万名法官中,真正从事审判工作的只有 15 万左右,有近 5 万名法官并不在审判岗位。这是最高法院统计的,我估计不在审判岗位的法官人数还要多"。① 一些来自基层的报道也证实了这种说法,真正从事实际办案工作的"一线法官",在一些地方仅占到具有审判资格的法官人数的 60%—80%,而如果从"一线法官"占法院编制内人员总数的比例来看,一些地方甚至只有三四成而已。②

考虑到上述现实,若要务实地应对"案多人少"的问题,像清代那样刻意压缩民众提起诉讼时可供利用的制度资源的方式自然不足取,但仅是简单地寄希望于大量扩充法官编制和增加法官人数也非良策。这并不仅仅是由于大量扩充法官编制必然会直接受到财政经费等因素的制约,无法随心所欲地无限度增长,而且还因为,在目前法院内部审判业务和行政事务管理之间的关系尚未匹配至较优状态的现状下,诸如大量增加法官编制这样的制度资源的简单化扩张,未必就能够真正扭转局面,反而有可能使得原先的结构更为恶化。法官人

---

① 肖扬:《在全国法院队伍建设工作会议上的讲话》,载《人民法院报》2002 年 7 月 22 日。

② 周超:《基层法院"案多人少"的困境与出路探析——以我国中部地区某基层法院为例》,载《湖南财政经济学院学报》2012 年第 4 期,第 15 页;崔永峰《案多人少矛盾的困境和出路——以基层法院的职权配置为视角》,载《审判研究》(2010 年第 2 辑),法律出版社 2010 年版,第 159 页。

数的增加,同时也将意味着从事法院行政管理事务的岗位的增加,而根据帕金森定律,官僚会制造更多的官僚。① 实际上,制度资源的扩充,并不能被简单等同于法官人数的大量增加(这仅仅只是一种简单意义上的制度资源扩充),而是还包括通过将审判业务和行政事务管理的结构进行重组优化,以更好地应对处理更多案件的需要(这才是一种高级意义上的制度资源扩充)。就此而言,2014年起开始在一些地方试点开展,后来总结经验在更多地方铺开,并于2017年7月在全国基本完成的法官员额制改革,可以说是朝着上述重组优化的目标迈出了一大步,但从其成效来看,仍然还有许多问题(包括一些改革后出现的新问题)亟需改进。②

不过,仅仅依靠制度资源的扩充来应对"案多人少"也远不足够。制度资源的扩充,离不开相关话语资源的配合。而且,相比于制度资源的扩充所受到的那些限制,对话语资源的使用所受到的限制要少很多。如果说鼓吹"为权利而斗争"口号的做法在某种程度上是为了配合诉讼中心主义的制度追求,那么今天对有关"调解"的话语资源的利用,则可被视为是对诉讼中心主义的某种反省。正如前文所展示的,这种对关于"调解"的话语资源的利用,正在微妙地改变那些用来应对"案多人少"的制度资源的结构与面貌。而对于这一点,我们的关注和反思尚远远不够。

---

① 〔英〕诺斯古德·帕金森《官场病(帕金森定律)》,陈休征译,生活·读书·新知三联书店1982年版,第1—12页。
② 张青:《员额制改革后基层司法的案件压力及其应对——以Y省三个典型基层法院为例》,载《中国政法大学学报》2019年第1期,第96—108页;刘忠:《员额制之后:法院人员分类构成评析》,载《华东政法大学学报》2020年第6期,第88—105页;钱大军、郭建果:《法官员额制的功能实现分析》,载《吉林大学社会科学学报》2021年第2期,第76—83页。

后 记

这本书对我而言有着非常特殊的意义，因为书中的各章节文字，见证并记录了我自己从弱冠之年到而立之年再到如今进入不惑之年，从历史角度围绕"诉讼与社会"这一大主题进行学术探索的历程。我最初开始关注本书中现在第二章讨论的具体问题并写下初步思考所得，是在2002年年初。那个时候，我尚是一名才二十岁出头、正在以那个问题作为研究题目撰写本科毕业论文的大四年级学生。当时完全没有预想到的是，那番初步思考所触碰到的这一学术兴趣点，会成为后面整整二十年当中，我自己投入学术精力最多的一个研究领域。

向读者交代本书各章节内容的写作时间前后跨越了二十年（现第二章的初稿写作时间是在2002年年初，而第四章和第五章则完成于2022年年初），绝不是想趁机自诩是在"十年磨一剑"。如今在书市坊间，有时可以看到一些学术著作的腰封上，赫然用大字写着其乃该作者"十年磨一剑"之作品。坦率地说，我并不喜欢这种修辞性的说法。是否真有学者会将其全部的十年时间都只用来撰写一本书，我不敢说今天的学术界当中绝无此例，但至少我自己远非如此。以赛亚·柏林（Isaiah Berlin）依据古希腊的残诗"狐狸知道很多的事，但刺猬只知道一件大事",将学者们区分为狐狸型和刺猬型两大类型。这两类学者在为学风格上的主要区别据说在于,狐狸型学者的兴趣非常广泛,并非始终都专注于一个领域进行耕耘,而刺猬型学者则埋头在一个领域当中进行专精的研究。如果按照上述这种区分,那么我大概属于狐狸型学者。在过去的二十年时间里面,除了本书所探讨的这个大主题外,我发表过学术论文的其他研究主题还有不少,故而并不是将自己全部的学术精力都只是用于本书主题的写作。如果说这本书汇集了我自己从弱冠之年到如今进入不惑之年就此学术主题所做的思考,那实际上也只能说是在过去的二十年间,我自己曾围绕着此主题断断续续地进行了一些学术探索。

在将自己不同时期所写的此主题论文汇集成册(其中的主体内容是我承担完成的国家社科基金青年项目"明清健讼社会的法文化研究"的结项成果),进行修改、调整和扩充,打磨成一本严格意义上的学术专著的过程中,我越来越清晰地意识到,过去二十年里自己在此领域进行学术探索的最大收获,并非提出过哪几个与前人有所不同的具体学术观点,而是逐渐摸索学会了如何将历史经验素材的搜集分析与大的社会科学理论关怀相结合,并未一直沉迷于年少时所喜好的那种宏大叙事的"法律文化"研究路数当中。

在摸索和养成这种方法论意识的过程中,有两位前辈学者的论著对我影响尤其直接。一位是在历史学、社会学和法学界均耳熟能详的瞿同祖先生。瞿同祖先生的《中国法律与中国社会》一书,通常被认为在中国学术界开创了"法律社会史"这一研究范式。对于此种学界所称道的"法律社会史"研究范式,今天的不少学者喜欢将其放在史学的脉络当中进行定位。在我看来,这恐怕是对瞿同祖先生的研究范式之学术特点的一种误解。瞿同祖先生的"法律社会史"研究范式,实际上并非属于"经济史""文化史"之类的史学分支,而是注重运用社会学的方法来研究中国古代法律及其相关社会现象,最终旨在对中国历史当中的法律及其相关社会现象提供一种社会学意义上的解读。上述学术特点，在他的另一本传世佳作《清代地方政府》中体现得更是淋漓尽致。另一位是美国斯坦福大学法学院的劳伦斯·弗里德曼（Lawrence M. Friedman）教授。劳伦斯·弗里德曼教授虽非中国史或中国法的研究专家，但是作为美国"法与社会"运动的领军人物之一，他将法社会学和法律史两个领域贯通结合的独到研究方法，对我的学术启发同样很大。本书中虽然只引用了劳伦斯·弗里德曼教授的《碰撞：法律如何影响人的行为》一书，但他的许多作品，常常激发我在历史视野中从法社会学角度凝炼问题意识的学术灵感。

由于学术旨趣方面的上述个人偏好与追求，我自己更愿意将本书定位为一本运用"法律和社会研究的历史进路"展开探讨的专著，或者说，这是一份以法律史为研究素材的法社会学作品。在本书当中，我并非将努力回到中国古代的历史现场精确叙述有关"健讼之风"的那些历史细节作为研究的最终目的。我更关心的是如何结合社会科学意义上的理论关怀，分析潜藏在那些关于"健讼之风"的史料记载背后的重要问题，期望不仅能够推进我们对于传统中国的法律、社会与国家的深入认识，而且还在此基础上，借助历史视野，展示出同样可用来思考当代法律现象的某种分析方法和理论框架。这也正是我为什么将自己多年前发表的《"案多人少"的应对之道：清代、民国与当代中国的比较研究》一文作为附录收入本书的最主要原因。我希望，这种有意的安排，将能使读者延伸感受到，本书的分析方法和理论框架不仅可用于研究清代的"健讼之风"书写，而且也可用来探讨当代的"案多人少"现象。

在撰写本书各章节内容的前后二十年时间里面，除了上述两位前辈学者，我还在学术上从许多师友和同道那里获益良多。虽然无法在此一一列出他（她）们的名字，但他（她）们对我在讨论此主题时的学术灵感的激发，可见之于本书对其学术论著的时常引用。我更愿意用这种学术化的方式,来表达自己对他(她)们的敬意和感激之情。

本书许多章节的内容,先前曾在《法学研究》《中外法学》《法学》《法商研究》《现代法学》《法制与社会发展》《学术月刊》《社会科学》等刊物上发表过。苏力、徐忠明、邱澎生、张泰苏四位教授拨冗为本书专门撰写了推荐语,特别是苏力教授,他在阅读本书的书稿时,还为我指出了一处所引用原书中本身便存在的数字错误。为了帮我克服老是觉得书稿中尚有许多缺漏需要修改而一再拖延交稿时间的毛病,老朋友王晶编辑专门建了一个名叫"书稿加油群"的微信群,经常对我进行善意的提醒和督促。而在我终于交出书稿后,许心晴编辑不仅做了非常细致且专业的审读(包括指出了许多处我自己都未意识到的误笔),而且以最快的速度推动本书走完各道出版流程。我指导的研究生黄骏庚、韩尚宜、李浩源和胡弼渊,帮我检查校对了不同阶段的书稿清样。在此一并致以诚挚的谢意。

如今回想起来,当我好不容易说服自己不再对书稿做那种无有休止的修改,下决心将其交给出版社时,那一刹那的心情颇为微妙。一方面是松了一口气,告诉自己对此主题的研究总算告一段落,接下来终于能够腾出手来,全力撰写其他几本早已列入研究计划的专著;另一方面又忍不住去想,我一定要在本书以后出修订版之前,将此次整理书稿时已大致构思好但来不及动笔的另外几章写出来备用。在"不发表就出局"的学术界,这种纠结的心态恐怕会拖慢发表出版学术作品的速度。但我珍惜这种心态,并且愿意让其伴随终生,因为它能够让我意识到自己对于学术本身还保持着一种努力追求完美的热爱,而并没有陷入一些同行所相互戏谑的那种"光顾着写文章出书,没时间做研究"的状态之中。

尤陈俊
2022 年 5 月 4 日夜

图书在版编目(CIP)数据

聚讼纷纭:清代的"健讼之风"话语及其表达性现实/尤陈俊著.—北京:北京大学出版社,2022.5
ISBN 978-7-301-33007-4

Ⅰ.①聚… Ⅱ.①尤… Ⅲ.①诉讼—法制史—研究—中国—清代 Ⅳ.①D925.02

中国版本图书馆 CIP 数据核字(2022)第 080124 号

书　　　名	聚讼纷纭:清代的"健讼之风"话语及其表达性现实 JUSONG FENYUN: QINGDAI DE "JIANSONG ZHI FENG" HUAYU JIQI BIAODAXING XIANSHI
著作责任者	尤陈俊　著
责任编辑	许心晴　王　晶
标准书号	ISBN 978-7-301-33007-4
出版发行	北京大学出版社
地　　　址	北京市海淀区成府路 205 号　100871
网　　　址	http://www.pup.cn
新浪微博	@北京大学出版社　@北大出版社法律图书
电子邮箱	编辑部 law@pup.cn　总编室 zpup@pup.cn
电　　　话	邮购部 010-62752015　发行部 010-62750672 编辑部 010-62752027
印　刷　者	涿州市星河印刷有限公司
经　销　者	新华书店
	880 毫米×1230 毫米　A5　13.75 印张　插页 4　357 千字 2022 年 5 月第 1 版　2023 年 12 月第 3 次印刷
定　　　价	68.00 元

未经许可,不得以任何方式复制或抄袭本书之部分或全部内容。
版权所有,侵权必究
举报电话:010-62752024　电子邮箱:fd@pup.cn
图书如有印装质量问题,请与出版部联系,电话:010-62756370